"十三五"国家重点出版物出版规划项目
交通安全科学与技术学术著作丛书
国家科学技术学术著作出版基金资助出版

船舶轴系性能提升与运行安全

严新平 张 聪 田 哲 黄千稳 著

科学出版社
北 京

内 容 简 介

本书共9章。第1章为绪论，第2章介绍研究对象概况及基本假设，第3章为基础理论和方法，第4章论述基于流固耦合理论的流体-船舶动力学研究，第5章论述主机激励下轴系振动建模研究，第6章论述船体变形下轴系振动建模及耦合特性研究，第7章论述船舶轴系耦合振动研究，第8章论述船舶推进系统动态特性影响因素的仿真研究，第9章论述船舶轴系性能实验研究。

本书可供交通运输类、船舶与海洋工程、轮机工程等相关专业的研究生学习，也可供从事船舶推进系统的设计、安装、科研等工作的相关人员参考。

图书在版编目（CIP）数据

船舶轴系性能提升与运行安全/严新平等著. —北京：科学出版社，2023.1

（交通安全科学与技术学术著作丛书）

"十三五"国家重点出版物出版规划项目

ISBN 978-7-03-074888-1

Ⅰ.①船… Ⅱ.①严… Ⅲ.①船舶推进-动力装置-研究②船舶航行-交通运输安全-研究 Ⅳ.①U664.1②U698

中国国家版本馆CIP数据核字（2023）第030278号

责任编辑：魏英杰 / 责任校对：崔向琳
责任印制：吴兆东 / 封面设计：陈 敬

科学出版社 出版
北京东黄城根北街16号
邮政编码：100717
http://www.sciencep.com

北京中石油彩色印刷有限责任公司 印刷
科学出版社发行 各地新华书店经销
*

2023年1月第 一 版　开本：720×1000 B5
2023年1月第一次印刷　印张：17
字数：341 000
定价：138.00元
（如有印装质量问题，我社负责调换）

"交通安全科学与技术学术著作丛书"编委会

(按姓名汉语拼音排序)

顾　问：	丁荣军	范维澄	李　骏	吴有生
	翟婉明	张　军	郑健龙	
主　任：	严新平			
副主任：	方守恩	胡明华	贾利民	金永兴
	李克强	刘　攀	刘正江	裴玉龙
	王长君	王云鹏	吴超仲	
秘书长：	贺　宜			
编　委：	陈先锋	初秀民	储江伟	付　锐
	胡甚平	黄合来	黄力坤	霍志勤
	李　斌	李世武	梁习锋	刘　清
	罗　帆	邵哲平	施树明	史聪灵
	舒　平	孙瑞山	王　健	王俊骅
	王开云	吴宝山	袁成清	张学军
	赵晓华			

"交通安全科学与技术学术著作丛书"序

交通安全作为交通的永恒主题，已成为世界各国政府和人民普遍关注的重大问题，直接影响经济发展和社会和谐。提升我国交通安全水平，符合新时代人民日益增长的美好生活需要。

"交通安全科学与技术学术著作丛书"的出版体现了我国交通运输领域的科研工作者响应"交通强国"战略，把国家号召落实到交通安全科学研究实践和宣传教育中。丛书由科学出版社发起，我国交通运输领域知名专家学者联合撰写，入选首批"十三五"国家重点出版物出版规划项目。丛书汇聚了水路、道路、铁路及航空等交通安全领域的众多科研成果，从交通安全规划、安全管理、辅助驾驶、搜救装备、交通行为、安全评价等方面，系统论述我国交通安全领域的重大技术发展，将有效促进交通运输工程、船舶与海洋工程、汽车工程、计算机科学技术和安全科学工程等相关学科的融合与发展。

丛书的策划、组织、编写和出版得到了作者和编委会的积极响应，以及各界专家的关怀和支持。特别是，丛书得到了吴有生院士、范维澄院士、翟婉明院士、丁荣军院士、李骏院士和郑健龙院士的指导和鼓励，在此表示由衷的感谢！科学出版社魏英杰编审为此丛书的选题、策划、申报和出版做了许多繁琐而富有成效的工作，特表谢意。

交通安全科学与技术是一个应用性很强的方向，得益于国家对交通安全技术的持续资金投入和政策支持，丛书结合973计划、863计划和国家自然科学基金、国家支撑计划、重点研发任务专项等国家和省部级科研成果，是作者在长期科学研究和实践中通过不断探索撰写而成的，汇聚了我国交通安全领域最新的研究成果和发展动态。

我深信这套丛书的出版，必将推动我国交通安全科学与技术研究工作的深入开展，在技术创新、人才培养、安全教育和工程应用等方面发挥积极的作用。

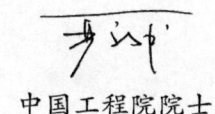

中国工程院院士
武汉理工大学交通运输工程学科首席教授
国家水运安全工程技术研究中心主任

序

　　船舶作为水上交通工具,是人类探索、开发海洋和从事航运不可或缺的重要技术装备。近年来,船舶大型化的发展是先进船舶设计建造水平的重要体现,有效提升了全球货物运输。船舶的轴系系统担负着动力传递和船舶推进的重要使命。研究船舶轴系的动力学问题,可为船舶大型化发展和提高大型船舶安全航行性能,提供重要的理论基础。

　　该书是严新平教授带领团队,依托国家自然科学基金重点项目"大型船舶的推进系统-船体动力学耦合理论及方法研究",围绕大型船舶推进系统性能提升与运行安全问题,潜心研究成果的总结。该书以万箱级集装箱船、二十万吨级以上超大型油轮等船舶的推进轴系为研究对象,根据大型船舶的结构组成、环境特点和工况参数,构建船舶推进系统-船体耦合动力学分析的综合模型、单元模型及不同条件的简化模型,建立相应的动力学方程,提出船舶推进轴系的动力学分析方法,开展船舶推进系统的性能仿真,分析系统工作特性与多参数之间的耦合关系。该书考虑船舶外部载荷及船体变形对推进系统的动态影响,为完善和推进船舶推进系统-船体耦合动力学的发展,做了很有意义的探索。该书的研究工作为我国大型船舶动力系统的设计规范修订提供了可供参考的结论。

　　该书是反映船舶推进系统动力学特性研究的学术著作,具有重要的学术意义和工程应用价值。相信该书的出版,将对我国船舶推进系统动力学和船舶航行安全研究起到推动作用。

中国工程院院士
海军工程大学教授
2022 年 5 月 8 日

前　言

船舶推进系统主要由船舶主推进装置、支承系统、推进器、机舱自动化系统及相关辅助机械设备系统组成。它担负着提供供应能源、传递动力、推进船舶的重要功能。近年来，随着船舶吨位的不断扩大，大型船舶推进系统安全事故时有发生，造成巨大的生命财产损失，以及严重的海洋环境污染。这使人们对大型船舶推进系统的安全可靠运行更加密切关注。

本书针对复杂海洋环境中波浪-船体-推进系统三者的复杂动力学耦合问题，研究大型船舶的大尺度效应、多参数耦合作用，以及不确定航行环境与状态对船舶推进系统影响的理论与方法，探索通过改善推进系统的自适应性和工作可靠性来提升船舶航行性能和安全性的途径。

本书以万箱级集装箱船、20万吨级以上超大型油轮等大型海洋运输船舶的推进系统为研究对象，针对船体大尺度效应、动力系统多参数耦合性，以及船舶与海况流固耦合作用等复杂因素，围绕大尺度效应影响下大型船舶推进动力系统与船体的动力学耦合模型、理论与方法，以及实验室模型实验与实际海洋服役环境下船舶航行性能等科学问题，开展船舶推进系统-船体耦合动力学的模型构造、理论建立、仿真预报、实验验证、实船测试和工程应用等方面的系统研究，完善与发展了大型船舶推进系统-船体耦合动力学理论。

从 2011 年起，我们团队的成员和有关研究生(3 位博士研究生、2 位硕士研究生)参与了船舶轴系性能提升与安全运行方面的研究，李志雄、田哲、黄千稳、刘佳、谈微中等研究生围绕船舶轴系的动力学问题，开展了富有创意的探索和多维度研究，为本书的撰写奠定了基础。

本书由严新平教授统稿，各章节的撰写人为张聪(第 1、3、9 章)、田哲(第 2、5 章)、田哲与李志雄(第 6 章)、黄千稳(第 4、7 章)、谈微中(第 8 章)。全书由张聪和田哲副教授校核。

本书的出版得到国家科学技术学术著作出版基金项目和国家自然科学基金重点项目的资助。中国工程院院士、海军工程大学何琳教授为本书撰写了序。在出版基金的申请和出版过程中，科学出版社魏英杰编审给予了不少的指导。在本书撰写过程中，查阅和参考了国内外学者发表的相关学术论文。在此一并表示诚挚的谢意。

与本书内容相关的研究成果先后获得 2014 年中国航海学会科学技术奖特等

奖(船舶轴系的性能和结构优化的理论研究、实验装置研制与工程应用)和2015年湖北省科技进步奖一等奖(船舶轴系性能研究与艉轴承研制及其工程应用)。

  由于船舶轴系动力学研究涉及多方面的影响因素，还有许多问题需要深化研究，因此本书的观点和论述难免存在不完善之处，敬请读者指正。

严新平

于武汉理工大学余家头校区船机楼

2022年4月30日

目 录

"交通安全科学与技术学术著作丛书"序
序
前言
第1章 绪论 ·· 1
  1.1 研究背景 ·· 1
  1.2 船舶轴系的基本构成及作用 ··· 3
    1.2.1 船舶推进系统 ··· 3
    1.2.2 船舶轴系故障形式 ··· 5
  1.3 船舶轴系性能提升与安全运行研究现状 ····································· 6
    1.3.1 基于流固耦合理论的流体-船舶动力学研究现状 ······················ 6
    1.3.2 主机激励下轴系振动研究现状 ··· 8
    1.3.3 船体变形下轴系振动建模及耦合特性研究现状 ······················ 9
    1.3.4 船舶轴系耦合振动研究现状 ··· 10
  参考文献 ··· 12
第2章 研究对象概况及基本假设 ··· 18
  2.1 8530 TEU 集装箱船舶的基本概况 ··· 18
  2.2 297000 DWT VLCC 基本概况 ·· 20
  2.3 船舶弹性体的基本假设 ·· 22
  参考文献 ··· 23
第3章 基础理论和方法 ··· 25
  3.1 集中质量及传递矩阵法 ·· 25
  3.2 连续质量法 ··· 29
  3.3 有限元法 ·· 37
  3.4 变分法 ··· 40
  3.5 船舶推进系统分析工具 ·· 43
  参考文献 ··· 45
第4章 基于流固耦合理论的流体-船舶动力学研究 ····························· 46
  4.1 流体-船舶耦合动力学基本理论 ·· 46
    4.1.1 波动方程问题描述 ··· 46
    4.1.2 Dirichlet 边界条件 ··· 47

4.1.3　Leap-Frog 方法 ································· 50
　4.2　流固耦合基础理论 ·· 51
　　　4.2.1　流体模型 ··· 53
　　　4.2.2　船体模型 ··· 54
　　　4.2.3　流体-船舶耦合作用 ································· 55
　4.3　数值计算与模型验证 ······································ 56
　　　4.3.1　基本参数定义 ······································· 56
　　　4.3.2　流固耦合数值计算 ··································· 56
　　　4.3.3　计算结果分析 ······································· 57
　4.4　流体-船舶变形实验研究 ··································· 60
　　　4.4.1　流体实验介绍 ······································· 60
　　　4.4.2　实验结果分析 ······································· 62
　参考文献 ·· 63

第 5 章　主机激励下轴系振动建模研究 ·························· 64
　5.1　主机作用力 ··· 64
　　　5.1.1　气缸内气体燃烧产生的作用力 ························· 64
　　　5.1.2　主机内部运动部件惯性力及重力产生的作用力 ··········· 67
　　　5.1.3　主机激振力的合力 ··································· 70
　5.2　主机-推进轴系建模 ······································· 70
　　　5.2.1　Lagrange 方程 ······································ 71
　　　5.2.2　主机-推进轴系统运动微分方程 ······················· 72
　　　5.2.3　连续性与边界条件 ··································· 75
　　　5.2.4　主机-推进轴系耦合方程分析 ························· 77
　5.3　主机作用下船舶轴系动力响应分析 ·························· 80
　参考文献 ·· 82

第 6 章　船体变形下轴系振动建模及耦合特性研究 ··············· 83
　6.1　船体-轴系系统子结构模型 ································· 83
　　　6.1.1　支承轴承模型 ······································· 83
　　　6.1.2　主机模型 ··· 84
　　　6.1.3　螺旋桨模型 ··· 85
　　　6.1.4　船体变形模型 ······································· 86
　　　6.1.5　推进轴系模型 ······································· 88
　　　6.1.6　水域模型 ··· 89
　　　6.1.7　水-船体的耦合条件 ································· 90
　　　6.1.8　水-推进轴系的耦合条件 ····························· 90

目录

6.2　船体-轴系系统耦合变分方程 …………………………………………… 90
6.3　子结构模态函数 ………………………………………………………… 93
　　6.3.1　模态分析法及模态正交理论 …………………………………… 93
　　6.3.2　推进轴系子结构及其模态函数 ………………………………… 95
　　6.3.3　船体子结构及其模态函数 ……………………………………… 96
　　6.3.4　流体子结构及其模态函数 ……………………………………… 97
6.4　船体-轴系系统耦合建模 ……………………………………………… 99
6.5　船体-轴系系统的动力学分析 ………………………………………… 101
　　6.5.1　船体-轴系系统的自由振动及轴系频率因子、变形因子 …… 101
　　6.5.2　动力学响应 ……………………………………………………… 103
6.6　案例分析 ………………………………………………………………… 104
　　6.6.1　船体梁与推进轴系梁的模态方程 ……………………………… 105
　　6.6.2　水域的模态函数 ………………………………………………… 106
　　6.6.3　量纲一的量化 …………………………………………………… 108
　　6.6.4　自由振动分析 …………………………………………………… 109
　　6.6.5　动力学响应分析 ………………………………………………… 111
6.7　模型实验 ………………………………………………………………… 113
　　6.7.1　实验基本参数 …………………………………………………… 113
　　6.7.2　常规波浪浪频激励实验 ………………………………………… 114
　　6.7.3　爆炸波激励实验 ………………………………………………… 123
参考文献 ……………………………………………………………………… 126

第7章　船舶轴系耦合振动研究 …………………………………………… 128
7.1　船舶轴系扭转-纵向耦合振动研究 …………………………………… 128
　　7.1.1　船舶轴系扭转-纵向耦合振动建模分析 ……………………… 128
　　7.1.2　模型验证与数值计算 …………………………………………… 132
　　7.1.3　船体变形对推进轴系扭转-纵向耦合振动的影响 …………… 139
　　7.1.4　实验验证 ………………………………………………………… 144
7.2　船舶轴系扭转-横向耦合振动研究 …………………………………… 155
　　7.2.1　船舶轴系扭转-横向耦合振动建模 …………………………… 155
　　7.2.2　模型验证与数值计算 …………………………………………… 157
　　7.2.3　船舶轴系扭转-横向耦合振动影响分析 ……………………… 163
7.3　船舶轴系横向-纵向耦合振动研究 …………………………………… 168
　　7.3.1　船舶轴系横向-纵向耦合振动建模 …………………………… 168
　　7.3.2　模型验证与数值计算 …………………………………………… 172

7.3.3 船舶轴系横向-纵向耦合振动影响分析 ································ 184
参考文献 ·· 187

第8章 船舶推进系统动态特性影响因素的仿真研究 ···························· 189
8.1 船舶推进系统基本参数及模型建立 ···································· 189
8.1.1 船舶推进系统的基本参数 ······································ 189
8.1.2 船舶推进系统多体动力学模型的建立 ···························· 190
8.1.3 船舶推进系统模态频率的计算 ·································· 193
8.2 船体变形对推进系统动态特性影响的仿真研究 ························ 195
8.2.1 船体变形的施加方式及基本参数 ································ 195
8.2.2 船体变形对推进系统扭转振动的影响 ···························· 198
8.3 外部激励对推进系统动态特性影响的仿真研究 ························ 204
8.3.1 外部激励的施加方式及基本参数 ································ 204
8.3.2 外部激励对推进系统扭转振动的影响 ···························· 206
8.4 油膜约束对推进系统动态特性影响的仿真研究 ························ 209
8.5 油膜约束对推进系统轴心轨迹的影响 ·································· 210
参考文献 ·· 211

第9章 船舶轴系性能实验研究 ·· 213
9.1 船舶推进轴系实验室实验系统设计与研制 ······························ 213
9.1.1 船舶轴系性能综合实验台设计与研制 ···························· 213
9.1.2 船舶轴系动态特性实验台设计与研制 ···························· 219
9.1.3 液压加载系统 ·· 220
9.1.4 轴系测试系统 ·· 223
9.1.5 轴系振动测量原理及信号采集 ·································· 225
9.2 船舶轴系动态特性理论分析模型 ······································ 231
9.2.1 实验台轴系建模 ·· 231
9.2.2 理论模型与数值模型的对比 ···································· 233
9.3 船舶轴系复杂激励下的多向振动实验研究 ······························ 234
9.3.1 实验测试工况介绍 ·· 236
9.3.2 功率谱分析 ·· 237
9.3.3 时域结果分析 ·· 240
9.4 船舶轴系动态特性实验研究 ·· 242
9.4.1 船体变形激励幅值对轴系振动特性的影响 ························ 243
9.4.2 船体变形激励频率对轴系振动特性的影响 ························ 244
9.4.3 船体变形激励方向对轴系振动特性的影响 ························ 246

  9.4.4　转速对轴系振动特性的影响……………………………… 247
9.5　船舶推进轴系实船实验研究……………………………………… 248
  9.5.1　实船实验设计…………………………………………… 248
  9.5.2　实船实验结果分析……………………………………… 251
参考文献………………………………………………………………… 255

第1章 绪 论

1.1 研究背景

船舶工业是现代大工业的缩影,是国防安全和国家经济发展的战略性产业,对于机电、钢铁、化工、航运、海洋工程、资源勘探、国防科技工业等上下游产业的发展具有强劲的带头作用。虽然我国是世界船舶制造第一大国,但在造船技术与质量方面与世界先进国家相比,还有差距。船舶设计制造的核心技术和规范均受控于世界先进国家。为了促进我国船舶工业技术的进步,降低船舶设计与制造对国外技术的依赖性,保障我国船舶工业持续健康发展,维护我国的经济利益,保持我国在世界上的造船大国地位,实现我国由世界造船和航运大国向世界造船和航运强国的发展目标,迫切需要大力发展船舶工业先进设计、制造与管理技术。

近年来,为了提高船舶运输效率,发挥船舶规模运输的经济优势,大型/超大型船舶数量占世界远洋船舶总量的比例越来越大,船舶向大型化发展越来越迅速[1]。船舶大型化发展既是国内外海洋运输经济发展的迫切需要,也是船舶的前沿基础理论和先进建造技术支持的产物。

中国船级社(China Classification Society,CCS)2009年年报[1]统计数据显示,仅2009年一年时间就有30000载重吨(dead weight tonnage,DWT)的超大型油船(very large crude carrier,VLCC)、298000 DWT的大型矿砂船、147000 m^3 的液化天然气(liquefied natural gas,LNG)船和8530箱(twenty-feet equivalent unit,TEU)的集装箱船等不同类型大型船舶40余艘通过船舶检验而交付使用。另外,CCS在2011年年报[2]中指出,仅在2011年中国就交付8艘308000 DWT的VLCC、3艘230000 DWT的大型矿砂船、2艘205000 DWT大型散货船、17艘180000 DWT散货船和147000 m^3 LNG船等,总吨位、总功率创造了新的纪录。船舶大型化的特征不仅体现在总吨位、总功率和船舶尺寸数据不断出现新纪录上,而且体现在船舶的内在属性上。其航行性能不断提升,运输经济性显著提高。以超大型集装箱船(ultra large container ship,ULCS)为例,单船运载集装箱的容载能力达到 1000~21000TEU,船长超过300m,推进功率达到100000kW,航行速度达到25kn(1kn≈0.5144m/s)左右。大型船舶的船体和动力推进系统的多项数据超出以往同类型船舶原有数据的若干倍,但其推进效率在保持航速不下降的条件下可以提高3%~8%,甚至10%[1]。因此,船舶大型化发展对其设计和性能提出了更高的要求。

据报道，大型/超大型船舶出现的故障及其造成的损失不可忽视。大型/超大型船舶的船体变形引起的推进轴系对中失效，导致主机曲轴断裂、轴系振动剧烈和尾轴变形与密封破坏等恶性事故更加严重[3,4]。船体变形会加速轴系联结法兰螺栓断裂，导致推进系统失效，船舶操纵失控[5]。大型船体变形使轴系失中，有的船舶在试航几小时就出现前尾轴承与前密封失效，或后尾轴承烧熔；有的船舶仅运行 6 个月就出现后尾轴承损坏情况[6]。根据瑞典船舶保险公司对 1998～2011 年船舶理赔事故的统计结果(表 1-1)，船舶航行中由机械故障造成的事故占总理赔事故的 45%；随着船舶逐渐向着大型化的快速发展，推进轴系的故障次数也在逐渐增加。数据显示，1998～2013 年，由于整体或局部机械故障引起的船舶安全事故有明显增加的趋势[7]。其中，超过 50%的故障率发生在推进系统的主机和轴系部分，且轴系所占机械故障的比例由 1998～2004 年的 11.3%增加到 2005～2013 年的 17.7%，故障次数由 63 次增加到 174 次。机械故障引起的船舶安全事故统计如表 1-2 所示。因此，研究船舶推进系统的设计、制造和运维技术显得极其重要。

表 1-1　瑞典船舶保险公司对 1998～2011 年船舶理赔事故的统计结果[8]

事故原因	占比/%
机械故障	45
船体	14
碰撞	11
搁浅	11
气象因素	7
火灾	2
其他	10

表 1-2　机械故障引起的船舶安全事故统计[7]

故障原因	1998～2004 年/次	2005～2013 年/次
主机	232	370
转向齿轮	66	55
辅机	120	185
锅炉	65	59
推进轴系	63	174
其他	12	139

由此可见,发展大型船舶的重大技术挑战之一就是如何提升船舶的航行性能。其中大型船舶船型的合理设计,以及保证推进动力系统可靠运行是提升其航行性能的重要内容。由于船舶的大型化,推进系统与船体两者的相互耦合、相互影响问题日益突出。一方面,大型/超大型船舶由于船体主参数明显增大,推进轴系传递的扭矩、推力巨大,因此轴系振动加剧,振动激励通过轴系-轴承-船体传递,进而引起船体的强烈振动[9]。另一方面,通过增大轴系与螺旋桨的直径来保证扭矩传递[10],导致轴系刚度增加,但船体是一薄壁腔体,其刚度不会与轴系刚度同步增长,而轴系刚性相对增大,使其对船体变形极为敏感。船体首尾基准线的相对变形分布均呈现"凸"或"凹"形曲线,使轴线也发生变形。首尾轴承轴线的最小变形为 2.2 mm,满载下最大变形为 6.2 mm,而轴承间隙数量级为 0.1 mm 级,轴线的变形量远大于轴承间隙,导致轴系轴承的相对位置、负荷发生剧烈变化,甚至超出保持轴系正常运转允许的范围[11,12]。研究表明,可以通过轴承负荷影响数[13]来定量描述轴系变形对轴承负荷所带来的影响。轴承负荷影响数对比表如表 1-3 所示。对于新型的 VLCC 船舶,中间轴承位置发生 0.1 mm 位移,其尾管前轴承载荷增加 21650 N。对于老型号船却仅增加 8070 N,前者几乎是后者的 3 倍。如进一步计入船体变形,只要中间轴承被抬高 0.28mm,尾管前轴承就会脱空[3]。这是船舶大型化必然面对的困境。

表 1-3 轴承负荷影响数对比表[13]

VLCC 船舶类型	尾管后轴承/N	尾管前轴承/N	中间套管/N	主机轴承/N
新型号	−7980	21650	−27830	14160
老型号	−3060	8070	−15900	10890

因此,水环境中大型船舶的船体变形及其船舶推进系统间的相互影响引起船舶界和各国船级社的高度重视,成为船舶与海洋工程行业及相关领域的研究热点。波浪载荷作用下,大型船舶推进系统与船体的系统动力学耦合理论、航行环境下的流体-船体耦合动力学条件下的推进轴系扭转、纵向和横向耦合振动,以及复杂海洋环境下的船舶航行性能提升优化技术等都是亟待重点研究的科学问题。这对于提高大型船舶运营中的稳定性及可靠性、保障船舶轴系的生命力、降低推进系统振动对船舶的危害具有重要意义。

1.2 船舶轴系的基本构成及作用

1.2.1 船舶推进系统

船舶推进系统作为船舶的重要组成部分,连接着主机和螺旋桨,传输主机产生的扭矩给螺旋桨,同时将螺旋桨产生的轴向推力传递给船体以推动船舶的运行,保障船舶的航行动力。船舶推进系统对船舶营运的经济性、机动性、可靠性等起着至关重要的作用[14-16]。船舶推进系统主要包括主机(船用二冲程或四冲程柴油机)、支承系统(推进轴系、轴承和相关传动设备)、推进器(各种结构形式的螺旋桨)和其他辅助机械设备系统。船舶推进系统布置图如图 1-1 所示。推进轴系作为主机与推进器之间的连接部件,主要将主机产生扭矩及功率传递给推进器。与此同时,将推进器与水之间作用产生的轴向推力作用于推力轴承处,进而传给船体,使船舶前进或者后退,其工作稳定性和可靠性是船舶生命力的有力保证。

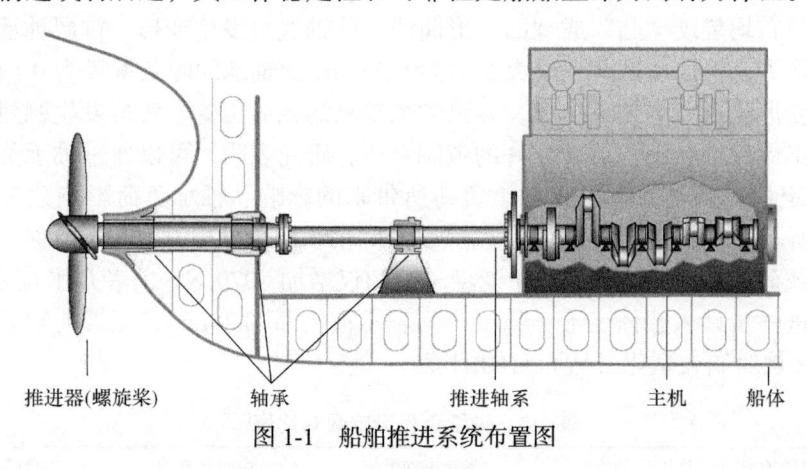

图 1-1 船舶推进系统布置图

1. 主机

船舶主机,即船舶动力装置,是为各类船舶提供动力的机械。船舶主机根据采用燃料的性质、燃烧的场所、使用的工质及其工作方式等,可分为蒸汽机、内燃机、核动力机和电动机。目前,绝大多数的船舶都在使用内燃机中的往复式柴油机作为主机,部分军舰使用核动力主机和电动主机。船舶主机主要包括主动力装置、辅助动力装置、其他辅机和设备。主动力装置为船舶提供推进动力的主机及其附属设备,是全船的心脏。主动力装置以主机类型命名。目前,主机主要有蒸汽机、汽轮机、柴油机、燃气轮机和核动力装置等五类。现代运输船舶的主机以柴油机为主,在数量上占绝对优势。辅助动力装置是为全船提供电力、照明和其他动力的装置,如发电机组、副锅炉等,其中发电机组是船上最重要的辅助动力装置。柴油机船一般有 2~3 台发电机组,由单独设置的中速或高速柴油机驱动。其他辅机和设备包括为主机运行提供支持的设备,如空压机、油水分离机、重油加热装置,以及各种管路系统等。

2. 推进轴系

船舶推进轴系位于主机(或齿轮箱)的输出法兰和螺旋桨之间,并起着连接它们的作用。轴系一般由传递主机功率用的传动轴、支撑传动轴用的轴承及其他附件组成。船舶推进轴系的基本任务是将主机的功率传递给螺旋桨，同时将螺旋桨旋转产生的轴向推力传给船体以推动船舶运动。传动轴主要由螺旋桨轴、艉轴、推力轴和中间轴组成。这些轴段的数目和配置主要取决于船型、动力装置类型和机舱位置。一般船舶的艉轴指螺旋桨轴。艉轴(或螺旋桨轴)末端装有螺旋桨。前端穿过艉轴管与船体内的中间轴相连。中间轴安置在推力轴与艉轴之间，在传动轴中起着连接各主要轴段的作用。推力轴是为承受推力设置的，设有推力环。轴系受力情况十分复杂，包括扭应力、压缩应力、弯曲应力、安装误差引起的附加应力和其他动态附加应力等。

3. 轴承

轴承可以分为推力轴承、中间轴承和艉轴承。其中，推力轴承主要传递纵向力，中间轴承和艉轴承连接轴与船体，传递径向力。轴承的结构形式可以分为滑动式和滚动式两种。滑动轴承的优点是工作可靠、维护简便、制造成本低且不需要专门设备，安装和维修较方便，大量使用在转速较低的轴系中。

4. 推进器

推进器主要指各种结构形式的螺旋桨。螺旋桨是靠桨叶在水中旋转，将发动机转动功率转化为推进力的装置，可有两个或较多的叶与毂相连。叶的向后一面为螺旋面或近似于螺旋面。螺旋桨分为定(桨)距和变距螺旋桨两大类。定距桨的桨距(或桨叶安装角)是固定的，构造简单，重量轻，只在选定的速度范围内效率较高，在其他状态下效率较低。变距螺旋桨的桨距(或桨叶安装角)是可变的，构造复杂，造价高，通过调节桨距或桨叶角度可使螺旋桨在一定工况和环境下处于最佳工作状态。

1.2.2 船舶轴系故障形式

大型船舶在航行过程中，会不可避免地遇到一些突发状况，如大风、大浪等。这会对大型船舶轴系产生影响，严重时可能导致轴系发生故障，使大型船舶无法正常工作。同时，大型船舶轴系在正常航行过程中，可能由于不平衡力、润滑不良、轴系校中、微小异物入侵等发生一系列的严重故障。从振动基本形式上看，船舶推进轴系振动可分为扭转振动、纵向振动、回旋振动。由于主机激振力的不均匀性、主机离心惯性力，以及轴系安装的不对中性、材料分布的不均匀性等原因，极易使推进轴系产生以横向和扭转为主的振动。螺旋桨在水的激励作用下，上述三种船舶推进轴系的振动形式都可能出现，并产生两向或三向的耦合振动。此外，极端海洋环境下的波浪载荷会使船体产生变形，改变原有轴系支承轴承的相对刚度和位置。尤其是，针对如大型散货船等尾机型、轴系短粗的船舶，推进轴系刚度较大，当轴承基座的垂向位置发生小幅度变化时，轴系会产生比较剧烈的横向振动[17]。剧烈的横向振动会使螺旋桨轴的锥形大端产生龟裂，导致严重的疲劳损坏事故，进而尾管后轴承产生严重的磨损及过热等现象，导致轴衬套腐蚀、密封装置损坏等故障发生。长时间、剧烈的扭转振动极易造成主机曲轴、中间轴、尾轴、螺旋桨轴的扭断。耦合作用下船舶轴系及部件的破坏如图1-2所示。纵向振动极易引起主机内曲柄销弯曲应力和拉压应力超过其允许的受力极限，使曲轴发生弯曲疲劳破坏，或者造成传动齿轮的轮齿附加负荷增大，加速齿面过度磨损，甚至损坏等。

图 1-2　耦合作用下船舶轴系及部件的破坏

1.3　船舶轴系性能提升与安全运行研究现状

1.3.1　基于流固耦合理论的流体-船舶动力学研究现状

在船舶航行过程中，波浪的压力作用会引起船体结构的刚体运动，包括在各个方向上的摇荡，同时船体结构在螺旋桨等动力装置的激励下会产生不同形式的变形。船舶在航行过程中所受外部荷载的应力分布如图1-3所示。由于船体结构的弹性变形也会作用到流体上，影响波浪载荷的分布状态，因此需要对流体-结构耦合作用进行系统的探究[18]。

在流体-船体耦合动力学理论分析方面，需通过流固耦合的建模基础，结合流体的水弹性理论，同时考虑船体结构的初始惯性力和流体动力的耦合作用，将流场域和固体域作为整体系统进行分析，以此来描述流体-船体结构的相互作用，并得到不同边界条件下的船体变形量。在早期的流体研究中，Denis 等[20]给出了海洋条件严格的统计学定义，推导了在风浪作用下的船体复杂响应，为船体运动方面的设计、研究奠定了理论基础。Korvin-Kroukovsky[21]根据静水力和水动力条件

图 1-3 船舶在航行过程中所受外部荷载的应力分布[19]

下的流体速度和加速度结果，求解了船体运动的微分方程，通过不同工况的计算和拖曳水池的实验，得到了船体和规则波的交互作用力。在此基础上，Jacobs[22]计算了纵向力干扰下的船体在规则波作用下的弯矩大小，Vossers[23]分析了波浪的速度、阻尼及其作为激励力引起的船体变形，Jensen 等[24]从规则波发展到随机波作用下的船舶弯矩和剪切力研究，Adegeest[25]利用三阶 Volterra 模型计算了不同自由度条件下随机波引起的船体结构上的非线性载荷。这些研究对该理论进行了发展和完善，通过不同的假设理论，将线性问题提升到对非线性系统的研究。同时，对于时域切片理论的研究也逐渐发展起来。Xia 等[26]研究了垂向波浪载荷和船体响应的非线性时域切片理论。Wang[27]用时域切片理论预测 5 个自由度下的波浪载荷和船体响应。Tian 等[28]根据船体二阶水弹性理论，计算了船体在随机波条件下的非线性水弹性变形。需要指出的是，时域切片理论相对于频域方法可以方便地处理瞬态、时历响应等非线性问题，不但计算工作量少，而且求解精度高，但复杂波浪载荷的不规则作用会降低求解的准确性。基于这种情况，Hess 等[29]发展了任意三维水动力计算理论，以适应非线性计算的需要。

在流体-船体耦合动力学数值仿真方面，可以采用经验公式或切片理论等水弹性力学基础进行波浪载荷的预估，结合大型计算软件建立船体结构的整体模型，通过定义流体的场函数来模拟流场的初始和边界条件，在此基础上施加波浪载荷来进行计算。在计算过程中，波浪载荷合理的预估对于船体变形求解的准确性起着至关重要的作用。其中，应用最为广泛的数值计算方法是有限元法和边界元法。Souli 等[30]采用任意拉格朗日-欧拉有限元方法来控制结构形状和流场的网格尺寸，以此研究流固耦合问题。Aquelet 等[31]利用有限元软件 LS-DYNA 引入相对于流体和结构速度的阻尼力，提出在流固耦合界面耦合力的算法。除此之外，Sames 等[32]采用双流体有限体积法预测集装箱船在水环境中的运动。Mei 等[33]应用 Wagner 势流公式计算二维结构体在静水中的压力分布解析解。Liu 等[34]通过有限元方法分析船舶在波浪环境下的弹性位移，通过规定每个时间步长的波浪边界条件模拟波浪-船体动态相互作用，同时，该边界条件必须满足流体-结构表面压力和位移的连续性。Senjanović 等[35]在不考虑船体内部结构引起的脉冲负载时，研究外部波浪等冲击载荷作用下的大型集装箱船的复杂数学模型和三维有限元模型。同时，采用直接积分法和 Ritz 法求解船体结构扭转-弯曲耦合振动的微分方程，验证有限元模型在船舶水弹性分析中的适用性[36]。

1.3.2 主机激励下轴系振动研究现状

大部分船舶主机采用多缸二冲程柴油机。多缸二冲程柴油机是一种复杂的往复式运动机构。其工作原理是，活塞受到气体燃烧压力驱动，在气缸内进行往复运动，而连杆将活塞受到的气体压力传递至曲轴，使曲轴在主轴承内旋转运动。在主机运行过程中，曲柄连杆机构进行往复及回转运动导致周期性不平衡力和力矩，成为主机作用于轴系的主要激励来源。主机激励一方面会使主机本身机体振动变大而影响系统稳定性，另一方面会使曲轴在内的主轴系振动加剧，进而传递到推进轴系影响其动态特性。因此，主机的运行状态直接关系到整船动力系统的工作效率与运行安全[37]。

刘义军等[38]建立了带有主机、轴系和螺旋桨的某 30000 DWT 散货船的有限元模型，通过对该模型的模态分析获取船体的固有频率，然后通过施加主机激励和螺旋桨激励获取船体的传递函数，以此来研究不同的主机激励及螺旋桨激励作用下船体振动的差异性特性。魏立队[39]利用多体动力学、有限元法建立了 39000 DWT 油船的低速二冲程柴油机及其轴系有限元模型，通过数值仿真的方法计算得到基于实船安装条件下的主机激励，对推进轴系的振动进行计算。Wang 等[40]以高速涡轮机为研究对象，通过有限元的方法，建立各部分的有限元模型，探究涡轮机的不平衡激励对轴系振动的影响，并提出控制振动的方法。寇向东[41]确定了主机燃气压力及运动部件的不平衡惯性力、力矩是引起横向振动等往复振动的主要激励源。他们针对某柴油机厂在实验新机过程中出现的问题，用有限元的方法建立该型的船用柴油机模型，运用仿真和实验相结合的方式探讨船用柴油机和实验台架的耦合振动问题，为结构布置提供优化方案。针对船用主机向高爆压、长冲程的发展趋势，申亮等[42]探索了在剧烈的主机激励下台架实验振动响应问题，寻求一种简单的避振方法来保证主机的稳定运行，为主机的研发和优化提供建议。

Seshu 等[43]以车用柴油机曲轴为研究对象，将柴油机的活塞和往复惯性质量简化成集中质量安装在曲柄销处，通过建立三维曲轴有限元模型，分析柴油机缸内气体燃烧使曲轴产生波动的扭矩造成的曲轴振动响应。Drzewieniecki[44]通过在主机自由端监测到主机瞬态转速工况下的扭转振动响应来分析主机作用力下引起主轴系扭转振动的传递函数,由此提出一种可以替代主机作用力的新方法。Merkisz 等[45]指出在稳定转速的主机运行工况下,曲轴除了受到主机负载的作用,还会受到额外的动态载荷。他们通过研究主机变运行工况下的曲轴振动分析来探索曲轴结构的机械特性,提出主轴的优化设计方案。Fonte 等[46]针对曲轴关键部位,如曲柄销承受主机作用力产生弯曲、主轴颈产生扭转容易造成疲劳损伤的特点,建立主机模型,通过疲劳预估对主机曲轴优化设计提供评估优化建议。

1.3.3 船体变形下轴系振动建模及耦合特性研究现状

大型船舶在不同海况条件下航行的过程中,船体结构会在周边的波浪压力、温度、风浪、水流、水深、本身材料等环境因素的影响下,产生相应的响应,如纵荡、垂荡、横摇、艏摇等,也会产生不同程度的非线性、强随机性的船体变形。在过去的研究中,在考虑推进轴系的振动过程中,由于研究对象的母船船体尺寸一般较小,船体的相对刚度较大,在海浪中航行时,船体变形量微乎其微,因此计算船舶推进轴系的动态特性时,很少考虑船体变形的影响。此外,对船体变形的研究也常常限制在船体波浪载荷的预报、船体的总纵强度等结构安全方面。因此,很少对船舶推进系统与海浪所致的船体变形之间的相互作用等方面进行系统深入的研究。

近年来,船舶大型化的发展趋势越发明显,VLCC、ULCC 等超大型船舶占全球造船订单的份额越来越大。船舶推进系统和船体变形之间的相互耦合影响问题十分明显。根据相关的文献资料可知,船体本身是具有一定弹性的薄壁结构,在周围环境和各种影响因素的作用下会产生变形,其对推进系统动态特性施加的影响主要通过改变轴承在船体激励下的位置体现[21]。船体变形引起的轴承偏离设计位置,易造成各轴承支撑力的不平衡,进而加剧轴承磨损,增大轴系振动和噪声,降低运行的稳定性,缩短轴承寿命,降低轴系输出效率[47]。同时,剧烈的振动会使设备部件受到的应力增大,连接螺栓松动、变形,甚至出现表面微裂纹和疲劳破坏,直接影响船舶的安全航行[48]。船舶设计在向着大型化、高功率化、高航速化发展的过程中,推进轴系刚性相对增大,船体刚性相对减小,因此船体变形和推进轴系的耦合关系是保证轴系安全运行的重要动态因素。

目前船体变形对大型船舶推进系统的影响已经引起各国研究机构的重视。日本船级社(Nippon Kaiji Kyokai, ClassNK)[19]很久以前就推出保障船舶运行的 PrimeShip 项目,其中有部分内容针对大型船舶推进轴系的轴系校中、横向振动、纵向振动、扭转振动、船舶运行状态的评估等入级规范项目进行研究。美国船级社(American Bureau of Shipping, ABS)[49]也投入大量精力开发了 ABS-SHAFT 轴系分析系统对大型船舶及军舰进行相关的研究。中国船级社(China Classification Society, CCS)[50]在 2005 年前后开发了拥有自主产权的轴系计算软件,可以分析受船体变形影响的大型船舶轴系校中状态。英国劳氏船级社(Lloyd's Register of Shipping, LR)、挪威船级社(Det Norske Veritas, DNV)、法国船级社(Bureau Veritas, BV)、俄罗斯船级社(Russian Maritime Register of Shipping, RS)等也开始考虑船体变形因素下的推进轴系和主轴系校中精确解析计算项目的研究工作。

Murawski[51]通过有限元模拟与实船测量对比得出,在轴系校中过程应该同时考虑船体变形,以及轴承结构等的影响。严新平等[52]以考虑船体变形耦合作用的船舶推进系统为对象,通过考察其耦合动力学特性,开展相关研究。耿厚才等[53]通过有限元模拟计算表明,中间轴承与主机轴承对大型船体变形非常敏感。王西丁等[54]通过分析某型号的船舶在不同的装载工况下的轴承支承反力,得到该工况下轴承负荷的变化,并以此说明船舶不同装载条件对船体变形及轴系校中有明显的影响。李方海[55]通过有限元仿真的方法,计算了散货船在多种装载工况下产生的结构变形对其推进轴系的影响,得出当船体发生总纵弯曲变形时,会对轴系校中产生明显的作用,而且满载工况的作用更加明显。吴杰长等[56]以某型号的燃气柴油联合动力船舶为研究对象,通过船舶处于中拱状态下船体变形得到推进轴系在各个轴承位置处的负荷变化情况,说明轴系校中状态受船体变形作用的影响十分突出。陆金铭[57]通过 MSC. PATRAN 对某型号的散货船进行三维建模,运用有限元方法计算分析该船在不同海况下轴承位置处发生的船体相对变形,以及相对变形对轴承负荷产生的变化规律。Grzadziela[58]研究了水下冲击波对船体产生变形进而引起轴系失中的影响。Low 等[59]计算了船舶不同装载条件和不同波浪载荷等因素下船体的变形量得到轴承的相对位移量,并以此对轴系校中进行相关的计算分析,通过与静态轴系校中的对比,探讨上述两个因素引起的船体变形对轴系校中的影响。石磊[60]考虑整个船体,分析不同的船舶装载量、不同大小的波浪荷载,以及各种环境温度作用下船体变形的计算方法,提出一种计算改变轴承位置达到优化目的的方法。朱军超[61]以某型号的散货船为研究对象,建立船体尾部有限元模型,研究船体变形引起的轴系垂向变形对横向振动的影响。Mourelatos[62]在研究船舶轴系校中时,主要考虑轴承座刚度、油膜刚度特性,以及船体变形的影响。

1.3.4　船舶轴系耦合振动研究现状

推进轴系在实际运转过程中,由于主机工作循环的脉动性、螺旋桨区域伴流的不均匀性、冲击作用的不定时性,以及阻尼作用的不稳定性,轴系受到的激励多变,振动形式也更加复杂[63]。人们通常将船舶推进轴系的振动归纳为扭转振动[64]、纵向振动[65]和横向振动(也称回旋振动)[66],并且提出多种计算方法和理论模型[67]。长期以来,对船舶推进轴系的扭转、横向和纵向振动的研究都是孤立进行的[68,69]。对振动形式的独立研究固然能使问题简化,但是隔断了其内在联系,无法反映推进轴系实际的振动情况[70]。考虑推进轴系的振动形式复杂,为了保证其安全长久的工作，轴系的多向耦合振动研究显得更加重要[71, 72]。

弹性理论指出，结构的各点在外载荷作用下发生变形，其大小和方向各不相同，变形不仅发生在载荷作用方向，也可能发生在其他方向。该变形包括线位移和扭转角。物体的形状越复杂，变形的形式和相互的影响也越复杂。这些振动形式相互依赖和影响的关系就是各种耦合振动的力学基础[73]。船舶轴系的耦合振动形式包括扭转-纵向、扭转-横向、横向-纵向等双向耦合振动，以及扭转-横向-纵向多向耦合振动[74]。推进轴系的多向耦合振动问题并不是扭转、横向和纵向振动的简单叠加，在研究过程中必须同时分析。

船舶轴系由于质量大、惯性强、弹性高的特点，在轴系运转过程中容易发生扭转-纵向耦合振动。Parsons[75]分析了船舶推进系统由螺旋桨引起的扭转-纵向耦合振动，在螺旋桨附加质量和阻尼研究的基础上，认为耦合振动包括惯性耦合和阻尼耦合两种情况。王义等[76]结合 7 条船舶推进轴系的纵向振动实测曲线，对其扭转-纵向耦合振动的响应曲线进行分析，发现当扭转和纵向振动的临界转速接近或重合，尤其是两个主谐次恰成倍数时的耦合响应明显加剧。张洪田等[77]将主机、螺旋桨质量和附水阻尼分别用当量耦合刚度、当量加速度和当量速度等耦合系数表示，建立了基于离散系统模型的大型船舶轴系扭转-纵向耦合振动的系统矩阵法，系统探究了耦合振动的普遍规律。邱云明等[78]采用一种非线性刚度的弹簧质量模型构建轴系的扭转-纵向耦合振动模型，对仅有扭矩激励、轴向力激励，以及两种激励同时存在的情况分别作了单轴系统的理论计算。Jang 等[79]结合 6 自由度质量的能量法研究，采用三维建模和网格划分的方法准确预估轴系的扭转-纵向耦合振动，并通过实船测实验证了模型的高效性。

船舶轴系横向-纵向耦合振动方面，在梁结构的基础上，夏品奇[80]通过 Galerkin 方法推导横向-纵向耦合梁的高阶偏微分方程，采用增量平衡法分析耦合梁的谐波响应。胡义等[81]等推导求解横向-纵向耦合梁的非线性刚度矩阵，通过有限元方法对耦合振动的固有频率进行数值计算。在以梁单元为对象的研究以外，对轴系横向-纵向耦合振动的研究从频域发展到了瞬态的时域分析。Zou 等[82]根据 Hamilton 定理建立了船舶推进轴系横向-纵向耦合动力学模型，再利用 Galerkin 方法进行离散，通过多尺度方法分析推进轴系的稳态响应，并进行相应的稳定性分析。杨志荣等[83]考虑船舶轴系的弹性支撑和集中质量的特点，建立了横向-纵向耦合振动的非线性质量和刚度矩阵，并通过有限元动力学进行模型的计算。邹冬林等[84,85]在 von-Karman 非线性位移-应变关系的基础上，根据 Hamilton 原理建立轴系横向-纵向耦合的有限元模型，分析阻尼比、外部载荷和结构细长比的影响作用，并研究轴向主共振和内共振联合作用下的动态响应。

在上述两向耦合振动研究的基础上，将三种振动形式整体耦合的研究也得以开展，戴莉娅等[86]建立了船舶轴系(从主机到螺旋桨)的耦合振动数学模型，导出了尾轴轴系加入回旋效应的耦合振动数学模型，以及螺旋桨的附水质量、阻尼引起的耦合振动传递矩阵，为研究回旋效应与耦合振动的关系提供了理论依据。Han等[87, 88]通过哈密顿变分原理推导出非线性扭转-横向-纵向耦合运动方程的边界条件，通过有限差分方程数值方法求解其非线性耦合部分，并对该耦合系统的自由振动和强迫振动进行分析。Murawski[89]考虑推进轴系扭转-横向-纵向耦合的复杂边界条件，对主机、推力轴承和轴向阻尼器的性能进行数值分析，并在实船测量得到验证。

在进行轴系多向耦合振动理论和方法研究的同时，国内外学者也开展了相应的实验测试和分析。龚宪生等[90]通过实验测试和理论分析研究船舶轴系非线性耦合的稳态振动，在广义线性模型的基础上提出新的计算轴系非线性耦合振动的模型，并通过实验测试验证了该模型的准确性。Rothberg等[91]提出包括速度传感器的复杂测试模型，通过单一的激光束和一对平行的光束入射到旋转轴，完整测量三个平移和三个旋转坐标的轴系振动情况。李晓彬等[92]通过测量某舰船的横向动刚度，得到轴系上各节点的最大应力和位移，并给出其频率响应曲线。Xiang等[93]使用非接触式激光扭转振动仪分析轴系的扭转振动，并通过修正的Riccati扭转传递矩阵来分析该轴系，验证扭振测量的准确性。Lu等[94]在模拟螺旋桨激励力沿轴系纵向传递的形式的基础上，采用单点激励、多点拾振的模态测试方法，对测试加速度导纳函数进行参数识别，获得轴系的纵向振动特性。

参 考 文 献

[1] 李应平. 2009年中国船级社年报[R]. 北京：中国船级社, 2010.

[2] 李应平. 2011年中国船级社年报[R]. 北京：中国船级社, 2012.

[3] 周瑞友. 超大型船舶推进轴系校中理论研究[D]. 武汉：武汉理工大学, 2005.

[4] 石磊, 薛冬新, 宋希庚. 用于轴系校中的船体变形计算研究[J]. 船舶工程, 2010, 32(3): 12-15.

[5] Czeslaw D. Analysis of ship shaft line coupling bolts failure [J]. Journal of Polish CIMAC, 2009, 4(2), 33-40.

[6] 许运秀. "大源湖"轮尾管异常声响分析与对策[J]. 上海造船, 2006, 65(1): 52-55.

[7] The Swedish Club. Navigational claims brochure[R]. Sweden: The Swedish Club Highlights, 2014.

[8] The Swedish Club. Main engine damage update[R]. Sweden: The Swedish Club Highlights, 2005.

[9] 曹贻鹏, 张文平. 轴系纵振对双层圆柱壳体水下声辐射的影响研究[J]. 船舶力学, 2007, 11(2): 293-299.

[10] International Maritime Organization(IMO). IMO Comparative Study on Oil Tanker Design[M]. London: IMO, 1992.

[11] 董恒建, 张建军. 对轴系校中影响的船体变形研究[J]. 船舶工程, 2009, 31(S1): 8-11.
[12] Roemen R, Grevink J. An advanced approach to the design of shaftlines and bearing arrangements for fast ferries[J]. Wartsila Technical Journal, 2009, 1: 47-53.
[13] The Motor Ship. Shaft Alignment: Rigid Shafting and Flexible Hulls[M]. Hampshire: The Motor Ship, 2000.
[14] Liu J, Zhang C, Huang Q, et al. Analytical/numerical study of the coupling vibration performance of the crankshaft-shafting[C]//The 21st International Congress on Sound and Vibration, Beijing, 2014: 2832-2839.
[15] Qin L, Zhou X, Gao Y, et al. Shaft power measurement for marine propulsion system based on magnetic resonances[J]. IEICE Electronics Express, 2012, 9(15): 1260-1265.
[16] 黎辉. 船舶推进轴系扭振若干技术问题研究[D]. 武汉: 武汉理工大学, 2007.
[17] 严新平, 李志雄, 刘正林, 等. 大型船舶推进系统与船体耦合动力学研究综述[J]. 船舶力学, 2013(4): 439-449.
[18] Yang P. Structural design of high speed vessels-structural response and strength[C]// Proceedings of the 14th International Ship and Offshore Structures Congress, St Louis, 2000: 109-147.
[19] Classnk. Primeship[EB/OL]. http://www.classnk.or.jp/hp/en/activities/primeship/index.html[2016-12-22].
[20] Denis S, Pierson W. On the motions of ships in confused seas[J]. The Society of Naval Architects and Marine Engineerings, 1953, 61: 280-358.
[21] Korvin-Kroukovsky B V. Investigation of ship motions in regular waves[J]. SNAME Trans, 1955, 63: 386-435.
[22] Jacobs W. The analytical calculation of ship bending moments in regular waves[J]. Journal of Ship Research, 1958, 2(2): 2-9.
[23] Vossers G. Some applications of the slender body in ship hydordymamics[D]. Delft: Delft University of Technology, 1962.
[24] Jensen J, Pedersen T. Bending moments and shear forces in ships sailing in irregular waves[J]. Journal of Ship Research, 1981, 25(4): 243-251.
[25] Adegeest L. Third-order volterra modeling of ship responses based on regular wave results[C]// The 21th Symposium on Naval Hydrodynamics, Trondheim, 1996: 189-204.
[26] Xia J, Wang Z, Jensen J. Non-linear wave loads and ship responses by a time-domain strip theory[J]. Marine Structures, 1998, 11(3): 101-123.
[27] Wang Z. Hydroelastic analysis of high-speed ships[D]. Denmark: Technical University of Denmark, 2000.
[28] Tian C, Wu Y. The second-order hydroelastic analysis of a SWATH ship moving in large-amplitude waves[J]. Journal of Hydrodynamics, 2006, 18(6): 631-639.
[29] Hess J, Smith A. Calculation of nonlifting potential flow about arbitrary three-dimensional bodies[J]. Journal of Ship Research, 1964, 8(2): 22-44.
[30] Souli M, Ouahsine A, Lewin L. ALE formulation for fluid-structure interaction problems[J].

Computer Methods in Applied Mechanics and Engineering, 2000, 190(5-7): 659-675.
[31] Aquelet N, Souli M, Olovsson L. Euler-Lagrange coupling with damping effects: application to slamming problems[J]. Computer Methods in Applied Mechanics and Engineering, 2006, 195(1-3): 110-132.
[32] Sames P, Schellin T, Muzaferija S, et al. Application of a two-fluid finite volume method to ship slamming[J]. Journal of Offshore Mechanics and Arctic Engineering, 1999, 121(1): 47-52.
[33] Mei X, Liu Y, Yue D. On the water impact of general two-dimensional sections[J]. Applied Ocean Research, 1999, 21(1): 1-15.
[34] Liu X, Sakai S. Time domain analysis on the dynamic response of a flexible floating structure to waves[J]. Journal of Engineering Mechanics-Asce, 2002, 128(1): 48-56.
[35] Senjanović I, Malenica S, Tomasevic S. Hydroelasticity of large container ships[J]. Marine Structures, 2009, 22(2): 287-314.
[36] Senjanović I, Catipovic I, Tomasevic S. Coupled horizontal and torsional vibrations of a flexible barge[J]. Engineering Structures, 2008, 30(1): 93-109.
[37] 陈敏雄, 陈端石. 柴油机各缸负荷不均衡对轴系扭转振动特性影响的研究[J]. 噪声与振动控制, 2003, (2): 3-6.
[38] 刘义军, 闫力奇, 曹贻鹏. 主机与螺旋桨激励下某型散货轮船体振动差异特性研究[J]. 噪声与振动控制, 2015, (5): 102-106.
[39] 魏立队. 船用二冲程柴油机及推进轴系的振动建模与仿真研究[D]. 大连: 大连海事大学, 2012.
[40] Wang L, Bing G, Li X, et al. Effects of unbalance location on dynamic characteristics of high-speed gasoline engine turbocharger with floating ring bearings[J]. Chinese Journal of Mechanical Engineering, 2016, 29(2): 271-280.
[41] 寇向东. 船用柴油机和实验台耦合振动模态分析[D]. 大连: 大连理工大学, 2006.
[42] 申亮, 顾立舟, 李永坡, 等. 低速船用主机台架试验结构振动避振方法[J]. 柴油机, 2016, (3): 40-43.
[43] Seshu P, Burla R, Hirani H, et al. Three dimensional finite element analysis of crankshaft torsional vibrations using parametric modeling techniques[J]. SAE International Journal of Passenger Cars Mechanical Systems, 2003, 112:2330-2337.
[44] Drzewieniecki J. Possibilities of using the free-end of crankshaft in diagnosis of slow speed marine diesel engines[J]. Journal of Polish CIMAC, 2011, 6(2): 73-82.
[45] Merkisz J, Markowski J, Kaluzny J, et al. The numerical analysis of influence of crankshaft main spindles regeneration in marine engine on stiffness and eigen frequency of the crankshaft[J]. Solid State Phenomena, 2015, 236: 85-92.
[46] Fonte M, Duarte P, Anes V, et al. On the assessment of fatigue life of marine diesel engine crankshafts[J]. Engineering Failure Analysis, 2015, 56: 51-57.
[47] Xing J T, Tian Z, Yan X P. The dynamics of ship propulsion unit-large hull-water interactions[J]. Ocean Engineering, 2016, 124: 349-362.
[48] 熊凯. 基于船体变形的轴系校中技术研究[D]. 大连: 大连理工大学, 2009.

[49] ABS. Guidance notes on propulsion shafting alignment[S]. USA: ABS 128 CORR-2014.
[50] 中国船级社. 船上振动控制指南[S]. 北京: 人民交通出版社, 2012.
[51] Murawski L. Vibrations resonance estimation in marine structures[J]. Journal of Kones, 2014, 21(1): 175-182.
[52] 严新平, 李志雄, 袁成清, 等. 考虑船体变形耦合作用的船舶推进系统建模与控制[J]. 船海工程, 2011, (1): 60-63.
[53] 耿厚才, 王万华. 巨型油船轴系校中模型分析[J]. 船舶工程, 2007, (1): 17-19.
[54] 王西丁, 钟涛, 武玉增. 船体变形对轴系校中的影响与分析[J]. 上海造船, 2005, (2): 61-63.
[55] 李方海. 基于船体艉部变形耦合作用的推进轴系校中技术研究[D]. 武汉: 武汉理工大学, 2012.
[56] 吴杰长, 黄世亮. 船舶推进轴系校中技术若干问题研究[J]. 造船技术, 2007, (2): 26-28.
[57] 陆金铭. 船舶推进轴系的动态影响因素及 EMD 故障诊断方法研究[D]. 上海: 上海交通大学, 2012.
[58] Grządziela A. An analysis of possible assessment of hazards to ship shaft line, resulting from impulse load[J]. Polish Maritime Research, 2007, 14(3): 12-20.
[59] Low K H, Lim S H. Propulsion shaft alignment method and analysis for surface crafts[J]. Advances in Engineering Software, 2004, 35(1): 45-58.
[60] 石磊. 计入支承系统特性的船舶推进轴系动态校中研究[D]. 大连: 大连理工大学, 2010.
[61] 朱军超. 大型船舶轴承支撑状态对轴系振动的影响研究[D]. 武汉: 武汉理工大学, 2012.
[62] Mourelatos Z P. Mathematical model for optimal strength and alignment of a marine shafting system[J]. Journal of Ship Research, 1985, 29(3): 212-222.
[63] 周瑞平, 杨建国, 张升平. 船舶推进轴系扭转振动应用软件开发研究[J]. 武汉理工大学学报, 2003, 25(3): 69-72.
[64] Murawski L, Charchalis A. Simplified method of torsional vibration calculation of marine power transmission system[J]. Marine Structures, 2014, 39: 335-349.
[65] 周瑞, 江祎, 管文生. 船舶推进轴系纵振计算方法及影响因素分析[J]. 中国舰船研究, 2011, 6(6): 17-22.
[66] 陈之炎, 赵玫, 骆振黄. 船舶推进轴系的回旋振动[J]. 上海交通大学学报, 1984, (2): 91-100.
[67] 姜其力. 基于船体刚度变化的轴系振动研究[D]. 武汉: 武汉理工大学, 2012.
[68] 张文帅. 船舶推进轴系扭转振动分析及减振避振研究[D]. 哈尔滨: 哈尔滨工业大学, 2011.
[69] Murawski L. Some aspects of torsional vibration analysis methods of marine power transmission systems[J]. Journal of Polish CIMAC, 2012, 7(2): 175-182.
[70] 张勇, 蒋滋康. 旋转轴系弯曲振动与扭转振动耦合的分析[J]. 清华大学学报, 2000, 40(6): 80-83.
[71] Yang Y, Tang W, Ma J. Optimal design for a VLCC propulsion system based on torsional vibration analysis[J]. Procedia Engineering, 2011, 15: 5378-5383.
[72] Yang Y, Tang W, Ma J. Analysis of shafting alignment for container vessels based on improved transition matrix method[J]. Procedia Engineering, 2011, 15: 5373-5377.

[73] 王伟, 赖永星, 苗同臣. 振动力学与工程应用[M]. 郑州: 郑州大学出版社, 2008.
[74] Yang Y, Che C, Tang W. Shafting coupled vibration research based on wave approach[J]. Journal of Shanghai Jiaotong University (Science), 2014, 19(3): 325-336.
[75] Parsons M. Mode coupling in torsional and longitudinal shafting vibrations[J]. Marine Technology, 1983, 20(3): 257-271.
[76] 王义, 宋天相, 宋希庚, 等. 船舶推进轴系扭转-轴向耦合振动响应曲线的分析[J]. 船舶工程, 1995, (1): 33-35.
[77] 张洪田, 张敬秋. 大型船舶轴系纵扭耦合振动理论与实验研究[J]. 黑龙江工程学院学报, 2004, 18(4): 1-6.
[78] 邱云明, 田宇中, 熊庭. 船艇推进轴系的扭转-纵向耦合振动的建模与仿真[J]. 科学技术与工程, 2012, 12(30): 8106-8110.
[79] Jang M, Kim U, Park Y, et al. A study on the coupled torsional-axial vibration of marine propulsion shafting system using the energy method[J]. Journal of the Korean Society of Marine Engineers, 2004, 28(3): 482-492.
[80] 夏品奇. 纵横向耦合梁的谐波响应分析[J]. 振动工程学报, 1995, 8(1): 67-72.
[81] 胡义, 杨建国. 梁纵横耦合振动研究[J]. 武汉理工大学学报, 2010, 34(3): 537-541.
[82] Zou D, Rao Z, Ta N. Coupled longitudinal-transverse dynamics of a marine propulsion shafting under superharmonic resonances[J]. Journal of Sound and Vibration, 2015, 346(1): 248-264.
[83] 杨志荣, 邹冬林, 饶柱石, 等. 船舶推进轴系纵横耦合振动响应分析[J]. 船舶力学, 2014, 18(12): 1482-1494.
[84] 邹冬林, 刘翎, 饶柱石, 等. 利用有限元法与打靶法的纵横耦合轴系主共振分析[J]. 振动工程学报, 2016, 29(1): 87-95.
[85] 邹冬林, 荀振宇, 饶柱石, 等. 主共振与内共振下纵横耦合轴系动力学分析[J]. 振动工程学报, 2016, 29(3): 511-520.
[86] 戴莉娅, 张志华, 孙大庆. 船舶推进轴系纵、横、扭耦合振动传递矩阵法的研究[J]. 中国造船, 1989, (4): 100-108.
[87] Han S, Benaroya H. Non-linear coupled transverse and axial vibration of a compliant structure, part 1: formulation and free vibration[J]. Journal of Sound and Vibration, 2000, 237(5): 837-873.
[88] Han S, Benaroya H. Non-linear coupled transverse and axial vibration of a compliant structure, part 2: forced vibration[J]. Journal of Sound and Vibration, 2000, 237(5): 875-900.
[89] Murawski L. Axial vibrations of a propulsion system taking into account the couplings and boundary conditions[J]. Journal of Marine Science and Technology, 2004, 9(4): 171-181.
[90] 龚宪生, 谢志江, 唐一科. 非线性部件的轴系动稳态响应研究[J]. 机械工程学报, 2001, 37(6): 19-23.
[91] Rothberg S, Bell J. On the application of laser vibrometry to translational and rotational measurement on rotating shafts[J]. Measurement, 2004, 35: 201-210.
[92] 李晓彬, 杜志鹏, 夏利娟, 等. 考虑支承动刚度的船舶轴系横向冲击响应计算[J]. 振动与冲击, 2006, 25(2): 168-170.

[93] Xiang L, Yang S, Gan C. Torsional vibration measurements on rotating shaft system using laser doppler vibrometer[J]. Optics and Lasers in Engineering, 2012, 50(11): 1596-1601.

[94] Lu P, Zhao Y, Zhang G, et al. Development of experimental rig for marine propulsion shafting and longitudinal vibration characteristic test[J]. Journal of Ship Mechanics, 2013, 17(3): 277-287.

第 2 章　研究对象概况及基本假设

根据研究需要，本书的研究对象选择大型集装箱船舶和 VLCC 油轮。

2.1　8530 TEU 集装箱船舶的基本概况

图 2-1 所示为中海集运集装箱船舶"新欧洲"轮[1,2]。该船是由沪东中华造船集团自主开发设计建造的单机单桨、球鼻艏、柴油机驱动的超巴拿马型大型集装箱船，于 2007 年投入运行。这类船舶尺度符合巴拿马运河的要求，可承担美西航线的运输任务，在轻载时只需少量压载水，就可保证其稳定性[3]。

图 2-1　中海集运集装箱船舶"新欧洲"轮

"新欧洲"轮可装载 8530 TEU 集装箱，1~6 号货舱可装载危险品。中海集运"新欧洲"轮相关参数如表 2-1 所示。"新欧洲"轮推进系统如图 2-2 所示。

表 2-1　中海集运"新欧洲"轮相关参数

项目	参数
船型	8530 TEU 集装箱
总长	335.00 m
两柱间长	320.00 m
型宽	42.80 m

第 2 章 研究对象概况及基本假设

续表

项目	参数
型深	24.80 m
设计吃水	13.00 m
结构吃水	14.65 m
载重量	101000 t
主机	MAN B&W 12K98MC.C
设计航速	25.8 kn

图 2-2 "新欧洲"轮推进系统

该船舶推进系统简介如下。

(1) 主机系统。该船主机型号为 MAN B&W 12K98MC.C[4]，额定功率 68520 kW，额定转速 104r/min。主机尺寸参数如表 2-2 所示。

表 2-2 主机尺寸参数

项目	参数
气缸直径	980 mm
主轴承长度	420 mm
连杆长度	3090 mm
活塞行程	2400 mm
重量	2075 t
外形尺寸(长×宽×高)	25.271 m×4.37 m×12.825 m

(2) 推进器。该船推进器为定距桨，主要参数如表 2-3 所示。

表 2-3　推进器的主要参数

项目	参数
形式	定距桨
材料	$CuAl_{10}Ni$
直径	8800 mm
桨叶数	6
螺距比	0.98
盘面比	0.906
平均螺距	8662 mm

(3) 推进轴系。8530 TEU 集装箱船的轴系全长为 47631 mm，由 3 根中间轴、1 根尾轴组成。该轴系分配有 3 个中间轴承、1 个前尾轴承、1 个后尾轴承进行支撑固定。其结构示意图如图 2-3 所示。

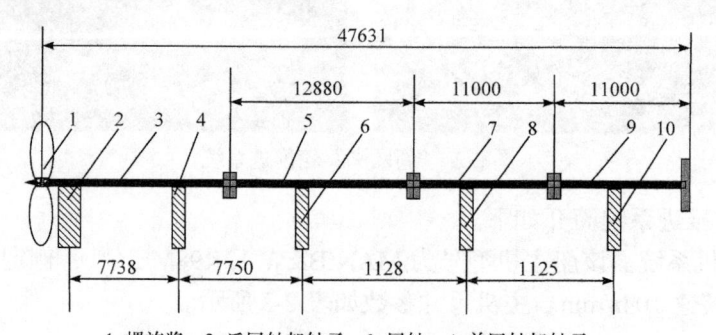

1. 螺旋桨；2. 后尾轴架轴承；3. 尾轴；4. 前尾轴架轴承；
5、7、9. 中间轴；6、8、10. 中间轴承

图 2-3　推进轴系结构示意图(单位：mm)

由该船设计手册可知，各轴段材料均为 34CrMo，体积密度为 7800 kg/m^3，弹性模量为 207 GPa，泊松比为 0.3，抗拉强度为 750 MPa，屈服强度为 600 MPa。

2.2　297000 DWT VLCC 基本概况

图 2-4 所示为 297000 DWT VLCC 油船[5]。表 2-4 所示为 297000 DWT VLCC 油船相关参数[1,5]。

图 2-4　297000 DWT VLCC 油船

表 2-4　297000 DWT VLCC 油船相关参数

项目	参数
船型	297000 DWT VLCC
总长	330.00 m
两柱间长	317.00 m
型宽	60.00 m
型深	29.80 m
设计吃水	19.20 m
结构吃水	21.50 m
载重量	215000 t
主机	MAN B&W 7S80MC.C
设计航速	15.8 kn

(1) 主机系统。该船主机型号为 MAN B&W 7S80MC.C，额定功率 25480 kW，额定转速 79r/min，超负荷功率 28028kW，最高转速 81r/min。发火顺序为 1-7-2-5-4-3-6。MAN B&W 7S80MC.C 主要参数如表 2-5 所示。

表 2-5　MAN B&W 7S80MC.C 主要参数

项目	参数
活塞直径	800 mm
活塞行程	3056 mm

续表

项目	参数
耗油量	167g/(kW·h)
重量	约 996t
外形尺寸(长×宽×高)	13.8m×9.7m×14.3m
平均有效压力	1.8 MPa
最高爆压	14 MPa

(2) 推进轴系。VLCC 推进轴系是由 1 根中间轴(长度为 7200 mm，轴径为 790 mm)、1 个尾轴(长度为 7500 mm，轴径为 800 mm)组成，并且在轴系中间分布有 1 个中间轴承、1 个尾轴承进行支撑固定。其结构示意图如图 2-5 所示。

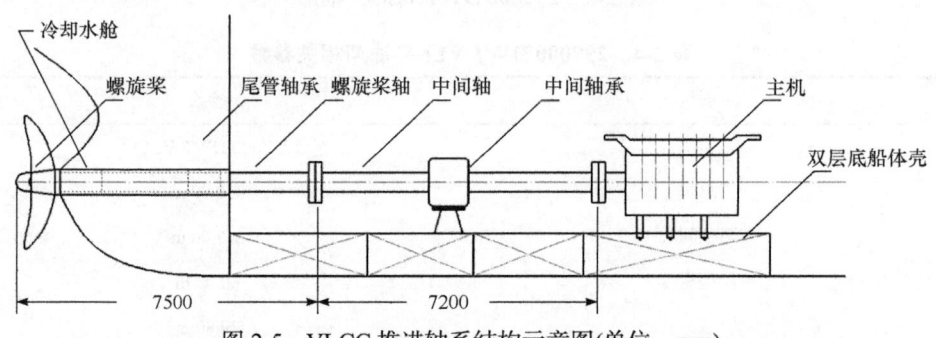

图 2-5 VLCC 推进轴系结构示意图(单位：mm)

对于各轴段的材料由该船设计手册可知，中间轴与螺旋桨轴材料为锻钢，成分(质量分数%)为 $W(C)<0.40$、$W(Si)<0.45$、$W(Mn)<0.3,1.35$、$W(P)<0.035$、$W(S)<0.035$、$W(Cu)<0.3$、$W(Cr)<0.3$、$W(Ni)<0.3$、$W(Mo)<0.08$。其体积密度为 7800 kg/m^3，弹性模量为 207 GPa，泊松比为 0.3，拉伸强度 560 MPa，屈服强度 295 MPa。

2.3　船舶弹性体的基本假设

弹性体就是在失去使物体发生弹性变形的外部因素影响之后还能恢复到原来状态的物体，而船舶就是一个这样的弹性体。当船舶航行在风浪环境中时，会产生刚体模态下的六个自由度运动，同时也会产生自身的振动，以及弹性变形。船舶在风浪中发生的振动大致可以分为由简谐波浪力引起的船体稳态强迫振动和风浪冲击作用产生的船体瞬态强迫振动两种形式。船舶水弹性就是船体发生上述振动时产生的动力学响应,即通过船体在海洋中航行产生的振动方程,求解船体的位移、弯矩、扭转等。

在研究工程实际问题中,多方面因素的耦合性会造成数学推导上的困难,并且因为导出的方程往往也比较复杂,在实际推导中也很难顺利求解。因此,可根据实际对象的本身性质和求解范围,不考虑那些与求解无关的要素,通过对研究问题做出基本的假设,将需要解决的问题置于可顺利求解的范围之内。因此,本书对船体、船舶轴系等弹性体的六点基本假设[1]如下。

(1) 连续性假设。船体是在空间连续分布的,各质点之间不存在间隙。由此可以认为,船体的位移、应力等都是连续的,它们可表示成坐标的连续函数。实际上,一切物体都是由微粒组成的,但是微粒相互之间的间隙远小于物体的几何尺寸,所以该假设不会引起明显的误差。

(2) 均匀性假设。假设船体及其相关部件都由同一类型的均匀材料组成。因此,组成的各部分物理性质都是相同的,并且不会随着坐标的改变而发生变化。依据该假设,在处理连续问题时,可取出物体内的部分进行研究,然后将研究结果扩展到整个物体。

(3) 各向同性假设。假设船体和船舶轴系由力学性质与方向没有关系的材料组成,即无论坐标轴如何平移、旋转、反射,材料的弹性常数都保持不变。从宏观意义上,该材料属于各向同性。

(4) 完全弹性假设。本书研究的船体及船舶轴系内各点应力不会超过其相应的弹性极限,即各弹性常数不随应力应变的大小而改变。

(5) 小变形假设。假设船体及其相关部件由温差等外部因素影响引起的位移要远比物体初始的尺寸小,因此船体及其部件产生的应变分量和转角大小都小于1。在研究船体及轴系平衡时,可以忽略温差引起的尺寸和位置的变化。同时,在建立运动方程时可以忽略应变、转角的高次幂及乘积项,使对应的关系是线性相关的。

(6) 无初始应力假设。假设在自由状态下,即在外部作用之前,所研究物体的内部是没有应力存在的。由此可知,求得的应力仅由外部作用,如温差等因素引起的。若物体内部有初始应力存在,总应力须将外部作用下求得的应力与初始应力相加得到。

参 考 文 献

[1] 田哲. 计入船体变形和主机激励的大型船舶轴系振动建模研究[D]. 武汉: 武汉理工大学, 2016.

[2] Tian Z, Lai Q H, Li W, et al. Experimental study on the vibration characteristics of ship

propulsion forced by the hull deformations[C]//Proceedings of the 28th International Ocean and Polar Engineering Conference, Sapporo, 2018: 941-946.
[3] 新民. "新欧洲"号集装箱船交付[J]. 民两用技术与产品, 2008, 8: 18.
[4] MAN Energy Solutions. MAN B&W 12K98MC-C 说明书[Z]. http://www.manbw.com/category_000002.html[2020-12-15].
[5] 梁启康. 中国船舶汇编[M]. 上海: 上海交通大学出版社, 2012.

第 3 章 基础理论和方法

本章介绍船舶轴系动力学基础理论，包括船舶轴系动力学研究中常用的集中质量法、传递矩阵法、连续质量法和有限元法。同时，本章还介绍船舶推进系统的分析工具。

3.1 集中质量及传递矩阵法

由于船舶轴系的结构特点是由多段轴连接在一起的，工程研究中通常采用集中质量法对轴系进行分段研究。其原理是将结构的分布按照一定的规则集中到某个特定的位置上，使结构的整体质量离散为一系列的质量点，其余部分则认为没有质量，但具有弹性性能[1]。质量点的惯性力与相互作用使离散系统的运动方程只以这些质量点的位移为自由度，进而将无限自由度体系简化为有限自由度体系。集中质量法等效力学模型如图 3-1 所示。其中，m_j 为每个质量点的质量，k_j 和 d_j 为连接质量点的刚度和阻尼。

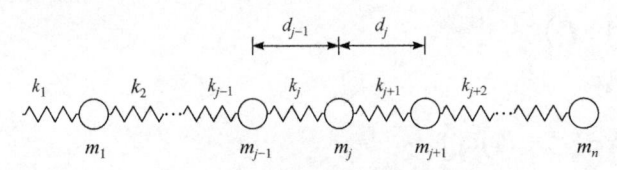

图 3-1 集中质量法等效力学模型

根据轴系扭转-纵向耦合振动式，并结合上述集中质量法与轴系的实际连接情况，可以得到离散后的轴系耦合振动模型，即

$$J\begin{bmatrix}\ddot{\theta}_1\\\vdots\\\ddot{\theta}_j\end{bmatrix}+D_T\begin{bmatrix}\dot{\theta}_1\\\vdots\\\dot{\theta}_j\end{bmatrix}+K_T\begin{bmatrix}\theta_1\\\vdots\\\theta_j\end{bmatrix}-K_{TX}\begin{bmatrix}x_1\\\vdots\\x_j\end{bmatrix}=\begin{bmatrix}T_1\sin\omega_1 t\\\vdots\\T_j\sin\omega_j t\end{bmatrix}$$

$$M\begin{bmatrix}\ddot{x}_1\\\vdots\\\ddot{x}_j\end{bmatrix}+D_X\begin{bmatrix}\dot{x}_1\\\vdots\\\dot{x}_j\end{bmatrix}+K_X\begin{bmatrix}x_1\\\vdots\\x_j\end{bmatrix}-K_{XT}\begin{bmatrix}\theta_1\\\vdots\\\theta_j\end{bmatrix}=\begin{bmatrix}F_1\sin\omega_1 t\\\vdots\\F_j\sin\omega_j t\end{bmatrix}$$

(3-1)

其中，J 和 M 为结构的扭转惯量矩阵和质量矩阵；D_T 和 D_X 为扭转阻尼矩阵和纵

向阻尼矩阵；K_T 和 K_X 为扭转刚度矩阵和纵向刚度矩阵；K_{TX} 和 K_{XT} 为扭转耦合刚度矩阵和纵向耦合刚度矩阵。

采用传递矩阵法计算船舶轴系振动响应需用到各元件的传递矩阵，具体推导如下。

1) 均质轴段元件

设元件长度为 l、外径为 D、材料密度为 ρ、杨氏弹性模量为 E。振动时，它受到左右端连接元件的弯矩、剪力、推力的作用，同时还受到惯性力、惯性力矩的作用。轴端元件的传递矩阵为

$$T_s = \begin{bmatrix} T_{11} & T_{12} & T_{13} & T_{14} \\ T_{21} & T_{22} & T_{23} & T_{24} \\ T_{31} & T_{32} & T_{33} & T_{34} \\ T_{41} & T_{42} & T_{43} & T_{44} \end{bmatrix} \tag{3-2}$$

其中

$T_{11} = c_0 - P_3 c_2$

$T_{12} = \dfrac{1+P_1}{B}\left[(B - P_2 P_3)c_1 + (P_2 P_3^2 - BP_3 - BP_4)c_3\right]$

$T_{13} = c_2(1+P_1)(B + P_2 K_2^2 - P_2 P_3)(B - P_2 K_1^2 - P_2 P_3) / BEI(B + P_2 P_4 - P_2 P_3)$

$T_{14} = (1+P_1)^2 \left[-P_3 c_1 + (B + P_3^2)c_3\right]/BEI$

$T_{21} = Bc_3/(1+P_1)$

$T_{22} = c_0 - P_4 c_2$

$T_{23} = \dfrac{1}{EI}\left[c_1 - (P_2 + P_4)c_3\right]$

$T_{24} = c_2(1+P_1)/EI$

$T_{31} = BEIc_2/(1+P_1)$

$T_{32} = EI\left[-P_4 c_1 + (B - P_2 P_3 + P_2 P_4 + P_4^2)c_3\right]$

$T_{33} = c_0 - (P_2 + P_4)c_2$

$T_{34} = (1+P_1)\left[c_1 - (P_2 + P_3 + P_4)c_3\right]$

$T_{41} = BEI\left[c_1 - (P_2 + P_3)c_3\right]/(1+P_1)^2$

$T_{42} = EI(B + P_2 P_4 - P_2 P_3)c_2/(1+P_1)$

$T_{43} = \left[-P_2 c_1 + (B + P_2^2 + P_2 P_4)c_3\right]/(1+P_1)$

$T_{44} = c_0 - (P_2 + P_3)c_2$

$$c_0 = \left[K_2^2 \mathrm{ch}(K_1 l) + K_1^2 \cos(K_2 l) \right] / \left(K_1^2 + K_2^2 \right)$$

$$c_1 = \left[\frac{K_2^2}{K_1} \mathrm{sh}(K_1 l) + \frac{K_1^2}{K_2} \sin(K_2 l) \right] / \left(K_1^2 + K_2^2 \right)$$

$$c_2 = \left[\mathrm{ch}(K_1 l) - \cos(K_2 l) \right] / \left(K_1^2 + K_2^2 \right)$$

$$c_3 = \left[\frac{1}{K_1} \mathrm{sh}(K_1 l) - \frac{1}{K_2} \sin(K_2 l) \right] / \left(K_1^2 + K_2^2 \right)$$

$$P_1 = F_x k / AG$$

$$P_2 = F_x (1 + P_1) / EI$$

$$P_3 = \rho k \Omega^2 / G$$

$$P_4 = -\rho (2h - 1) \Omega^2 / E$$

$$B = \rho A \Omega^2 (1 + P_1)^2 / EI$$

$$K_1 = \left[\sqrt{B + \frac{1}{4}(P_2 + P_4 - P_3)^2} - \frac{1}{2}(P_2 + P_3 + P_4) \right]^{\frac{1}{2}}$$

$$K_2 = \left[\sqrt{B + \frac{1}{4}(P_2 + P_4 - P_3)^2} + \frac{1}{2}(P_2 + P_3 + P_4) \right]^{\frac{1}{2}}$$

$$h = \omega / \Omega$$

$$I = \frac{\pi}{64}(D^4 - d^4)$$

$$A = \frac{\pi}{4}(D^2 - d^2)$$

$$k = 1.11$$

其中，G 为材料剪切弹性模量；F_x 为轴向推力。

2) 油膜元件

对于油膜元件，分析模型元件两端间位移与力的关系式为

$$\begin{aligned} F_y^R = F_y^L &= (k_y + j\Omega c_y)(y^R - y^L) + (k_{yz} + j\Omega c_{yz})(z^R - z^L) \\ &= A_{11}(y^R - y^L) + A_{12}(z^R - z^L) \end{aligned} \tag{3-3}$$

$$\begin{aligned} F_z^R = F_z^L &= (k_{zy} + j\Omega c_{zy})(y^R - y^L) + (k_z + j\Omega c_z)(z^R - z^L) \\ &= A_{21}(y^R - y^L) + A_{22}(z^R - z^L) \end{aligned} \tag{3-4}$$

整理后，可得

$$y^R = y^L + \frac{A_{22}}{D}F_z^L - \frac{A_{12}}{D}F_z^L \tag{3-5}$$

$$z^R = z^L - \frac{A_{21}}{D}F_y^L + \frac{A_{11}}{D}F_z^L \tag{3-6}$$

其中

$$A_{11} = k_y + j\Omega c_y$$

$$A_{12} = k_{yz} + j\Omega c_{yz}$$

$$A_{21} = k_{zy} + j\Omega c_{zy}$$

$$A_{22} = k_z + j\Omega c_z$$

$$D = A_{11}A_{22} - A_{12}A_{21}$$

即

$$\begin{Bmatrix} y \\ F_y \\ z \\ F_z \end{Bmatrix}^R = \begin{bmatrix} 1 & \dfrac{A_{22}}{D} & 0 & -\dfrac{A_{12}}{D} \\ 0 & 1 & 0 & 0 \\ 0 & -\dfrac{A_{21}}{D} & 1 & \dfrac{A_{11}}{D} \\ 0 & 0 & 0 & 1 \end{bmatrix} \begin{Bmatrix} y \\ F_y \\ z \\ F_z \end{Bmatrix}^L \tag{3-7}$$

元件的传递矩阵为

$$T_0 = \begin{bmatrix} 1 & A_{22}/D & 0 & -A_{12}/D \\ 0 & 1 & 0 & 0 \\ 0 & -A_{21}/D & 1 & -A_{11}/D \\ 0 & 0 & 0 & 1 \end{bmatrix} \tag{3-8}$$

3) 支承元件

支承元件为一三端元件，其左右端与轴端元件相连，第三端与支承分支系统相连。设圆盘的质量为 m，径向转动惯量为 J_d，支撑系统等效刚度为 k_e，系统以频率 Ω 作简谐振动时，其左右两端力与位移幅值关系为

$$y^R = y^L \tag{3-9}$$

$$\theta^R = \theta^L \tag{3-10}$$

$$M^R = M^L + (j_0 h - 1)J_d \Omega^2 \theta^L \tag{3-11}$$

$$Q^R = Q^L + (m\Omega^2 - k_e)y^L \tag{3-12}$$

即

$$\begin{Bmatrix} y \\ \theta \\ M \\ Q \end{Bmatrix}^R = \begin{bmatrix} 1 & 0 & 0 & 0 \\ 0 & 1 & 0 & 0 \\ 0 & (j_0 h - 1)J_d \Omega^2 & 1 & 0 \\ (m - k_e / \Omega^2)\Omega^2 & 0 & 0 & 1 \end{bmatrix} \begin{Bmatrix} y \\ \theta \\ M \\ Q \end{Bmatrix}^L \tag{3-13}$$

可得其传递矩阵，即

$$T_{Ps} = \begin{bmatrix} 1 & 0 & 0 & 0 \\ 0 & 1 & 0 & 0 \\ 0 & (j_0 h - 1)J_d \Omega^2 & 1 & 0 \\ (m - k_e / \Omega^2)\Omega^2 & 0 & 0 & 1 \end{bmatrix} \tag{3-14}$$

在计算得到各元件的传递矩阵后，从系统左端至右端，根据各元件传递矩阵计算系统的传递方程，即

$$Z_n^R = T_n T_{n-1} \cdots T_i \cdots T_2 T_1 Z_p^L \tag{3-15}$$

其中，T_i 为第 i 元件的传递矩阵（$i = 1, 2, \cdots, n$）。

其展开式为

$$\begin{Bmatrix} y \\ \theta_z \\ M_z \\ Q_y \\ z \\ -\theta_y \\ M_y \\ Q_z \end{Bmatrix}^R_n = \begin{bmatrix} T_{r11} & T_{r12} & T_{r13} & T_{r14} & T_{r15} & T_{r16} & T_{r17} & T_{r18} \\ T_{r21} & T_{r22} & T_{r23} & T_{r24} & T_{r25} & T_{r26} & T_{r27} & T_{r28} \\ T_{r31} & T_{r32} & T_{r33} & T_{r34} & T_{r35} & T_{r36} & T_{r37} & T_{r38} \\ T_{r41} & T_{r42} & T_{r43} & T_{r44} & T_{r45} & T_{r46} & T_{r47} & T_{r48} \\ T_{r51} & T_{r52} & T_{r53} & T_{r54} & T_{r55} & T_{r56} & T_{r57} & T_{r58} \\ T_{r61} & T_{r62} & T_{r63} & T_{r64} & T_{r65} & T_{r66} & T_{r67} & T_{r68} \\ T_{r71} & T_{r72} & T_{r73} & T_{r74} & T_{r75} & T_{r76} & T_{r77} & T_{r78} \\ T_{r81} & T_{r82} & T_{r83} & T_{r84} & T_{r85} & T_{r86} & T_{r87} & T_{r88} \end{bmatrix}_n \begin{Bmatrix} y \\ \theta_z \\ M_z \\ Q_y \\ z \\ -\theta_y \\ M_y \\ Q_z \end{Bmatrix}^L_p \tag{3-16}$$

随后，由系统的右端边界条件，求左端状态矢量中的挠度和转角，并从左至右计算各元件右端截面处对右端第一项激振力的振动响应。按同样的方法可以求出右端第二项激振力引起的振动响应。依此类推，可以得到振动总响应。

3.2 连续质量法

集中质量法是把推进轴系简化成若干个离散的质量块并用弹簧相连，只考虑

推进轴系中的部分阻尼，简化程度较大。连续质量法将船舶推进轴系分成若干个连续的轴段，一般采用能量法求解，是船舶轴系设计中常用的方法。

假设船舶推进轴系被轴承分成 n 节轴段，第 n 段的位移为 $w_n(x,t)$，其中 $n=1,2,\cdots,i+1$。

船舶推进轴系的势能为

$$E_p(t) = \frac{1}{2}\sum_{n=1}^{i+1}\int_{L_n^-}^{L_n^+} EI_n\left(\frac{\partial^2 w_n(x,t)}{\partial x^2}\right)^2 dx, \quad n=1,2,\cdots,i+1 \quad (3\text{-}17)$$

船舶推进轴系的动能为

$$E_k(t) = \frac{1}{2}\sum_{n=1}^{i+1}\int_{L_n^-}^{L_n^+} \bar{m}\left(\frac{\partial w_n(x,t)}{\partial t}\right)^2 dx, \quad n=1,2,\cdots,i+1 \quad (3\text{-}18)$$

船体变形载荷 F_i 对船舶推进轴系做的功为

$$W_f(t) = \int_0^L F_i w(x,t)\Delta(x-x_i)dx \quad (3\text{-}19)$$

其中，x_i 为第 i 个轴承在坐标系中的横坐标；$\Delta(\cdot)$ 为克罗内克 delta 函数。

为了得到推进轴系的动力学方程，运用 Hamilton 原理构建拉格朗日算子，即

$$L_T(x,t,w) = E_k(t) - E_p(t) + W_f(t) \quad (3\text{-}20)$$

根据 Hamilton 原理可知，对整个完整的推进系统，其实际运动路径在任意 $t_1 \sim t_2$ 的时间内的积分 H_{sf} 都是一个定值，即

$$\delta H_{sf} = \int_{t_1}^{t_2} \delta L_T(x,t,w)dt = 0 \quad (3\text{-}21)$$

其中，δ 为变分运算符。

将式(3-1)、式(3-17)、式(3-18)代入式(3-19)中，同时根据式(3-20)可知，推进轴系的变分方程为

$$\begin{aligned}
\delta H_{sf} &= \sum_{n=1}^{i+1}\int_{t_1}^{t_2}\int_{L_n^-}^{L_n^+} \bar{m}\frac{\partial w_n(x,t)}{\partial t}\delta\frac{\partial w_n(x,t)}{\partial t}dxdt \\
&\quad - \sum_{n=1}^{i+1}\int_{t_1}^{t_2}\int_{L_n^-}^{L_n^+} EI_n\frac{\partial^2 w_n(x,t)}{\partial x^2}\delta\frac{\partial^2 w_n(x,t)}{\partial x^2}dxdt \\
&\quad + \int_{t_1}^{t_2}\int_{L_n^-}^{L_n^+} F_n\Delta(x-x_n)\delta w(x,t)dxdt \\
&= \int_{t_1}^{t_2}\int_{L_n^-}^{L_n^+}\left[\sum_{n=1}^{i+1}\left(\bar{m}\frac{\partial^2 w_n(x,t)}{\partial t^2} + EI_n\frac{\partial^4 w_n(x,t)}{\partial x^4}\right) + \sum_{n=1}^{i} F_n\Delta(x-x_n)\right]\delta w(x,t)dxdt
\end{aligned} \quad (3\text{-}22)$$

由 $\delta H_{sf} = 0$,推进轴系的控制方程为

$$\sum_{n=1}^{i+1}\left(\bar{m}\frac{\partial^2 w_n(x,t)}{\partial t^2} + EI_n\frac{\partial^4 w_n(x,t)}{\partial x^4}\right) = -\sum_{n=1}^{i}F_n\Delta(x-x_n) \qquad (3\text{-}23)$$

因此,可以取出第 n 段推进轴系的自由振动运动进行求解。利用分离变量法可以很容易地得到该段轴运动方程解的一种形式。

自由振动运动方程为

$$\bar{m}\frac{\partial^2 w_n(x,t)}{\partial t^2} + EI_n\frac{\partial^4 w_n(x,t)}{\partial x^4} = 0 \qquad (3\text{-}24)$$

设解为

$$w_n(x,t) = \phi_n(x)q_n(t) \qquad (3\text{-}25)$$

其中,$q_n(t)$ 为与时间相关的广义坐标函数;$\phi_n(x)$ 为第 n 段轴系的模态函数。

将式(3-24)代入式(3-23)可得

$$\frac{\phi_n^{(4)}(x)}{\phi_n(x)} + \frac{\bar{m}}{EI_n}\frac{\ddot{q}_n(t)}{q_n(t)} = 0 \qquad (3\text{-}26)$$

其中,右上标的括号和点符号为对 x 和 t 的偏分。

通过式(3-25)可以得到两个常微分方程,即

$$\phi_n^{(4)}(x) - \xi_n^4\phi_n(x) = 0 \qquad (3\text{-}27)$$

$$\ddot{q}_n(t) + \omega^2 q_n(t) = 0 \qquad (3\text{-}28)$$

其中

$$\omega = \sqrt{\xi^4 EI_n/\bar{m}} \qquad (3\text{-}29)$$

通过一般求解方法[2]可得式(3-26)的完全解,即

$$\phi_n(x) = a_n\cos(\xi_n x) + b_n\sin(\xi_n x) + c_n\cosh(\xi_n x) + d_n\sinh(\xi_n x) \qquad (3\text{-}30)$$

其中,a_n、b_n、c_n、d_n 为实常数同时满足第 n 段推进轴系两端边界条件;ξ_n 为第 n 段轴的结构圆频率。

第 n 段轴系及其相邻轴段在几何边界条件(位移、斜率)及动力学边界条件(剪力、弯矩)等方面存在连续性,因此第 n 段轴系与其相邻轴段在轴承坐标位置 x_n 的位移、斜率、剪力、弯矩的连续性条件为

$$w_n(x_n^l,t) = w_{n+1}(x_n^r,t) \qquad (3\text{-}31)$$

$$\frac{\partial w_n(x_n^l,t)}{\partial x} = \frac{\partial w_{n+1}(x_n^r,t)}{\partial x} \qquad (3\text{-}32)$$

$$EI_n \frac{\partial^3 w_n(x_n^l,t)}{\partial x^3} = EI_{n+1} \frac{\partial^3 w_{n+1}(x_n^r,t)}{\partial x^3} + k_n w_{n+1}(x_n^r,t) \quad (3\text{-}33)$$

$$EI_n \frac{\partial^2 w_n(x_n^l,t)}{\partial x^2} = EI_{n+1} \frac{\partial^2 w_{n+1}(x_n^r,t)}{\partial x^2} \quad (3\text{-}34)$$

其中，x_n^l 和 x_n^r 为轴系位置 x_n 的左截面和右截面。

根据不同的安装状态和测试条件要求，可通过改变推进系统边界条件的方式满足相关实验方案的要求。

1) 边界条件 1

当考虑螺旋桨端的集中质量时，不考虑主机端的约束，则有

$$\begin{aligned}
EI_1 \frac{\partial^3 w_1(x,t)}{\partial x^3}\Big|_{x=0} &= -\tilde{\omega}^2 m_p w_1(x,t)\Big|_{x=0} \\
EI_1 \frac{\partial^2 w_1(x,t)}{\partial x^2}\Big|_{x=0} &= -\tilde{\omega}^2 j_p \frac{\partial w_1(x,t)}{\partial x}\Big|_{x=0} \\
EI_{i+1} \frac{\partial^3 w_{i+1}(x,t)}{\partial x^3}\Big|_{x=L} &= 0 \\
EI_{i+1} \frac{\partial^2 w_{i+1}(x,t)}{\partial x^2}\Big|_{x=L} &= 0
\end{aligned} \quad (3\text{-}35)$$

其中，m_p 为模拟螺旋桨的集中质量；j_p 为螺旋桨的转动惯量；EI_1 为螺旋桨端第一段轴的弯曲刚度。

设 $\alpha = \omega^2 m_p$，$\beta = \omega^2 j_p$，将式(3-29)代入式(3-24)，利用连续条件式(3-30)～式(3-33)及边界条件式(3-34)，第 n 段轴系与其相邻轴段之间实常数系数的关系用矩阵形式可表示为

$$\begin{bmatrix}
B_1|_{x=0} & & & & \\
P_1|_{x=x_1^l} & -Q_1|_{x=x_1^r} & & & \\
& P_2|_{x=x_2^l} & \ddots & & \\
& & & P_i|_{x=x_i^l} & -Q_i|_{x=x_i^r} \\
& & & & B_2|_{x=L}
\end{bmatrix}
\begin{bmatrix} Y_1 \\ Y_1 \\ Y_2 \\ \vdots \\ Y_i \\ Y_i \end{bmatrix}
=
\begin{bmatrix} 0 \\ 0 \\ 0 \\ \vdots \\ 0 \\ 0 \end{bmatrix} \quad (3\text{-}36)$$

其中

$$B_1 = \begin{bmatrix}
EI_1(\cos(\xi_1 x))''' + \alpha \cos(\xi_1 x) & EI_1(\sin(\xi_1 x))''' + \alpha \sin(\xi_1 x) \\
EI_1(\cos(\xi_1 x))'' + \beta \cos(\xi_1 x) & EI_1(\sin(\xi_1 x))'' + \beta \sin(\xi_1 x) \\
EI_1(\cosh(\xi_1 x))''' + \alpha \cosh(\xi_1 x) & EI_1(\sinh(\xi_1 x))''' + \alpha \sinh(\xi_1 x) \\
EI_1(\cosh(\xi_1 x))'' + \beta \cosh(\xi_1 x) & EI_1(\sinh(\xi_1 x))'' + \beta \sinh(\xi_1 x)
\end{bmatrix} \quad (3\text{-}37)$$

$$B_2 = \begin{bmatrix} EI_{i+1}(\cos(\xi_{i+1}x))''' & EI_{i+1}(\sin(\xi_{i+1}x))''' & EI_{i+1}(\cosh(\xi_{i+1}x))''' & EI_{i+1}(\sinh(\xi_{i+1}x))''' \\ EI_{i+1}(\cos(\xi_{i+1}x))'' & EI_{i+1}(\sin(\xi_{i+1}x))'' & EI_{i+1}(\cosh(\xi_{i+1}x))'' & EI_{i+1}(\sinh(\xi_{i+1}x))'' \end{bmatrix}$$

(3-38)

$$P_n = \begin{bmatrix} \cos(\xi_n x) & \sin(\xi_n x) & \cosh(\xi_n x) & \sinh(\xi_n x) \\ (\cos(\xi_n x))' & (\sin(\xi_n x))' & (\cosh(\xi_n x))' & (\sinh(\xi_n x))' \\ EI_n(\cos(\xi_n x))''' & EI_n(\sin(\xi_n x))''' & EI_n(\cosh(\xi_n x))''' & EI_n(\sinh(\xi_n x))''' \\ EI_n(\cos(\xi_n x))'' & EI_n(\sin(\xi_n x))'' & EI_n(\cosh(\xi_n x))'' & EI_n(\sinh(\xi_n x))'' \end{bmatrix}$$

(3-39)

$$Q_n = \begin{bmatrix} \cos(\xi_{n+1} x) & \sin(\xi_{n+1} x) & \cosh(\xi_{n+1} x) & \sinh(\xi_{n+1} x) \\ (\cos(\xi_{n+1} x))' & (\sin(\xi_{n+1} x))' & (\cosh(\xi_{n+1} x))' & (\sinh(\xi_{n+1} x))' \\ EI_{n+1}(\cos\xi_{n+1} x)''' & EI_{n+1}(\sin(\xi_{n+1} x))''' & EI_{n+1}(\cosh(\xi_{n+1} x))''' & EI_{n+1}(\sinh(\xi_{n+1} x))''' \\ EI_{n+1}(\cos\xi_{n+1} x)'' & EI_{n+1}(\sin(\xi_{n+1} x))'' & EI_{n+1}(\cosh(\xi_{n+1} x))'' & EI_{n+1}(\sinh(\xi_{n+1} x))'' \end{bmatrix}$$

(3-40)

$$Y_n = [a_n \quad b_n \quad c_n \quad d_n]^T, \quad n = 1, 2, \cdots, i+1 \tag{3-41}$$

引起船体变形的激振力主要作用于轴承位置处，因此计入激振力之后，式(3-36)可写为

$$\begin{bmatrix} B_1|_{x=0} & & & & & \\ P_1|_{x=x_1^l} & -Q_1|_{x=x_1^r} & & & & \\ & P_2|_{x=x_2^l} & \ddots & & & \\ & & & P_i|_{x=x_i^l} & -Q_i|_{x=x_i^r} & \\ & & & & B_2|_{x=L} \end{bmatrix} \begin{bmatrix} Y_1 \\ Y_1 \\ Y_2 \\ \vdots \\ Y_i \\ Y_i \end{bmatrix} = \begin{bmatrix} 0 \\ \overline{F}_1 \\ \overline{F}_2 \\ \vdots \\ \overline{F}_i \\ 0 \end{bmatrix} \tag{3-42}$$

其中，$\overline{F}_n = \begin{bmatrix} 0 & 0 & F_n & 0 \end{bmatrix}^T$。

2) 边界条件 2

当不考虑螺旋桨的集中质量及主机端的约束时，则有

$$\begin{aligned} EI_1 \frac{\partial^3 w_1(x,t)}{\partial x^3}\bigg|_{x=0} &= 0 \\ EI_1 \frac{\partial^2 w_1(x,t)}{\partial x^2}\bigg|_{x=0} &= 0 \\ EI_{i+1} \frac{\partial^2 w_{i+1}(x,t)}{\partial x^2}\bigg|_{x=L} &= 0 \\ EI_{i+1} \frac{\partial^3 w_{i+1}(x,t)}{\partial x^3}\bigg|_{x=L} &= 0 \end{aligned} \tag{3-43}$$

将式(3-29)代入式(3-24)，利用连续条件式(3-30)～式(3-33)及边界条件式(3-42)，第 n 段轴系与其相邻轴段之间实常数系数的关系用矩阵形式可表示为

$$\begin{bmatrix} B_1|_{x=0} & & & & \\ P_1|_{x=x_1^l} & -Q_1|_{x=x_1^r} & & & \\ & P_2|_{x=x_2^l} & \ddots & & \\ & & & P_i|_{x=x_i^l} & -Q_i|_{x=x_i^r} \\ & & & & B_2|_{x=L} \end{bmatrix} \begin{bmatrix} Y_1 \\ Y_1 \\ Y_2 \\ \vdots \\ Y_i \\ Y_i \end{bmatrix} = \begin{bmatrix} 0 \\ 0 \\ 0 \\ \vdots \\ 0 \\ 0 \end{bmatrix} \qquad (3\text{-}44)$$

其中

$$B_1 = \begin{bmatrix} EI_1(\cos(\xi_1 x))''' & EI_1(\sin(\xi_1 x))''' & EI_1(\cosh(\xi_1 x))''' & EI_1(\sinh(\xi_1 x))''' \\ EI_1(\cos(\xi_1 x))'' & EI_1(\sin(\xi_1 x))'' & EI_1(\cosh(\xi_1 x))'' & EI_1(\sinh(\xi_1 x))'' \end{bmatrix} \quad (3\text{-}45)$$

$$B_2 = \begin{bmatrix} EI_{i+1}(\cos(\xi_{i+1} x))''' & EI_{i+1}(\sin(\xi_{i+1} x))''' & EI_{i+1}(\cosh(\xi_{i+1} x))''' & EI_{i+1}(\sinh(\xi_{i+1} x))''' \\ EI_{i+1}(\cos(\xi_{i+1} x))'' & EI_{i+1}(\sin(\xi_{i+1} x))'' & EI_{i+1}(\cosh(\xi_{i+1} x))'' & EI_{i+1}(\sinh(\xi_{i+1} x))'' \end{bmatrix}$$

$$(3\text{-}46)$$

$$P_n = \begin{bmatrix} \cos(\xi_n x) & \sin(\xi_n x) & \cosh(\xi_n x) & \sinh(\xi_n x) \\ (\cos(\xi_n x))' & (\sin(\xi_n x))' & (\cosh(\xi_n x))' & (\sinh(\xi_n x))' \\ EI_n(\cos(\xi_n x))''' & EI_n(\sin(\xi_n x))''' & EI_n(\cosh(\xi_n x))''' & EI_n(\sinh(\xi_n x))''' \\ EI_n(\cos(\xi_n x))'' & EI_n(\sin(\xi_n x))'' & EI_n(\cosh(\xi_n x))'' & EI_n(\sinh(\xi_n x))'' \end{bmatrix} \quad (3\text{-}47)$$

$$Q_n = \begin{bmatrix} \cos(\xi_{n+1} x) & \sin(\xi_{n+1} x) & \cosh(\xi_{n+1} x) & \sinh(\xi_{n+1} x) \\ (\cos(\xi_{n+1} x))' & (\sin(\xi_{n+1} x))' & (\cosh(\xi_{n+1} x))' & (\sinh(\xi_{n+1} x))' \\ EI_{n+1}(\cos(\xi_{n+1} x))''' & EI_{n+1}(\sin(\xi_{n+1} x))''' & EI_{n+1}(\cosh(\xi_{n+1} x))''' & EI_{n+1}(\sinh(\xi_{n+1} x))''' \\ EI_{n+1}(\cos(\xi_{n+1} x))'' & EI_{n+1}(\sin(\xi_{n+1} x))'' & EI_{n+1}(\cosh(\xi_{n+1} x))'' & EI_{n+1}(\sinh(\xi_{n+1} x))'' \end{bmatrix}$$

$$(3\text{-}48)$$

$$Y_n = [a_n \quad b_n \quad c_n \quad d_n]^T, \quad n = 1, 2, \cdots, i+1 \qquad (3\text{-}49)$$

计入激振力之后，式(3-43)可写为

$$\begin{bmatrix} B_1|_{x=0} & & & & \\ P_1|_{x=x_1^l} & -Q_1|_{x=x_1^r} & & & \\ & P_2|_{x=x_2^l} & \ddots & & \\ & & & P_i|_{x=x_i^l} & -Q_i|_{x=x_i^r} \\ & & & & B_2|_{x=L} \end{bmatrix} \begin{bmatrix} Y_1 \\ Y_1 \\ Y_2 \\ \vdots \\ Y_i \\ Y_i \end{bmatrix} = \begin{bmatrix} 0 \\ \overline{F}_1 \\ \overline{F}_2 \\ \vdots \\ \overline{F}_i \\ 0 \end{bmatrix} \qquad (3\text{-}50)$$

其中，$\bar{F}_n = \begin{bmatrix} 0 & 0 & F_n & 0 \end{bmatrix}^T$。

3) 边界条件 3

当不考虑螺旋桨的集中质量，而主机端存在简支约束时，则有

$$w_1(x,t)\big|_{x=0} = 0$$
$$EI_1 \frac{\partial^2 w_1(x,t)}{\partial x^2}\big|_{x=0} = 0$$
$$w_{i+1}(x,t)\big|_{x=L} = 0$$
$$EI_{i+1} \frac{\partial^2 w_{i+1}(x,t)}{\partial x^2}\big|_{x=L} = 0$$
(3-51)

同理，将式(3-29)代入式(3-24)，利用连续条件式(3-30)～式(3-33)及边界条件式(3-50)，计入激振力之后，第 n 段轴系与其相邻轴段之间实常数系数的关系可用矩阵形式表示为

$$\begin{bmatrix} B_1\big|_{x=0} & & & & & \\ P_1\big|_{x=x_1^l} & -Q_1\big|_{x=x_1^r} & & & & \\ & P_2\big|_{x=x_2^l} & \ddots & & & \\ & & & P_i\big|_{x=x_i^l} & -Q_i\big|_{x=x_i^r} & \\ & & & & & B_2\big|_{x=L} \end{bmatrix} \begin{bmatrix} Y_1 \\ Y_1 \\ Y_2 \\ \vdots \\ Y_i \\ Y_i \end{bmatrix} = \begin{bmatrix} 0 \\ \bar{F}_1 \\ \bar{F}_2 \\ \vdots \\ \bar{F}_i \\ 0 \end{bmatrix}$$
(3-52)

其中

$$B_1 = \begin{bmatrix} \cos(\xi_1 x) & \sin(\xi_1 x) & \cosh(\xi_1 x) & \sinh(\xi_1 x) \\ EI_1(\cos(\xi_1 x))'' & EI_1(\sin(\xi_1 x))'' & EI_1(\cosh(\xi_1 x))'' & EI_1(\sinh(\xi_1 x))'' \end{bmatrix}$$
(3-53)

$$B_2 = \begin{bmatrix} \cos(\xi_{i+1} x) & \sin(\xi_{i+1} x) & \cosh(\xi_{i+1} x) & \sinh(\xi_{i+1} x) \\ EI_{i+1}(\cos(\xi_{i+1} x))'' & EI_{i+1}(\sin(\xi_{i+1} x))'' & EI_{i+1}(\cosh(\xi_{i+1} x))'' & EI_{i+1}(\sinh(\xi_{i+1} x))'' \end{bmatrix}$$
(3-54)

$$P_n = \begin{bmatrix} \cos(\xi_n x) & \sin(\xi_n x) & \cosh(\xi_n x) & \sinh(\xi_n x) \\ (\cos(\xi_n x))' & (\sin(\xi_n x))' & (\cosh(\xi_n x))' & (\sinh(\xi_n x))' \\ EI_n(\cos(\xi_n x))''' & EI_n(\sin(\xi_n x))''' & EI_n(\cosh(\xi_n x))''' & EI_n(\sinh(\xi_n x))''' \\ EI_n(\cos(\xi_n x))'' & EI_n(\sin(\xi_n x))'' & EI_n(\cosh(\xi_n x))'' & EI_n(\sinh(\xi_n x))'' \end{bmatrix}$$
(3-55)

$$Q_n = \begin{bmatrix} \cos(\xi_{n+1}x) & \sin(\xi_{n+1}x) & \cosh(\xi_{n+1}x) & \sinh(\xi_{n+1}x) \\ (\cos(\xi_{n+1}x))' & (\sin(\xi_{n+1}x))' & (\cosh(\xi_{n+1}x))' & (\sinh(\xi_{n+1}x))' \\ EI_{n+1}(\cos(\xi_{n+1}x))''' & EI_{n+1}(\sin(\xi_{n+1}x))''' & EI_{n+1}(\cosh(\xi_{n+1}x))''' & EI_{n+1}(\sinh(\xi_{n+1}x))''' \\ EI_{n+1}(\cos(\xi_{n+1}x))'' & EI_{n+1}(\sin(\xi_{n+1}x))'' & EI_{n+1}(\cosh(\xi_{n+1}x))'' & EI_{n+1}(\sinh(\xi_{n+1}x))'' \end{bmatrix}$$

(3-56)

$$Y_n = \begin{bmatrix} a_n & b_n & c_n & d_n \end{bmatrix}^T, \quad n = 1, 2, \cdots, i+1 \tag{3-57}$$

$$\bar{F}_n = \begin{bmatrix} 0 & 0 & F_n & 0 \end{bmatrix}^T \tag{3-58}$$

4) 边界条件 4

当考虑螺旋桨端的集中质量及主机端简支约束时，则有

$$EI_1 \frac{\partial^3 w_1(x,t)}{\partial x^3}\bigg|_{x=0} = -\tilde{\omega}^2 m_p w_1(x,t)\bigg|_{x=0}$$

$$EI_1 \frac{\partial^2 w_1(x,t)}{\partial x^2}\bigg|_{x=0} = -\tilde{\omega}^2 j_p \frac{\partial w_1(x,t)}{\partial x}\bigg|_{x=0} \tag{3-59}$$

$$w_{i+1}(x,t)\big|_{x=L} = 0$$

$$EI_{i+1} \frac{\partial^2 w_{i+1}(x,t)}{\partial x^2}\bigg|_{x=L} = 0$$

同理，将式(3-29)代入式(3-24)，利用连续条件式(3-30)～式(3-33)，以及边界条件式(3-58)，计入激振力之后，第 n 段轴系与其相邻轴段之间实常数系数的关系用矩阵形式可表示为

$$\begin{bmatrix} B_1\big|_{x=0} & & & & \\ P_1\big|_{x=x_1^l} & -Q_1\big|_{x=x_1^r} & & & \\ & P_2\big|_{x=x_2^l} & \ddots & & \\ & & & P_i\big|_{x=x_i^l} & -Q_i\big|_{x=x_i^r} \\ & & & & B_2\big|_{x=L} \end{bmatrix} \begin{bmatrix} Y_1 \\ Y_1 \\ Y_2 \\ \vdots \\ Y_i \\ Y_i \end{bmatrix} = \begin{bmatrix} 0 \\ \bar{F}_1 \\ \bar{F}_2 \\ \vdots \\ \bar{F}_i \\ 0 \end{bmatrix} \tag{3-60}$$

其中

$$B_1 = \begin{bmatrix} EI_1(\cos(\xi_1x))''' + \alpha\cos(\xi_1x) & EI_1(\sin(\xi_1x))''' + \alpha\sin(\xi_1x) \\ EI_1(\cos(\xi_1x))'' + \beta\cos(\xi_1x) & EI_1(\sin(\xi_1x))'' + \beta\sin(\xi_1x) \\ EI_1(\cosh(\xi_1x))''' + \alpha\cosh(\xi_1x) & EI_1(\sinh(\xi_1x))''' + \alpha\sinh(\xi_1x) \\ EI_1(\cosh(\xi_1x))'' + \beta\cosh(\xi_1x) & EI_1(\sinh(\xi_1x))'' + \beta\sinh(\xi_1x) \end{bmatrix} \tag{3-61}$$

$$B_2 = \begin{bmatrix} \cos(\xi_{i+1}x) & \sin(\xi_{i+1}x) & \cosh(\xi_{i+1}x) & \sinh(\xi_{i+1}x) \\ EI_{i+1}(\cos(\xi_{i+1}x))'' & EI_{i+1}(\sin(\xi_{i+1}x))'' & EI_{i+1}(\cosh(\xi_{i+1}x))'' & EI_{i+1}(\sinh(\xi_{i+1}x))'' \end{bmatrix}$$

(3-62)

$$P_n = \begin{bmatrix} \cos(\xi_n x) & \sin(\xi_n x) & \cosh(\xi_n x) & \sinh(\xi_n x) \\ (\cos(\xi_n x))' & (\sin(\xi_n x))' & (\cosh(\xi_n x))' & (\sinh(\xi_n x))' \\ EI_n(\cos(\xi_n x))''' & EI_n(\sin(\xi_n x))''' & EI_n(\cosh(\xi_n x))''' & EI_n(\sinh(\xi_n x))''' \\ EI_n(\cos(\xi_n x))'' & EI_n(\sin(\xi_n x))'' & EI_n(\cosh(\xi_n x))'' & EI_n(\sinh(\xi_n x))'' \end{bmatrix}$$

(3-63)

$$Q_n = \begin{bmatrix} \cos(\xi_{n+1}x) & \sin(\xi_{n+1}x) & \cosh(\xi_{n+1}x) & \sinh(\xi_{n+1}x) \\ (\cos(\xi_{n+1}x))' & (\sin(\xi_{n+1}x))' & (\cosh(\xi_{n+1}x))' & (\sinh(\xi_{n+1}x))' \\ EI_{n+1}(\cos(\xi_{n+1}x))''' & EI_{n+1}(\sin(\xi_{n+1}x))''' & EI_{n+1}(\cosh(\xi_{n+1}x))''' & EI_{n+1}(\sinh(\xi_{n+1}x))''' \\ EI_{n+1}(\cos(\xi_{n+1}x))'' & EI_{n+1}(\sin(\xi_{n+1}x))'' & EI_{n+1}(\cosh(\xi_{n+1}x))'' & EI_{n+1}(\sinh(\xi_{n+1}x))'' \end{bmatrix}$$

(3-64)

$$Y_n = [a_n \quad b_n \quad c_n \quad d_n]^T, \quad n = 1, 2, \cdots, i+1 \tag{3-65}$$

$$\bar{F}_n = [0 \quad 0 \quad F_n \quad 0]^T \tag{3-66}$$

3.3 有 限 元 法

在进行船舶轴系振动有限元分析前，需要对轴系结构进行离散化。3.2节所述的连续质量法是将推进轴系在轴承处分割成若干质量连续的单元。若增加离散单元的数量，则可以看成将整段轴分隔成若干个单元相连的节点，即有限元法。有限元法可用于计算分析复杂的推进轴系，也可采用有限元软件辅助求解，是常用的推进轴系求解方法。

由于单元数目的增加，离散系统的自由度相应地增多，在提高求解精度的同时，也会增加计算的工作量，因此单元数目的多少将直接影响计算的时长和精度。下面针对轴系振动过程中的单元特性分析、集合单元特性，以及振动系统方程的建立和求解等几个重要步骤做简要的说明。

根据系统的振动特性，系统可以简化为质量为 m、长度为 L、截面积为 A、转动惯量为 I 的单元 e_{ij}，其弹性模量和剪切模量为 E 和 G、抗弯截面惯性矩为 J、极惯性矩为 J_P，假设其端面编号为 i 和 j，左端面处于坐标原点，右端面沿 X 轴方向水平，采用局部坐标系进行单元的连接与特性分析[3]。

在轴系振动问题中，首先进行单元特性分析，需要选取适当的位移插值函数

N。该函数可在不同的振动分析中对应不同的振动形式。以纵向振动为例，轴系每个截面的位移函数为 $u(x, t)$，根据有限单元法的振动理论，单元的基本未知量为位移 $u_i(x, t)$ 和 $u_j(x, t)$，可以通过插值函数 N 描述，即

$$u(x,t) = N_{iu}(x)u_i(t) + N_{ju}(x)u_j(t) \tag{3-67}$$

其中，$u_i(x)$ 和 $u_j(x)$ 为位移插值函数，通常采用幂的多项式来表示，在计算过程中，单元节点的数量决定多项式的次数。

以轴系的纵向振动为例，在仅有两个端点的情况下，定义其插值函数是关于 x 的线性函数，即

$$\begin{cases} N_{iu}(x) = a_{i1} + a_{i2}x \\ N_{ju}(x) = a_{j1} + a_{j2}x \end{cases} \Rightarrow N_i(x) = \sum_{k=1}^{n} a_{ik} x^{k-1} \tag{3-68}$$

其中，a_{i1}、a_{i2}、a_{j1} 和 a_{j2} 均为待定系数，位移插值函数必须满足系统的边界条件。

离散后的单元力学特征与初始结构仍保持一致，其广义应变 ε 与位移 $u(x, t)$ 的关系为

$$\varepsilon = \frac{\partial u(x,t)}{\partial x} = \frac{\partial N}{\partial x} q^e, \quad B = \frac{\partial N}{\partial x} \tag{3-69}$$

其中，q^e 为单元节点位移的列向量。

通过该应变-位移矩阵 B，可以计算单元各点的应变大小。同时，单元的弹性势能通常可描述为

$$U^e = \frac{1}{2} \int_0^l \varepsilon^T D \varepsilon \, dx \tag{3-70}$$

其中，D 为不同振动形式对应的单元刚度，在其取值为 GJ_P、EA 或 EJ 时，分别对应轴系的扭转、纵向或横向振动的单元刚度。

根据式(3-33)，整理单元的弹性势能表达式可得

$$\begin{aligned} U^e &= \frac{1}{2} \{q^e\}^T \int_0^l B^T D B \, dx \{q^e\} \\ K^e &= \int_0^l B^T D B \, dx \end{aligned} \tag{3-71}$$

其中，K^e 和 U^e 为单元的刚度矩阵和采用节点位移二次型描述的单元弹性势能。

通过单元上任意点的广义位移 $u(x, t)$，动能的表达式为

$$T^e = \frac{1}{2} \int_0^l m \left(\frac{\partial u(x,t)}{\partial t} \right)^2 dx = \frac{1}{2} \dot{q}^{eT} \int_0^l m N^T N \, dx \, \dot{q}^e \tag{3-72}$$

其中，$\dot{q}^e$ 为单元节点速度的列向量。

根据式(3-36)中单位长度的质量 m，可以得到单元的质量矩阵，即

$$M^e = \int_0^l mN^T N dx \tag{3-73}$$

其中，单元的质量矩阵的表达式采用节点速度的二次型，与刚度矩阵 K^e 的描述方法类似，该矩阵基本上保持轴系的真实分布。

在结构的振动过程中，假设系统的黏弹性阻尼系数为 r，则单元的阻尼力可表示为

$$-r\frac{\partial u(x,t)}{\partial x} = -rN\dot{q}^e \tag{3-74}$$

因此，可以推导其单元的耗散函数及相应的单元阻尼矩阵为

$$L^e = \frac{1}{2}\int_0^l r\left(\frac{\partial u(x,t)}{\partial x}\right)dx = \frac{1}{2}\dot{q}^{eT}\int_0^l rN^T N dx \dot{q}^e \tag{3-75}$$

$$C^e = \int_0^l rN^T N dx \tag{3-76}$$

在有限单元法中，作用在单元的外力包括阻尼力、相邻单元间相互作用的节点力 F^e，以及激振力 $R_x(x,t)$。当虚位移为 δq^e 时，节点力和激励力对其所做的总的虚功为

$$\delta W = \delta q^{eT} F^e + \int_0^l \delta u(x,t) R_x dx = \delta q^{eT} F^e + \delta q^{eT} \int_0^l N^T R_x dx \tag{3-77}$$

令激励力的列向量为 $R^e = q^{eT}\int_0^l N^T R_x dx$，则有

$$\begin{aligned} \delta W &= \delta q^{eT}(F^e + R^e) \\ Q^e &= F^e + R^e \end{aligned} \tag{3-78}$$

其中，Q^e 为除阻尼力以外的非保守力的广义力。

根据拉格朗日方程，上述单元的运动方程可表示为

$$\frac{d}{dt}\left(\frac{\partial T^e}{\partial \dot{q}_i}\right) - \frac{\partial T^e}{\partial \dot{q}_i} + \frac{\partial U^e}{\partial \dot{q}_i} + \frac{\partial L^e}{\partial \dot{q}_i} = Q_i, \quad i = 1, 2, \cdots, n \tag{3-79}$$

将 T^e、U^e、L^e 和 Q^e 分别代入该运动方程，可得

$$M^e \ddot{q}^e + C^e \dot{q}^e + K^e q^e = F^e + R^e \tag{3-80}$$

该运动方程可以描述有限单元法中广义位移和广义力的一般关系。显然，在不同振动形式的分析过程中，各元素和矩阵的物理意义是不同的。

3.4 变 分 法

随着船舶推进轴系的复杂化和对其求解的精确化发展,引入变分法到求解船舶推进系统动力学特性研究中。变分法基于泛函求解,可以求解复杂的推进系统问题,也可推广到推进轴系及其附属系统耦合结构求解。

对于连续求解域,未知函数 α 的泛函为[4]

$$H = \int_{\Omega} F\left(\alpha, \frac{\partial \alpha}{\partial x}, \cdots\right) \mathrm{d}\Omega + \int_{\Gamma} E\left(\alpha, \frac{\partial \alpha}{\partial x}, \cdots\right) \mathrm{d}\Gamma \tag{3-81}$$

其中,$F(\cdot)$ 和 $E(\cdot)$ 为特定算子;Ω 为求解域;Γ 为 Ω 的边界。

变分方法通过使泛函的变分为零来求解 α,即

$$\delta H = 0 \tag{3-82}$$

运用变分原理,可以采用试探函数求解 α 的近似解。假设[5]

$$\alpha \approx \tilde{\alpha} = \sum_{i=1}^{n} N_i \beta_i = N\beta \tag{3-83}$$

其中,N_i 为已知函数序列;β_i 为待定系数。

将式(3-81)代入式(3-83)并微分可得

$$\delta H = \frac{\partial H}{\partial \beta_1}\delta\beta_1 + \frac{\partial H}{\partial \beta_2}\delta\beta_2 + \cdots + \frac{\partial H}{\partial \beta_n}\delta\beta_n \tag{3-84}$$

因为 $\delta\beta_1, \delta\beta_2, \cdots, \delta\beta_n$ 任意选取,为了使式(3-82)成立,必须有

$$\frac{\partial H}{\partial \beta} = \begin{bmatrix} \dfrac{\partial H}{\partial \beta_1} \\ \dfrac{\partial H}{\partial \beta_2} \\ \vdots \\ \dfrac{\partial H}{\partial \beta_n} \end{bmatrix} = 0 \tag{3-85}$$

通过解该方程组就可以求出待定系数。

如果泛函中 α 的最高导数为二阶,则称泛函 H 为二次泛函。工程问题一般为二次泛函,因此式(3-70)可以改写为[4]

$$\frac{\partial H}{\partial \beta} = Q\beta - P = 0 \tag{3-86}$$

对上式进行变分，有[5]

$$\delta\left(\frac{\partial H}{\partial \beta}\right) = \begin{bmatrix} \frac{\partial}{\partial \beta_1}\left(\frac{\partial H}{\partial \beta_1}\right)\delta\beta_1 + \frac{\partial}{\partial \beta_2}\left(\frac{\partial H}{\partial \beta_1}\right)\delta\beta_2 + \cdots \\ \vdots \\ \frac{\partial}{\partial \beta_1}\left(\frac{\partial H}{\partial \beta_n}\right)\delta\beta_1 + \frac{\partial}{\partial \beta_2}\left(\frac{\partial H}{\partial \beta_n}\right)\delta\beta_2 + \cdots \end{bmatrix} = Q\delta\beta \qquad (3\text{-}87)$$

其中，矩阵 Q 的子矩阵为

$$Q_{ij} = \frac{\partial^2 H}{\partial \beta_i \partial \beta_j}, \quad Q_{ji} = \frac{\partial^2 H}{\partial \beta_j \partial \beta_i} \qquad (3\text{-}88)$$

即 $Q_{ij} = Q_{ji}^{\mathrm{T}}$，因此 Q 是对称矩阵。式(3-86)中泛函的近似解可以表示为

$$H = \frac{1}{2}\beta^{\mathrm{T}}Q\beta - \beta^{\mathrm{T}}P \qquad (3\text{-}89)$$

证明[4]：由式(3-89)，有

$$\delta H = \frac{1}{2}\delta\beta^{\mathrm{T}}Q\beta + \frac{1}{2}\beta^{\mathrm{T}}Q\delta\beta - \delta\beta^{\mathrm{T}}P = \delta\beta^{\mathrm{T}}(Q\beta - P) = 0 \qquad (3\text{-}90)$$

因为 $\delta\beta^{\mathrm{T}}$ 是任意的，所以必然有 $Q\beta - P = 0$。

为了建立系统的动力学变分表，需要选择一种合适的方法。因此，选择具有能量列式的 Hamilton 原理，可以得到系统的运动方程。Hamilton 原理与一般虚功法的区别在于，非显含外载荷及惯性力、弹性力分别通过动能、势能的变分形式来替代，因此该方法具有只计算纯标量能量的优点。在虚功法中，即使功是标量，但是用来表示位移及力效应的量都是矢量。

如图 3-2 所示，当质点 m 在外力 $F(t)$ 作用下，在 t_1 时刻从点 1 出发，沿着真实路径下运动，在 t_2 时刻到达点 2。

设在坐标系 $o\text{-}xyz$ 下，i、j、k 为单位基准向量，则坐标系中各个量都可通过三个方向的向量合成得到。令

$$F(t) = F_x(t)i + F_y(t)j + F_z(t)k$$

$$r(t) = xi + yj + zk$$

$$\delta r(t) = \delta x i + \delta y j + \delta z k$$

外力 $F(t)$ 一般由外部作用力 $f(t)$、结构内力 $f_s(t)$、阻尼力 $f_D(t)$ 组成。根据达朗贝尔原理，该外力与惯性力 $f_I(t)$ 平衡。在 t 时刻，如果质点经合成虚位移 $\delta r(t)$，则作用在质点 m 上所有力的虚功等于零，即

$$(F_x(t)-m\ddot{x}(t))\delta x(t)+(F_y(t)-m\ddot{y}(t))\delta y(t)$$
$$+(F_z(t)-m\ddot{z}(t))\delta z(t)=0 \tag{3-91}$$

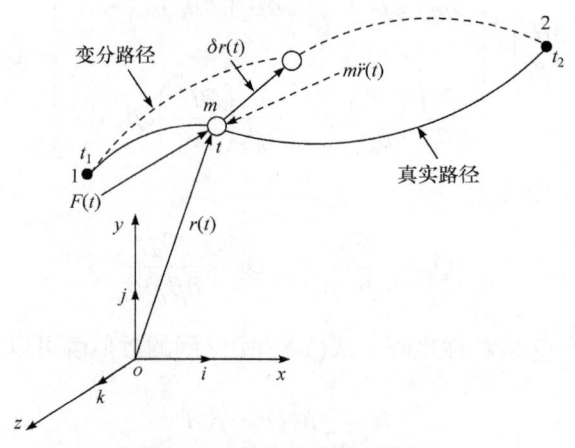

图 3-2 质点 m 的路径分析

对式(3-91)作时间段 t_1 到 t_2 的积分，则

$$\int_{t_1}^{t_2}-m(\ddot{x}(t)\delta x(t)+\ddot{y}(t)\delta y(t)+\ddot{z}(t)\delta z(t))\mathrm{d}t$$
$$+\int_{t_1}^{t_2}(F_x(t)\delta x(t)+F_y(t)\delta y(t)+F_z(t)\delta z(t))\mathrm{d}t=0 \tag{3-92}$$

对式(3-92)左侧第一个积分进行分部积分，由于变分路径的首尾虚位移 $\delta r(t_1)$、$\delta r(t_2)$ 为零，因此有

$$\begin{aligned}I_1&=\int_{t_1}^{t_2}m(\ddot{x}(t)\delta x(t)+\ddot{y}(t)\delta y(t)+\ddot{z}(t)\delta z(t))\mathrm{d}t\\&=\int_{t_1}^{t_2}m(\dot{x}(t)\delta\dot{x}(t)+\dot{y}(t)\delta\dot{y}(t)+\dot{z}(t)\delta\dot{z}(t))\mathrm{d}t\\&=\int_{t_1}^{t_2}\delta E_\mathrm{k}(t)\mathrm{d}t\\&=\delta\int_{t_1}^{t_2}E_\mathrm{k}(t)\mathrm{d}t\end{aligned} \tag{3-93}$$

其中，$E_\mathrm{k}(t)=\dfrac{1}{2}m(\dot{x}(t)^2+\dot{y}(t)^2+\dot{z}(t)^2)$ 为质点 m 的动能。

将力向量 $F(t)$ 分为保守力向量 $F_\mathrm{c}(t)$ 和非保守力向量 $F_\mathrm{nc}(t)$，即

$$F(t)=F_\mathrm{c}(t)+F_\mathrm{nc}(t) \tag{3-94}$$

设 $F_\mathrm{c}(t)$ 的势能函数为 $\phi(x,y,z,t)$，通过势能函数的定义可知各分量之间的关

系为

$$\begin{cases} \dfrac{\partial \phi(x,y,z,t)}{\partial x} = -F_{x,c}(t) \\ \dfrac{\partial \phi(x,y,z,t)}{\partial y} = -F_{y,c}(t) \\ \dfrac{\partial \phi(x,y,z,t)}{\partial z} = -F_{z,c}(t) \end{cases} \quad (3\text{-}95)$$

则根据式(3-94)和式(3-95)可知，式(3-92)左侧第二个积分式为

$$\begin{aligned} I_2 &= \int_{t_1}^{t_2} \left(F_x(t)\delta x(t) + F_y(t)\delta y(t) + F_z(t)\delta z(t) \right) \mathrm{d}t \\ &= \int_{t_1}^{t_2} -\delta E_\mathrm{p}(t)\mathrm{d}t + \int_{t_1}^{t_2} \delta W_f(t)\mathrm{d}t \end{aligned} \quad (3\text{-}96)$$

其中，$W_f(t)$ 为非保守力 $F_\mathrm{nc}(t)$ 做的虚功。

由此可知，式(3-92)可以写为

$$\int_{t_1}^{t_2} \delta\left(E_\mathrm{k}(t) - E_\mathrm{p}(t) \right)\mathrm{d}t + \int_{t_1}^{t_2} \delta W_f(t)\mathrm{d}t = 0 \quad (3\text{-}97)$$

由此可知，式(3-94)为动力学 Hamilton 理论的变分表述，表示动能与势能的差，以及所有非保守力所做的功在任意 $t_1 \sim t_2$ 的变分等于零。

3.5 船舶推进系统分析工具

基于已有计算理论，船舶研究及设计部门常常采用船舶推进系统分析工具对船舶推进系统进行仿真分析。为了确保船舶航行的安全性和可靠性，各国船级社在相关规范中都有明确的要求，即在船舶建造和维修过程中，必须对船舶推进系统各方面的性能参数进行检验计算，包括曲轴/推进轴系振动分析、强度校核、应力计算、轴系校中等，并生成检验报告。通常，这些检验计算是以经验公式为基础，不仅计算烦琐，需要耗费大量资源，而且考虑并不全面，忽略了柴油机、螺旋桨等内部因素，以及船体变形等外部因素对整个推进系统运行状态的影响，并不能满足现代化船舶制造企业的需求。随着科学技术的飞速发展，计算机技术得到广泛的应用，各个企业，尤其是设计研发类企业都通过仿真软件的应用提高工作效率，缩短工作周期。正是船舶推进系统的仿真理论与方法的不断发展，使更多船舶设计制造中遭遇的问题在仿真中得到解决[6]。

目前，常用的船舶推进系统仿真软件根据其采用的计算原理和方法的不同，

通常分为两大类。一类是以线性集总参数当量模型为基础，采用集中质量计算的方法，主要应用 MATLAB/Simulink、Visual Basic 或 Visual C++，根据船舶推进系统各个组件的工作原理及其影响因素，采用计算框图或编程语言的形式，利用原理公式计算各个模块零件的输入输出量。例如，挪威船级社开发的船舶推进系统仿真软件 Nauticus Machinery Software(图 3-3(a))、CCS 审核计算软件 COMPASS(图 3-4)等[7]。另一类仿真软件以分布参数模型为基础，采用虚拟产品开发(virtual product development，VPD)技术，根据有限元法(finite element method，FEM)、边界元法(boundary element method，BEM)、多体动力学(multi-body dynamics，MBD)、计算流体动力学(computational fluid dynamics，CFD)等相关仿真理论，建立推进系统的三维模型，并施加相应的外界条件，设置推进系统的运行状态，仿真分析其动态特性的变化。此外，还有一些软件是对船舶推进系统进行联合仿真，如 ABS 船舶推进系统审核仿真计算软件(图 3-5)，以及各个研究机构自主知识产权开发的仿真计算软件[8]等。

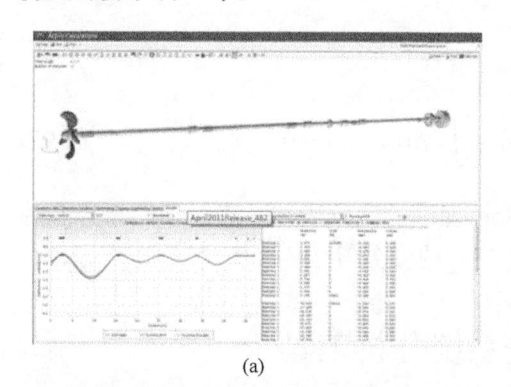

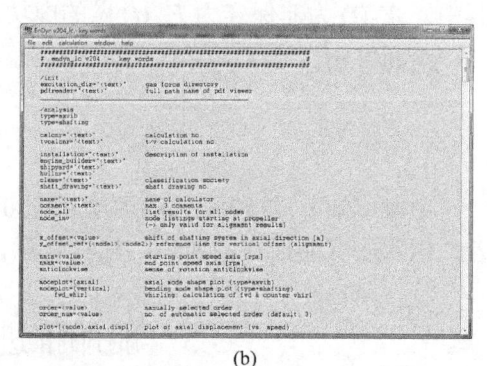

图 3-3 船舶推进系统仿真软件

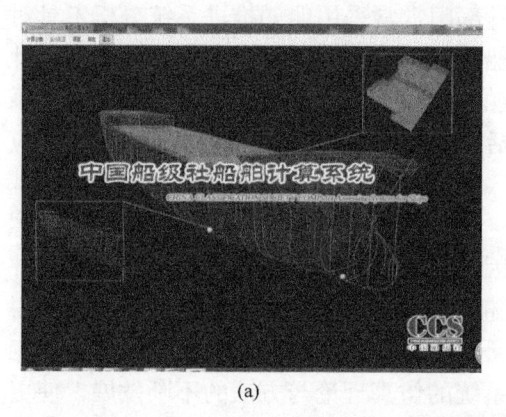

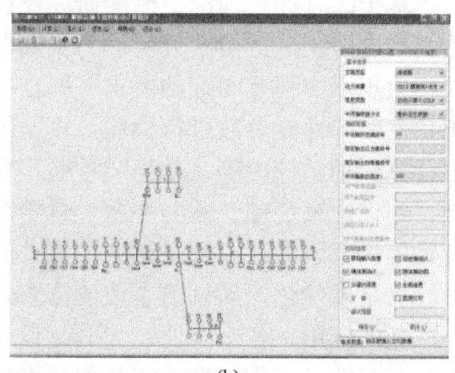

图 3-4 CCS 审核计算软件 COMPASS

(a)   (b)

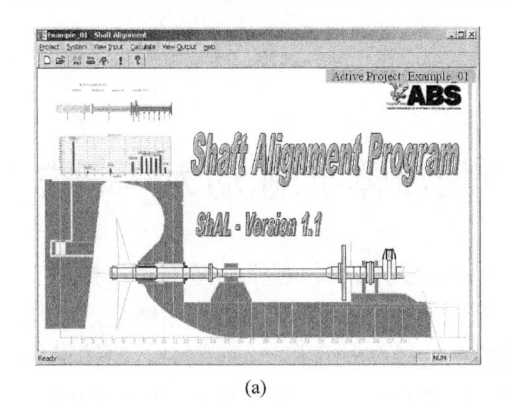

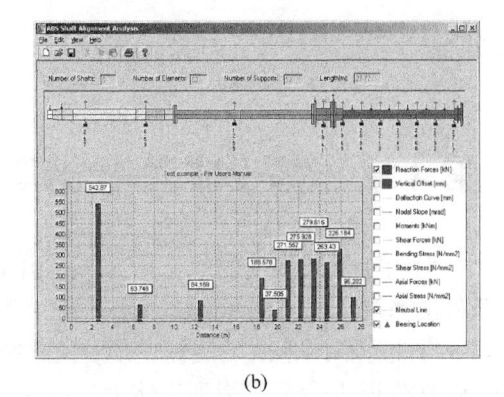

图 3-5   ABS 船舶推进系统审核仿真计算软件

参 考 文 献

[1] 刘保东, 阎贵平. 工程结构与稳定基础[M]. 北京: 清华大学出版社, 2002.
[2] R.克拉夫, J.彭津. 结构动力学[M]. 2 版. 王光远, 译. 北京: 高等教育出版社, 2006.
[3] 王小立. 船舶推进轴系动态性能分析与研究[D]. 武汉: 武汉理工大学, 2008.
[4] 徐斌, 高跃飞, 余龙. MATLAB 有限元结构动力学分析与工程应用[M]. 北京: 清华大学出版社, 2009.
[5] Zienkiewicz O C, Taylor R L. The Finite Element Method [M]. New York: McGraw-Hill, 1991.
[6] 王飞. 基于 ADAMS 及 ANSYS 的船舶推进轴系特性分析[D]. 大连: 大连海事大学, 2012.
[7] 王磊. 船舶复杂推进轴系扭振机理及计算软件研究[D]. 武汉: 武汉理工大学, 2011.

第4章　基于流固耦合理论的流体-船舶动力学研究

船舶在复杂多变的航行条件下，由于长期受到风浪、海流和撞击等各种航行条件的影响，会在持续的载荷作用下表现出不同形式的谐振现象，船体会产生剪切、弯曲等不同形式的船体变形，使其结构发生潜在的危险[1, 2]。同时，船体结构的弹性变形也会反作用到流体上，造成运动状态的改变。这种流体和结构间的交互作用形成流固耦合的系统[3]。由于理论建模中的不同初始和边界条件，以及载荷形式及其组合作用的非线性作用，船体的复杂变形导致船舶轴系运行的不确定性。在这种情况下，研究流体和船体结构间的耦合动力学机理，可以准确预测船舶在不同波浪载荷环境下的船体变形，为船舶的航行安全提供可靠的保障。

4.1　流体-船舶耦合动力学基本理论

由于波浪载荷的非线性特点，流体-船舶的流固耦合问题一直是水动力学领域的研究重点。Michell[4]在1898年提出船舶兴波阻力理论，由于水动力学问题的复杂性，并没有考虑自由表面的黏性影响。随着船舶理论的逐渐成熟，以及计算技术的迅速发展，对船舶流固耦合的数值模拟计算研究取得了长足的进步[5]，并将流体力学理论逐渐应用在该领域，同时提出采用Navier-Stokes[6]方程来计算黏性流场中的结构运动规律。Song等[7]根据经典的一维模型数值求解了高密度流场的流固耦合问题。

4.1.1　波动方程问题描述

在对自由液面采用波动方程的数值模拟过程中，求解方法的选取将直接关系到计算时间的长度和结果的精度[8]。在有限元分析的基础上，通过数值计算对船舶的流固耦合问题进行系统的研究，首先介绍流体-船舶耦合的物理模型，如图4-1所示。

在流体-船舶耦合系统中，通常采用波动方程为基础进行研究。该方程属于偏微分方程中典型的双曲型方程，即[9]

$$\frac{\partial^2 u}{\partial t^2} - a\frac{\partial^2 u}{\partial x^2} + cu = f \qquad (4-1)$$

第 4 章　基于流固耦合理论的流体-船舶动力学研究

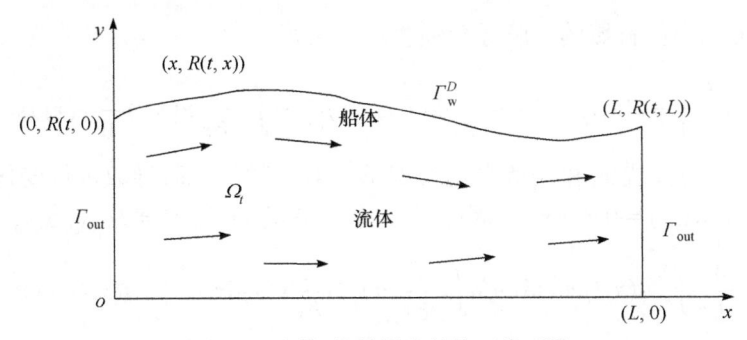

图 4-1　流体-船舶耦合的物理模型[8]

1) 初始条件

设 Ω_t 为空间-时间域且具有一个维度，定义 $\Omega_t = (x_0, x_1) \times (t_0, t_1)$，$(x_0, x_1)$ 和 (t_0, t_1) 分别为空间域和时间域，且有 $f: \Omega_t \to R$；系数 c、a、f 和 u 为定义在 R 上依赖时间 t 的函数。初始条件为

$$u(x,0) = u_0(x)$$
$$\frac{\partial}{\partial t}u(x,0) = u_1(x) \tag{4-2}$$

在本章的研究过程中，定义 a 和 c 为两个常数，并且假设 $\partial^2 u / \partial t^2$ 和 $\partial^2 u / \partial x^2$ 是存在的。

2) Dirichlet 边界条件

$$u(x_0, t) = bc_0(t)$$
$$u(x_1, t) = bc_1(t) \tag{4-3}$$

其中，$bc_0, bc_1: (a_t, b_t) \to R$。

必须注意到，$u_0(x_0) = bc_0(t_0)$ 和 $u_0(x_1) = bc_1(t_0)$。显然，流体-船舶耦合系统的动力学理论主要以波动方程为基础，结合不同的边界条件进行力学研究。这里主要介绍 Dirichlet 边界条件，再将其应用到波动方程进行求解。

4.1.2　Dirichlet 边界条件

在上述波动方程及其初始条件和边界条件的基础上，通过空间域的一阶导数代替二阶导数，从而找到方程的简单解。因此，假设一个测试函数 $v: (x_0, x_1) \to R$，$v \in V_0 := H_0^1(x_0, x_1)$，代入式(4-1)并在空间域 x_0 至 x_1 分步展开，可得

$$\int_{x_0}^{x_1} \frac{\partial^2}{\partial t^2} u(x,t) v(x) \mathrm{d}x - a \int_{x_0}^{x_1} \frac{\partial^2}{\partial x^2} u(x,t) v(x) \mathrm{d}x + c \int_{x_0}^{x_1} u(x,t) v(x) \mathrm{d}x$$
$$= \int_{x_0}^{x_1} f(x,t) v(x) \mathrm{d}x \tag{4-4}$$

对式(4-4)中位置域的二阶导数项整理，可得

$$\int_{x_0}^{x_1} \frac{\partial^2}{\partial x^2} u(x,t) v(x) \mathrm{d}x = \frac{\partial}{\partial x} u(x,t) v(x) \bigg|_{x_0}^{x_1} - \int_{x_0}^{x_1} \frac{\partial}{\partial x} u(x,t) \frac{\partial}{\partial x} v(x) \mathrm{d}x \tag{4-5}$$

在时间 t 与位置 x_0 和 x_1 无关的情况下，对时间的二阶导数进行变化并积分。在 $v \in V_0$ 内有 $v(x_0) = 0 = v(x_1)$，因此对任意 $t > 0$ 的 $u(t) \in V_0 = H^1(x_0, x_1)$，满足

$$\frac{\mathrm{d}^2}{\mathrm{d}t^2} \int_{x_0}^{x_1} u(x,t) v(x) \mathrm{d}x + a \int_{x_0}^{x_1} \frac{\partial}{\partial x} u(x,t) \frac{\partial}{\partial x} v(x) \mathrm{d}x + c \int_{x_0}^{x_1} u(x,t) v(x) \mathrm{d}x$$
$$= \int_{x_0}^{x_1} f(x,t) v(x) \mathrm{d}x \tag{4-6}$$

式(4-6)对于所有的 $v \in V_0 = H_0^1(x_0, x_1)$ 均成立。为了简化符号，使用标量积 $L^2(x_0, x_1)$ 来代替，即

$$(f, g) L^2 = \int_{x_0}^{x_1} f(x,t) v(x) \mathrm{d}x \tag{4-7}$$

同样，可以定义双线性式，即

$$\begin{aligned} &a: H^1(x_0, x_1) \times H^1(x_0, x_1) \to R \\ &c: L^2(x_0, x_1) \times L^2(x_0, x_1) \to R \\ &a(u,v) = a \int_{x_0}^{x_1} \frac{\partial}{\partial x} u(x) \frac{\partial}{\partial x} v(x) \mathrm{d}x \\ &c(u,v) = c(u,v) L^2 \end{aligned} \tag{4-8}$$

为证明双线性式 $a(\cdot, \cdot)$ 是连续函数，在 $u, v \in H^1(x_0, x_1)$ 的情况下，根据 Cauchy-Schwarz 不等式，即

$$|a(u,v)| = \left| \left(\frac{\partial u}{\partial x}, \frac{\partial v}{\partial x} \right) L^2 \right| \leqslant |u| H^1 |v| H^1 < \infty \tag{4-9}$$

可以根据符号的弱问题找到 $u \in V$，满足

$$\frac{\mathrm{d}^2}{\mathrm{d}t^2}(u,v) L^2 + a(u,v) + c(u,v) = (f,v) L^2$$
$$u(x,0) = u_0(x), \quad \frac{\partial}{\partial t} u(x,0) = u_1(x) \tag{4-10}$$
$$u(x_0, t) = bc_0(t), \quad u(x_1, t) = bc_1(t)$$

其中，所有的 $v \in V_0$。

采用 Galerkin 方法寻找该弱问题空间半离散化的近似解，即进行关于时间的二阶 Cauchy 问题的转换。假设 V_h 是 V 和 V_0 的 N_{x+1} 维子空间，且有 $V_{0,h} = V_h \cap V_0$，可以得到该弱问题的近似值。因此，可以找到函数 $u_h \in V_h$，使其满足

$$\frac{d^2}{dt^2}(u_h,v_h)+a(u_h,v_h)+c(u_h,v_h)=(f,v_h)$$

$$u_h(x,0)=u_{0,h}(x),\quad \frac{\partial}{\partial t}u_h(x_0,t)=u_{1,h}(x) \tag{4-11}$$

$$u_h(x_0,t)=bc_0(t),\quad u_h(x_1,t)=bc_1(t)$$

其中，$u_{0,h}$ 和 $u_{1,h}$ 为 V 在 V_h 内的投影，且分别代表 u_0 和 u_1，对于任意 $v\in V_{0,h}$ 均成立。

由于 V_h 的取值是任意的，为了后续研究的方便，选择较为简单的取值，例如将区间 (x_0,x_1) 细分为等距离的分段 h，即

$$\begin{aligned} &x_0=a_1<a_2<\cdots<a_{N_x}<a_{N_x+1}=x_1 \\ &a_i=x_0+(i-1)h \\ &V_h=\{v_h\in C^0([x_0,x_1]):v_h|_{[a_i,a_{i+1}]}\in P_1,\forall i=1,2,\cdots,N_x\} \\ &V_{0,h}=\{v_h\in V_h:v_h(x_0)=v_h(x_1)=0\} \end{aligned} \tag{4-12}$$

在有限维数允许建立相应空间域的有限基础的情况下，对于 $V_{0,h}$ 有 $\{\varphi_i\}_{i=2}^{N_x}$，且有

$$\varphi_i(x)=\begin{cases} 0, & x\in[a_1,a_{i-1}] \\ (x-x_0)/h-(i-2), & x\in[a_{i-1},a_i] \\ (x-x_0)/h+i, & x\in[a_i,a_{i+1}] \\ 0, & x\in[a_{i+1},a_{N_x+1}] \end{cases} \tag{4-13}$$

定义 V_h 上的函数 φ_1 和 φ_{N_x+1} 为

$$\varphi_1(x)=\begin{cases} (x-x_0)/h+1, & x\in[a_1,a_2] \\ 0, & x\in[a_2,a_{N_x+1}] \end{cases} \tag{4-14}$$

$$\varphi_{N_x+1}(x)=\begin{cases} 0, & x\in[a_1,a_{N_x}] \\ (x-x_0)/h-N_x+1, & x\in[a_{N_x},a_{N_x+1}] \end{cases} \tag{4-15}$$

因此，可以将 u_h 转化为一个关于 φ_j 的线性组合式，即

$$u_h(x,t)=\sum_{j=1}^{N_x+1}\tilde{u}_j(t)\varphi_j(x)$$

$$u_{0,h}(x)=\sum_{j=1}^{N_x+1}u_0(x_j)\varphi_j(x) \tag{4-16}$$

$$u_{1,h}(x)=\sum_{j=1}^{N_x+1}u_1(x_j)\varphi_j(x)$$

其中，$\tilde{u}_1(t) = bc_0(t)$ 和 $\tilde{u}_{N_x+1}(t) = bc_1(t)$ 为给定的函数；$u_{0,h}$ 和 $u_{1,h}$ 为 u_0 和 u_1 的近似值。

利用双线性式 $a(\cdot,\cdot)$ 和 $c(\cdot,\cdot)$，式(4-12)每项的基 $\{\varphi_i\}_{i=2}^{N_x}$ 得到验证，即

$$\sum_{j=1}^{N_x+1}\frac{\mathrm{d}^2}{\mathrm{d}t^2}\tilde{u}_j(t)(\varphi_j,\varphi_i)L^2 + \sum_{j=1}^{N_x+1}\tilde{u}_j(t)a(\varphi_j,\varphi_i) + \sum_{j=1}^{N_x+1}\tilde{u}_j(t)c(\varphi_j,\varphi_i)$$
$$= (f(t),\varphi_i), \quad i = 2, 3, \cdots, N_x \tag{4-17}$$

在改写为矢量形式时，定义矢量 u、u_0、u_1 和 f 的分量为

$$\begin{aligned}f_i(t) &:= (f(t),\varphi_i)L^2 \\ u_j(t) &:= \tilde{u}_j(t) \\ u_{0,j} &:= u_0(x_j) \\ u_{1,j} &:= u_1(x_j)\end{aligned} \tag{4-18}$$

M、A 和 C 为

$$\begin{aligned}m_{i,j} &:= (\varphi_j,\varphi_i)L^2 \\ a_{i,j} &:= a(\varphi_j,\varphi_i) \\ c_{i,j} &:= c(\varphi_j,\varphi_i)\end{aligned} \tag{4-19}$$

其中，M、A、$C \in \mathbb{R}^{N_x-1 \times N_x+1}$，且有 $u \in \mathbb{R}^{N_x+1}$ 和 $f \in \mathbb{R}^{N_x-1}$。

式(4-17)等效于下列 Cauchy 问题，即

$$\begin{aligned}M\frac{\mathrm{d}^2}{\mathrm{d}t^2}u(t) + (A+C)u(t) &= f(t) \\ u(t_0) &= u_0 \\ \frac{\mathrm{d}}{\mathrm{d}t}u(t_0) &= u_1\end{aligned} \tag{4-20}$$

4.1.3 Leap-Frog 方法

与前述的数学问题一样，本节采用 Leap-Frog 方法探讨波动方程的近似解。该方法适用于 Dirichlet 边界条件，并且忽略边界条件中的复杂关系，根据前述内容，令

$$\begin{aligned}t_n &= a_t + (n-1)\Delta t \\ a_i &= x_0 + (i-1)\Delta h\end{aligned} \tag{4-21}$$

其中，$\Delta t = (b_t - a_t)/N_t (n=1,2,\cdots,N_t+1)$；$\Delta h = (x_1 - x_0)/N_x (i=1,2,\cdots,N_x+1)$。时间 t 和位移 x 的离散方式与上述内容相同，其有限差分形式为

$$\frac{\partial^2 u}{\partial t^2} \approx \frac{u_j^{n+1} - 2u_j^n + u_j^{n-1}}{\Delta t^2}$$
$$\frac{\partial^2 u}{\partial x^2} \approx \frac{u_{j+1}^n - 2u_j^n + u_{j-1}^n}{\Delta h^2}$$
(4-22)

将该有限差分形式的近似值代入波动方程替换其二阶导数，可得

$$\frac{u_j^{n+1} - 2u_j^n + u_j^{n-1}}{\Delta t^2} - a\frac{u_{j+1}^n - 2u_j^n + u_{j-1}^n}{\Delta h^2} + cu_j^n = f_j^n \quad (4\text{-}23)$$

将 t_{n+1} 时刻的位移 u 与 t_n 和 t_{n-1} 时刻的位移分离，同时令 $\lambda = \Delta t/h$，式(4-23)可以转化为

$$u_j^{n+1} = -u_j^{n-1} + (2 - 2a\lambda^2 - c\Delta t^2)u_j^n + a\lambda^2(u_{j+1}^n + u_{j-1}^n) + \Delta t^2 f_j^n \quad (4\text{-}24)$$

除了复杂的边界条件，也需要考虑其初始步长增加的问题，在计算 u_j^2 时，定义其实阶段的 $u_j^2 = u(a_j, a_t - \Delta t)$ 进行近似取值。根据初始条件定义中心差分为

$$u_j(a_j) \approx \frac{u_j^2 - u_j^0}{2\Delta t} \quad (4\text{-}25)$$

其中，u_1 为位移 u 对于时间 t 的导数所得的初始条件，可以得到 $u_j^0 = u_j^2 - 2\Delta t u_1(a_j)$ 进而有

$$u_j^2 = \Delta t u_1(a_j) + \left(1 - a\lambda^2 - \frac{c}{2}\Delta t^2\right)u_0(a_j) + \frac{a\lambda^2}{2}(u_0(a_{j+1}) + u_0(a_{j-1})) + \frac{\Delta t^2}{2}f_j^1 \quad (4\text{-}26)$$

由于不需要计算 u_1^n 和 $u_{N_x+1}^1$，因此没有任何的复杂性，只需要简单地用 $bc_0(t_n)$ 和 $bc_1(t_n)$ 代替式(4-24)中全部 $j = 2, 3, \cdots, N_x$ 条件下的 u_1^n 和 $u_{N_x+1}^1$。结合上述理论基础和边界条件，采用径向对称的一维模型对该流固耦合系统进行建模研究，对流体和固体分别采用波动方程和斯托克斯方程。

4.2 流固耦合基础理论

在流固耦合问题的研究过程中，采用的数值计算方法需要同时求解流体和固体域的动态响应。其中，流体域离散为沿船体运动方向的移动网格，针对该一维流场问题，在数值计算中根据波动方程采取时间域和空间域的多次求解。同时，船体通常采用传统的有限元方法进行离散，将其考虑为单一的质量点，因此采用时间积分的方法对船体进行求解。本节重点介绍流固耦合系统的流体和固体的数学问题和边界条件，同时推导耦合系统在移动流场域内的相互作用。

根据图 4-2 所示的流固耦合物理问题，定义船体在运动方向的高度为 x，船体运动的最底端和高端定义为 x_L 和 x_H，假设船体的初始位移为 l，因此其最底端和最高端位置坐标可表示为 $x_L = 0$ 和 $x_H = l + x$，采用 Euler 方程控制该一维流场。定义该耦合系统的初始条件为均匀的无流速场，外部压力大小为 P_0，船体在平衡位置保持静止状态。

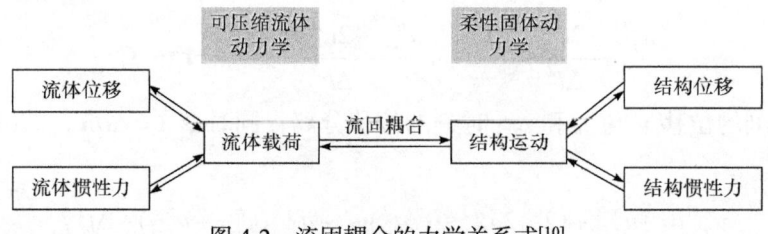

图 4-2 流固耦合的力学关系式[10]

假设流体是均匀且不可压缩的无旋理想流体，流场中的速度势能不但满足拉普拉斯方程，而且符合非线性自由液面的初始和边界条件。这些复杂的非线性定解问题的求解是水动力学问题研究的困难所在[11]。定义流体域$[x_L; x_H]$的数学问题为

$$\begin{aligned}&\frac{\partial \rho}{\partial t} - \frac{\partial \rho v}{\partial x} = 0 \\ &\frac{\partial \rho v}{\partial t} + \frac{\partial (\rho v^2 + P)}{\partial x} = 0 \\ &\frac{\partial E}{\partial t} + \frac{\partial (Ev + Pv)}{\partial x} = 0\end{aligned} \quad (4\text{-}27)$$

其中，ρ、v、P 和 E 为单元体积流体的密度、流速、压力和总能量。

总能量 E 可表示为

$$E = gh + \frac{v^2}{2} \quad (4\text{-}28)$$

其中，$h(x, t)$为结构在流体表面运动过程中的瞬时高度，根据流体运动规律，其对应的瞬时压力可表示为

$$P = \rho g h = \rho \left(E - \frac{v^2}{2} \right) \quad (4\text{-}29)$$

该流体域的边界条件为

$$\begin{aligned}v(x_L) &= \dot{x}_L \\ v(x_H) &= \dot{x}_H\end{aligned} \quad (4\text{-}30)$$

将该边界条件进行化简，可以得到流体和固体的边界条件，即

$$v(0)=0, \quad v(l+x)=\dot{x} \tag{4-31}$$

$$v(0)=\dot{x}, \quad v(l+x)=\dot{x} \tag{4-32}$$

类似地，固体的运动方程可以表示为

$$m\ddot{x}+d\dot{x}+kx=F \tag{4-33}$$

其中，m、d 和 k 为固体的质量、阻尼和刚度；流体和固体的外力 F 分别为

$$F=P(x_H)-P_0=P(l+x)-P_0 \tag{4-34}$$

$$F=(P(x_H)-P_0)-(P(x_L)-P_0)=P(l+x)-P(x)_H \tag{4-35}$$

4.2.1 流体模型

首先计算耦合系统每个时间步长内流体网格位移。这样不但能保证流体和结构运动的相容性，而且可以阻止结构附近流体节点的贯穿。假设流体和结构的运动速度为 ω_x 和 $\dot{u}$，则时间间隔 Δt 内的流体网格变化如图 4-3 所示。

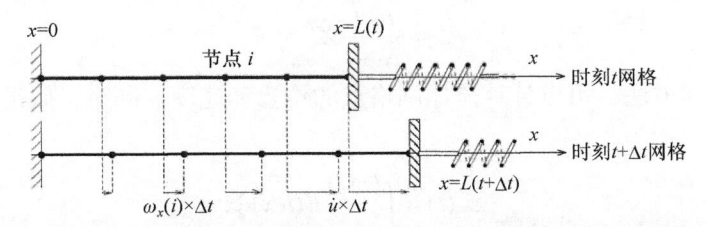

图 4-3　时间间隔 Δt 内的流体网格变化[12]

假设流体对船体结构的外力为 F 且作用在两种边界条件的接触面，船体的运动速度与其接触面的流速认为是相等的，同时流体和船体在交界面的边界条件也是相同的，通过欧拉公式对流体的移动网格进行划分，其表达式为

$$\frac{\mathrm{d}}{\mathrm{d}t}\int_{C_x}W\mathrm{d}x+\int_{C_x}\mathrm{div}_xF\mathrm{d}x=0 \tag{4-36}$$

其中，x 为船体质量点的空间位置坐标；W 为变形的矢量；C_x 为几何结构的集合，其边界条件假设移动网格的流速为 ω。

因此，修正后的流场矢量可表示为

$$\overline{F}=\begin{pmatrix}\rho\overline{v}\\ \rho v\overline{v}+P\\ E\overline{v}+Pv\end{pmatrix}, \quad \overline{v}=v-\omega \tag{4-37}$$

将式(4-36)改写为有限体积的隐式形式，即

$$A_i^{n+1}W_i^{n+1}-A_i^n W_i^n+\Delta t(\phi(W_i^n,W_{i+1}^n)-\phi(W_{i-1}^n,W_i^n))=0 \tag{4-38}$$

其中，A_i^n 和 W_i^n 为 t_n 时刻子结构 C_i^n 的面积和平均能量 W；C_i^n 为 t_n 时刻的第 i 个

子结构；Δt 为时间步长；数值流场 ϕ 定义为

$$\Delta t \phi(W_i^n, W_{i+1}^n) \approx \int_{t_n}^{t_n + \Delta t} F(x_{i+1/2}^n) \mathrm{d}t \tag{4-39}$$

计算关于时间 Δt 的面积 A_i^n 为

$$A_i^{n+1} - A_i^n + \Delta t(-\omega_{i+1/2}^n + \omega_{i-1/2}^n) = 0 \tag{4-40}$$

由于网格位置是根据 $x_{i+1/2}^{n+1} = x_{i+1/2}^n + \Delta t \omega_{i+1/2}^n$ 计算得到的，因此对于面积 A_i^n 的计算可采用下列表达式，即

$$A_i^n = x_{i+1/2}^n - x_{i-1/2}^n \tag{4-41}$$

流场的网格在任意时刻尺寸均匀且流速保持一致，假设其网格数为 N，可以得到 $1 \leqslant i \leqslant N$ 条件下的运动方程，即

$$\begin{aligned} x_i^n &= \frac{i-1}{N-1}(L + X^n) \\ \omega_i^n &= \frac{i-1}{N-1}\dot{X}^n \end{aligned} \tag{4-42}$$

通过上述方法，可以计算流体网格点的位置和速度。同时，假设耦合系统中流体的能量 $E_f(t)$ 为

$$E_f(t) = \int_{x(t)}^{L+x(t)} E(t, x) \mathrm{d}x \tag{4-43}$$

4.2.2 船体模型

由于整个船体结构可以看作是一个独立的运动质点，采用快速积分的方法，假设在 t_n 时刻，船体结构的位移 x_n、速度 $\dot{x}_n$ 和加速度 $\ddot{x}_n$ 分别已知，在 t_{n+1} 时刻的速度和加速度未知量可以分别表示为

$$\begin{aligned} x_{n+1} &= x_n + \Delta t \dot{x}_n + \frac{\Delta t^2}{2} \ddot{x}_{n+2\beta} \\ \dot{x}_{n+1} &= \dot{x}_n + \Delta t \ddot{x}_{n+\gamma} \end{aligned} \tag{4-44}$$

根据先前的假设，找到结构动态方程 $ma^{n+1} + d v^{n+1} + k x^{n+1} = F^{n+1}$ 的解 a^{n+1}。假设其运动过程中的外力 F 是已知的，采用隐式的 Newmark-Wilson 方法对船体位移和速度按照时间序列展开，可得

$$\begin{aligned} x_{n+1} &= x_n + \dot{x}_n \Delta t + \frac{\Delta t^2}{4}(\ddot{x}_n + \ddot{x}_{n+1}) \\ \dot{x}_{n+1} &= \dot{x}_n + \frac{\Delta t}{2}(\ddot{x}_n + \ddot{x}_{n+1}) \end{aligned} \tag{4-45}$$

其中，n 和 $n+1$ 代表时间 t 和 $t+\Delta t$，Δt 为两个求解过程的时间差，因此可得 $t+\Delta t$ 时刻的加速度表达式，即

$$\ddot{x}_{n+1} = \frac{4}{\Delta t^2}\Delta x - \frac{4}{\Delta t}\dot{x}_n - \ddot{x}_n \tag{4-46}$$

式中，$\Delta x = x_{n+1} - x_n$ 为两个求解时间内的位移变量。

同时，假设耦合系统中船体结构的能量 $E_s(t)$ 为

$$E_s(t) = \frac{1}{2}m\dot{x}(t)^2 + \frac{1}{2}kx(t)^2 \tag{4-47}$$

4.2.3 流体-船舶耦合作用

在数值计算过程中，通过时间步长 Δt 计算结构在 t^{n+1} 时刻的位移，同时求出新的流体网格位置。在流体子结构的计算中，需要满足每个网格的终点位置等同于计算前的位置。在流体的多步子循环中，根据上述关系式计算流体网格运动的平均速度，可以得到流体网格的子循环数 N_f 为

$$N_f \approx \frac{\Delta t_s}{\Delta t_f} \tag{4-48}$$

假设该网格在运动过程中的位移 x_M^n 和 x_M^{n+1} 已知，可以得到 $x_M^n(t)$ 关于时间 t 的函数，即

$$x_M(t) = x_M^n + \frac{x_M^{n+1} - x_M^n}{\Delta t_s}(t - t^n), \quad t \in [t^n, t^{n+1}] \tag{4-49}$$

因此，该网格在运动过程中的平均速度 ω_M 为

$$\omega_M(t) = \frac{x_M^{n+1} - x_M^n}{\Delta t_s} \tag{4-50}$$

上述所有流体网格的位置和速度可以通过式(4-42)所示的计算过程进行求解。在考虑流固耦合整体模型的能量 $E(t)$ 时，对流体和结构的能量 $E_f(t)$ 和 $E_s(t)$ 进行空间离散化后，可分离为

$$E^n = E_f^n + E_s^n = \sum_{i=1}^{M} A_i^n E_i^n + \frac{1}{2}m\dot{x}^{n2} + \frac{1}{2}kx^{n2} \tag{4-51}$$

假设结构的时间积分符合梯形规则，在时间步长为 Δt_s 时，流体在结构前后两个子步上施加相同的压力 p_1^n 和 p_M^n，因此可以得到结构在该时间段内的能量改变为

$$E_s^{n+1} - E_s^n = \Delta t_s(p_M^n - p_1^n)\frac{\dot{x}^n + \dot{x}^{n+1}}{2} = (p_M^n - p_1^n)(x^{n+1} - x^n) \tag{4-52}$$

另外，对于时间步长为Δt_f的流体能量改变则仅依赖式(4-38)，即

$$E_\text{f}^{n,k+1} - E_\text{f}^{n,k} = -\Delta t_\text{f}(p_M^{n,k}\omega_M^{n,k} - p_1^{n,k}\omega_1^{n,k}) \tag{4-53}$$

由于网格速度为实数且定义为$N=(x^{n+1}-x^n)/\Delta t_\text{f}$，因此包含所有子循环在内的流体总能量变化可表示为

$$E_\text{f}^{n+1} - E_\text{f}^n = -\frac{1}{N}(x^{n+1}-x^n)\sum_{k=0}^{N-1}(p_M^{n,k} - p_1^{n,k}) \tag{4-54}$$

由于压力分布在整个流场循环过程中的变化，结合结构和流体能量变化式(4-52)和式(4-54)，可以得到关于总能量的如下结论，即

$$E^{n+1} - E^n = \frac{1}{N}(x^{n+1}-x^n)\sum_{k=0}^{N-1}[(p_M^n - p_M^{n,k}) - (p_1^n - p_1^{n,k})] \tag{4-55}$$

4.3 数值计算与模型验证

为了验证本章的模型，通过MATLAB数值计算来分析流固耦合模型的动力学响应。本章的数值计算采用图4-1所示的模型。图中为流体-船舶动力学耦合模型的简化结构，定义流体域为$(0,L)\times(0,R_0)\to\Omega$，船体的求解域为$(0,T)\times(0,L)\to R$，$x$和$y$坐标分别表示船体的水平和垂直方向。

4.3.1 基本参数定义

定义初始高度为$H=1.0$ m，平衡位置为$h_0=0.1$ m，初始压力位$p_0=1.0\times10^5$ Pa，流体的密度为$\rho=1.0\times10^3$ kg/m³，流速为0.1 m/s，计算步长$N=100$。定义如表4-1所示的4种不同计算模型的固有频率和运动周期，其中每种模型的固有频率及其运动周期为$f_\text{s}=\sqrt{k/m}$和$T_\text{s}=1/f_\text{s}$[12]。

表 4-1 不同模型下的固有频率和运动周期

参数	模型1	模型2	模型3	模型4
刚度/(N/m)	2.0×10^6	2.0×10^6	2.0×10^7	2.0×10^7
质量/kg	10	100	10	100
频率/Hz	71.2	22.5	225.1	71.2
周期/s	1.4×10^{-2}	4.4×10^{-2}	4.4×10^{-3}	1.4×10^{-2}

4.3.2 流固耦合数值计算

船体结构的质量和刚度通常是影响船舶航行稳定性能的关键因素。为了系统

揭示其对波浪-船体耦合系统的作用规律，本章研究不同质量和刚度情况下耦合系统的动力学响应。在数值计算过程中，定义计算时间为运动的半周期($T_s/2$)，分别研究表 4-1 所示的 4 种模型的耦合响应，计算结果如图 4-4 所示。其中，图 4-4(a) 和图 4-4(d) 所示结果基本相差不大，表明船体的压力与其刚度和质量比密切相关，即频率相同时，在耦合系统中所受到的压力分布基本相同。当船体固有频率较小时，由于船体质量的增加，压力的变化较小且分布相对平稳，如图 4-4(b) 所示。在频率较大的情况下，船体质量相对减小，使其在外力作用下的变形极其明显，且分布极不均匀，如图 4-4(c) 所示。

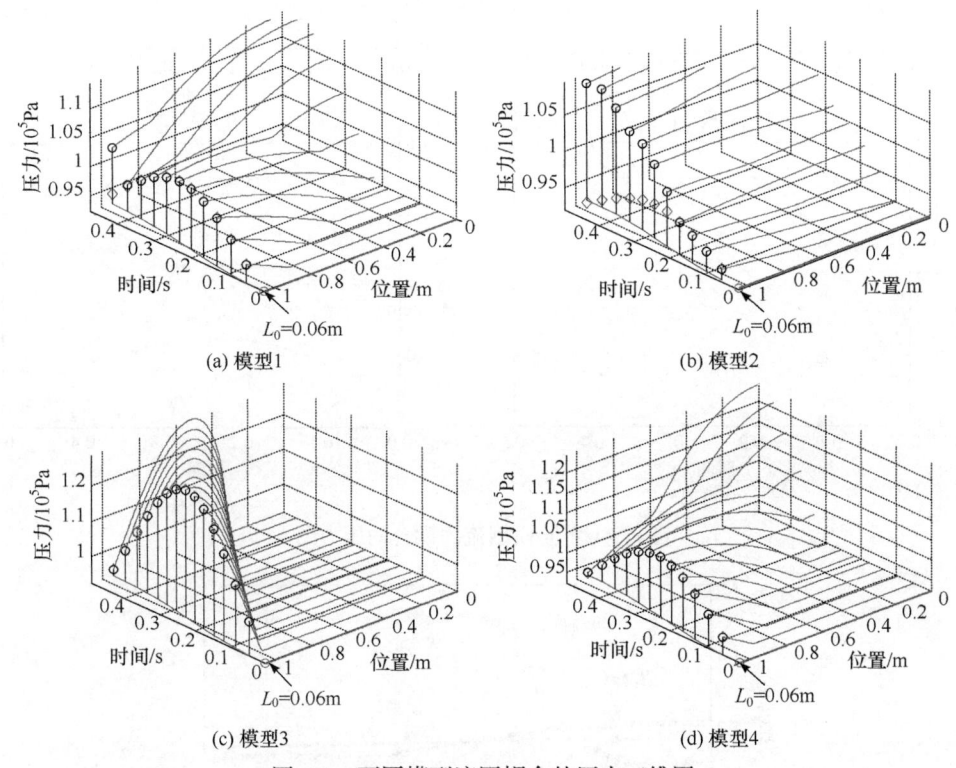

图 4-4 不同模型流固耦合的压力三维图

图 4-5 为半个周期内流体压力值的变化。可以发现，由于模型 2 的刚度和质量比最小，该条件下流体的压力值也是最小的，而模型 3 的刚度和质量比最大，表面压力值也表现得更大。其余两种模型的刚度和质量比相同，受到的压力基本一致，且趋于平稳状态。

4.3.3 计算结果分析

如图 4-6 所示，由于模型 3 的刚度和质量比最大，该条件下的压力变化最为明显，其他三组模型的压力比则趋近于平稳状态，尤其是模型 2 的质量和刚度比最小，因此该条件下的压力值也是最小。

图 4-5　不同模型流固耦合的压力图

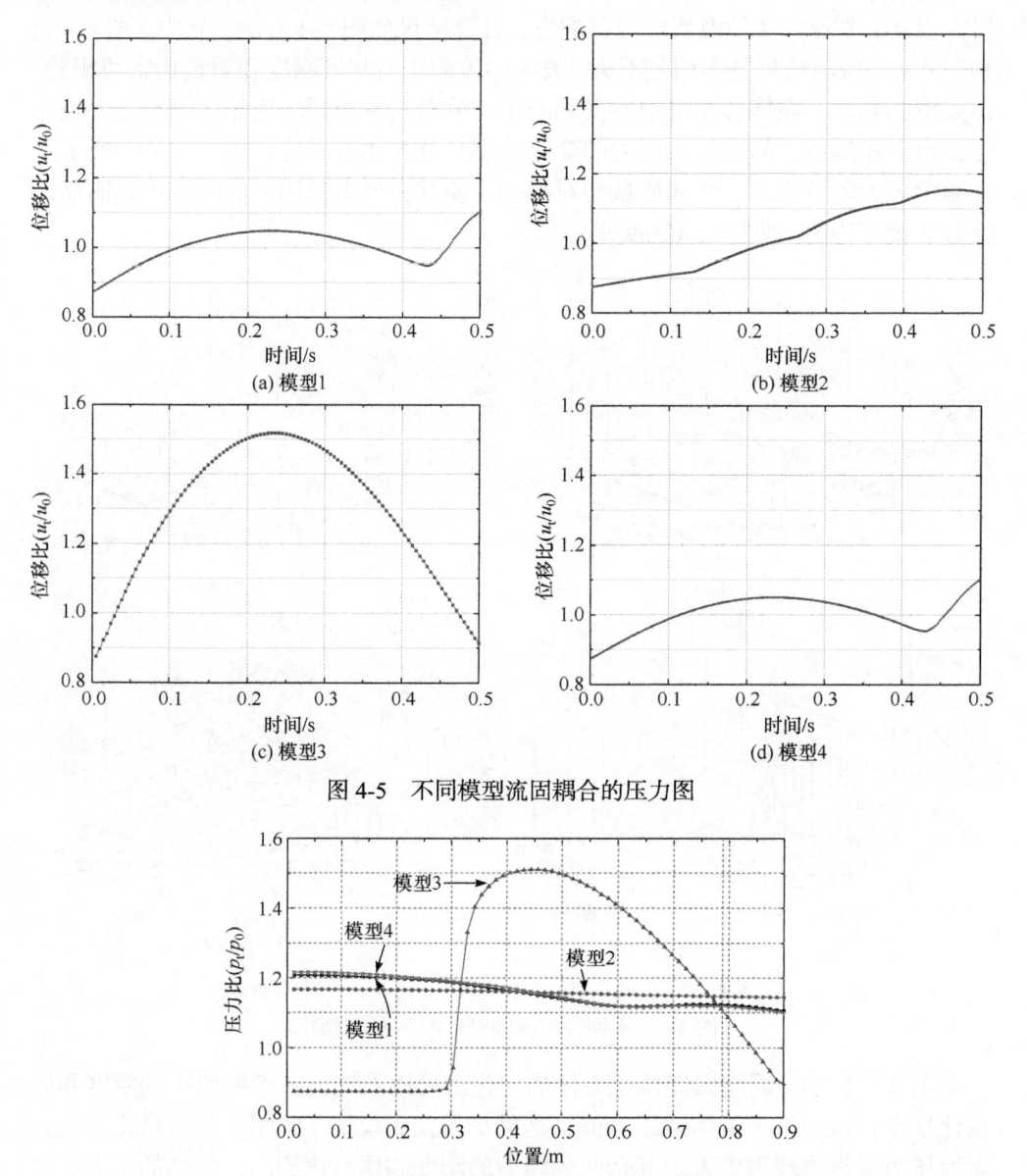

图 4-6　不同模型流固耦合的流体压力对比图

如图 4-7 所示，可以发现流体在坐标轴的末端，即液体表面的最顶端的运动最为明显。同样，通过对比 4 种不同的计算模型可以发现，模型 3 条件下的流体位移量也是最大的，模型 4 条件下的流体变形量最小，这与图 4-4 所得的结论可以很好地吻合。

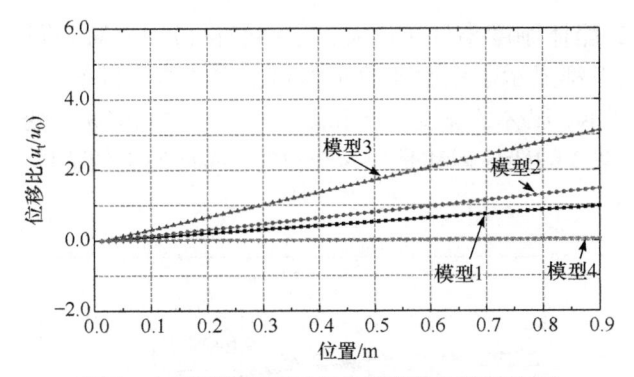

第 4 章 基于流固耦合理论的流体-船舶动力学研究

图 4-7 不同模型流固耦合的流体位移对比图

如图 4-8 所示，模型 1 的载荷变化最为显著，主要是其质量较小导致的，模型 3 与其具有相同的质量，但是刚度较大，因此载荷变化不甚显著。模型 2 和 4 条件下的船体质量较大，因此所受载荷的变化很小。

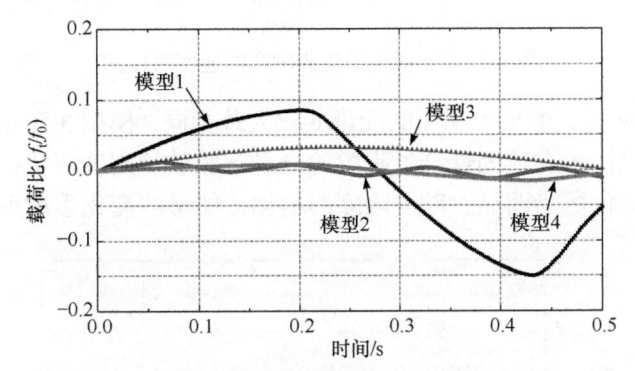

图 4-8 不同模型流固耦合的船体载荷对比图

如图 4-9 所示，虽然船体在半个周期内的时域结果差别不是很大，但是从局部放大图可以看出。由于模型 3 的船体刚度大且质量小，该条件下的位移变化最

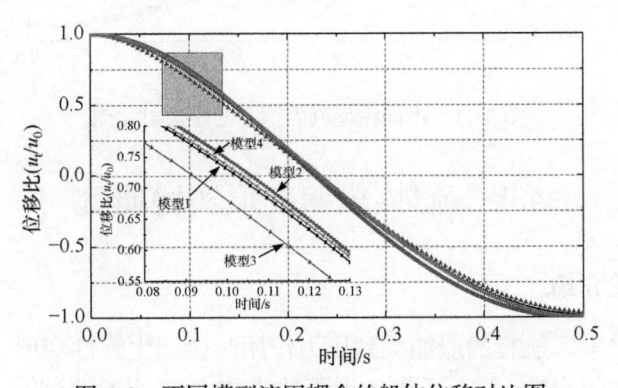

图 4-9 不同模型流固耦合的船体位移对比图

不明显，模型 2 船体刚度小且质量大，位移变化最为显著。同时，与流体位移图 4-7 结合，两者都显示了模型 4 的流体和船体位移最显著。

如图 4-10 所示，船体的速度变化和图 4-6 所示的流体速度变化的结果基本相似，可以看到模型 3 的船体运动是最为剧烈的，而模型 2 的船体质量大、刚度小，其运动速度最小。

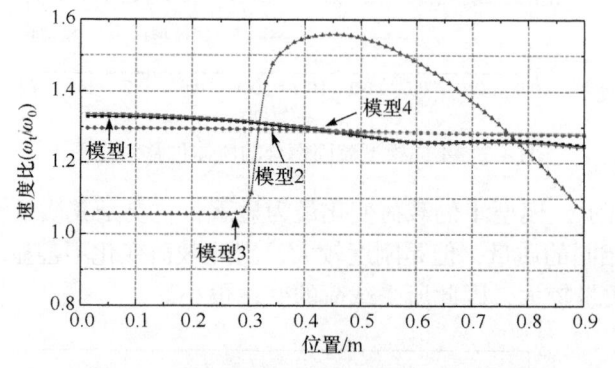

图 4-10 不同模型流固耦合的速度对比图

如图 4-11 所示，模型 1 和 2 的能量变化大致相同，模型 3 和 4 的计算结果也基本不变，可以认为在流固耦合过程中的能量与船舶的刚度密切相关，当刚度较小时，能量的变化更为明显；随着刚度的增加，能量的变化逐渐平稳。

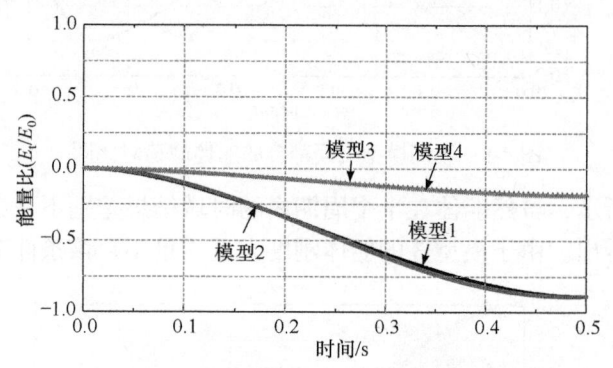

图 4-11 不同模型流固耦合的能量对比图

4.4 流体-船舶变形实验研究

4.4.1 流体实验介绍

在波浪条件下，航行的船舶受到压力作用时会产生弹性变形。为了讨论波浪载荷对船体结构的影响，进行不同工况下的流体-船舶实验测试[13]。实验在英国南

第 4 章　基于流固耦合理论的流体-船舶动力学研究

安普顿大学的索伦特拖曳水池进行。该实验水池长为 60 m，宽为 3.7 m，最大深度为 1.85 m。实验船体结构如图 4-12 所示。船体的形状尺寸和材料参数包括：质量 m = 52 kg、总长度 L = 2.3 m、宽度 B = 0.3 m、吃水量 D = 0.1 m、材料密度 ρ = 860 kg/m^3、弹性模量 E = 18 GPa、切变模量 G = 10 GPa。

图 4-13 为流体实验的主控制台，配有控制系统、数据采集系统和位移传感器。通过台架的上述系统采集流体的实际位移数据并进行分析。实验过程中的波浪通过图 4-14 所示的造波机产生，可以控制波浪的不同幅值、频率和相位。波浪的形式包括规则波和不规则波。船体内部布置测量船体不同方向位移的多向加速度传感器，并通过内置数据采集系统进行数据的记录。船体及传感器如图 4-15 所示。

图 4-12　实验船体结构图

图 4-13　实验主控制台

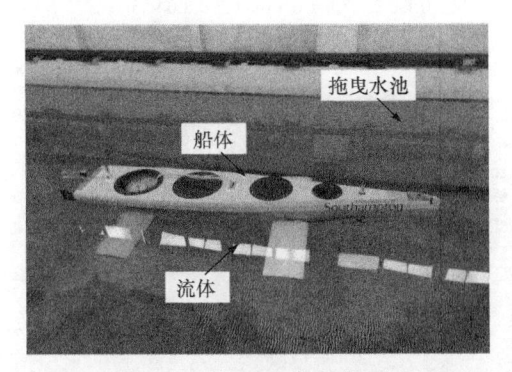

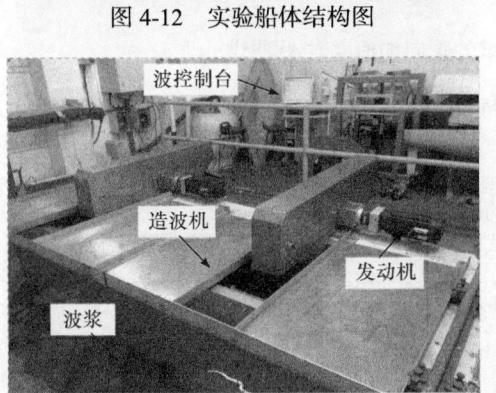

图 4-14　造波机结构图

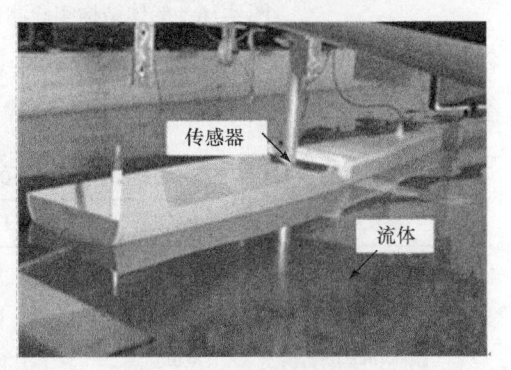

图 4-15　船体及传感器图

在实验过程中，每隔 2m 进行位置的标记，并记录船体通过每段距离内的时间，采用第 4～6m 区间段的船体运行响应作为实验结果。在进行测试时，设置造波机产生的波浪形式为规则波，定义其幅值即浪高为 0.06m。其频率即波速定义 4 种不同的实验工况，为 0.5 Hz、0.6 Hz、0.7 Hz 和 0.8 Hz。

4.4.2 实验结果分析

通过对实验数据的分析处理，可以得到图 4-16 所示的船体结构实验测试的垂向加速度时-频曲线。

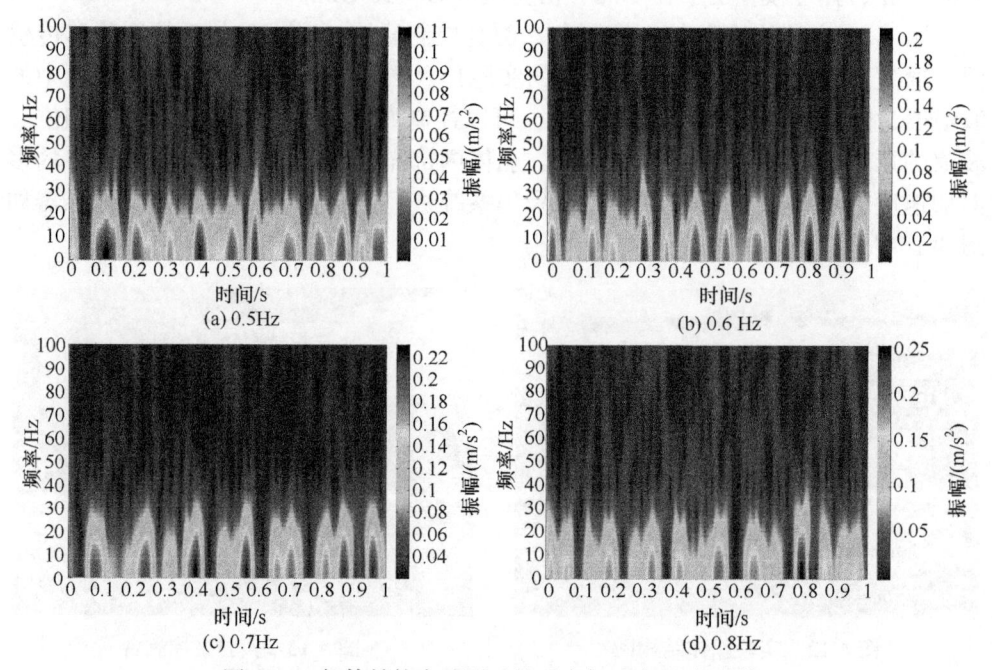

图 4-16 船体结构实验测试的垂向加速度时-频曲线

具体分析上述船体实验的加速度时-频曲线，得到 4 种工况下的流体-船舶实验结果如表 4-2 所示。

表 4-2 不同工况下的流体-船舶实验结果

参数	工况 1	工况 2	工况 3	工况 4
波速/Hz	0.5	0.6	0.7	0.8
固有频率/Hz	10.7	11.7	7.8	8.9
振幅/(m/s^2)	0.03	0.04	0.06	0.07

从实验结果可以看出，在规则波的浪高不变，波速改变的情况下，船体的固有频率保持在 10 Hz 左右，基本不受波速变化的影响。随着波速的增加，规则波的频率越来越接近船体的固有频率，使振动的响应逐渐剧烈，导致船体的加速度响应随之变大。

由于实验条件的限制，虽然无法进行实验结果与数值计算的对比分析，但是可以将这两种研究手段联系起来，系统分析流体-船舶耦合系统中船体质量和刚度，以及波浪载荷对船体振动的影响。

参 考 文 献

[1] 李志雄. 大型船舶推进系统的动力学建模与状态监测方法研究[D]. 武汉：武汉理工大学, 2013.

[2] 严新平, 李志雄, 袁成清, 等. 考虑船体变形耦合作用的船舶推进系统建模与控制[J]. 船海工程, 2011, 40(1): 60-63.

[3] 夏国泽. 船舶流体力学[M]. 武汉：华中科技大学出版社, 2003.

[4] Michell J. The wave-resistance of a ship[J]. Philosophical Magazine, 1898, 45(5): 106-123.

[5] 傅德薰. 流体力学数值模拟[M]. 北京：国防工业出版社, 1993.

[6] Kwag S, Mori K. Numerical simulation of free-surface flows around 3-D submerged hydrofoil by N-S solver[J]. Journal of the Society of Naval Architects of Japan, 1991, 170: 93-102.

[7] Song M, Lefrancois E, Rachik M. A partitioned coupling scheme extended to structures interacting with high-density fluid flows[J]. Computers & Fluids, 2013, 84: 190-202.

[8] Quarteroni A, Formaggia L. Mathematical modelling and numerical simulation of the cardiovascular system[J]. Handbook of Numerical Analysis, 2004, 12:3-127.

[9] Quarteroni A, Valli A. Numerical Approximation of Partial Differential Equations[M]. Berlin：Springer, 1994.

[10] 邢景棠, 周盛, 崔尔杰. 流固耦合力学概述[J]. 力学进展, 1997, 27(1): 20-39.

[11] 秦洪德. 船舶运动与波浪载荷计算的非线性方法研究[D]. 哈尔滨：哈尔滨工程大学, 2003.

[12] Lefrancois E, Boufflet J. An introduction to fluid-structure interaction: application to the piston problem[J]. Society for Industrial and Applied Mathematics, 2010, 52(4): 747-767.

[13] Huang Q, Yan X, Zhang C. Numerical calculation and experimental research on the ship dynamics of the fluid-structure interaction[J]. Advances in Mechanical Engineering, 2018, 10(6): 1-11.

第5章 主机激励下轴系振动建模研究

随着船舶向大型化发展,主机功率增大,气缸数也有了明显增多。为了提高船舶运输的经济性,主机也朝着长冲程、大型化的方向发展。对于大型船舶主机-推进系统,其工作转速较低,轴系较长,在船舶轴系实际运转过程中,会受到多种因素的冲击作用。虽然冲击的持续时间较短,但是激起的振动是不可避免的[1-3]。

如图 5-1 所示,主机是推进系统的主动力源,其对轴系产生的作用是不可忽略的。因此,对于推进轴系,来自主机的作用力主要有以下几种[4]。

(1) 主机运行过程中气缸内燃烧作用产生的压力,也是轴系振动的主要振源之一。

(2) 主机曲轴、活塞连杆等运动部件在运转过程中的惯性力与重力。

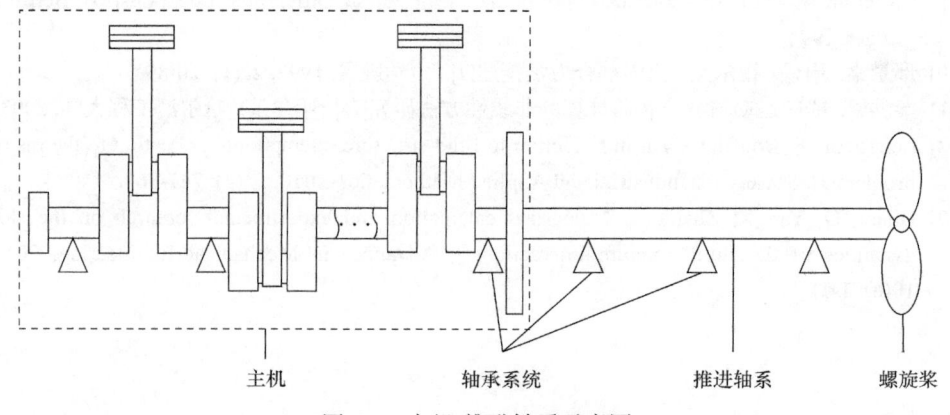

图 5-1 主机-推进轴系示意图

5.1 主机作用力

5.1.1 气缸内气体燃烧产生的作用力

对于大型船舶,主机为低速二冲程柴油机。在运转过程中,柴油机的每个缸具有间歇性做功的特点,因此某一个气缸中的气体燃烧压力在工作循环中是强烈变化的。图 5-2 所示为低速二冲程柴油机一个气缸中的气体燃烧压力分解图。在该气缸中,燃气压力作用在十字头活塞上,通过连杆作用于曲柄销处,而连杆的推力可分解为与曲柄销相切的切向力及与曲柄方向一致的径向力[4]。

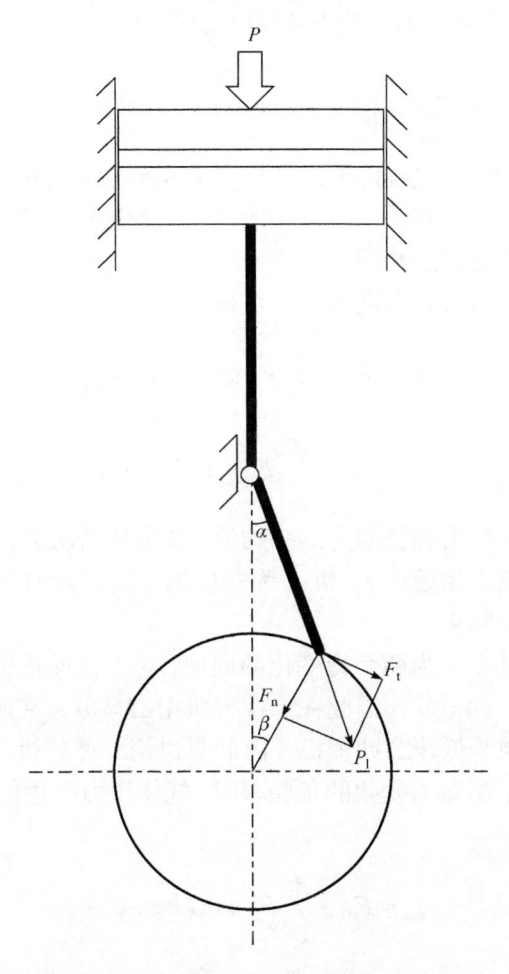

图 5-2 低速二冲程柴油机一个气缸中的气体燃烧压力分解图

设作用在单位活塞面积上的燃气压力为 P,沿着连杆方向产生的推力为 P_l,其分解出的切向力为 P_t,径向力为 P_n,则有

$$P_l = P/\cos\alpha \tag{5-1}$$

$$F_t = P_l \sin(\alpha+\beta) = (P\sin(\alpha+\beta))/\cos\alpha \tag{5-2}$$

$$F_n = P_l \cos(\alpha+\beta) = (P\cos(\alpha+\beta))/\cos\alpha \tag{5-3}$$

已知 α 为连杆摆角,β 为曲柄转角,设 ω 为曲轴的角速度,则 $\beta=\omega t$。令 γ 为曲柄半径 R 与连杆长 L 的比值,即 $\gamma=R/L$,对式(5-2)和式(5-3)进行化简,忽

略 γ^2 以上的高阶项，可得

$$F_t = P\left(\sin(\omega t) + \frac{\gamma}{2}\sin(2\omega t)\right) \tag{5-4}$$

$$F_n = P\left(-\frac{\gamma}{2} + \cos(\omega t) + \frac{\gamma}{2}\cos(2\omega t)\right) \tag{5-5}$$

在主机运转过程中，气缸内的燃气压力 P 是周期变化的，因此对作用于曲轴上的切向力及径向力都将作为一个复杂的周期函数进行考虑，而其变化周期与气缸内的燃气压力的变化周期相同。

对切向力及径向力进行简谐分析，可得

$$F_t = F_{t0} + \sum_{\lambda=1}^{\infty} F_{t\lambda}\sin(\lambda\Omega t + \varphi_\lambda) \tag{5-6}$$

$$F_n = F_{n0} + \sum_{\lambda=1}^{\infty} F_{n\lambda}\sin(\lambda\Omega t + \phi_\lambda) \tag{5-7}$$

其中，F_{t0} 和 F_{n0} 为切向力和径向力的平均值；λ 为简谐次数；$F_{t\lambda}$ 和 $F_{n\lambda}$ 为切向力和径向力的 λ 次简谐力系数；φ_λ 和 ϕ_λ 为对应的 λ 次简谐力初相位；$\Omega = 2\pi/\tau$ 为两个力变化的基本角频率。

基本角频率 Ω 中的 τ 为两个力变化的周期，对于二冲程机而言，$\tau = 2\pi/\omega$，对于四冲程机而言，$\tau = 4\pi/\omega$，因此在二冲程机中 $\Omega = \omega$，在四冲程机中 $\Omega = 2\omega$。由于本章的研究对象为低速二冲程机，因此只讨论二冲程机产生作用力的变化。当曲轴角速度 ω 表示激振力变化的角频率时，气体压力产生的激振力[1,4]计算方法如下，即

$$F_t = F_{t0} + \sum_{\lambda=1}^{\infty} F_{t\lambda}\sin(\lambda\omega t + \varphi_\lambda) \tag{5-8}$$

$$F_n = F_{n0} + \sum_{\lambda=1}^{\infty} F_{n\lambda}\sin(\lambda\omega t + \phi_\lambda) \tag{5-9}$$

在实际工作中，针对具体的低速柴油机，简谐系数和初相位可根据有关权威机构提供的通用曲线或者经验公式得到。

根据 CCS《船上振动控制指南》[5]推荐的计算大型二冲程船舶柴油机的各次切向力简谐系数的经验公式，可得

$$F_{t\lambda} = \left(\frac{R}{D}a_\lambda P_i + b_\lambda\right)4\gamma \tag{5-10}$$

其中，a_λ 和 b_λ 为系数，一般由低速柴油机生产厂家直接提供，如无可用数据，

可通过相关系数表[4]查取；P_i 为平均指示压力；R 为曲柄半径；D 为气缸直径。

对于大型低速二冲程柴油机，平均指示压力 P_i 为

$$P_i = \frac{38200 P_e}{ZD^2 R n_e}\left[\frac{1-\eta}{\eta}+\left(\frac{n}{n_e}\right)^2\right] \tag{5-11}$$

其中，P_e 为低速柴油机额定功率，kW；Z 为低速柴油机的气缸个数；D 为气缸的直径，mm；R 为曲柄半径，mm；η 为低速柴油机的机械效率；n_e 为低速柴油机的额定转速，r/min；n 为低速柴油机在所需工况下的实际转速，r/min。

5.1.2 主机内部运动部件惯性力及重力产生的作用力

在主机内部，曲柄、连杆、活塞等运动部件组成的惯性力主要有往复惯性力、离心惯性力、连杆摆动惯性力等。设连杆总质量为 m_1，则在实际计算过程中，可将连杆惯性力按等效条件分解为两个质量为 m_{11}、m_{12} 的等效系统，其中 m_{11} 位于连杆小端进行往复运动，而 m_{12} 位于连杆大端进行旋转运动。对于两个等效系统存在以下关系[6]。

(1) $m_1 = m_{11} + m_{12}$，即两个质量和等于连杆的总质量。

(2) 两个集中质量之间的重心位置与原来连杆的重心位置是重合关系，可表示为 $m_{11} = \frac{L_1}{L} m_1$，$m_{12} = \frac{L_2}{L} m_1$，其中 L 为连杆长度，L_1 为质量 m_{11} 到连杆重心的距离，L_2 为质量 m_{12} 到连杆重心的距离。

主机内部运动部件的惯性力可分解为作用在十字头重心，并通过连杆作用在曲柄销上的往复惯性力及旋转运动产生的离心惯性力两部分。

如图 5-3 所示，根据机构运动学，可推导出活塞的位移公式，近似为

$$x = R(1-\cos\beta) + L\frac{1}{4}\gamma^2(1-\cos(2\beta)) = R\left[\left(1+\frac{\gamma}{4}\right)-\cos(\omega t)-\frac{\gamma}{4}\cos(2\omega t)\right] \tag{5-12}$$

往复惯性力为

$$F_J = \frac{M_s}{g} R\omega^2 (\cos(\omega t) + \gamma\cos(2\omega t)) \tag{5-13}$$

其中，M_s 为主机内活塞、活塞杆、十字头、连杆小端的重量总和；$g = 9.8 \text{ m/s}^2$ 为重力加速度。

由式(5-13)可见，主机内部运动部件的往复惯性力主要是由一个幅值为 $\frac{M_s}{g} R\omega^2$，频率与曲轴角速度相同的一次惯性力及一个幅值为 $\frac{M_s}{g} R\omega^2 \gamma$，频率为曲轴加速度二倍的二次惯性力组成。

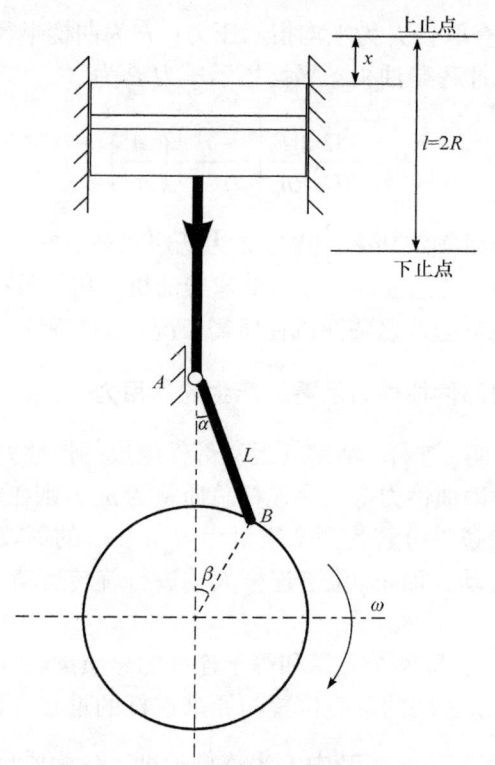

图 5-3　二冲程低速柴油机结构图

通过单位活塞面积上的力 F_I 可以表示往复惯性力 F_J，即

$$F_J = \frac{\pi D_p^2}{4} F_I \tag{5-14}$$

其中，D_p 为活塞直径，mm。

单位活塞面积上的惯性力分解在曲柄销上的切向力及径向力为

$$F_T = \frac{F_I \sin(\alpha + \beta)}{\cos \alpha} \tag{5-15}$$

$$F_N = \frac{F_I \cos(\alpha + \beta)}{\cos \alpha} \tag{5-16}$$

将式(5-13)、式(5-14)代入式(5-15)、式(5-16)，整理可得

$$F_T = \frac{4M_s}{\pi D_p^2 g} R\omega^2 \left(\frac{\gamma}{4}\sin(\omega t) - \frac{1}{2}\sin(2\omega t) - \frac{3\gamma}{4}\sin(3\omega t) - \frac{\gamma^2}{4}\sin(4\omega t) + \frac{5\gamma^3}{32}\sin(5\omega t) \right)$$

$$\tag{5-17}$$

$$F_{\mathrm{N}} = \frac{4M_{\mathrm{s}}}{\pi D_{\mathrm{p}}^2 g} R\omega^2 \left(-\frac{1}{2} - \frac{\gamma^2}{4} - \frac{\gamma}{4}\cos(\omega t) - \frac{1-\gamma^2}{2}\cos(2\omega t) - \frac{3\gamma}{4}\cos(3\omega t) - \frac{\gamma}{4}\cos(4\omega t) \right)$$

(5-18)

由式(5-17)和式(5-18)可知,切向力主要由 5 个角频率为曲轴角速度 1~5 倍的简谐分量组成。径向力主要是由一个直流分量及四个角频率为曲轴角速度 1~4 倍的简谐分量组成。往复惯性力切向分量及径向分量的各阶次频率、幅值、相位如表 5-1 所示。

表 5-1 往复惯性力切向分量及径向分量的各阶次频率、幅值、相位表

阶次	频率	切向分量 幅值 A_{T}	初相位	径向分量 幅值 A_{N}	初相位
1	ω	$\dfrac{\gamma M_{\mathrm{s}}}{\pi D_{\mathrm{p}}^2 g} R\omega^2$	0	$\dfrac{\gamma M_{\mathrm{s}}}{\pi D_{\mathrm{p}}^2 g} R\omega^2$	$\dfrac{3\pi}{2}$
2	2ω	$\dfrac{2\gamma M_{\mathrm{s}}}{\pi D_{\mathrm{p}}^2 g} R\omega^2$	π	$\dfrac{2(1-\gamma^2) M_{\mathrm{s}}}{\pi D_{\mathrm{p}}^2 g} R\omega^2$	$\dfrac{3\pi}{2}$
3	3ω	$\dfrac{3\gamma M_{\mathrm{s}}}{\pi D_{\mathrm{p}}^2 g} R\omega^2$	π	$\dfrac{3\gamma M_{\mathrm{s}}}{\pi D_{\mathrm{p}}^2 g} R\omega^2$	$\dfrac{3\pi}{2}$
4	4ω	$\dfrac{\gamma^2 M_{\mathrm{s}}}{\pi D_{\mathrm{p}}^2 g} R\omega^2$	π	$\dfrac{\gamma^2 M_{\mathrm{s}}}{\pi D_{\mathrm{p}}^2 g} R\omega^2$	$\dfrac{3\pi}{2}$
5	5ω	$\dfrac{5\gamma^3 M_{\mathrm{s}}}{8\pi D_{\mathrm{p}}^2 g} R\omega^2$	0		

在主机内部,设曲柄及连杆的偏心旋转质量为 m_{e},则其离心惯性力为

$$F_{\mathrm{e}} = -m_{\mathrm{e}} R\omega^2 = \frac{-M_{\mathrm{e}}}{g} R\omega^2 \tag{5-19}$$

其中,M_{e} 为等效偏心旋转重量。

通过离心惯性力公式可以看出,离心力的方向随着曲轴旋转并沿曲轴半径向外,并且总是通过旋转中心,所以离心力一般会引起轴系的回旋振动,对扭转振动和纵向振动的影响不大。

在低速二冲程柴油机中,各零件的重量较大,因此不得不考虑各运动部件的重力产生的作用力。

运动部件的重力包含各运动件的总重量 M_{s} 和旋转部件作用在曲柄销上的等效偏心旋转重量 M_{e}。其作用力方向均与重力加速度方向一致。等效偏心旋转重量 M_{e} 产生的切向和径向分量为 $M_{\mathrm{e}}\sin(\omega t)$ 和 $M_{\mathrm{e}}\cos(\omega t)$。运动件的总重量作用在

单位活塞面积上产生的切向和径向力分别近似为

$$F_{\mathrm{Tm}} = \frac{4M_\mathrm{s}}{\pi D_\mathrm{p}^2}\left(\sin(\omega t) + \frac{\gamma}{2}\sin(2\omega t)\right) \tag{5-20}$$

$$F_{\mathrm{Nm}} = \frac{4M_\mathrm{s}}{\pi D_\mathrm{p}^2}\left(-\frac{\gamma}{2} + \cos(\omega t) + \frac{\gamma}{2}\cos(2\omega t)\right) \tag{5-21}$$

因此，重力作用在单位活塞面积上产生的总切向力和总径向力可近似为

$$F_{\mathrm{Tg}} = \frac{4}{\pi D_\mathrm{p}^2}\left[(M_\mathrm{s} + M_\mathrm{e})\sin(\omega t) + \frac{M_\mathrm{s}\gamma}{2}\sin(2\omega t)\right] = \sum_{\lambda=1}^{2} F_{\mathrm{T}\lambda}\sin(\lambda\omega t) \tag{5-22}$$

$$F_{\mathrm{Ng}} = \frac{4}{\pi D_\mathrm{p}^2}\left[-\frac{M_\mathrm{s}\gamma}{2} - (M_\mathrm{s} + M_\mathrm{e})\cos(\omega t) + \frac{M_\mathrm{s}\gamma}{2}\cos(2\omega t)\right] = \sum_{\lambda=1}^{2} F_{\mathrm{N}\lambda}\cos(\lambda\omega t) \tag{5-23}$$

5.1.3 主机激振力的合力

为方便进一步的计算，现对式(5-8)和式(5-9)进行转换，变为

$$F_\mathrm{t} = F_{\mathrm{t}0} + \sum\left(F_{\mathrm{t}\lambda c}\sin(\lambda\omega t) + F_{\mathrm{t}\lambda s}\cos(\lambda\omega t)\right) \tag{5-24}$$

$$F_\mathrm{n} = F_{\mathrm{n}0} + \sum\left(F_{\mathrm{n}\lambda c}\sin(\lambda\omega t) + F_{\mathrm{n}\lambda s}\cos(\lambda\omega t)\right) \tag{5-25}$$

其中，$F_{\mathrm{t}\lambda} = \sqrt{F_{\mathrm{t}\lambda c}^2 + F_{\mathrm{t}\lambda s}^2}$；$\tan\varphi_\lambda = F_{\mathrm{t}\lambda c}/F_{\mathrm{t}\lambda s}$；$F_{\mathrm{n}\lambda} = \sqrt{F_{\mathrm{n}\lambda c}^2 + F_{\mathrm{n}\lambda s}^2}$；$\tan\phi_\lambda = F_{\mathrm{n}\lambda c}/F_{\mathrm{n}\lambda s}$。

综上所述，可得主机各项激振力的简谐合力作用在单位活塞面积上的切向和径向方向上的简谐系数[4]，即

$$B_{\mathrm{T}\lambda} = \sqrt{\left(F_{\mathrm{t}\lambda c} + A_{\mathrm{T}\lambda} + E_{\mathrm{T}\lambda}\right)^2 + F_{\mathrm{t}\lambda s}^2} \tag{5-26}$$

$$B_{\mathrm{N}\lambda} = \sqrt{F_{\mathrm{n}\lambda c}^2 + \left(A_{\mathrm{N}\lambda} + F_{\mathrm{N}\lambda} + F_{\mathrm{n}\lambda s}\right)^2} \tag{5-27}$$

5.2 主机-推进轴系建模

依据图 5-1，将主机-推进轴系抽离出如图 5-4 所示的简化模型，将曲柄、曲柄销、连杆、十字头、活塞简化成带有偏心质量等直径的阶梯轴与主轴颈相连，主轴承及推进轴系的支承轴承简化为带有刚度阻尼的弹性支承，推进轴系(包含有法兰盘等部件)简化为带有偏心质量的等直径阶梯轴放在支承轴承上，螺旋桨可简化为一集中质量。直角坐标系 o-xyz，原点 o 取在阶梯轴一端的几何中心处，坐标轴 ox 沿着轴系的中心线方向，正方向指向推进系统的螺旋桨方向，坐标轴 oy 为

竖直方向正方向与重力加速度方向相反，坐标轴 oz 沿着水平方向，与其他两个坐标轴成右手坐标系。由于将主机-推进系统简化为若干阶梯轴的连接，因此假设每一段都是有各自的连续质量。设主机-推进轴系系统总长度为 L，i 个支承轴承将轴系分成 $(i+1)$ 段，主机部分的主轴承个数为 p，推进轴系部分的轴承个数为 q，$p+q=i$，各段长度为 $L_1, L_2, \cdots, L_{i+1}$，各轴段绕形心的转动惯量为 J_i，各轴段的质量密度为 $\rho_i(x)$，各轴段的直径为 D_i，则各轴段的面积为 $A_i = \pi D_i^2 / 2$。

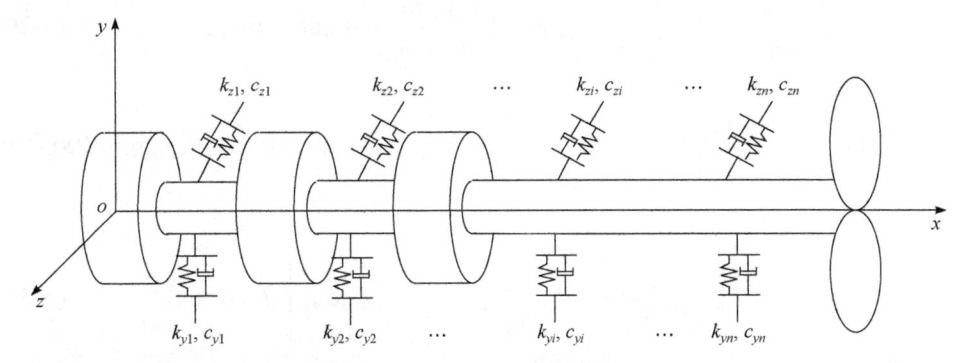

图 5-4 主机-推进轴系简化模型

现对各个轴段进行假设。
(1) 各轴段的变形符合第 2 章所述的几何平面变形假设。
(2) 将推进轴系作为均质梁，忽略法兰盘、过渡圆角等的影响。
(3) 主机内轴系各轴段的质量偏心距 e 均为对于 x 的连续函数。

5.2.1 Lagrange 方程

Hamilton 原理可以通过一组广义坐标 $q_1, q_2, \cdots, q_n$ 表示系统的总动能、总势能和总虚功 $\delta W_{nc}(t)$ 来推导多自由度的运动微分方程[7]。

动能为

$$E_k = E_k(q_1, q_2, \cdots, q_n; \dot{q}_1, \dot{q}_2, \cdots, \dot{q}_n)$$

势能为

$$E_p = E_p(q_1, q_2, \cdots, q_n)$$

虚功为

$$\delta W_f(t) = Q_1 \delta q_1 + Q_2 \delta q_2 + \cdots + Q_n \delta q_n$$

其中，系数 $Q_1, Q_2, \cdots, Q_n$ 为与坐标 $q_1, q_2, \cdots, q_n$ 相对应的广义力函数。

根据能量守恒定律可得

$$\int_{t_1}^{t_2}\left(\frac{\partial E_k}{\partial q_1}\delta q_1+\frac{\partial E_k}{\partial q_2}\delta q_2+\cdots+\frac{\partial E_k}{\partial q_n}\delta q_n+\frac{\partial E_k}{\partial \dot{q}_1}\delta \dot{q}_1+\frac{\partial E_k}{\partial \dot{q}_2}\delta \dot{q}_2+\cdots+\frac{\partial E_k}{\partial \dot{q}_n}\delta \dot{q}_n\right.$$
$$\left.-\frac{\partial E_p}{\partial q_1}\delta q_1-\frac{\partial E_p}{\partial q_2}\delta q_2-\cdots-\frac{\partial E_p}{\partial q_n}\delta q_n+Q_1\delta q_1+Q_2\delta q_2+\cdots+Q_n\delta q_n\right)\mathrm{d}t=0 \quad (5\text{-}28)$$

对式(5-28)中部分函数进行分部积分法，可得

$$\int_{t_1}^{t_2}\frac{\partial E_k}{\partial \dot{q}_i}\delta \dot{q}_i\mathrm{d}t=\left(\frac{\partial E_k}{\partial \dot{q}_i}\delta q_i\right)\bigg|_{t_1}^{t_2}-\int_{t_1}^{t_2}\frac{\mathrm{d}}{\mathrm{d}t}\left(\frac{\partial E_k}{\partial \dot{q}_i}\right)\delta q_i\mathrm{d}t, \quad i=1,2,\cdots,n \quad (5\text{-}29)$$

因为 $\partial q_i(t_1)=\partial q_i(t_2)=0$，所以 $\left(\frac{\partial E_k}{\partial \dot{q}_i}\delta q_i\right)\bigg|_{t_1}^{t_2}=0$。将式(5-29)代入式(5-28)后整理可得

$$\int_{t_1}^{t_2}\left[\sum_{i=1}^{n}\left(\frac{\partial E_k}{\partial q_i}-\frac{\mathrm{d}}{\mathrm{d}t}\left(\frac{\partial E_k}{\partial \dot{q}_i}\right)-\frac{\partial E_p}{\partial q_i}+Q_i\right)\delta q_i\right]\mathrm{d}t=0 \quad (5\text{-}30)$$

因为变分式 δq_i 是任意数，为使式(5-30)成立，所以

$$\frac{\partial E_k}{\partial q_i}-\frac{\mathrm{d}}{\mathrm{d}t}\left(\frac{\partial E_k}{\partial \dot{q}_i}\right)-\frac{\partial E_p}{\partial q_i}+Q_i=0 \quad (5\text{-}31)$$

即

$$\frac{\partial E_p}{\partial q_i}+\frac{\mathrm{d}}{\mathrm{d}t}\left(\frac{\partial E_k}{\partial \dot{q}_i}\right)-\frac{\partial E_k}{\partial q_i}=Q_i \quad (5\text{-}32)$$

式(5-32)就是拉格朗日运动方程。该方程可以通过广义坐标及其对时间导数和变分形式表示所有体系动力学的分析和应用。

5.2.2 主机-推进轴系系统运动微分方程

如图 5-5 所示，其中 o 为偏心轴涡动中心，而 o' 为偏心轴的型心，P 为偏心轴的质心。对于扭转振动而言，主要是指不同轴段截面间相对扭转角的振动，因此需要选取一个参考面，则相对应参考面的扭转角 $\theta(x,t)$ 即轴系的扭转振动[8,9]。为了便于分析，假设参考截面的坐标为 x_0，轴系做匀速转动，转动角速度为 Ω，则 $\varphi(x,t)=\Omega t+\theta(x,t)$ 为偏心轴的角位移[6]。

取主机左端第一段偏心连续阶梯轴进行分析，由理论力学及弹性力学可知，当不考虑轴向运动时，忽略轴系本身的弯曲及扭转阻尼，则偏心轴的运动可有平动与扭转的合成。采用拉格朗日方程进行表示，则偏心轴的动能为

$$E_k = E_t + E_r \tag{5-33}$$

其中，E_t 为偏心轴平动动能；E_r 为偏心轴扭转动能。

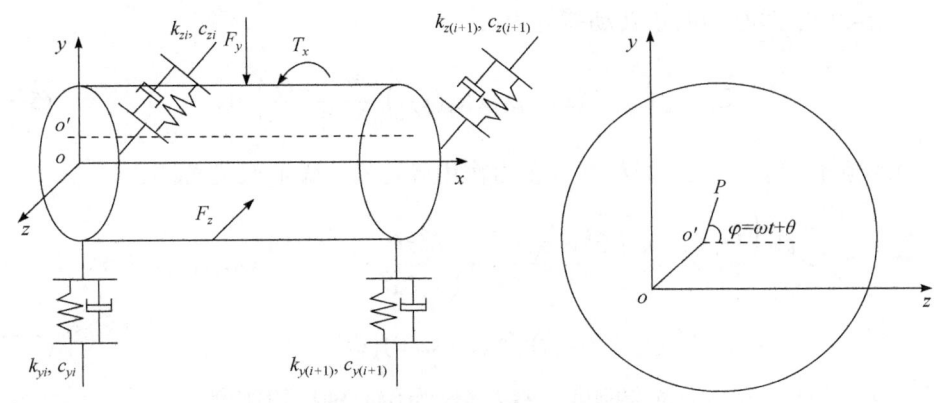

图 5-5 偏心阶梯轴坐标示意图

偏心轴的广义平动动能为

$$E_t = \frac{1}{2}\int_0^{L_1} \rho_1(x) v_{P1}(x,t)^2 \mathrm{d}x \tag{5-34}$$

其中，$v_{P1}(x,t)$ 为质心的线速度，即 $v_{P1}(x,t)^2 = \left(\partial z_{P1}(x,t)/\partial t\right)^2 + \left(\partial y_{P1}(x,t)/\partial t\right)^2$。

设 $[z_{P1}(x,t), y_{P1}(x,t)]$ 为偏心轴在 x 位置处的截面质心坐标，$[z_1(x,t), y_1(x,t)]$ 为偏心轴的形心坐标，若 $e_1(x)$ 为偏心轴在 x 位置处的截面偏心距，则 $z_{P1}(x,t) = z_1(x,t) + e_1(x)\cos(\varphi_1(x,t))$，$y_{P1}(x,t) = y_1(x,t) + e_1(x)\sin(\varphi_1(x,t))$。可知，式(5-34)中的偏心轴平动动能变为

$$\begin{aligned}E_t = \frac{1}{2}\int_0^{L_1} \rho_1(x) &\left[\left(\frac{\partial y_1(x,t)}{\partial t}\right)^2 + \left(\frac{\partial z_1(x,t)}{\partial t}\right)^2 + e_1(x)^2\left(\frac{\partial \varphi_1(x,t)}{\partial t}\right)^2\right.\\ &\left.+ 2e_1(x)\frac{\partial \varphi_1(x,t)}{\partial t}\frac{\partial y_1(x,t)}{\partial t}\cos(\varphi_1(x,t)) - 2e_1(x)\frac{\partial \varphi_1(x,t)}{\partial t}\frac{\partial z_1(x,t)}{\partial t}\sin(\varphi_1(x,t))\right]\mathrm{d}x\end{aligned}$$

(5-35)

偏心轴的广义扭转动能为

$$E_r = \frac{1}{2}\int_0^{L_1} J_1'(x)\left(\frac{\partial \varphi_1(x,t)}{\partial t}\right)^2 \mathrm{d}x \tag{5-36}$$

其中，$J_1'(x)$ 为偏心轴在 x 位置截面的转动惯量；$\varphi_1(x,t)$ 为偏心轴的角位移。

由平行轴定理可得

$$J_1'(x) = J_1(x) + \rho_1(x)e_1(x)^2 \tag{5-37}$$

其中，J_1 为偏心轴过形心的转动惯量。

式(5-36)中偏心轴的扭转动能变为

$$E_r = \frac{1}{2}\int_0^{L_1} \left(J_1(x) + \rho_1(x)e_1(x)^2\right)\left(\frac{\partial \varphi_1(x,t)}{\partial t}\right)^2 dx \tag{5-38}$$

由线弹性理论、几何对称性、重力作用等可知，偏心轴的势能为

$$E_p = \int_0^{L_1} \left\{ \frac{1}{2} E_1 I_1(x) \left[\left(\frac{\partial^2 y(x,t)}{\partial x^2}\right)^2 + \left(\frac{\partial^2 z(x,t)}{\partial x^2}\right)^2 \right] + \frac{1}{2} G_1 I_{p1}(x) \varphi_1(x)^2 \right.$$
$$\left. + \rho_1(x) g (y_1(x,t) + e_1(x)\sin(\varphi_1(x,t))) \right\} dx \tag{5-39}$$

其中，$E_1 I_1(x)$ 为偏心轴抗弯刚度；$G_1 I_{p1}(x)$ 为偏心轴抗扭刚度。

设 f_z、f_y 为施加在偏心轴上的激振力在 z、y 方向上的投影，T_x 为施加在偏心轴上的外扭矩，则作用在偏心轴上的广义力为

$$F_{z1} = \int_0^{L_1} f_{z1} \Delta(x - x_{z1}) dx$$
$$F_{y1} = \int_0^{L_1} f_{y1} \Delta(x - x_{y1}) dx \tag{5-40}$$
$$F_{\varphi 1} = \int_0^{L_1} T_{x1} \Delta(x - x_{\varphi 1}) dx$$

其中，x_{z1}、x_{y1}、$x_{\varphi 1}$ 为作用力在偏心轴的施加位置。

将式(5-35)、式(5-38)~式(5-40)代入式(5-32)，得到的偏心轴的运动微分方程为

$$\rho_1(x)\frac{\partial^2 z_1(x,t)}{\partial t^2} + E_1 I_1(x) \frac{\partial^4 z_1(x,t)}{\partial x^4}$$
$$= \rho_1(x)e_1(x)\left[\left(\frac{\partial \varphi_1(x,t)}{\partial t}\right)^2 \cos(\varphi_1(x,t)) + \frac{\partial^2 \varphi_1(x,t)}{\partial t^2}\sin(\varphi_1(x,t))\right] + f_{z1}\Delta(x-x_{z1}) \tag{5-41}$$

$$\rho_1(x)\frac{\partial^2 y_1(x,t)}{\partial t^2} + E_1 I_1(x) \frac{\partial^4 y_1(x,t)}{\partial x^4}$$
$$= \rho_1(x)e_1(x)\left[\left(\frac{\partial \varphi_1(x,t)}{\partial t}\right)^2 \sin(\varphi_1(x,t)) - \frac{\partial^2 \varphi_1(x,t)}{\partial t^2}\cos(\varphi_1(x,t))\right] + f_{y1}\Delta(x-x_{y1}) - \rho_1(x)g$$

$$\tag{5-42}$$

$$\left(J_1(x)+\rho_1(x)e_1(x)^2\right)\frac{\partial^2\varphi_1(x,t)}{\partial t^2}-G_1I_{p1}(x)\frac{\partial^2\varphi_1(x,t)}{\partial x^2}$$
$$=\rho_1(x)e_1(x)\left[\frac{\partial^2 z_1(x,t)}{\partial t^2}\sin(\varphi_1(x,t))-\left(\frac{\partial^2 y_1(x,t)}{\partial t^2}+g\right)\cos(\varphi_1(x,t))\right]+T_{x1}\Delta(x-x_{\varphi 1})$$

(5-43)

同理，可以得到第 n 段偏心轴的运动微分方程，即

$$\rho_n(x)\frac{\partial^2 z_n(x,t)}{\partial t^2}+E_nI_n(x)\frac{\partial^4 z_n(x,t)}{\partial x^4}$$
$$=\rho_n(x)e_n(x)\left[\left(\frac{\partial\varphi_n(x,t)}{\partial t}\right)^2\cos(\varphi_n(x,t)+\beta_n(x))+\frac{\partial^2\varphi_n(x,t)}{\partial t^2}\sin(\varphi_n(x,t)+\beta_n(x))\right]$$
$$+f_{zn}\Delta(x-x_{zn})$$

(5-44)

$$\rho_n(x)\frac{\partial^2 y_n(x,t)}{\partial t^2}+E_nI_n(x)\frac{\partial^4 y_n(x,t)}{\partial x^4}$$
$$=\rho_n(x)e_n(x)\left[\left(\frac{\partial\varphi_n(x,t)}{\partial t}\right)^2\sin(\varphi_n(x,t)+\beta_n(x))-\frac{\partial^2\varphi_n(x,t)}{\partial t^2}\cos(\varphi_n(x,t)+\beta_n(x))\right]$$
$$+f_{yn}\Delta(x-x_{yn})-\rho_n(x)g$$

(5-45)

$$\left(J_n(x)+\rho_n(x)e_n(x)^2\right)\frac{\partial^2\varphi_n(x,t)}{\partial t^2}-G_nI_{pn}(x)\frac{\partial^2\varphi_n(x,t)}{\partial x^2}$$
$$=\rho_n(x)e_n(x)\left[\frac{\partial^2 z_n(x,t)}{\partial t^2}\sin(\varphi_n(x,t)+\beta_n(x))-\left(\frac{\partial^2 y_n(x,t)}{\partial t^2}+g\right)\cos(\varphi_n(x,t)+\beta_n(x))\right]$$
$$+T_{xn}\Delta(x-x_{\varphi n})$$

(5-46)

其中，$\beta_n(x)$ 为 $t=0$ 时刻，第 n 段偏心轴在坐标 x 处横截面内的形心与质心的矢径与坐标轴 o-y 正方向的夹角。

5.2.3 连续性与边界条件

对于本章建立的主机-推进轴系系统，在计算分析的过程中，不仅需要边界条件，还需要在不同轴段之间建立连续性条件。

第 n 段轴系及其相邻轴段在位移、斜率、剪力、弯矩、转矩等方面存在连续性[10]，则在轴承坐标位置 x_n 处的连续性条件为

$$z_n(x_n^l,t)=z_{n+1}(x_n^r,t),\quad \frac{\partial z_n(x_n^l,t)}{\partial x}=\frac{\partial z_{n+1}(x_n^r,t)}{\partial x}$$

$$E_n I_n(x)\frac{\partial^3 z_n(x_n^l,t)}{\partial x^3} = E_{n+1}I_{n+1}(x)\frac{\partial^3 z_{n+1}(x_n^r,t)}{\partial x^3} + k_{zn}z_{n+1}(x_n^r,t)$$

$$E_n I_n \frac{\partial^2 z_n(x_n^l,t)}{\partial x^2} = E_{n+1}I_{n+1}\frac{\partial^2 z_{n+1}(x_n^r,t)}{\partial x^2} \tag{5-47}$$

$$y_n(x_n^l,t) = y_{n+1}(x_n^r,t), \quad \frac{\partial y_n(x_n^l,t)}{\partial x} = \frac{\partial y_{n+1}(x_n^r,t)}{\partial x}$$

$$E_n I_n(x)\frac{\partial^3 y_n(x_n^l,t)}{\partial x^3} = E_{n+1}I_{n+1}(x)\frac{\partial^3 y_{n+1}(x_n^r,t)}{\partial x^3} + k_{yn}y_{n+1}(x_n^r,t)$$

$$E_n I_n \frac{\partial^2 y_n(x_n^l,t)}{\partial x^2} = E_{n+1}I_{n+1}\frac{\partial^2 y_{n+1}(x_n^r,t)}{\partial x^2}$$

$$\varphi_n(x_n^l,t) = \varphi_{n+1}(x_n^r,t), \quad G_n I_{pn}(x)\frac{\partial \varphi_n(x_n^l,t)}{\partial x} = G_n I_{p(n+1)}(x)\frac{\partial \varphi_{n+1}(x_n^r,t)}{\partial x} + T_{xn}$$

其中，x_n^l 和 x_n^r 为轴系位置 x_n 的左截面和右截面；k_{yn} 和 k_{zn} 为 y 方向和 z 方向上的轴承刚度。

在实际工况中，一般主机端处于简支状态，而在螺旋桨端可将螺旋桨看作一个具有转动惯量 j_p 的集中质量 m_p，则其边界条件为

$$z_1(x,t)\big|_{x=0} = 0, \quad E_1 I_1 \frac{\partial^2 z_1(x,t)}{\partial x^2}\bigg|_{x=0} = 0$$

$$y_1(x,t)\big|_{x=0} = 0, \quad E_1 I_1 \frac{\partial^2 y_1(x,t)}{\partial x^2}\bigg|_{x=0} = 0$$

$$J_1 \frac{\partial^2 \varphi_1(x,t)}{\partial t^2}\bigg|_{x=0} = G j_p \frac{\partial \varphi_1(x,t)}{\partial x}\bigg|_{x=0}$$

$$E_{n+1}I_{n+1}\frac{\partial^3 z_{n+1}(x,t)}{\partial x^3}\bigg|_{x=L} = -\tilde{\omega}^2 m_p z_{n+1}(x,t)\big|_{x=L} \tag{5-48}$$

$$E_n I_{n+1}\frac{\partial^2 z_{n+1}(x,t)}{\partial x^2}\bigg|_{x=L} = -\tilde{\omega}^2 j_p \frac{\partial z_{n+1}(x,t)}{\partial x}\bigg|_{x=L}$$

$$E_{n+1}I_{n+1}\frac{\partial^3 y_{n+1}(x,t)}{\partial x^3}\bigg|_{x=L} = -\tilde{\omega}^2 m_p y_{n+1}(x,t)\big|_{x=L}$$

$$E_{n+1}I_{n+1}\frac{\partial^2 y_{n+1}(x,t)}{\partial x^2}\bigg|_{x=L} = -\tilde{\omega}^2 j_p \frac{\partial y_{n+1}(x,t)}{\partial x}\bigg|_{x=L}$$

$$J_{n+1}\frac{\partial^2 \varphi_{n+1}(x,t)}{\partial t^2}\bigg|_{x=L} = -G j_p \frac{\partial \varphi_{n+1}(x,t)}{\partial x}\bigg|_{x=L}$$

其中，m_p 和 j_p 为螺旋桨的集中质量和转动惯量。

5.2.4 主机-推进轴系耦合方程分析

由式(5-44)~式(5-46)可知,主机-推进轴系的扭转振动与回旋振动之间有明显的耦合关系,即主机的切向力与径向力引起的主机轴系的变化,通过连续条件会引起推进轴系的耦合振动,并且该耦合关系存在高度非线性关系。

如果推进轴系为均质轴,没有质量不平衡时,主机的切向力引起的扭转振动与径向力引起的回旋振动都是相互独立的,相互之间的耦合影响可忽略不计,但是扭转振动与回旋振动是同时存在的。在实际生产过程中,对于推进轴系,由于材料的不均匀性,以及安装误差等原因,不平衡的特性总是存在的[11,12]。

式(5-44)和式(5-45)等号右侧忽略外部激励及重力的作用,余下部分的物理意义为单位长度的扭转产生的切向惯性力和离心惯性力在 $o\text{-}z$ 和 $o\text{-}y$ 轴上的分量,分别记为

$$T_{zt}=\rho_n(x)e_n(x)\frac{\partial^2\varphi_n(x,t)}{\partial t^2}\sin(\varphi_n(x,t)+\beta_n(x)) \tag{5-49}$$

$$T_{zn}=\rho_n(x)e_n(x)\left(\frac{\partial\varphi_n(x,t)}{\partial t}\right)^2\cos(\varphi_n(x,t)+\beta_n(x)) \tag{5-50}$$

切向惯性力和离心惯性力在 $o\text{-}z$ 轴的合力为

$$\begin{aligned}T_z =& \rho_n(x)e_n(x)\left(\frac{\partial\varphi_n(x,t)}{\partial t}\right)^2\cos(\varphi_n(x,t)+\beta_n(x))\\&+\rho_n(x)e_n(x)\frac{\partial^2\varphi_n(x,t)}{\partial t^2}\sin(\varphi_n(x,t)+\beta_n(x))\end{aligned} \tag{5-51}$$

$o\text{-}y$ 轴切向惯性力为

$$T_{yt}=-\rho_n(x)e_n(x)\frac{\partial^2\varphi_n(x,t)}{\partial t^2}\cos(\varphi_n(x,t)+\beta_n(x)) \tag{5-52}$$

$o\text{-}y$ 轴离心惯性力为

$$T_{yn}=\rho_n(x)e_n(x)\left(\frac{\partial\varphi_n(x,t)}{\partial t}\right)^2\sin(\varphi_n(x,t)+\beta_n(x)) \tag{5-53}$$

切向惯性力和离心惯性力在 $o\text{-}y$ 轴的合力为

$$\begin{aligned}T_y =& \rho_n(x)e_n(x)\left(\frac{\partial\varphi_n(x,t)}{\partial t}\right)^2\sin(\varphi_n(x,t)+\beta_n(x))\\&-\rho_n(x)e_n(x)\frac{\partial^2\varphi_n(x,t)}{\partial t^2}\cos(\varphi_n(x,t)+\beta_n(x))\end{aligned} \tag{5-54}$$

以第一段简化后的主轴为例分析,设轴系的扭转振动为

$$\varphi_1(x,t) = \Omega t + \theta_1(x,t) = \Omega t + \Theta(x)\cos(\omega_\theta t + \phi_\theta(x)) \tag{5-55}$$

其中，ω_θ 为扭转频率；$\Theta(x)$ 为扭转幅值；$\phi_\theta(x)$ 为初始相位。

将式(5-55)代入式(5-49)、式(5-50)、式(5-52)、式(5-53)，可得

$$\begin{aligned}T_{zt} =& -\frac{1}{2}\rho_n(x)e_n(x)\omega_\theta^2\Theta_1(x)\{\sin[(\Omega+\omega_\theta)t+\phi_\theta(x)+\beta_n(x)+\theta_1(x,t)]\\ &+\sin[(\Omega-\omega_\theta)t-\phi_\theta(x)+\beta_n(x)+\theta_1(x,t)]\}\end{aligned} \tag{5-56}$$

$$\begin{aligned}T_{zn} =& \rho_n(x)e_n(x)\Omega^2\cos(\Omega t+\theta_1(x,t)+\beta_n(x))\\ &-\rho_n(x)e_n(x)\Omega\omega_\theta\Theta_1(x)\{\sin[(\Omega+\omega_\theta)t+\phi_\theta(x)+\beta_n(x)+\theta_1(x,t)]\\ &-\sin[(\Omega-\omega_\theta)t-\phi_\theta(x)+\beta_n(x)+\theta_1(x,t)]\}\\ &+\frac{1}{2}\rho_n(x)e_n(x)\omega_\theta^2\Theta_1(x)^2\cos(\Omega t+\theta_1(x,t)+\beta_n(x))\\ &+\frac{1}{4}\rho_n(x)e_n(x)\omega_\theta^2\Theta_1(x)^2\{\cos[(\Omega+2\omega_\theta)t+2\phi_\theta(x)+\beta_n(x)+\theta_1(x,t)]\\ &-\cos[(\Omega-2\omega_\theta)t-2\phi_\theta(x)+\beta_n(x)+\theta_1(x,t)]\}\end{aligned} \tag{5-57}$$

$$\begin{aligned}T_{yt} =& \frac{1}{2}\rho_n(x)e_n(x)\omega_\theta^2\Theta(x)\{\cos[(\Omega+\omega_\theta)t+\phi_\theta(x)+\beta_n(x)+\theta_1(x,t)]\\ &+\cos[(\Omega-\omega_\theta)t-\phi_\theta(x)+\beta_n(x)+\theta_1(x,t)]\}\end{aligned} \tag{5-58}$$

$$\begin{aligned}T_{yn} =& \rho_n(x)e_n(x)\Omega^2\sin(\Omega t+\theta_1(x,t)+\beta_n(x))\\ &+\rho_n(x)e_n(x)\Omega\omega_\theta\Theta_1(x)\{\cos[(\Omega+\omega_\theta)t+\phi_\theta(x)+\beta_n(x)+\theta_1(x,t)]\\ &+\cos[(\Omega-\omega_\theta)t-\phi_\theta(x)+\beta_n(x)+\theta_1(x,t)]\}\\ &+\frac{1}{2}\rho_n(x)e_n(x)\omega_\theta^2\Theta_1(x)^2\sin(\Omega t+\theta_1(x,t)+\beta_n(x))\\ &+\frac{1}{4}\rho_n(x)e_n(x)\omega_\theta^2\Theta_1(x)^2\{\sin[(\Omega+2\omega_\theta)t+2\phi_\theta(x)+\beta_n(x)+\theta_1(x,t)]\\ &-\sin[(\Omega-2\omega_\theta)t-2\phi_\theta(x)+\beta_n(x)+\theta_1(x,t)]\}\end{aligned} \tag{5-59}$$

由式(5-56)和式(5-58)可知，频率为 ω_θ 的扭转振动，会产生频率为 $\Omega\pm\omega_\theta$ 的切向惯性力，幅值大小与不平衡量大小 $\rho_1(x)e_1(x)$ 成正比。因此，对于大型船舶，由于曲轴的旋转半径大，偏心量大，引起的不平衡量 $\rho_1(x)e_1(x)$ 相对较大，扭转振动引起的曲轴轴系的切向惯性力很大，对回旋振动的耦合作用有影响。由式(5-57)和式(5-59)可知，第一项均为在轴系由自身的转动引起的离心惯性力，其余项为扭转振动引起的离心惯性力，均与 $\rho_1(x)e_1(x)$ 成正比。可以看到，当引起的离心惯性力的频率为 $\Omega\pm\omega_\theta$ 时，离心惯性力的大小与转动频率 Ω 和扭转频率

ω_θ、扭转幅值 $\Theta_1(x)$ 成正比;当引起的离心惯性力的频率为 Ω 时,其幅值大小与扭转频率 ω_θ 的平方、扭转幅值 $\Theta_1(x)$ 的平方成正比;当引起的离心惯性力的频率为 $\Omega \pm 2\omega_\theta$ 时,其大小与扭转频率 ω_θ 的平方、扭转幅值 $\Theta_1(x)$ 的平方成正比。

式(5-46)右侧忽略外部的转矩,余下部分为在单位长度上回旋振动的惯性力产生的转矩,记为

$$T = \rho_n(x)e_n(x)\left[\frac{\partial^2 z_n(x,t)}{\partial t^2}\sin(\varphi_n(x,t)+\beta_n(x)) - \left(\frac{\partial^2 y_n(x,t)}{\partial t^2}+g\right)\cos(\varphi_n(x,t)+\beta_n(x))\right]$$
(5-60)

同样以第一段简化后的主轴为例分析,设轴系的回旋振动位移为

$$\begin{cases} z_1(x,t) = Z_0 + Z_1(x)\cos(\omega_p t + \phi_z(x)) \\ y_1(x,t) = Y_0 + Y_1(x)\cos(\omega_p t + \phi_y(x)) \end{cases}$$
(5-61)

其中,ω_p 为回旋振动频率;Z_0 和 Y_0 为在两个方向上的初始值;$Z_1(x)$ 和 $Y_1(x)$ 为幅值;$\phi_z(x)$ 和 $\phi_y(x)$ 为对应的相位。

整理可得

$$\begin{aligned}T_1 = &-\frac{1}{2}\rho_1(x)e_1(x)\omega_p^2 Z_1\left\{\sin\left[(\Omega+\omega_p)t+\phi_z(x)+\beta_1(x)+\theta_1(x,t)\right]\right.\\ &\left.+\sin\left[(\Omega-\omega_p)t-\phi_z(x)+\beta_1(x)+\theta_1(x,t)\right]\right\}\\ &+\frac{1}{2}\rho_1(x)e_1(x)\omega_p^2 Y_1\left\{\cos\left[(\Omega+\omega_p)t+\phi_y(x)+\beta_1(x)+\theta_1(x,t)\right]\right.\\ &\left.+\cos\left[(\Omega-\omega_p)t-\phi_z(x)+\beta_1(x)+\theta_1(x,t)\right]\right\}\end{aligned}$$
(5-62)

由式(5-62)可知,频率为 ω_p 的回旋振动可以激起频率为 $\Omega \pm \omega_p$ 的扭转振动,同时回旋振动产生的转矩 T_1 与轴系的不平衡量大小 $\rho_1(x)e_1(x)$ 成正比。对于轴系而言,主机越大,曲轴旋转半径越大,则对应的简化模型中的偏心距也越大。主机作用引起的扭转振动也会加大,其耦合作用就会越加地明显。

通过以上分析可得,当轴系的转动频率 Ω 等于扭转振动的固有频率 ω 与回旋振动固有频率 ω_p 之和或者之差的绝对值时,若外部激励引起频率为 ω_p 的回旋振动或者频率为 ω_θ 的扭转振动,则频率为 ω_p 的回旋振动可能引起频率为 ω_θ 的扭转振动,反过来该扭转振动会使回旋振动幅值变大,即发生回旋-扭转耦合共振。因此,为了避免轴系的损害,在主机转动时,要尽量避开轴系的回旋-扭转共振频率。

5.3 主机作用下船舶轴系动力响应分析

本节以 8530 TEU 主机型号 MAN B&W 12K98MC.C[1]为案例进行分析。根据主机-推进轴系耦合简化模型，主机-推进轴系耦合模型案例相关参数如表 5-2 所示。

表 5-2 主机-推进轴系耦合模型案例相关参数

项目	参数	项目	参数
缸数	12 个	主轴段 L_1	1020 mm
材料体积密度	7820 kg·m^{-3}	偏心轴段 L_2 至 L_{13}	1750 mm
轴承数	18 个	推进轴段 L_{14}	7787 mm
偏心轴段数	12 段	推进轴段 L_{15}	11250 mm
偏心轴平均直径	1100 mm	推进轴段 L_{16}	11288 mm
推进轴系平均直径	800 mm	推进轴段 L_{17}	7750 mm
主轴承刚度	4.6×10^7 N/m	推进轴段 L_{18}	7738 mm
支承轴承刚度	6×10^7 N/m	推进轴段 L_{19}	2643 mm

在实际计算中，由于主机生产厂家的限制，较难直接获取 MAN B&W 12K98MC.C 的连杆质量、活塞质量、十字头质量、十字头连杆质量、曲柄半径等详细参数，以及各个运行工况下的燃烧参数，因此需通过测量、换算求解参数，进而求得 5.1 节所述的主机作用力。为了方便计算验证，本节案例计算直接设出主机激励的切向分力和径向分力作为激振力，通过对主机-推进轴系模型进行动力学分析验证建模理论的正确性。初始偏心角度依据各缸的发火角度进行设定。已知 B&W 12K98MC.C 大型船用主机的发火顺序为 1-8-12-4-2-9-10-5-3-7-11-6。

当忽略螺旋桨集中质量的影响时，则出现主机端简支、螺旋桨端自由的边界条件[12]，主机-推进轴系耦合模型的边界条件(5-48)变为

$$z_1(x,t)|_{x=0} = 0, \quad E_1 I_1 \frac{\partial^2 z_1(x,t)}{\partial x^2}\bigg|_{x=0} = 0$$

$$y_1(x,t)|_{x=0} = 0, \quad E_1 I_1 \frac{\partial^2 y_1(x,t)}{\partial x^2}\bigg|_{x=0} = 0$$

$$\frac{\partial \varphi_1(x,t)}{\partial x}\bigg|_{x=0} = 0, \quad E_{n+1} I_{n+1} \frac{\partial^3 z_{n+1}(x,t)}{\partial x^3}\bigg|_{x=L} = 0, \quad E_n I_n \frac{\partial^2 z_{n+1}(x,t)}{\partial x^2}\bigg|_{x=L} = 0$$

$$E_{n+1} I_{n+1} \frac{\partial^3 y_{n+1}(x,t)}{\partial x^3}\bigg|_{x=L} = 0, \quad E_{n+1} I_{n+1} \frac{\partial^2 y_{n+1}(x,t)}{\partial x^2}\bigg|_{x=L} = 0, \quad \frac{\partial \varphi_{n+1}(x,t)}{\partial x}\bigg|_{x=L} = 0$$

(5-63)

第 5 章 主机激励下轴系振动建模研究

依据连续条件建立主机-推进轴系模型,可运用数值法[13]对方程进行求解,并分析其动力学特性。

主机-推进轴系系统的固有频率如表 5-3 所示。

表 5-3 主机-推进轴系系统的固有频率

阶数	扭转振动固有频率/Hz	回旋振动固有频率/Hz
1	17.78	0.74
2	18.95	2.23
3	23.91	4.73

对主机-推进轴系系统单独施加切向力时,主轴系与推进轴系将产生扭矩,对主机-推进轴系系统产生强迫扭转振动。设主机产生的切向力幅值为 $B_T=10000\,\text{N}$ 的简谐力时,计算得到的主机-推进轴系系统扭转振动响应图如图 5-6 所示。

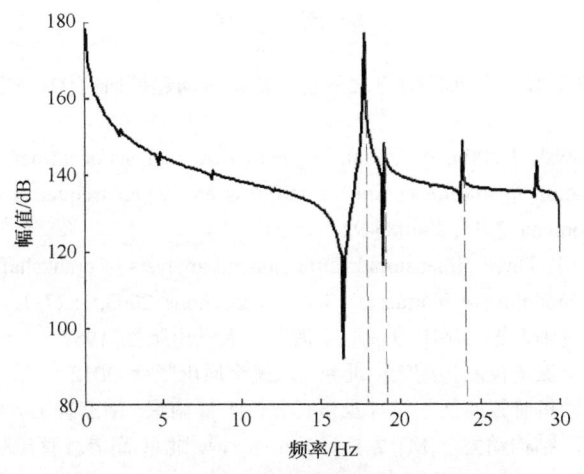

图 5-6 主机-推进轴系系统扭转振动响应图

由图 5-6 可知,主机-推进轴系系统幅值对应的响应频率与表 5-3 所示的主机-推进轴系系统中的扭转振动固有频率比较接近,即此时主机-推进轴系系统发生共振响应。由此可证明,根据 5.3 节建立的主机-推进轴系模型进而求得的扭转振动响应是正确的。

同理,当对主机-推进轴系系统单独施加径向力幅值为 10000 N 的简谐激励时,主机-推进轴系系统的回旋振动响应如图 5-7 所示。由此可知,系统产生的强迫回旋振动幅值对应的响应频率与表 5-3 所示系统的回旋振动固有频率相等,证明主机-推进轴系模型计算得到的回旋振动固有频率也是正确的。综上所述,该案例求解对比证明主机-推进轴系系统建模理论是正确的。

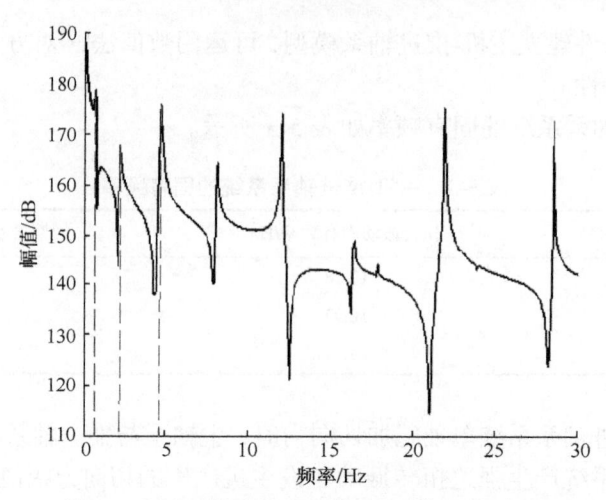

图 5-7　主机-推进轴系系统的回旋振动响应图

参 考 文 献

[1] 田哲. 计入船体变形和主机激励的大型船舶轴系振动建模研究[D]. 武汉: 武汉理工大学, 2016.
[2] Merkisz J, Markowski J, Kaluzny J, et al. The numerical analysis of influence of crankshaft main spindles regeneration in marine engine on stiffness and eigen frequency of the crankshaft[J]. Solid State Phenomena, 2015, 236: 85-92.
[3] Burla R K, Seshu P. Three dimensional finite element analysis of crankshaft torsional vibrations using parametric modeling techniques[J]. SAE Transactions, 2003, 1: 2711.
[4] 陈之炎. 船舶推进轴系振动[M]. 上海: 上海交通大学出版社, 1987.
[5] 中国船级社. 船上振动控制指南[S]. 北京: 人民交通出版社, 2012.
[6] 王清政. 汽车发动机悬置的优化设计及仿真分析[D]. 南京: 南京理工大学, 2009.
[7] R.克拉夫, J.彭津. 结构动力学[M]. 2 版. 王光远, 译. 北京:高等教育出版社, 2006.
[8] Wang L, Bing G, Li X, et al. Effects of unbalance location on dynamic characteristics of high-speed gasoline engine turbocharger with floating ring bearings[J]. Chinese Journal of Mechanical Engineering, 2016, 29(2): 271-280.
[9] 钟一谔. 转子动力学[M]. 北京: 清华大学出版社, 1987.
[10] 田哲, 张聪, 严新平, 等. 计入船体变形激励的大型船舶推进轴系振动性能研究[J]. 船舶力学, 2015, (11): 1368-1376.
[11] 寇向东. 船用柴油机和试验台耦合振动模态分析[D]. 大连: 大连理工大学, 2006.
[12] 吴兴星. 柴油机轴系扭振减振器设计计算及实验装置研究[D]. 武汉: 武汉理工大学, 2009.
[13] 何成兵. 汽轮发电机组轴系弯扭耦合振动研究[D]. 北京: 华北电力大学, 2003.

第 6 章 船体变形下轴系振动建模及耦合特性研究

大型船舶的船体变形与船舶系统之间的动力学耦合作用尤其明显。当大型船舶航行在海浪环境中时，船体极易受到海浪的激励而产生变形。船体变形量通过轴承作用于船舶推进轴系，从而使其产生剧烈的振动，极易导致其推进性能与可靠性受到影响[1]。因此，研究船体变形下轴系的振动，提高船舶在航行过程中动力系统的可靠性与运营经济性，减少耦合作用对船舶的影响十分必要。基于此，本章讨论船体变形对轴系的振动影响，并开展耦合建模，引入频率因子、相对变形因子、扭转因子等表征参数，以 296000 DWT VLCC 船型为案例对象，进行动力学响应分析，探讨各表征参数在船舶推进系统中对船体变形的影响，为船舶推进系统设计提供合理化建议。

6.1 船体-轴系系统子结构模型

6.1.1 支承轴承模型

推进系统中有多个轴承做支承，取一个轴承 B_n 进行分析。支承轴承模型如图 6-1 所示。忽略其质量的影响，轴承 B_n 安装在船体上的接触点为 b_n，坐标系 o-$y_1y_2y_3$ 中的坐标为 $(y_{n1}^b, y_{n2}^b, y_{n3}^b)$，轴承与推进系统接触点 a_n 选在轴系中线上，则其在坐标系中的坐标为 $(y_{n1}^a, y_{n2}^a=0, y_{n3}^a=0)$。通过坐标转换矩阵 β 可知，在船体坐标系 o-$x_1x_2x_3$ 中，轴承的两个接触点 a_n 和 b_n 的坐标为

$$x_{ni}^a = x_{i0} + \beta_{ji}y_{nj}^a, \quad x_{ni}^b = x_{i0} + \beta_{ji}y_{nj}^b \tag{6-1}$$

其中，x_{n0} 为坐标系 o-$y_1y_2y_3$ 转换到坐标系 o-$x_1x_2x_3$ 的平移参数。

在轴系坐标系 o-$y_1y_2y_3$ 下，轴承两端承受来自轴系与船体的相互作用力，可以通过轴承的刚度系数求解[2-4]，即

$$\begin{bmatrix} \tilde{f}_{ni}^a \\ \tilde{f}_{ni}^b \end{bmatrix} = \begin{bmatrix} k_{n\bar{i}} & -k_{n\bar{i}} \\ -k_{n\bar{i}} & k_{n\bar{i}} \end{bmatrix} \begin{bmatrix} U_i(y_{nj}^a) \\ \beta_{ij}u_j(x_{ni}^b) \end{bmatrix}, \quad \bar{i}=i \tag{6-2}$$

$$\begin{bmatrix} \tilde{f}_{ni}^{as} \\ \tilde{f}_{ni}^{bh} \end{bmatrix} = -\begin{bmatrix} \tilde{f}_{ni}^a \\ \tilde{f}_{ni}^b \end{bmatrix} \tag{6-3}$$

其中，轴承处于拉伸状态时受力表示正值。

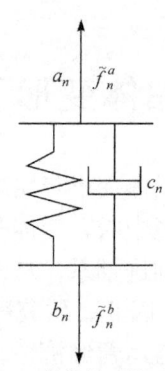

(a) 支承轴承实物示意图　　(b) 等效轴承简图

图 6-1　支承轴承模型

由于相互作用，轴系在 a 点受到的力为 $\tilde{f}_{ni}^{as}=-\tilde{f}_{ni}^{a}$，船体在 b 点受到的力为 $\tilde{f}_{ni}^{bh}=-\tilde{f}_{ni}^{b}$。为了区别张量的求和指标，这里将 $\bar{i}$ 与 i 分开表示。令 U_i 为轴系在坐标系 $o\text{-}y_1y_2y_3$ 中的运动，u_j 为船体在坐标系 $o\text{-}x_1x_2x_3$ 中的变形，船体变形 u_j 左乘转换坐标 β_{ij} 就可得到其在坐标系 $o\text{-}y_1y_2y_3$ 中对应的数值。

6.1.2　主机模型

如图 6-2 所示，船舶主机箱 D_E 有着集中质量 M_E，以及三个方向的惯性矩 I_{E1}、I_{E2}、I_{E3}。

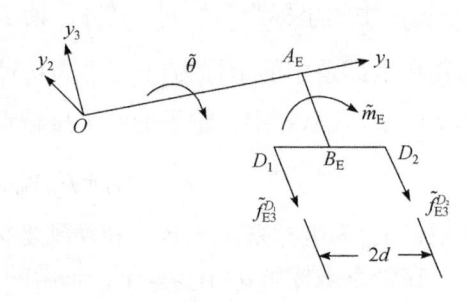

(a) 主机示意图　　(b) 船舶主机简化图

图 6-2　主机模型

假设主机箱中一个主轴承安装在船体位置 $B_E(y_{E1}^B, y_{E2}^B, y_{E3}^B)$，与主轴接触位置 A_E 在其中心线上 $(y_{E1}^A, y_{E2}^A, y_{E3}^A)$。与支撑轴承的原理一致[2-4]，可得主机箱与船体的作用关系式，即

$$x_{Ei}^{A} = x_{i0} + \beta_{ji} y_{Ej}^{A}, \quad x_{Ei}^{B} = x_{i0} + \beta_{ji} y_{Ej}^{B} \tag{6-4}$$

$$\begin{bmatrix} \tilde{f}_{Ei}^{A} \\ \tilde{f}_{Ei}^{B} \end{bmatrix} = \begin{bmatrix} k_{E\bar{i}} & -k_{E\bar{i}} \\ -k_{E\bar{i}} & k_{E\bar{i}} \end{bmatrix} \begin{bmatrix} U_{i}\left(y_{Ej}^{A}\right) \\ \beta_{ij} u_{j}\left(x_{Ei}^{B}\right) \end{bmatrix}, \quad \bar{i} = i \tag{6-5}$$

$$\begin{bmatrix} \tilde{f}_{Ei}^{As} \\ \tilde{f}_{Ei}^{Bh} \end{bmatrix} = -\begin{bmatrix} \tilde{f}_{Ei}^{A} \\ \tilde{f}_{Ei}^{B} \end{bmatrix} \tag{6-6}$$

由图 6-2 可知，主机运转时会产生一个恢复力矩 $\tilde{m}_E$，可以通过主轴的扭转刚度 $\bar{k}_E$ 得到，即

$$\tilde{m}_E = \bar{k}_E \tilde{\theta}\left(y_{E1}^{A}\right), \quad \tilde{\theta}\left(y_{E1}^{A}\right) = \beta_{3j}\left(u_j\left(x_{Ei}^{D_1}\right) - u_j\left(x_{Ei}^{D_2}\right)\right)/(2d) = \Delta_D \beta_3 u \tag{6-7}$$

$$\tilde{m}_E = d\begin{bmatrix} 1 & -1 \end{bmatrix}\begin{bmatrix} \tilde{f}_{E3}^{D_1} \\ \tilde{f}_{E3}^{D_2} \end{bmatrix} \tag{6-8}$$

$$\begin{bmatrix} \tilde{f}_{E3}^{D_1} \\ \tilde{f}_{E3}^{D_2} \end{bmatrix} = \frac{1}{4d^2}\begin{bmatrix} \bar{k}_E & -\bar{k}_E \\ -\bar{k}_E & \bar{k}_E \end{bmatrix}\begin{bmatrix} \beta_{3j} u_j\left(x_{Ei}^{D_1}\right) \\ \beta_{3j} u_j\left(x_{Ei}^{D_2}\right) \end{bmatrix} \tag{6-9}$$

$$\begin{bmatrix} \tilde{f}_{E3}^{D_{1h}} \\ \tilde{f}_{E3}^{D_{2h}} \end{bmatrix} = -\begin{bmatrix} \tilde{f}_{E3}^{D_1} \\ \tilde{f}_{E3}^{D_2} \end{bmatrix} \tag{6-10}$$

$$\tilde{m}_E^s = -\tilde{m}_E = -\bar{k}_E \Delta_D \beta_3 u, \quad \Delta_D = \left[\Delta\left(x_i - x_{Ei}^{D_1}\right) - \Delta\left(x_i - x_{Ei}^{D_2}\right)\right]/2d \tag{6-11}$$

$$\beta_3 = \begin{bmatrix} \beta_{31} & \beta_{32} & \beta_{33} \end{bmatrix} \tag{6-12}$$

其中，$\tilde{f}_{E3}^{D_1}$ 和 $\tilde{f}_{E3}^{D_2}$ 为力矩 $\tilde{m}_E$ 作用在主机箱安装在船体上两点 D_1 和 D_2 的力。D_1 与 D_2 两点间的距离为 $2d$，沿着 $o\text{-}y_2$ 方向，则两点的坐标为

$$y_{Ei}^{D_1} = y_{Ei}^{B} + \delta_{i2} d, \quad y_{Ei}^{D_2} = y_{Ei}^{B} - \delta_{i2} d$$

$$x_{Ei}^{D_1} = x_{i0} + \beta_{ji} y_{Ej}^{D_1}, \quad x_{Ei}^{D_2} = x_{i0} + \beta_{ji} y_{Ej}^{D_2} \tag{6-13}$$

其中，δ_{ij} 为克罗内克 delta 函数。

6.1.3 螺旋桨模型

螺旋桨 D_p 安装在船舶推进轴系的尾端，坐标位置为 (y_{p1}, y_{p2}, y_{p3})，拥有集中质量 M_p，三个方向的惯性矩为 I_{p1}、I_{p2}、I_{p3}。由于水与螺旋桨之间的相互作用力非常复杂，可以通过压力形式进行模型的简化。如图 6-3 所示，当船漂浮在水

中时，螺旋桨上的作用力可简化为螺旋桨两侧的压力差[2-4]。设螺旋桨沿着坐标轴 o-y_2 的压力差为 $p_2^+ - p_2^- = \tilde{p}_2$，叶片的有效面积为 $S_{p2} = D \times L_p$，L_p 为叶片湿长度。

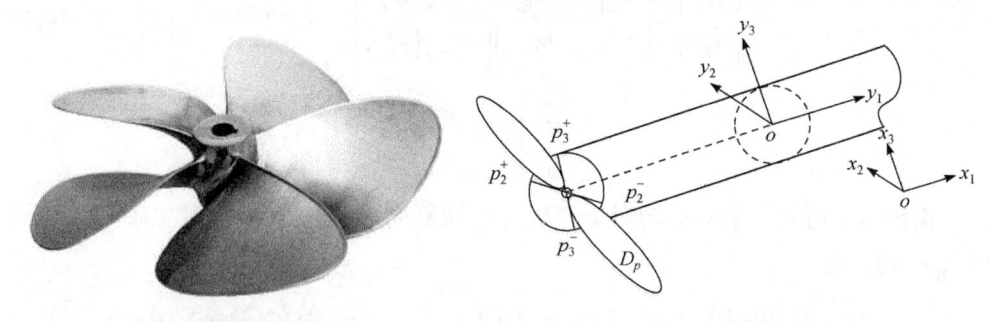

(a) 船用螺旋桨示意图　　(b) 推进系统螺旋桨简化图

图 6-3　螺旋桨模型

作用于螺旋桨的作用力为

$$\tilde{f}_{pi}^s = -\tilde{f}_{pi}, \quad \tilde{f}_{pi} = \tilde{p}S_{pi} = \left(p_i^+ - p_i^-\right)S_{pi}, \quad x_{pj} = x_{j0} + \beta_{ij}y_{pi}, \quad \overline{i} = i \tag{6-14}$$

6.1.4　船体变形模型

通过线弹性理论和分析，可以得到船体与推进系统之间的相互作用力[2-4]。单位长度船体的运动方程为

$$\sigma_{ij,j} + \tilde{F}_i + \sum_{n=1}^{\tilde{n}} \tilde{f}_{ni}^{bh} \beta_{ji} \Delta\left(x_i - x_{ni}^b\right) + \tilde{f}_{Ei}^{Bh} \beta_{ji} \Delta\left(x_i - x_{Ei}^B\right)$$
$$+ \beta_{3j}\left[\tilde{f}_{E3}^{D_1h}\Delta\left(x_i - x_{Ei}^{D_1}\right) + \tilde{f}_{E3}^{D_2h}\Delta\left(x_i - x_{Ei}^{D_2}\right)\right] = \rho_h w_i \tag{6-15}$$

其中，$\Delta(\cdot)$ 表示 delta 函数；σ_{ij} 为船体的应力张量；w_i 为船体的加速度。

由弹性力学可知，船体的应力-应变关系为

$$e_{ij} = \frac{1}{2}(u_{i,j} + u_{j,i}) \tag{6-16}$$

其中，u 为位移；e 为应变。

本构方程为

$$\sigma_{ij} = E_{ijkl}e_{kl} \tag{6-17}$$

其中，E_{ijkl} 为一个各向同性张量；σ_{ij} 为应力张量；e_{kl} 为应变张量。

已知条件，即

$$v_i = u_{i,t}, \quad w_i = v_{i,t}, \quad d_{ij} = e_{ij,t} = \frac{1}{2}(v_{i,j} + v_{j,i}) \tag{6-18}$$

船体的边界条件给定加速度为

$$w_i = \hat{w}_i \tag{6-19}$$

给定牵引力为

$$\sigma_{ij}\hat{v}_j = \hat{T}_i \tag{6-20}$$

其中，$\hat{v}_j$ 为垂直于船体侧表面的矢量。

如果船舶处于抛锚状态，则其加速度 $\hat{w}_i = 0$。设材料的弹性模量为 E，剪切模量为 G，泊松比为 μ。为方便计算，可定义一些矩阵形式，即

$$G = \frac{(1-2\mu)}{2(1-\mu)}, \quad \gamma = \frac{\mu}{1-\mu}, \quad \overline{E} = \frac{E}{2G(1+\mu)}\begin{bmatrix} 1 & \gamma & \gamma & 0 & 0 & 0 \\ \gamma & 1 & \gamma & 0 & 0 & 0 \\ \gamma & \gamma & 1 & 0 & 0 & 0 \\ 0 & 0 & 0 & G & 0 & 0 \\ 0 & 0 & 0 & 0 & G & 0 \\ 0 & 0 & 0 & 0 & 0 & G \end{bmatrix}$$

$$D = \begin{bmatrix} \partial/\partial x_1 & 0 & 0 \\ 0 & \partial/\partial x_2 & 0 \\ 0 & 0 & \partial/\partial x_3 \\ \partial/\partial x_2 & \partial/\partial x_1 & 0 \\ 0 & \partial/\partial x_3 & \partial/\partial x_2 \\ \partial/\partial x_3 & 0 & \partial/\partial x_1 \end{bmatrix}, \quad u = \begin{bmatrix} u_1 & u_2 & u_3 \end{bmatrix}^T, \quad v = \dot{u}, \quad w = \dot{v} = \ddot{u}$$

$$U = \begin{bmatrix} U_1 & U_2 & U_3 & \theta_1 \end{bmatrix}^T, \quad V = \dot{U}, \quad W = \dot{V} = \ddot{U}, \quad \tilde{p} = \begin{bmatrix} \tilde{p}_1 & \tilde{p}_2 & \tilde{p}_3 \end{bmatrix}^T$$

$$\hat{v} = \begin{bmatrix} \hat{v}_1 & 0 & 0 & \hat{v}_2 & 0 & \hat{v}_3 \\ 0 & \hat{v}_2 & 0 & \hat{v}_1 & \hat{v}_3 & 0 \\ 0 & 0 & \hat{v}_3 & 0 & \hat{v}_2 & \hat{v}_1 \end{bmatrix}, \quad \overline{v} = \begin{bmatrix} \hat{v}_1 & \hat{v}_2 & \hat{v}_3 \end{bmatrix}^T, \quad \eta = \begin{bmatrix} \eta_1 & \eta_2 & \eta_3 \end{bmatrix}^T$$

$$E = \mathrm{diag}(ES \quad EI_1 \quad EI_2 \quad GI_3), \quad \overline{L} = \mathrm{diag}(0 \quad \partial/\partial y_1 \quad \partial/\partial y_1 \quad 0) \tag{6-21}$$

$$L = \mathrm{diag}(\partial/\partial y_1 \quad \partial^2/\partial y_1^2 \quad \partial^2/\partial y_1^2 \quad \partial/\partial y_1), \quad \tilde{F} = \begin{bmatrix} \tilde{F}_1 & \tilde{F}_2 & \tilde{F}_3 \end{bmatrix}^T$$

$$\hat{M} = \begin{bmatrix} \rho_s S & M_p & M_1 & M_2 & \cdots & M_k & M_E \end{bmatrix}, \quad \tilde{M} = \begin{bmatrix} \hat{M}^T & \overline{I}_1^T & \overline{I}_2^T & \overline{I}_3^T \end{bmatrix}^T$$

$$\overline{I}_i = \begin{bmatrix} \rho_s I_i & I_{pi} & J_{1i} & J_{2i} & \cdots & J_{ki} & I_{Ei} \end{bmatrix}, \quad i = 1,2,3$$

$$I = \begin{bmatrix} 0^T & \overline{I}_1^T & \overline{I}_2^T & 0^T \end{bmatrix}^T, \quad \Delta_{pi} = \Delta(y_i - y_{pi}^+) - \Delta(y_i - y_{pi}^-)$$

$$\Delta_p = \mathrm{diag}(\Delta_{p1} \quad \Delta_{p2} \quad \Delta_{p3})$$

$$\Delta = \begin{bmatrix} 1 & \Delta(y_1 - y_{p1}) & \Delta(y_1 - y_{11}) & \Delta(y_1 - y_{21}) & \cdots & \Delta(y_1 - y_{n1}) & \Delta(y_1 - y_{E1}) \end{bmatrix}^T$$

$$k_n = \mathrm{diag}(k_{n1}, k_{n2}, k_{n3}), \quad k_E = \mathrm{diag}(k_{E1}, k_{E2}, k_{E3}), \quad k_E^{\Delta} = \overline{k}_E \Delta_D$$

$$K_a^{\Delta} = \sum_{n=1}^{\tilde{n}} [k_n \Delta(y_i - y_{ni}^a)] + k_E \Delta(y_i - y_{Ei}^A) \tag{6-22}$$

$$K_b^{\Delta} = \sum_{n=1}^{\tilde{n}} [k_n \Delta(x_i - x_{ni}^b)] + k_E \Delta(x_i - x_{Ei}^B)$$

$$F_{sf}^{\Delta} = \begin{bmatrix} (\Delta_p S_p)^T & 0 \end{bmatrix}^T, \quad S_p = \begin{bmatrix} S_{p1} & S_{p2} & S_{p3} \end{bmatrix}^T, \quad \overline{\beta} = \begin{bmatrix} \beta \\ \beta_3 \end{bmatrix}$$

$$\overline{K}_a^{\Delta} = \begin{bmatrix} K_a^{\Delta} & 0 \\ 0 & 0 \end{bmatrix}, \quad \overline{K}_b^{\Delta} = \begin{bmatrix} K_b^{\Delta} & 0 \\ 0 & 0 \end{bmatrix}, \quad \overline{K}_{AE}^{\Delta} = \begin{bmatrix} K_A^{\Delta} & 0 \\ 0 & -k_E^{\Delta} \end{bmatrix}, \quad \overline{K}_{BE}^{\Delta} = \begin{bmatrix} K_B^{\Delta} & 0 \\ 0 & -k_E^{\Delta} \end{bmatrix}$$

将式(6-21)和(6-22)代入式(6-15)，利用上面所设的矩阵，整理后的矩阵形式为

$$D^T(\overline{E}Du) + \tilde{F} - \overline{\beta}^T \overline{K}_{BE}^{\Delta} U + \overline{\beta}^T \overline{K}_b^{\Delta} \overline{\beta} u = \rho_h w \tag{6-23}$$

对应的矩阵形式的边界条件给定的加速度为

$$w = \hat{w} \tag{6-24}$$

给定的牵引力为

$$\hat{n}\overline{E}Du = \hat{T} \tag{6-25}$$

6.1.5 推进轴系模型

推进轴系的振动在坐标系 $o\text{-}y_1y_2y_3$ 内主要分为沿着坐标轴 $o\text{-}y_1$ 的纵向振动 $U_1(y_j,t)$，在 $o\text{-}y_1y_2$ 平面内的横向振动 $U_2(y_j,t)$，在 $o\text{-}y_1y_3$ 平面内的横向振动 $U_3(y_j,t)$，以及绕轴 $o\text{-}y_1$ 的扭转振动 $\theta_1(y_1,t)$。基于经典梁理论和牛顿第二运动定律，忽略四种振动的耦合影响可以得到推进轴系的振动方程[2-4]。

轴系纵向振动方程为

$$\frac{\partial}{\partial y_1}\left(ES\frac{\partial U_1}{\partial y_1}\right) + \tilde{f}_{p1}^s \Delta(y_1 - y_{p1}) + \sum_{n=1}^{\tilde{n}} \tilde{f}_{ni}^{as}\Delta(y_1 - y_{n1}^a) + \tilde{f}_{E1}^{As}\Delta(y_1 - y_{E1}^A) = \hat{M}\Delta \ddot{U}_1 \tag{6-26}$$

轴系扭转振动方程为

$$\frac{\partial}{\partial y_1}\left(GI_3\frac{\partial \theta_1}{\partial y_1}\right) + \tilde{m}_E^s = \overline{I}_3 \Delta \ddot{\theta}_1 \tag{6-27}$$

轴系在平面 $o\text{-}y_1y_2$ 内的横向振动方程为

$$\frac{\partial^2}{\partial y_1^2}\left(EI_1\frac{\partial^2 U_2}{\partial y_1^2}\right)+\tilde{f}_{p2}^s\Delta(y_1-y_{p1})+\sum_{n=1}^{\tilde{n}}\tilde{f}_{n2}^{as}\Delta(y_1-y_{n1}^a)+\tilde{f}_{E2}^{As}\Delta(y_1-y_{E1}^A)$$
$$=-\hat{M}\Delta\ddot{U}_2+\bar{I}_1\Delta\frac{\partial^2 \ddot{U}_2}{\partial y_1^2} \qquad(6\text{-}28)$$

轴系在平面 $o\text{-}y_1y_3$ 内的横向振动方程为

$$\frac{\partial^2}{\partial y_1^2}\left(EI_2\frac{\partial^2 U_3}{\partial y_1^2}\right)+\tilde{f}_{p3}^s\Delta(y_1-y_{p1})+\sum_{n=1}^{\tilde{n}}\tilde{f}_{n3}^{as}\Delta(y_1-y_{n1}^a)+\tilde{f}_{E3}^{As}\Delta(y_1-y_{E1}^A)$$
$$=-\hat{M}\Delta\ddot{U}_3+\bar{I}_2\Delta\frac{\partial^2 \ddot{U}_3}{\partial y_1^2} \qquad(6\text{-}29)$$

将式(6.26)~式(6.29)写成矩阵形式，可得

$$-L(ELU)+\bar{K}_a^\Delta U-\bar{K}_{AE}^\Delta\bar{\beta}u+\tilde{f}_p=\left(\mathrm{diag}(\tilde{M}\Delta)-\mathrm{diag}(I\Delta)\bar{L}^2\right)\ddot{U} \qquad(6\text{-}30)$$

其中，$\tilde{f}_p=\begin{bmatrix}\tilde{f}_{p1}^s\Delta(y_1-y_{p1}) & \tilde{f}_{p2}^s\Delta(y_1-y_{p2}) & \tilde{f}_{p3}^s\Delta(y_1-y_{p3}) & 0\end{bmatrix}^T$ 为推进系统与水域之间的作用力矩阵。

6.1.6 水域模型

相对于船舶静止的运行状态，流体的运动可以描述为动态压力作用，则流体的波浪方程，以及边界条件如下[5]。

波浪动态方程为

$$p_{,tt}=\bar{c}^2 p_{,ii} \qquad(6\text{-}31)$$

其中，$\bar{c}$ 为水中的声速。

自由面的波浪边界为

$$p_{,i}\eta_i=-p_{,tt}/g \qquad(6\text{-}32)$$

给定加速度为

$$p_{,i}\eta_i=-\rho_w\hat{w}_i\eta_i \qquad(6\text{-}33)$$

其中，ρ_w 为流体的密度；η_i 为流体面的法向。

给定的压力为

$$p=\tilde{p} \qquad(6\text{-}34)$$

由于流体阻尼没有任何反射的 Sommerfeld 辐射条件，使动态压力在无限远处

的边界 $\varGamma_\infty$ 上可以定义为零，因此本章将离船足够远的边界流体动压设定为零，作用在船舶上瞬时的波浪激励可以通过式(6-32)或式(6-33)得到。

6.1.7 水-船体的耦合条件

已知水域与船体接触的湿表面为边界域 $\varGamma_\mathrm{h}$，那么水域和船体之间的耦合边界条件[2,3]如下。

(1) 运动学方程为

$$w^\mathrm{T}\bar{v} = \nabla^\mathrm{T} p\eta/\rho_\mathrm{w} \tag{6-35}$$

其中，$\nabla = [\partial/\partial x_1 \quad \partial/\partial x_2 \quad \partial/\partial x_3]^\mathrm{T}$。

(2) 平衡方程为

$$\hat{n}\bar{E}Du = p\eta - \rho_\mathrm{w} g u_3 \eta \tag{6-36}$$

6.1.8 水-推进轴系的耦合条件

假设轴系与水接触的湿表面边界域为 $\bar{\varGamma}_\mathrm{pw}$，则其两者之间的耦合边界条件如下。

(1) 运动学方程为

$$\ddot{U}^\mathrm{T} F_\mathrm{sf}^\Delta = -\int_{\bar{\varGamma}_\mathrm{pw}} \eta^\mathrm{T} \nabla p/\rho_\mathrm{w} \mathrm{d}\varGamma$$

$$y_i = y_{\mathrm{p}i}, \quad x_i = x_{\mathrm{p}i} \tag{6-37}$$

(2) 平衡方程为

$$\tilde{f}_\mathrm{p}^\mathrm{s} = -\tilde{f}_\mathrm{p} = -F_\mathrm{sf}^\Delta p$$

$$y_i = y_{\mathrm{p}i}, \quad x_i = x_{\mathrm{p}i} \tag{6-38}$$

6.2 船体-轴系系统耦合变分方程

为了建立船舶-轴系系统的动力学变分表述，需要选择一种合适的方法。因此，选择具有能量列式的 Hamiltion 原理，得到船舶-轴系系统的运动方程[6]。Hamilton 原理与一般虚功法的区别在于，非显含外载荷及惯性力、弹性力分别通过动能、势能的变分形式来替代，因此该方法具有只计算纯标量能量的优点，在虚功法中，即使所做的功是标量，但用来表示位移及力效应的量在性质上都是矢量。

第6章 船体变形下轴系振动建模及耦合特性研究

如图 6-4 所示，质点 m 在外力 $F(t)$ 作用下，在 t_1 时刻从 1 点出发，沿着真实路径运动，在 t_2 时刻到达 2 点。

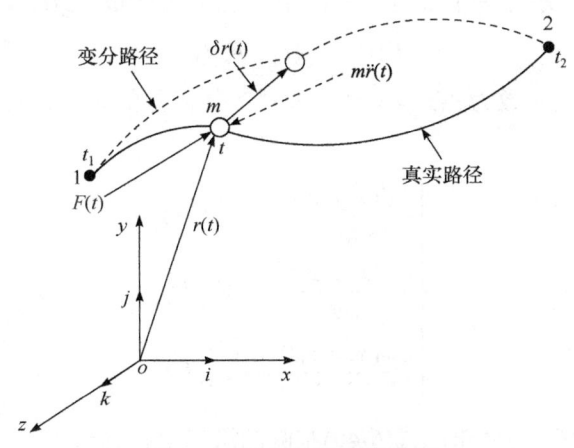

图 6-4 质点 m 的路径分析

设在坐标系 $o\text{-}xyz$ 下，i、j、k 为单位基准向量，坐标系中各个量都可通过三个方向的向量合成得到。令 $F(t)=F_x(t)i+F_y(t)j+F_z(t)k$，$r(t)=xi+yj+zk$，$\delta r(t)=\delta xi+\delta yj+\delta zk$，外力 $F(t)$ 一般由外部作用力 $f(t)$、结构内力 $f_s(t)$、阻尼力 $f_D(t)$ 组成。根据达朗贝尔原理，该外力与惯性力 $f_I(t)$ 平衡。在 t 时刻，如果质点经受合成虚位移 $\delta r(t)$，则作用在质点 m 上所有力的虚功等于零，即

$$\left(F_x(t)-m\ddot{x}(t)\right)\delta x(t)+\left(F_y(t)-m\ddot{y}(t)\right)\delta y(t)+\left(F_z(t)-m\ddot{z}(t)\right)\delta z(t)=0 \quad (6\text{-}39)$$

对式(6-39)作时间段 $t_1 \sim t_2$ 的积分，则

$$\begin{aligned}&\int_{t_1}^{t_2}-m\left(\ddot{x}(t)\delta x(t)+\ddot{y}(t)\delta y(t)+\ddot{z}(t)\delta z(t)\right)\mathrm{d}t\\&+\int_{t_1}^{t_2}\left(F_x(t)\delta x(t)+F_y(t)\delta y(t)+F_z(t)\delta z(t)\right)\mathrm{d}t=0\end{aligned} \quad (6\text{-}40)$$

对式(6-40)左侧第一个积分进行分部积分，由于变分路径的首尾虚位移 $\delta r(t_1)$、$\delta r(t_2)$ 为零，因此

$$\begin{aligned}I_1 &= \int_{t_1}^{t_2} m\left(\ddot{x}(t)\delta x(t)+\ddot{y}(t)\delta y(t)+\ddot{z}(t)\delta z(t)\right)\mathrm{d}t\\&= \int_{t_1}^{t_2} m\left(\dot{x}(t)\delta\dot{x}(t)+\dot{y}(t)\delta\dot{y}(t)+\dot{z}(t)\delta\dot{z}(t)\right)\mathrm{d}t\\&= \int_{t_1}^{t_2} \delta E_k(t)\mathrm{d}t\\&= \delta\int_{t_1}^{t_2} E_k(t)\mathrm{d}t\end{aligned} \quad (6\text{-}41)$$

其中，$E_k(t) = \frac{1}{2}m\left(\dot{x}(t)^2 + \dot{y}(t)^2 + \dot{z}(t)^2\right)$ 为质点 m 的动能。

将力向量 $F(t)$ 分为保守力向量 $F_c(t)$ 和非保守力向量 $F_{nc}(t)$，即

$$F(t) = F_c(t) + F_{nc}(t) \tag{6-42}$$

设 $F_c(t)$ 的势能函数为 $\phi(x,y,z,t)$，通过势能函数的定义，可知各分量之间的关系为

$$\begin{cases} \dfrac{\partial \phi(x,y,z,t)}{\partial x} = -F_{x,c}(t) \\ \dfrac{\partial \phi(x,y,z,t)}{\partial y} = -F_{y,c}(t) \\ \dfrac{\partial \phi(x,y,z,t)}{\partial z} = -F_{z,c}(t) \end{cases} \tag{6-43}$$

根据式(6-42)和式(6-43)可知，式(6-40)左侧的第二个积分式为

$$\begin{aligned} I_2 &= \int_{t_1}^{t_2} \left(F_x(t)\delta x(t) + F_y(t)\delta y(t) + F_z(t)\delta z(t)\right) \mathrm{d}t \\ &= \int_{t_1}^{t_2} -\delta E_p(t)\mathrm{d}t + \int_{t_1}^{t_2} \delta W_f(t)\mathrm{d}t \end{aligned} \tag{6-44}$$

其中，$W_f(t)$ 为非保守力 $F_{nc}(t)$ 作的虚功。

由此可知，式(6-40)可以写为

$$\int_{t_1}^{t_2} \delta\left(E_k(t) - E_p(t)\right)\mathrm{d}t + \int_{t_1}^{t_2} \delta W_f(t)\mathrm{d}t = 0 \tag{6-45}$$

由此可知，式(6-45)为动力学 Hamilton 理论的变分表述，它表示动能与势能的差及所有非保守力所做的功在任意时刻 t_1 到 t_2 区间内的变分等于零。

依据 6.1 节建立的各个子系统的控制方程，通过前面描述的变分准则，可以构建一个数值模型来描述所需的船体-推进轴系耦合振动模型，即

$$\begin{aligned} & H_{sf}[p,w,W] \\ &= \int_{t_1}^{t_2}\left\{\int_{y_{p1}}^{y_{E1}}\left[\frac{1}{2}W^{\mathrm{T}}\mathrm{diag}(\tilde{M}\Delta)W + \frac{1}{2}W_{,1}^{\mathrm{T}}\mathrm{diag}(I\Delta)W_{,1} - \frac{1}{2}(\dot{U}^{\mathrm{T}}\overline{L}^{\mathrm{T}})E\overline{L}\dot{U}\right.\right. \\ &\quad \left.\left. -\frac{1}{2}\begin{bmatrix}\dot{U}^{\mathrm{T}} & \dot{u}^{\mathrm{T}}\overline{\beta}^{\mathrm{T}}\end{bmatrix}\begin{bmatrix}\overline{K}_a^{\Delta} & -\overline{K}_{AE}^{\Delta} \\ -\overline{K}_{BE}^{\Delta} & \overline{K}_b^{\Delta}\end{bmatrix}\begin{bmatrix}\dot{U} \\ \overline{\beta}\dot{u}\end{bmatrix} - W^{\mathrm{T}}F_{sf}^{\Delta}p\right]\mathrm{d}L\right\}\mathrm{d}t \\ &\quad + \int_{t_1}^{t_2}\left\{\int_{\Omega_h}\left[\frac{1}{2}\rho_h w^{\mathrm{T}}w - \frac{1}{2}(\dot{u}^{\mathrm{T}}D^{\mathrm{T}})\overline{E}D\dot{u} - w^{\mathrm{T}}\tilde{F}\right]\mathrm{d}\Omega - \int_{S_T}w^{\mathrm{T}}\hat{T}\mathrm{d}S\right\}\mathrm{d}t \end{aligned}$$

$$+ \int_{t_1}^{t_2}\left[\int_{\Omega_f}\left(\frac{1}{2\rho_w\bar{c}^2}p_{,t}p_{,t} - \frac{1}{2\rho_w}p\nabla^T\nabla p\mathrm{d}\Omega + \int_{\Gamma_f}\frac{\eta_3}{2\rho_w g}p_{,t}p_{,t}\mathrm{d}\Gamma - \int_{\Gamma_w}p\hat{w}^T\eta\mathrm{d}\Gamma\right)\right.$$

$$\left. - \int_{\Sigma}\int\left(pw^T\eta + \frac{1}{2}\rho_w g\dot{u}_3^2\right)\mathrm{d}\Gamma\right]\mathrm{d}t \tag{6-46}$$

其中，船体与轴系的振动加速度及流体的压力作为变分方程中的变量。

在 t_1 和 t_2 时刻满足变分约束 $\delta v_i = 0 = \delta p$，同时满足式(6-16)、式(6-18)、式(6-24)、式(6-34)。变分方程的驻值条件为式(6-23)~式(6-25)、式(6-30)~式(6-38)。

6.3 子结构模态函数

为了研究耦合式(6-46)的动力学特性，需要寻求合适的里兹函数表示耦合方程的运动。因此，耦合系统被人为分为船体子结构、推进轴系子结构、流体子结构。下面首先介绍模态分析及其正交理论，然后以此为基础，逐个推导各子结构的固有频率及模态振型。推导得到的各子结构的模态函数将作为里兹函数来描述耦合方程的运动。

6.3.1 模态分析法及模态正交理论

模态分析法可用来分析船舶在波浪上航行时动力响应问题。对于多自由度系统的强迫振动基本方程，可以表示为

$$m\ddot{x} + c\dot{x} + kx = F(t) \tag{6-47}$$

其中，m 为系统的质量矩阵；c 为系统的阻尼矩阵；k 为系统的刚度矩阵；$F(t)$ 为系统受到的力矩阵。

当 $F(t) = 0$ 时，系统变为自由振动形式。因为阻尼对系统固有频率的影响很小，一般情况下，可作为无阻尼自由振动进行讨论，即

$$m\ddot{x} + kx = 0 \tag{6-48}$$

自由振动的解可以用以下形式表示为

$$x = A\sin(\omega t + \varphi) \tag{6-49}$$

其中，A 为振幅；ω 为系统的固有频率；φ 为相位角；t 为时间。

将式(6-49)代入式(6-48)，可得

$$(k - \omega^2 m)A = 0 \tag{6-50}$$

因为振幅 A 不为零，所以可得行列式 $|k - \omega^2 m| = 0$。求解此系统的频率方程，

可以获得系统的固有频率 ω。对于多自由度系统，可以得到 n 个固有频率 ω_1, $\omega_2, \cdots, \omega_n$。将任一 ω_n 代入式(6-50)，可得第 n 阶频率下的固有振型 A_n，即系统的模态。当 ω_n 代入式(6-50)求解第 n 阶固有振型时，式(6-50)为一线性相关的齐次方程组，无法求得准确值，只能确定系统中各自由度的位移比例关系，因此第 n 阶固有振型可写作 $A_n = p_n q^{(n)}$，其中 p_n 为系统的第 n 阶固有振型，$q^{(n)}$ 为任意常数。

对于任意的 ω_n，可得自由振动状况下方程的特解 $x_n = p_n q^{(n)} \sin(\omega_n t + \varphi_n)$。由微分数学可知，自由振动的通解为

$$x = p(x)q(t)$$

其中，$p(x) = (p_1, p_2, \cdots, p_n) = \begin{bmatrix} p_1^{(1)} & \cdots & p_1^{(n)} \\ \vdots & & \vdots \\ p_n^{(1)} & \cdots & p_n^{(n)} \end{bmatrix}$ 为模态矩阵；$q(t) = \begin{bmatrix} q^{(1)} \sin(\omega_1 t + \varphi_1) \\ q^{(2)} \sin(\omega_2 t + \varphi_2) \\ \vdots \\ q^{(n)} \sin(\omega_n t + \varphi_n) \end{bmatrix}$

为与时间有关的矩阵。

系统产生第 n 阶固有振动为 n 阶主振动。一个主振动仅需要一个独立的坐标就可以表示，此坐标称为主坐标。习惯上常将 $q^{(n)}$ 称为主坐标。

振型的正交条件是，设系统的第 n 个固有振型为 p_n，第 r 个固有振型为 p_r，通过自由振动式(6-50)可知

$$(k - \omega_n^2 m) p_n = 0 \tag{6-51}$$

$$(k - \omega_r^2 m) p_r = 0 \tag{6-52}$$

对式(6-51)和式(6-52)分别前乘 p_r 和 p_n 的转置矩阵 p_r^T 和 p_n^T，两式相减可得

$$p_r^T k p_n - p_n^T k p_r - \omega_n^2 p_r^T m p_n + \omega_r^2 p_n^T m p_r = 0 \tag{6-53}$$

m 及 k 为对称矩阵，则式(6-53)合并后可得

$$(\omega_r^2 - \omega_n^2) p_r^T m p_n = 0 \tag{6-54}$$

当 $\omega_r \neq \omega_n$ 时，由式(6-54)可得

$$p_r^T m p_n = 0 \tag{6-55}$$

将式(6-52)前乘 p_n^T，并将式(6-54)代入新方程后，可得

$$p_n^T k p_r = 0 \tag{6-56}$$

由此可知，式(6-55)和式(6-56)称为系统固有振型的正交条件。正交条件可以表示为

$$p_r^{\mathrm{T}} m p_n = \begin{cases} 0, & r \neq n \\ M, & r = n \end{cases} \tag{6-57}$$

$$p_n^{\mathrm{T}} k p_r = \begin{cases} 0, & r \neq n \\ \omega^2 M, & r = n \end{cases} \tag{6-58}$$

由于固有振型的幅值都是任意的,得到的振型仅表示各自由度位移的比例关系,任意的幅值都能满足基本的振动式(6-50),但是振型的形状却是唯一的,因此人为规定一种振型,取一个自由度的幅值为 1,并以满足正交条件的值作为基准,确定其他自由度的幅值位移,称为振型的规格化,又称归一条件。

规定

$$\phi_n^{\mathrm{T}} m \phi_n = 1 \tag{6-59}$$

其中,ϕ_n 为归一化振型。

令

$$\phi_n = h^{(n)} p_n \tag{6-60}$$

将式(6-60)代入归一条件式(6-59)可得矩阵 $h^{(n)}$,并确定归一化振型 ϕ_n。

由于归一化振型是系统固有振型的一种特定形式,因此它们也满足振型的正交化条件。归一化振型的正交条件可写为

$$\phi_n^{\mathrm{T}} m \phi_r = \begin{cases} 0, & r \neq n \\ 1, & r = n \end{cases} \tag{6-61}$$

$$\phi_n^{\mathrm{T}} k \phi_r = \begin{cases} 0, & r \neq n \\ \omega_n^2, & r = n \end{cases} \tag{6-62}$$

6.3.2 推进轴系子结构及其模态函数

有多个法兰盘和连着螺旋桨的推进轴系可以看作一个子结构,则其在自由状态下的振动方程为

$$-L(ELU) = \left(\mathrm{diag}(\tilde{M}\Delta) - \mathrm{diag}(I\Delta)\bar{L}^2\right)\ddot{U}$$

$$ELU = 0, \quad \bar{L}(ELU) = 0, \quad y_1 = y_{\mathrm{p}1}, y_{\mathrm{E}1} \tag{6-63}$$

同理,式(6-63)为求解固有频率 Ω_n 及其固有振型 Φ_n 的特征值问题。假设

$$U = \Phi_n \mathrm{e}^{\mathrm{j}\Omega_n t}, \quad \ddot{U} = -\Omega_n^2 \Phi_n \mathrm{e}^{\mathrm{j}\Omega_n t} \tag{6-64}$$

将式(6-64)代入式(6-63),可得

$$-L(EL\Phi_n) = -\Omega_n^2 \left(\mathrm{diag}(\tilde{M}\Delta) - \mathrm{diag}(I\Delta)L\right)\Phi_n$$

$$EL\Phi_n = 0, \quad \overline{L}(EL\Phi_n) = 0, \quad y_1 = y_{\text{p1}}, y_{\text{E1}} \tag{6-65}$$

对式(6-65)左乘 Φ_n^{T}，然后对其两侧进行积分，积分域为 $\left[y_{\text{p1}}, y_{\text{E1}}\right]$，分部积分后可得

$$K_n = \Omega_n^2 M_n, \quad K_n = \int_{y_{\text{p1}}}^{y_{\text{E1}}} (\Phi_n^{\text{T}} \overline{L}^{\text{T}}) EL\Phi_n \, \text{d}L$$

$$M_n = \int_{y_{\text{p1}}}^{y_{\text{E1}}} \Phi_n^{\text{T}} \left(\text{diag}(\tilde{M}\Delta) + \overline{L}^{\text{T}} \text{diag}(I\Delta) \overline{L} \right) \Phi_n \, \text{d}L \tag{6-66}$$

其中，K_n 为轴系的广义刚度；M_n 为轴系在第 n 阶的广义质量。

同样，不同固有频率下的模态均满足模态正交性，即

$$\int_{y_{\text{p1}}}^{y_{\text{E1}}} (\Phi_i^{\text{T}} L^{\text{T}}) EL\Phi_j \, \text{d}L = \begin{cases} 0, & i \neq j \\ K_n, & i = j \end{cases}, \quad K = \text{diag}(K_n) \tag{6-67}$$

$$\int_{y_{\text{p1}}}^{y_{\text{E1}}} \Phi_i^{\text{T}} \left(\text{diag}(\tilde{M}\Delta) + \overline{L}^{\text{T}} \text{diag}(I\Delta) \overline{L} \right) \Phi_j \, \text{d}L = \begin{cases} 0, & i \neq j \\ M_n, & i = j \end{cases}, \quad M = \text{diag}(M_n) \tag{6-68}$$

定义前 n 阶固有频率及其模态描述轴系在广义坐标系下的振动特性，即

$$\Lambda = \text{diag}(\Omega_1, \Omega_2, \cdots, \Omega_n), \quad \Phi = \begin{bmatrix} \Phi_1 & \Phi_2 & \cdots & \Phi_n \end{bmatrix} \tag{6-69}$$

则轴系的位移、速度、加速度等通过分离变量法可以定义为

$$U = \Phi Q, \quad \dot{U} = \Phi \dot{Q}, \quad \ddot{U} = \Phi \ddot{Q}, \quad Q = \begin{bmatrix} Q_1 & Q_2 & \cdots & Q_n \end{bmatrix}^{\text{T}} \tag{6-70}$$

其中，Q 为与时间函数相关的广义坐标向量。

6.3.3 船体子结构及其模态函数

通常船舶停泊或航行在水中，因此一般将船舶和附连水作为一体，求其固有频率和固有振型。此处的固有振型称为湿模态，固有频率称为湿固有频率。由于湿模态与船舶的航向、航速、波浪频率等因素有关，因此在水弹性理论中，不用湿模态作为模态分析的广义坐标，而用干模态下的固有振型作为模态分析的广义坐标。因此，可以将船体子结构看作是自由-自由干模态下的无轴船体梁。其自由振动的运动方程为

$$D^{\text{T}}(\overline{E}Du) = \rho_{\text{h}} \ddot{u}, \quad \hat{n}\overline{E}Du = 0 \tag{6-71}$$

这是求解第 n 阶固有频率 ω_n 和该阶固有振型 φ_n 的特征值问题。因此，通过分离变量法，可以得到位移和加速度，即

$$u = \varphi_n \text{e}^{\text{j}\omega_n t}, \quad \ddot{u} = -\omega^2 \varphi_n \text{e}^{\text{j}\omega_n t} \tag{6-72}$$

将(6-72)代入式(6-71)可得

$$D^{\mathrm{T}}(\bar{E}D\varphi_n) = -\omega_n^2 \rho_h \varphi_n, \quad \hat{n}\bar{E}D\varphi_n = 0 \tag{6-73}$$

对式(6-73)左乘φ_n^{T}，运用格林定理对方程进行船体域内的积分，可得

$$\begin{aligned}
&\int_{\Omega_h} \varphi_n^{\mathrm{T}} D^{\mathrm{T}} (\bar{E}D\varphi_n) \mathrm{d}\Omega \\
&= \int_S \hat{n}\bar{E}D\varphi_n \mathrm{d}S - \int_{\Omega_h} (\varphi_n^{\mathrm{T}} D^{\mathrm{T}}) \bar{E}D\varphi_n \mathrm{d}\Omega \\
&= -k_n \\
&= -\int_{\Omega_h} \omega_n^2 \varphi_n^{\mathrm{T}} \rho_h \varphi_n \mathrm{d}\Omega \\
&= -\omega_n^2 m_n
\end{aligned} \tag{6-74}$$

$$k_n = \int_{\Omega_h} \varphi_n^{\mathrm{T}} D^{\mathrm{T}} \bar{E}D\varphi_n \mathrm{d}\Omega, \quad m_n = \int_{\Omega_h} \omega_n^2 \varphi_n^{\mathrm{T}} \rho_h \varphi_n \mathrm{d}\Omega, \quad \omega_n^2 = k_n / m_n \tag{6-75}$$

其中，k_n为广义刚度；m_n为船体在第n阶的广义质量。

不同固有频率下的模态均满足模态正交性，即

$$\int_{\Omega_h} \varphi_i^{\mathrm{T}} D^{\mathrm{T}} \bar{E}D\varphi_j \mathrm{d}\Omega = \begin{cases} 0, & i \neq j \\ k_i, & i = j \end{cases}, \quad k = \mathrm{diag}(k_i) \tag{6-76}$$

$$\int_{\Omega_h} \varphi_i^{\mathrm{T}} \rho_h \varphi_j \mathrm{d}\Omega = \begin{cases} 0, & i \neq i \\ m_i, & i = j \end{cases}, \quad m = \mathrm{diag}(m_i) \tag{6-77}$$

通过有限元法或者编写计算机程序可以求解出前n阶的固有频率及振型。定义船体的特征值矩阵为

$$\lambda = \mathrm{diag}(\omega_1, \omega_2, \cdots, \omega_n), \quad \varphi = \begin{bmatrix} \varphi_1 & \varphi_2 & \cdots & \varphi_n \end{bmatrix} \tag{6-78}$$

则该特征值矩阵可以描述船体在广义坐标系下的运动。运用分离变量法可以将船体的位移写为

$$u = \varphi q, \quad \dot{u} = \varphi \dot{q}, \quad \ddot{u} = \varphi \ddot{q}, \quad q = \begin{bmatrix} q_1 & q_2 & \cdots & q_n \end{bmatrix}^{\mathrm{T}} \tag{6-79}$$

其中，q为与时间有关的广义坐标向量。

6.3.4 流体子结构及其模态函数

船舶所处的水环境可以看作一个子结构，不考虑自由条件，通过固定其边界条件式(6-32)～式(6-34)，以及运动式(6-31)可以得到水域的自由振动，即

$$p_{,tt} = \bar{c}^2 p_{,ii}, \quad (x_i, t) \in \Omega_{\mathrm{f}} \times (t_1, t_2) \tag{6-80}$$

$$p_{,i}\eta_i = -p_{,tt}/g, \quad (x_i,t) \in \Gamma_{\rm f} \times [t_1,t_2] \tag{6-81}$$

$$p_{,i}\eta_i = 0, \quad (x_i,t) \in \Gamma_{\rm w} \cup \Sigma \times [t_1,t_2] \tag{6-82}$$

假设入射波的边界加速度已经给定，可以构建流体压力的特征值问题。为了求解，假设

$$p = \Psi_n {\rm e}^{{\rm j}\tilde{\omega}_n t}, \quad p_{,tt} = -\tilde{\omega}_n^2 \Psi_n {\rm e}^{{\rm j}\tilde{\omega}_n t} \tag{6-83}$$

将式(6-83)代入式(6-80)~式(6-82)，可得

$$-\tilde{\omega}_n^2 \Psi_n = \bar{c}^2 \Psi_{n,ii}, \quad (x_i,t) \in \Omega_{\rm f} \times (t_1,t_2) \tag{6-84}$$

$$\Psi_{n,i}\eta_i = \tilde{\omega}_n^2 \Psi_n/g, \quad (x_i,t) \in \Gamma_{\rm f} \times [t_1,t_2] \tag{6-85}$$

$$\Psi_{n,i}\eta_i = 0, \quad (x_i,t) \in \Gamma_{\rm w} \cup \Sigma \times [t_1,t_2] \tag{6-86}$$

对式(6-84)~式(6-86)左乘 $\Psi_n^{\rm T}(\rho_{\rm w}\bar{c}^2)^{-1}$，运用格林定理对水域进行积分可得

$$\begin{aligned}
\tilde{\omega}_n^2[(\rho_{\rm w}\bar{c}^2)^{-1}\int_{\Omega_{\rm f}}\Psi_n^{\rm T}\Psi_n {\rm d}\Omega + (\rho_{\rm w})^{-1}\int_{\Gamma_{\rm f}}\Psi_n^{\rm T}\Psi_n/g{\rm d}\Gamma] &= (\rho_{\rm w})^{-1}\int_{\Omega_{\rm f}}\Psi_{n,i}^{\rm T}\Psi_{n,i}{\rm d}\Omega \\
\tilde{k}_n &= (\rho_{\rm w})^{-1}\int_{\Omega_{\rm f}}\Psi_{n,i}^{\rm T}\Psi_{n,i}{\rm d}\Omega \\
\tilde{\omega}_n^2 &= \tilde{k}_n/\tilde{m}_n \\
\tilde{m}_n &= (\rho_{\rm w}\bar{c}^2)^{-1}\int_{\Omega_{\rm f}}\Psi_n^{\rm T}\Psi_n {\rm d}\Omega + (\rho_{\rm w}g)^{-1}\int_{\Gamma_{\rm f}}\Psi_n^{\rm T}\Psi_n {\rm d}\Gamma
\end{aligned} \tag{6-87}$$

其中，$\tilde{k}_n$ 为水域的广义刚度；$\tilde{m}_n$ 为水域第 n 阶的广义质量。

不同固有频率下的模态 Ψ_i 和 Ψ_j 满足模态正交性，即

$$(\rho_{\rm w})^{-1}\int_{\Omega_{\rm f}}\Psi_{i,i}^{\rm T}\Psi_{j,i}){\rm d}\Omega = \begin{cases} 0, & i \neq j \\ \tilde{k}_n, & i \neq j \end{cases}$$

$$\tilde{k} = {\rm diag}(\tilde{k}_n) \tag{6-88}$$

$$(\rho_{\rm w}\bar{c}^2)^{-1}\int_{\Omega_{\rm f}}\Psi_i^{\rm T}\Psi_i {\rm d}\Omega + (\rho_{\rm w}g)^{-1}\int_{\Gamma_{\rm f}}\Psi_i^{\rm T}\Psi_i {\rm d}\Gamma = \begin{cases} 0, & i \neq j \\ \tilde{m}_n, & i \neq j \end{cases}$$

$$\tilde{m} = {\rm diag}(\tilde{m}_n) \tag{6-89}$$

定义前 n 阶固有频率及其模态，描述水域在广义坐标系下的运动特性，即

$$\tilde{\lambda} = {\rm diag}(\tilde{\omega}_1,\tilde{\omega}_2,\cdots,\tilde{\omega}_n), \quad \Psi = [\Psi_1 \ \Psi_2 \ \cdots \ \Psi_n] \tag{6-90}$$

水域的动态压力等可表示为

$$p = \Psi \tilde{q}, \quad p_{,t} = \Psi \dot{\tilde{q}}, \quad p_{,tt} = \Psi \ddot{\tilde{q}}, \quad \tilde{q} = \begin{bmatrix} \tilde{q}_1 & \tilde{q}_2 & \cdots & \tilde{q}_n \end{bmatrix}^{\mathrm{T}} \tag{6-91}$$

其中，$\tilde{q}$ 为水域中与时间函数相关的广义坐标向量。

6.4 船体-轴系系统耦合建模

将式(6-70)、式(6-79)、式(6-83)代入式(6-46)可得

$$\begin{aligned}
&H_{\mathrm{sf}}[\tilde{q},q,Q] \\
&= \int_{t_1}^{t_2} \Bigg\{ \int_{y_{\mathrm{p1}}}^{y_{\mathrm{E1}}} \Bigg[\frac{1}{2} \dot{Q}^{\mathrm{T}} \Phi^{\mathrm{T}} \big(\mathrm{diag}(\tilde{M}\Delta) W + L^{\mathrm{T}} \mathrm{diag}(I\Delta) \big) \Phi \ddot{Q} - \frac{1}{2} \dot{Q}^{\mathrm{T}} \Phi^{\mathrm{T}} \overline{L}^{\mathrm{T}} E \overline{L} \Phi \dot{Q} \\
&\quad - \frac{1}{2} \begin{bmatrix} \dot{Q}^{\mathrm{T}} & \dot{q}^{\mathrm{T}} \end{bmatrix} \begin{bmatrix} \Phi^{\mathrm{T}} & 0 \\ 0 & \varphi^{\mathrm{T}} \overline{\beta}^{\mathrm{T}} \end{bmatrix} \begin{bmatrix} \overline{K}_a^{\Delta} & -\overline{K}_{AE}^{\Delta} \\ -\overline{K}_{BE}^{\Delta} & \overline{K}_b^{\Delta} \end{bmatrix} \begin{bmatrix} \Phi & 0 \\ 0 & \overline{\beta}\varphi \end{bmatrix} \begin{bmatrix} \dot{Q} \\ \dot{q} \end{bmatrix} - \ddot{Q}^{\mathrm{T}} \Phi^{\mathrm{T}} F_{\mathrm{sf}}^{\Delta} \Psi \tilde{q} \Bigg] \mathrm{d}L \Bigg\} \mathrm{d}t \\
&\quad + \int_{t_1}^{t_2} \Bigg\{ \int_{\Omega_{\mathrm{h}}} \bigg[\frac{1}{2} \ddot{q}^{\mathrm{T}} \varphi^{\mathrm{T}} \rho_{\mathrm{h}} \varphi \ddot{q} - \frac{1}{2} \dot{q}^{\mathrm{T}} (\varphi^{\mathrm{T}} D^{\mathrm{T}} \overline{E} D \varphi) \dot{q} - \ddot{q}^{\mathrm{T}} \varphi^{\mathrm{T}} \tilde{F} \bigg] \mathrm{d}\Omega - \int_{S_T} \ddot{q}^{\mathrm{T}} \varphi^{\mathrm{T}} \hat{T} \mathrm{d}S \Bigg\} \mathrm{d}t \\
&\quad + \int_{t_1}^{t_2} \Bigg\{ \int_{\Omega_{\mathrm{f}}} \bigg(\frac{1}{2\rho_{\mathrm{w}} \overline{c}^2} \dot{\tilde{q}}^{\mathrm{T}} \Psi^{\mathrm{T}} \Psi \dot{\tilde{q}} - \frac{1}{2\rho_{\mathrm{w}}} \tilde{q}^{\mathrm{T}} \Psi_{,i}^{\mathrm{T}} \Psi_{,i} \tilde{q} \bigg) \mathrm{d}\Omega + \int_{\Gamma_{\mathrm{f}}} \frac{\eta_3}{2\rho_{\mathrm{w}} g} \dot{\tilde{q}}^{\mathrm{T}} \Psi^{\mathrm{T}} \Psi \dot{\tilde{q}} \mathrm{d}\Gamma \\
&\quad - \int_{\Gamma_{\mathrm{w}}} \tilde{q}^{\mathrm{T}} \Psi^{\mathrm{T}} \hat{w}^{\mathrm{T}} \eta \mathrm{d}\Gamma - \int_{\Sigma} \bigg(\tilde{q}^{\mathrm{T}} \Psi^{\mathrm{T}} \eta^{\mathrm{T}} \varphi \ddot{q} + \frac{1}{2} \dot{q}^{\mathrm{T}} \varphi_3^{\mathrm{T}} \rho_{\mathrm{w}} g \varphi_3 \dot{q} \bigg) \mathrm{d}\Gamma \Bigg\} \mathrm{d}t
\end{aligned}$$

$$\tag{6-92}$$

将式(6-67)、式(6-68)、式(6-76)、式(6-77)、式(6-88)、式(6-89)代入式(6-92)可得

$$\begin{aligned}
H_{\mathrm{sf}}[\tilde{q},q,Q] &= \int_{t_1}^{t_2} \bigg(\frac{1}{2} \ddot{Q}^{\mathrm{T}} M \ddot{Q} - \frac{1}{2} \dot{Q}^{\mathrm{T}} K \dot{Q} - \frac{1}{2} \begin{bmatrix} \dot{Q}^{\mathrm{T}} & \dot{q}^{\mathrm{T}} \end{bmatrix} \begin{bmatrix} K_{\mathrm{ss}} & K_{\mathrm{sh}} \\ K_{\mathrm{hs}} & K_{\mathrm{hh}} \end{bmatrix} \begin{bmatrix} \dot{Q} \\ \dot{q} \end{bmatrix} - \ddot{Q}^{\mathrm{T}} K_{\mathrm{sw}} \tilde{q} \bigg) \mathrm{d}t \\
&\quad + \int_{t_1}^{t_2} \bigg[\frac{1}{2} \ddot{q}^{\mathrm{T}} m \ddot{q} - \frac{1}{2} \dot{q}^{\mathrm{T}} (k + k_{\mathrm{g}}) \dot{q} - \ddot{q}^{\mathrm{T}} \tilde{F}_{\mathrm{h}} \bigg] \mathrm{d}t + \int_{t_1}^{t_2} \bigg(\frac{1}{2} \dot{\tilde{q}}^{\mathrm{T}} \tilde{m} \dot{\tilde{q}} - \frac{1}{2} \tilde{q}^{\mathrm{T}} \tilde{k} \tilde{q} \bigg) \mathrm{d}t \\
&\quad - \int_{t_1}^{t_2} \big(\tilde{q}^{\mathrm{T}} \tilde{F}_{\mathrm{w}} + \tilde{q}^{\mathrm{T}} K_{\mathrm{hw}}^{\mathrm{T}} \ddot{q} \big) \mathrm{d}t
\end{aligned}$$

$$\tag{6-93}$$

其中

$$\begin{bmatrix} K_{\mathrm{ss}} & K_{\mathrm{sh}} \\ K_{\mathrm{hs}} & K_{\mathrm{hh}} \end{bmatrix} = \int_{y_{\mathrm{p1}}}^{y_{\mathrm{E1}}} \begin{bmatrix} \Phi^{\mathrm{T}} & 0 \\ 0 & \varphi^{\mathrm{T}} \overline{\beta}^{\mathrm{T}} \end{bmatrix} \begin{bmatrix} \overline{K}_a^{\Delta} & -\overline{K}_{AE}^{\Delta} \\ -\overline{K}_{BE}^{\Delta} & \overline{K}_b^{\Delta} \end{bmatrix} \begin{bmatrix} \Phi & 0 \\ 0 & \overline{\beta}\varphi \end{bmatrix} \mathrm{d}L$$

$$K_{\mathrm{sw}} = \int_{y_{\mathrm{p1}}}^{y_{\mathrm{E1}}} \Phi^{\mathrm{T}} F_{\mathrm{sf}}^{\Delta} \Psi \mathrm{d}L$$

$$K_{\mathrm{hw}} = \int_{\Sigma} \varphi^{\mathrm{T}} \eta \Psi \mathrm{d}\Gamma$$

$$\tilde{F}_{\mathrm{h}} = \int_{\Omega_{\mathrm{s}}} \varphi^{\mathrm{T}} \tilde{F} \mathrm{d}\Omega + \int_{S_T} \varphi^{\mathrm{T}} \tilde{T} \mathrm{d}S \tag{6-94}$$

$$\tilde{F}_{\mathrm{w}} = \int_{\Gamma_{\mathrm{w}}} \Psi^{\mathrm{T}} \hat{w}^{\mathrm{T}} \eta \mathrm{d}\Gamma$$

$$k_{\mathrm{g}} = \int_{\Sigma} \varphi_3^{\mathrm{T}} \rho_{\mathrm{w}} g \varphi_3 \mathrm{d}\Gamma$$

对式(6-93)进行变分可得

$$\begin{aligned}\delta H_{\mathrm{sf}}[\tilde{q},q,Q] = &\int_{t_1}^{t_2}\left(\delta\dot{Q}^{\mathrm{T}}M\ddot{Q} + \delta\dot{Q}^{\mathrm{T}}K\dot{Q} + \begin{bmatrix}\delta\dot{Q}^{\mathrm{T}} & \delta\dot{q}^{\mathrm{T}}\end{bmatrix}\begin{bmatrix}K_{\mathrm{ss}} & K_{\mathrm{sh}}\\ K_{\mathrm{hs}} & K_{\mathrm{hh}}\end{bmatrix}\begin{bmatrix}\dot{Q}\\ \dot{q}\end{bmatrix}\right)\mathrm{d}t\\ &+\int_{t_1}^{t_2}\left[\delta\ddot{q}^{\mathrm{T}}m\ddot{q} - \delta\dot{q}^{\mathrm{T}}(k+k_{\mathrm{g}})\dot{q} - \delta\ddot{q}^{\mathrm{T}}\tilde{F}_{\mathrm{h}}\right]\mathrm{d}t\\ &+\int_{t_1}^{t_2}(\delta\dot{\tilde{q}}^{\mathrm{T}}\tilde{m}\dot{\tilde{q}} - \delta\tilde{q}^{\mathrm{T}}\tilde{k}\tilde{q} - \delta\tilde{q}^{\mathrm{T}}\tilde{F}_{\mathrm{w}})\mathrm{d}t\\ &-\int_{t_1}^{t_2}(\delta\ddot{q}^{\mathrm{T}}K_{\mathrm{hw}}^{\mathrm{T}}\ddot{q} + \delta\ddot{q}^{\mathrm{T}}K_{\mathrm{hw}}\ddot{q} + \delta\ddot{Q}^{\mathrm{T}}K_{\mathrm{sw}}\ddot{q} + \delta\ddot{q}^{\mathrm{T}}K_{\mathrm{sw}}^{\mathrm{T}}\ddot{Q})\mathrm{d}t\end{aligned} \tag{6-95}$$

运用分部积分法，消去两终端时间变量可得

$$\begin{aligned}\delta H_{\mathrm{sf}}[\tilde{q},q,Q] = &\int_{t_1}^{t_2}\left(\delta\dot{Q}^{\mathrm{T}}[M\ddot{Q} + KQ] + \begin{bmatrix}\delta\ddot{Q}^{\mathrm{T}} & \delta\ddot{q}^{\mathrm{T}}\end{bmatrix}\begin{bmatrix}K_{\mathrm{ss}} & K_{\mathrm{sh}}\\ K_{\mathrm{hs}} & K_{\mathrm{hh}}\end{bmatrix}\begin{bmatrix}Q\\ q\end{bmatrix}\right)\mathrm{d}t\\ &+\int_{t_1}^{t_2}\delta\ddot{q}^{\mathrm{T}}[m\ddot{q}+(k+k_{\mathrm{g}})q - \tilde{F}_{\mathrm{h}}]\mathrm{d}t - \int_{t_1}^{t_2}\delta\tilde{q}^{\mathrm{T}}(\tilde{m}\ddot{\tilde{q}}+\tilde{k}\tilde{q}+\tilde{F}_{\mathrm{w}})\mathrm{d}t\\ &-\int_{t_1}^{t_2}(\delta\tilde{q}^{\mathrm{T}}K_{\mathrm{hw}}^{\mathrm{T}}\ddot{q} + \delta\ddot{q}^{\mathrm{T}}K_{\mathrm{hw}}\tilde{q} + \delta\ddot{Q}^{\mathrm{T}}K_{\mathrm{sw}}\tilde{q} + \delta\tilde{q}^{\mathrm{T}}K_{\mathrm{sw}}^{\mathrm{T}}\ddot{Q})\mathrm{d}t\end{aligned} \tag{6-96}$$

变量$\delta\ddot{Q}$、$\delta\ddot{q}$、$\delta\tilde{q}$是相互独立的，可得$\delta H_{\mathrm{sf}} = 0$。由式(6-96)可知

$$\begin{bmatrix}M & 0 & 0\\ 0 & m & 0\\ K_{\mathrm{sw}}^{\mathrm{T}} & K_{\mathrm{hw}}^{\mathrm{T}} & \tilde{m}\end{bmatrix}\begin{bmatrix}\ddot{Q}\\ \ddot{q}\\ \ddot{\tilde{q}}\end{bmatrix} + \begin{bmatrix}K+K_{\mathrm{ss}} & K_{\mathrm{sh}} & -K_{\mathrm{sw}}\\ K_{\mathrm{hs}} & k+V_{\mathrm{g}}+K_{\mathrm{hh}} & -K_{\mathrm{hw}}\\ 0 & 0 & \tilde{k}\end{bmatrix}\begin{bmatrix}Q\\ q\\ \tilde{q}\end{bmatrix} = \begin{bmatrix}0\\ \tilde{F}_{\mathrm{h}}\\ -\tilde{F}_{\mathrm{w}}\end{bmatrix} \tag{6-97}$$

其中，矩阵M、m、K、k、$\tilde{k}$均为对角矩阵；$\tilde{F}_{\mathrm{h}}$为作用于船体结构上的外力；$\tilde{F}_{\mathrm{w}}$为作用于水域的外力，如入射波的加速度等。

由此可得耦合系统动力学的数值模型。该系统的自由度取决于各子结构保留的模态数量。船体子结构、轴系子结构、流体子结构三个结构的自由度的总和即耦合系统的自由度个数。

运用文献[3]中的方法，对式(6-97)进行对称化，可得对称化的矩阵方程，即

$$\begin{bmatrix} \bar{K} & 0 \\ 0 & \tilde{m} \end{bmatrix}\begin{bmatrix} \ddot{\bar{Q}} \\ \ddot{\tilde{q}} \end{bmatrix} + \begin{bmatrix} \bar{K}\bar{M}^{-1}\bar{K} & -\bar{K}\bar{M}^{-1}R \\ -R^{\mathrm{T}}\bar{M}^{-1}\bar{K} & \tilde{k} + R^{\mathrm{T}}\bar{M}^{-1}R \end{bmatrix}\begin{bmatrix} \bar{Q} \\ \tilde{q} \end{bmatrix} = \begin{bmatrix} \bar{K}\bar{M}^{-1}\bar{F} \\ \bar{f} - R^{\mathrm{T}}\bar{M}^{-1}\bar{F} \end{bmatrix} \quad (6\text{-}98)$$

其中，$\bar{M} = \begin{bmatrix} M & 0 \\ 0 & m \end{bmatrix}$；$\bar{K} = \begin{bmatrix} K + K_{ss} & K_{sh} \\ K_{hs} & k + k_g + K_{hh} \end{bmatrix}$；$\bar{Q} = \begin{bmatrix} Q \\ q \end{bmatrix}$；$R = \begin{bmatrix} K_{sw} \\ K_{hw} \end{bmatrix}$；$\bar{F} = \begin{bmatrix} 0 \\ \tilde{F}_h \end{bmatrix}$；$\bar{f} = -\tilde{F}_w$。

6.5 船体-轴系系统的动力学分析

基于耦合系统的数值模型，可以通过定义轴系频率因子、轴系相对变形因子、轴系扭转因子等参数衡量船体变形对轴系振动的影响[7-10]。

6.5.1 船体-轴系系统的自由振动及轴系频率因子、变形因子

由式(6-98)可知，耦合系统的自由振动方程为

$$\begin{bmatrix} \bar{K} & 0 \\ 0 & \tilde{m} \end{bmatrix}\begin{bmatrix} \ddot{\bar{Q}} \\ \ddot{\tilde{q}} \end{bmatrix} + \begin{bmatrix} \bar{K}\bar{M}^{-1}\bar{K} & -\bar{K}\bar{M}^{-1}R \\ -R^{\mathrm{T}}\bar{M}^{-1}\bar{K} & \tilde{k} + R^{\mathrm{T}}\bar{M}^{-1}R \end{bmatrix}\begin{bmatrix} \bar{Q} \\ \tilde{q} \end{bmatrix} = 0 \quad (6\text{-}99)$$

该方程是一个特征值问题。在求解过程中，该方程可能出现零频，通过移频法可以有效地解决该类问题。

假设耦合模型自由振动的第 n 阶固有频率为 $\bar{\Omega}_n$，其对应的固有振型为 $\bar{\Phi}_n$，则固有频率和振型的矩阵形式为

$$\bar{A} = \mathrm{diag}(\bar{\Omega}_1, \bar{\Omega}_2, \cdots, \bar{\Omega}_n), \quad \bar{\Phi} = \begin{bmatrix} \bar{\Phi}_1 & \bar{\Phi}_2 & \cdots & \bar{\Phi}_n \end{bmatrix} \quad (6\text{-}100)$$

满足模态正交原则，即

$$\bar{\Phi}^{\mathrm{T}} \begin{bmatrix} \bar{K} & 0 \\ 0 & \tilde{m} \end{bmatrix} \bar{\Phi} = I, \quad \bar{\Phi}^{\mathrm{T}} \begin{bmatrix} \bar{K}\bar{M}^{-1}\bar{K} & -\bar{K}\bar{M}^{-1}R \\ -R^{\mathrm{T}}\bar{M}^{-1}\bar{K} & \tilde{k} + R^{\mathrm{T}}\bar{M}^{-1}R \end{bmatrix} \bar{\Phi} = \mathrm{diag}(\bar{\Omega}_n) \quad (6\text{-}101)$$

为了减少船体变形对轴系振动的影响，在设计时需要保证推进系统子结构的自由振动频率远大于或小于耦合系统的自由振动频率。因此，需要定义一个轴系频率因子来衡量这个指标。

定义轴系子结构的固有频率 Ω_j 与耦合系统的固有频率 $\bar{\Omega}_i$ 的比为轴系频率因子，即

$$\xi_j^{(i)} = \Omega_j / \overline{\Omega}_i, \quad i,j = 1,2,\cdots,n \tag{6-102}$$

由文献[11]对推进轴系子结构的频率要求可知

$$\zeta_j^{(i)} \begin{cases} \leqslant 1/3 \sim 1/2, & \Omega_j < \overline{\Omega}_i \\ \geqslant 2 \sim 3, & \Omega_j > \overline{\Omega}_i \end{cases} \tag{6-103}$$

该因子 $\xi_j^{(i)}$ 主要是为了避免轴系子结构与耦合系统的共振反应，因此在设计轴系和船体的过程中，频率因子 $\xi_j^{(i)}$ 应该远离 1。

由式(6-101)中的模态振型进行分组，各组分别对应各子结构对应的参数。因此，模态振型可重新定义为

$$\overline{\Phi}_n = \begin{bmatrix} \widehat{\overline{Q}}^{\mathrm{T}} & \widetilde{\overline{q}}^{\mathrm{T}} \end{bmatrix}_n^{\mathrm{T}} = \begin{bmatrix} \widehat{Q}^{\mathrm{T}} & \widehat{q}^{\mathrm{T}} & \widetilde{\overline{q}}^{\mathrm{T}} \end{bmatrix}_n^{\mathrm{T}} \tag{6-104}$$

进而，耦合系统中船体子结构位移、轴系子结构位移、水域子结构的压力可以分别表示为

$$\widehat{u}^{(n)} = \varphi \widehat{q}^{(n)}, \quad \widehat{q}^{(n)} = \begin{bmatrix} \widehat{q}_1^{(n)} & \widehat{q}_2^{(n)} & \cdots & \widehat{q}_N^{(n)} \end{bmatrix}^{\mathrm{T}}$$

$$\widehat{U}^{(n)} = \Phi \widehat{Q}^{(n)}, \quad \widehat{Q}^{(n)} = \begin{bmatrix} \widehat{Q}_1^{(n)} & \widehat{Q}_2^{(n)} & \cdots & \widehat{Q}_N^{(n)} \end{bmatrix}^{\mathrm{T}} \tag{6.105}$$

$$\widehat{p}^{(n)} = \Psi \widetilde{q}^{(n)}, \quad \widetilde{q}^{(n)} = \begin{bmatrix} \widetilde{q}_1^{(n)} & \widetilde{q}_2^{(n)} & \cdots & \widetilde{q}_N^{(n)} \end{bmatrix}^{\mathrm{T}}$$

在船舶设计过程中，期望轴系的变形相对于船体的小变形来保证耦合系统中轴系的振动较小，从而延长使用寿命，同时轴承也可以可靠地运行[8]。设第 j 个轴承在推进轴系上的点为 $A_j(y_j^a)$，在船体上的点为 $B_j(y_j^b)$，则耦合系统在第 n 阶模态下两点的相对位移为 $U_n^A(y_j^a) - u_n^B(y_j^b)$。因此，定义耦合系统中第 I 阶中轴系子结构相对变形因子。该因子为所有轴承在轴系 $A_j(y_j^a)$ 点和船体 $B_j(y_j^b)$ 点的相对位移与 $B_j(y_j^b)$ 点船体变形的比值，即

$$\gamma_I = \frac{\sum_j^n \left| U_I^A(y_j^a) - u_I^B(y_j^b) \right|}{\sum_j^n \left| u_I^B(y_j^b) \right|}, \quad I = 1,2,\cdots,n \tag{6-106}$$

考虑所有模态后，还可定义轴系相对变形因子向量，即

$$\gamma = \begin{bmatrix} \gamma_1 & \gamma_2 & \cdots & \gamma_n \end{bmatrix} \tag{6-107}$$

为了在推进系统装置的设计过程中选取合适的位置，还需要选取一个更小的

轴系相对变形因子，如

$$|\gamma| = \sqrt{\gamma^T \gamma} \quad (6\text{-}108)$$

由于弹性的轴系由弹性的轴承支撑，因此轴系最小的相对变形因子不会变为零，弹性轴系的相对变形也不会消失。式(6-102)和式(6-108)提供了由船体-轴系系统的自由振动测量耦合振动等级的两个参数。

6.5.2 动力学响应

通过求解式(6-98)可以解出船体-轴系的耦合动力学响应。模态对称法提供了求解式(6-98)的一种快速的手段。定义船体-轴系的耦合动力学响应的模态对称形式为

$$\begin{bmatrix} \bar{Q} \\ \tilde{q} \end{bmatrix} = \hat{\Phi} \check{Q} \quad (6\text{-}109)$$

运用模态正交关系，代入式(6-98)可得

$$\ddot{\check{Q}} + \text{diag}(\varOmega_n^2)\check{Q} = \check{F}, \quad \check{F} = \bar{\Phi}\begin{bmatrix} \bar{K}\bar{M}^{-1}\bar{F} \\ \bar{f} - R^T\bar{M}^{-1}\bar{F} \end{bmatrix} \quad (6\text{-}110)$$

在实际的模型中，阻尼是必不可少的影响因素。引入阻尼矩阵，即

$$\hat{C} = \alpha \begin{bmatrix} \bar{K} & 0 \\ 0 & \tilde{m} \end{bmatrix} + \beta \begin{bmatrix} \bar{K}\bar{M}^{-1}\bar{K} & -\bar{K}\bar{M}^{-1}R \\ -R^T\bar{M}^{-1}\bar{K} & \tilde{k} + R^T\bar{M}^{-1}R \end{bmatrix} \quad (6\text{-}111)$$

$$\check{C} = \hat{\Phi}^T \hat{C} \hat{\Phi} = \alpha I + \beta \text{diag}(\hat{\varOmega}_I^2) = \text{diag}(\check{C}_I) \quad (6\text{-}112)$$

其中，α 和 β 可以通过实验测定。

考虑阻尼影响的船体-轴系耦合建模为

$$\ddot{\check{Q}} + \text{diag}(\check{C}_I)\dot{\check{Q}} + \text{diag}(\varOmega_I^2)\check{Q} = \check{F} \quad (6\text{-}113)$$

第 n 阶独立模态方程可以写为

$$\ddot{\check{Q}}_n + \check{C}_n \dot{\check{Q}}_n + \varOmega_n^2 \check{Q}_n = \check{F}_n \quad (6\text{-}114)$$

通过对时间的积分可以求解式(6-114)。

若外力是一个频率为 $\tilde{\omega}$ 的正弦力，即 $\check{F}_n = \check{f}_n e^{-j\tilde{\omega}t}$，则式(6-114)的解形式为 $\check{Q}_n = \check{q}_n e^{-j\tilde{\omega}t}$，可得

$$(1 - \check{\eta}_n^2 - 2j\check{\eta}_n)\check{q}_n = \check{f}_n / \varOmega_n^2, \quad \check{\eta}_n = \tilde{\omega}/\varOmega_n \quad (6\text{-}115)$$

$$\varsigma_n = \check{C}_n / (2\varOmega_n) \quad (6\text{-}116)$$

$$\breve{q}_n = \frac{\breve{f}_n/\overline{\Omega}_n^2}{(1-\breve{\eta}_n^2 - 2\mathrm{j}\breve{\eta}_n)} = |\breve{q}_n|\mathrm{e}^{-\mathrm{j}(\bar{\omega}t-\breve{\varphi}_n)}, \quad |\breve{q}_n| = \frac{\breve{f}_n/\overline{\Omega}_n^2}{\sqrt{(1-\breve{\eta}_n^2)^2 + 4\breve{\eta}_n^2}}, \quad \breve{\varphi}_n = \arctan\left(\frac{2\breve{\eta}_n}{1-\breve{\eta}_n^2}\right)$$

(6-117)

为了得到广义坐标向量 $\breve{Q}$，可以通过计算式(6-109)中对应的各子结构的广义坐标向量 Q、q、$\tilde{q}$ 求得。轴系、船体、水域等子结构中的位移或压力可通过式(6-70)、式(6-79)、式(6-91)计算得到。另外，通过计算频率为 $\bar{\omega}$ 的外力作用下的轴系相对变形，也可研究波浪作用下的船体变形对轴系振动的影响，定义与式(6-106)类似的影响因子，即

$$\gamma_\omega = \frac{\sum_j^n \left|U_\omega^A(y_j^a) - u_\omega^B(y_j^b)\right|}{\sum_j^n \left|u_\omega^B(y_j^b)\right|}$$

(6-118)

其中，γ_ω 为轴系相对平均位移与船体变形的比值。

定义轴系的扭转因子为

$$\alpha_\omega = \max\left|U(y_j^a) - U(0)\right|$$

(6-119)

其中，α_ω 为轴承 j 与轴系连接处点 y_j^a 与轴系坐标系原点的位移差。

因此，定义以上两个表征参数测量轴系的运动与变形。例如，当式(6-118)中的 γ_ω 等于零时，轴系经历与船体基体的刚性平移等。综合考虑，在保证船舶轴系安全运转的过程中，要尽量避免这些参数出现大的数值。

6.6 案例分析

基于上述理论和分析方法，本节以 297000 DWT VLCC 油船为研究对象，构造二维域模型[9,10]，并以此类型船舶建立量纲一的量化理论模型，通过模态和动力学响应计算，对轴系相对变形因子和扭转因子进行相关分析。

如图 6-5 所示，将船体简化成一个长度为 L_h，单位长度质量为 ρ_h，截面积为 S_h，弯曲刚度为 $E_\mathrm{h}I_\mathrm{h}$ 的二维梁，漂浮在水深为 H，宽度为 L_w 的水域中。在水域的边界 Γ_w，有一个入射波为 $\hat{w}_1 = (1+x_3/H)\cos(\bar{\omega}t)$ 在 x_1 方向上。因为运动都是相对的，船在水上航行时，可以看作船在水域中保持静态，而水体进行流动，所以有激振力作用在船体上。推进轴系是另外一个均质二维梁(忽略法兰盘及螺旋桨的集中质量和长度)。其长度为 L，单位长度质量为 ρ，截面积为 S，弯曲刚度为 EI。推进轴系与船体之间通过两个轴承连接，其在轴系上的坐标为 $A_1(Y_{11}^A)$ 和 $A_2(Y_{21}^A)$，

第 6 章　船体变形下轴系振动建模及耦合特性研究

在船体上的坐标为 $B_1(X_{11}^B)$ 和 $B_2(X_{21}^B)$，垂直刚度为 k_{13} 和 k_{23}。本节主要研究两根梁在垂直方向上的运动相互作用，因此只需考虑其在垂直方向上的弯曲变形。为了方便，船体梁的中心线在水域静态自由表面上，船体坐标系 $o\text{-}x_1x_2x_3$ 在船体梁的质心 o 处。轴系坐标系 $\hat{o}\text{-}y_1y_2y_3$ 在轴系梁的质心 $\hat{o}$ 处。假设两个坐标系是相互平行的，所以坐标转换矩阵 $\beta_{ij} = \delta_{ij}$。通过式(6-1)可知，船体坐标系下的坐标关系为

$$X_{ni}^A = X_{i0} + Y_{ni}^A，\quad X_{ni}^B = X_{i0} + Y_{ni}^B，\quad n = 1,2 \tag{6-120}$$

$$K_A^\Delta = k_{13}\Delta(Y_1 - Y_{11}^A) + k_{23}\Delta(Y_1 - Y_{21}^A)，\quad K_B^\Delta = k_{13}\Delta(X_1 - X_{11}^B) + k_{23}\Delta(X_1 - X_{21}^B)$$

$$F_{\text{sf}}^\Delta = 0，\quad \bar{K}_B^\Delta = K_B^\Delta = \bar{K}_{BE}^\Delta，\quad \bar{K}_A^\Delta = K_A^\Delta = \bar{K}_{AE}^\Delta \tag{6-121}$$

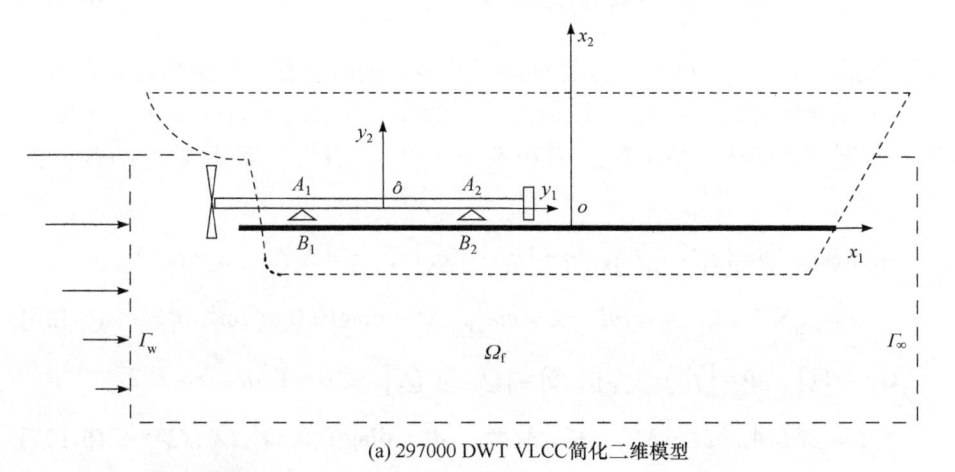

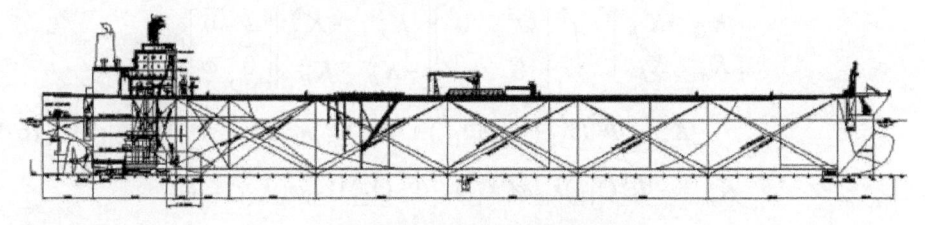

(a) 297000 DWT VLCC简化二维模型

(b) 297000 DWT VLCC结构示意图

图 6-5　水-船体-推进轴系耦合模型

6.6.1　船体梁与推进轴系梁的模态方程

分析该二维简化模型，根据经典的自由-自由梁理论，可知其模态函数为

$$f_j(\varsigma) = \begin{cases} 1/2，& j = 1 \\ \dfrac{1}{2}\left(\dfrac{\cosh(\varsigma\mu_j)}{\cosh\mu_j} + \dfrac{\cos(\varsigma\mu_j)}{\cos\mu_j}\right)，& j = 3,5,\cdots \end{cases} \tag{6-122}$$

$$f_j(\varsigma) = \begin{cases} \sqrt{3}\,\varsigma/2, & j=2 \\ \dfrac{1}{2}\left(\dfrac{\sinh(\varsigma\mu_j)}{\sinh\mu_j} + \dfrac{\sin(\varsigma\mu_j)}{\sin\mu_j}\right), & j=4,6,\cdots \end{cases} \quad (6\text{-}123)$$

其中，$\varsigma = X/a$，a 为对应的梁的一半长度；μ_j 为以下特征方程的正实根，即

$$\begin{cases} \tan\mu_j + \tanh\mu_j = 0, & j=1,3,5,\cdots \\ \tan\mu_j - \tanh\mu_j = 0, & j=2,4,6,\cdots \end{cases} \quad (6\text{-}124)$$

模态函数的正交条件为

$$\int_{-1}^{1} f_i(\varsigma) f_j(\varsigma)\,\mathrm{d}\varsigma = \begin{cases} 0, & i \neq j \\ 1/2, & i = j \end{cases} \quad (6\text{-}125)$$

在模态函数中，$f_1(\varsigma)$ 和 $f_2(\varsigma)$ 是自由梁的两个刚体模态，其固有频率为 0，而 $f_3(\varsigma)$ 是一阶弯曲对称模态。在数值计算过程中，选取前五阶模态表示两根梁的运动。根据式(6-70)、式(6-79)、式(6-91)可知，垂直方向船体/轴系的各项参数为

$$\begin{aligned}
& u_3 = \varphi q, \quad \varphi = [f_1 \cdots f_5], \quad q = [q_1 \cdots q_5]^{\mathrm{T}}, \quad \varsigma = X_1/a, \quad a = L_{\mathrm{h}}/2 \\
& m = \rho_{\mathrm{h}} S_{\mathrm{h}} L_{\mathrm{h}}/4, \quad \boldsymbol{m} = m\boldsymbol{I}, \quad \boldsymbol{k} = \boldsymbol{m}\boldsymbol{\lambda}^2, \quad \boldsymbol{\lambda}^2 = \mathrm{diag}(0,0,\omega_1^2,\omega_2^2,\omega_3^2)
\end{aligned} \quad (6\text{-}126)$$

$$\begin{aligned}
& U_3 = \Phi Q, \quad \Phi = [f_1 \cdots f_5], \quad Q = [Q_1 \cdots Q_5]^{\mathrm{T}}, \quad \varsigma = Y_1/a, \quad a = L/2 \\
& M = \rho S L/4, \quad \boldsymbol{M} = M\boldsymbol{I}, \quad \boldsymbol{K} = \boldsymbol{M}\boldsymbol{\Lambda}^2, \quad \boldsymbol{\Lambda}^2 = \mathrm{diag}(0,0,\Omega_1^2,\Omega_2^2,\Omega_3^2)
\end{aligned} \quad (6\text{-}127)$$

$$\begin{bmatrix} K_{ss} & K_{sh} \\ K_{hs} & K_{hh} \end{bmatrix} = \int_{-1}^{1} \begin{bmatrix} \Phi^{\mathrm{T}} & 0 \\ 0 & \varphi^{\mathrm{T}} \end{bmatrix} \begin{bmatrix} K_A^{\Delta} & -K_A^{\Delta} \\ -K_B^{\Delta} & K_B^{\Delta} \end{bmatrix} \begin{bmatrix} \Phi & 0 \\ 0 & \varphi \end{bmatrix} \mathrm{d}\varsigma$$

$$K_{ss} = \Phi^{\mathrm{T}}(Y_{11}^A) k_{13} \Phi(Y_{11}^A) + \Phi^{\mathrm{T}}(Y_{21}^A) k_{23} \Phi(Y_{21}^A) \quad (6\text{-}128)$$

$$K_{sh} = -\Phi^{\mathrm{T}}(Y_{11}^A) k_{13} \varphi(X_{11}^B) - \Phi^{\mathrm{T}}(Y_{21}^A) k_{23} \varphi(X_{21}^B) = K_{hs}$$

$$K_{hh} = \varphi^{\mathrm{T}}(X_{11}^B) k_{13} \varphi(X_{11}^B) + \varphi^{\mathrm{T}}(X_{21}^B) k_{23} \varphi(X_{21}^B)$$

其中，式(6-128)的积分是相对于量纲一的量化长度 ς；delta 函数也是量纲一的量化，因此这些矩阵是无量纲化的刚度矩阵。

6.6.2 水域的模态函数

水域被认为是二维的不可压缩流体，即 $(c \to \infty)$，其深度为 H，长度为 L_{w}，通过分离变量法，可以得到二维水域的模态函数，即

$$\tilde{\omega}_I^2 = \tilde{\omega}_{n+1}^2 = \frac{n\pi g}{L_w}\tanh\left(\frac{n\pi H}{L_w}\right), \quad I = n+1 \tag{6-129}$$

$$\Psi_I = \Psi_{n+1} = \begin{cases} 1/\sqrt{2}, & n=0 \\ \cos\left(\dfrac{n\pi x_1}{L_w}\right)\cosh\left(\dfrac{n\pi(x_3+H)}{L_w}\right), & n=2,4,\cdots \\ \sin\left(\dfrac{n\pi x_1}{L_w}\right)\cosh\left(\dfrac{n\pi(x_3+H)}{L_w}\right), & n=1,3,5,\cdots \end{cases} \tag{6-130}$$

$$\frac{1}{\rho_w}\int_{\Omega_f}\Psi_{i,i}^{\mathrm{T}}\Psi_{j,i}\mathrm{d}\Omega = \begin{cases} 0, & i\neq j \\ \tilde{k}_n, & i=j \end{cases}, \quad \tilde{k}=\mathrm{diag}(\tilde{k}_n)$$

$$\frac{1}{\rho_w g}\int_{\Gamma_f}\Psi_i^{\mathrm{T}}\Psi_j\mathrm{d}\Gamma = \begin{cases} 0, & i\neq j \\ \tilde{m}_n, & i=j \end{cases}, \quad \tilde{m}=\mathrm{diag}(\tilde{m}_n) \tag{6-131}$$

$$\tilde{m}_n = \frac{L_w b}{2\rho_w g}\cosh^2\frac{n\pi H}{L_w}, \quad b=1$$

其中，b 为水域沿着 $o\text{-}x_2$ 方向的厚度。

$H=100\mathrm{m}$、$L_w=100\mathrm{m}$ 的二维不可压缩水域的前三阶模态如图 6-6 所示。1 阶模态为零频下的恒压模态，2 阶模态为斜线形式，3 阶模态为余弦波形。

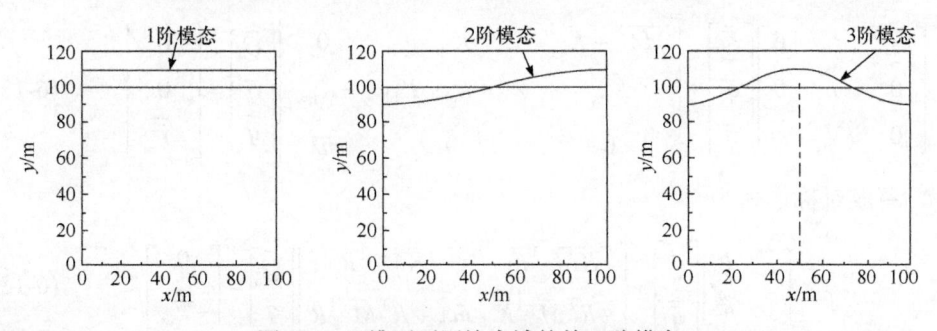

图 6-6 二维不可压缩水域的前三阶模态

选取水域模态的前五阶做模态叠加，则由式(6-88)～式(6-94)可知

$$\tilde{\lambda} = \mathrm{diag}(\tilde{\omega}_1,\cdots,\tilde{\omega}_5), \quad \Psi = [\Psi_1,\cdots,\Psi_5], \quad \tilde{q}=[\tilde{q}_1,\cdots,\tilde{q}_5]^{\mathrm{T}} \tag{6-132}$$

$$K_{\mathrm{sw}}=0, \quad K_{\mathrm{hw}} = \int_{-L_h/2}^{L_h/2}\varphi^{\mathrm{T}}\Psi\mathrm{d}x_1 \tag{6-133}$$

$$\tilde{F}_h=0, \quad \tilde{F}_w = \int_0^H \Psi^{\mathrm{T}}\hat{w}_1\mathrm{d}x_3 = \cos(\tilde{\omega}t)\int_0^H \Psi^{\mathrm{T}}(1+x_3/H)\mathrm{d}x_3 \tag{6-134}$$

进而根据式(6-97)可得

$$\begin{bmatrix} MI & 0 & 0 \\ 0 & mI & 0 \\ 0 & K_{hw}^T & \tilde{m} \end{bmatrix} \begin{bmatrix} \ddot{Q} \\ \ddot{q} \\ \ddot{\tilde{q}} \end{bmatrix} + \begin{bmatrix} M\Lambda^2 + K_{ss} & K_{sh} & 0 \\ K_{hs} & m\lambda^2 + k_g + K_{hh} & -K_{hw} \\ 0 & 0 & \tilde{k} \end{bmatrix} \begin{bmatrix} Q \\ q \\ \tilde{q} \end{bmatrix} = \begin{bmatrix} 0 \\ 0 \\ -\tilde{F} \end{bmatrix} \quad (6\text{-}135)$$

6.6.3 量纲一的量化

为了得到量纲一的量化方程，以 ω^{-1}、L_h、m 为单位分别测量时间、长度、质量，则所有的参数定义为

$$\bar{K}_{sh} = \omega^{-2} m^{-1} K_{sh}, \quad \bar{K}_{ss} = \omega^{-2} m^{-1} K_{ss}$$

$$\bar{K}_{hs} = \omega^{-2} m^{-1} K_{hs}, \quad \bar{K}_{hh} = \omega^{-2} m^{-1} K_{hh}$$

$$\bar{K}_{hw} = L_h^{-2} K_{hw}, \quad \bar{Q} = Q/L_h, \quad \bar{q} = q/L_h$$

$$\bar{\tilde{q}} = \tilde{q}/\bar{p}, \quad \bar{\tilde{F}}_w = \hat{m}^{-1} \omega^{-2} \bar{p}^{-1} \tilde{F}_w \quad (6\text{-}136)$$

$$\bar{\lambda}^2 = \omega^{-2} \lambda^2, \quad \bar{\Lambda}^2 = \omega^{-2} \Lambda^2, \quad \bar{\tilde{\lambda}}^2 = \omega^{-2} \tilde{\lambda}^2, \quad \bar{p} = m\omega^2/L_h$$

$$\hat{m} = \bar{p}/L_h^3, \quad \bar{\tilde{m}} = \tilde{m}/\hat{m}, \quad \bar{M} = M/m, \quad \bar{k}_g = \omega^{-2} m k_g$$

那么，式(6-135)量纲一的量化为

$$\begin{bmatrix} \bar{M}I & 0 & 0 \\ 0 & I & 0 \\ 0 & \bar{K}_{hw}^T & \bar{\tilde{m}} \end{bmatrix} \begin{bmatrix} \ddot{\bar{Q}} \\ \ddot{\bar{q}} \\ \ddot{\bar{\tilde{q}}} \end{bmatrix} + \begin{bmatrix} \bar{M}\bar{\Lambda}^2 + \bar{K}_{ss} & \bar{K}_{sh} & 0 \\ \bar{K}_{hs} & \bar{\lambda}^2 + \bar{k}_g + \bar{K}_{hh} & -\bar{K}_{hw} \\ 0 & 0 & \bar{\tilde{m}}\bar{\tilde{\lambda}} \end{bmatrix} \begin{bmatrix} \bar{Q} \\ \bar{q} \\ \bar{\tilde{q}} \end{bmatrix} = \begin{bmatrix} 0 \\ 0 \\ -\bar{\tilde{F}}_w \end{bmatrix} \quad (6\text{-}137)$$

写成对称形式为

$$\begin{bmatrix} \bar{K} & 0 \\ 0 & \bar{\tilde{m}} \end{bmatrix} \begin{bmatrix} \ddot{\bar{Q}} \\ \ddot{\bar{\tilde{q}}} \end{bmatrix} + \begin{bmatrix} \bar{K}\bar{M}^{-1}\bar{K} & -\bar{K}\bar{M}^{-1}R \\ -R^T \bar{M}^{-1} \bar{K} & \bar{\tilde{m}}\bar{\tilde{\lambda}} + R^T \bar{M}^{-1} R \end{bmatrix} \begin{bmatrix} \tilde{\bar{Q}} \\ \bar{\tilde{q}} \end{bmatrix} = \begin{bmatrix} 0 \\ -\bar{\tilde{F}}_w \end{bmatrix} \quad (6\text{-}138)$$

其中

$$\bar{M} = \begin{bmatrix} \bar{M}I & 0 \\ 0 & I \end{bmatrix}, \quad \bar{K} = \begin{bmatrix} \bar{M}\bar{\Lambda}^2 + \bar{K}_{ss} & \bar{K}_{sh} \\ \bar{K}_{hs} & \bar{\lambda}^2 + \bar{k}_g + \bar{K}_{hh} \end{bmatrix}, \quad \tilde{Q} = \begin{bmatrix} \bar{Q} \\ \bar{q} \end{bmatrix}, \quad R = \begin{bmatrix} 0 \\ \bar{K}_{hw} \end{bmatrix} \quad (6\text{-}139)$$

式(6-139)是具有 15 个自由度的矩阵方程。通过该方程的解，既可以得到自由振动情况，也可以分析入射波激振引起的动力学响应。选取 297000 DWT VLCC 实船部分的参数(表 2.2)，忽略螺旋桨的集中质量和宽度，对船体、轴系和水域的

前五阶固有频率进行计算。经过化简计算可以得到案例数序模型所需参数对应的数值。

1) 船体

$$L_h = 320 \text{ m}, \quad \rho_h = 7820, \quad S_h = 1.086 \times 10^6 \text{ kg/m}$$
$$E_h = 2.06 \times 10^{11} \text{ N/m}^2, \quad I_h = 1.535 \times 10^3 \text{ m}^4$$
$$\lambda^2 = \text{diag}(0 \quad 0 \quad 13.90 \quad 105.60 \quad 406.10)$$

2) 推进轴系及轴承

$$L = 14.4 \text{ m}, \quad r = 0.4 \text{ m}, \quad S = \pi r^2$$
$$\rho = 7820, \quad S = 3930 \text{ kg/m}, \quad E = 2.06 \times 10^{11} \text{ N/m}^2$$
$$I = 0.0201 \text{ m}^4, \quad k_{13} = k_{23} = 1.0 \times 10^9 \text{ N/m}, \quad Y_{11} = -5 \text{ m}$$
$$Y_{21} = 5 \text{ m}, \quad X_{11} = -159 \text{ m}, \quad X_{21} = -149 \text{ m},$$
$$\Lambda^2 = \text{diag}(0, 0, 2.71, 20.61, 79.21) \times 10^3$$

3) 水域

$$\rho_w = 1000 \text{ kg/m}^3, \quad L_w = 1.6 L_h, \quad H = 200 \text{ m}, \quad g = 9.8 \text{ m/s}^2$$
$$\tilde{\lambda}^2 = \text{diag}(0, 8.32, 17.57, 26.39, 35.19) \times 10^{-2}$$

6.6.4 自由振动分析

基于以上参数，可以得到耦合系统的固有频率、轴系相对变形因子和轴系频率因子三个无量纲参数，如表 6-1 所示。在所求的模态中，1 阶零频为耦合系统的水域恒压模态。6.6.3 节通过 3 个子系统固有频率的比较，可以看到，水域的固有频率是最低的，轴系的固有频率是最高的，而船体的固有频率在中间位置。因此，耦合系统固有频率的前 5 阶接近水域子结构的固有频率，第 6~10 阶接近船体子结构的固有频率，第 11~15 阶接近轴系的固有频率。如图 6-7 所示，船体-推进轴系耦合系统量纲一的量频率为 1.0106 的第 8 阶模态对应船体的第 1 阶弹性模态，而耦合系统量纲一的量频率为 10.2291 的第 11 阶模态接近于轴系的第 1 阶弹性弯曲模态。它们对应的轴系频率因子都可在表 6-1 中查阅。对于第 11 阶模态，轴系频率因子为 1.365，更接近于耦合系统的第 11 阶固有频率，同时对应的轴系相对变形因子的值较大。可以看到，系统在该耦合模态下的轴系变形较大。在第 12~15 阶模态下，轴系相对变形因子很大，但是频率因子却很小。这说明轴系变形不大。当固有频率高于 37 时，船体的基础位移很小。

表 6-1　量纲一的量耦合系统固有频率、轴系相对变形因子、轴系频率因子

模态个数 n	固有频率 $\bar{\Omega}_n$	轴系相对变形因子 γ_n	轴系频率因子 $(\Omega/\bar{\Omega}_n)$
1	0.0000	$1.86 \times 10^-$	∞
2	0.0062	2.23×10^{-8}	2252
3	0.0900	4.65×10^{-6}	155.1
4	0.1073	6.60×10^{-6}	130.1
5	0.1324	1.00×10^{-5}	105.5
6	0.2691	4.15×10^{-5}	51.89
7	0.4858	1.35×10^{-4}	28.74
8	1.0106	5.89×10^{-4}	13.82
9	2.7567	4.50×10^{-3}	5.065
10	5.4032	2.00×10^{-2}	2.584
11	10.2291	2.21×10^{1}	1.365
12	37.8349	1.86×10^{3}	0.369
13	53.9887	1.01×10^{3}	0.259
14	56.0603	2.96×10^{3}	0.249
15	79.7987	1.453×10^{3}	0.175

(a) 船体1阶弯曲频率 $f_8=1.0106$　　(b) 轴系1阶弯曲频率 $f_{11}=10.2291$

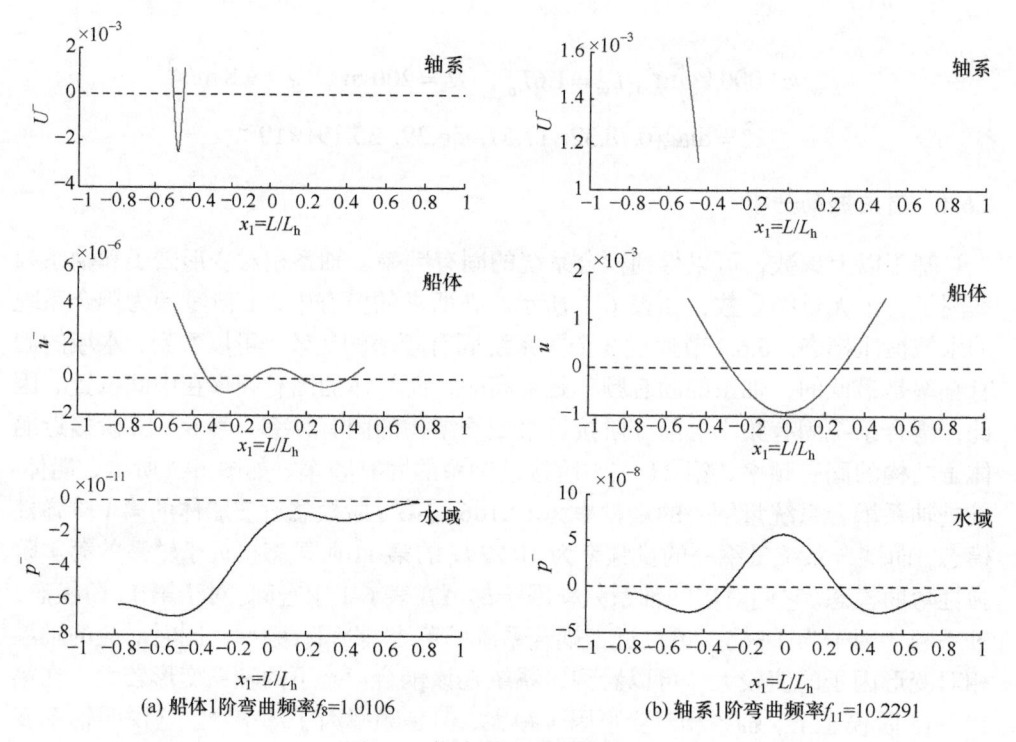

图 6-7　耦合模型的模态振型

6.6.5 动力学响应分析

波浪的频率范围一般都小于 10 Hz[5,10]。为了研究耦合系统的动力学响应，人为地选取波浪激振频率为 $\breve{\omega} = 2\pi(0.5 \sim 10 \text{ Hz})$ 用于分析。同时，为方便研究波浪频率及轴承刚度影响下船体-推进轴系耦合系统的动力学响应特性，我们定义一些量纲为 1 的量参数。

波浪频率为

$$\eta_f = \breve{\omega}/\omega \tag{6-140}$$

轴承刚度参数为

$$\eta_b = \omega_b/\omega \tag{6-141}$$

其中，ω_b 为被弹性轴承支撑的刚性轴 1 阶频率。

以 10^{-12} dB 为参考值，可得不同轴承刚度参数及波浪激励频率下的轴系基础位移和相对变形因子的响应曲线（图 6-8 和图 6-9）。

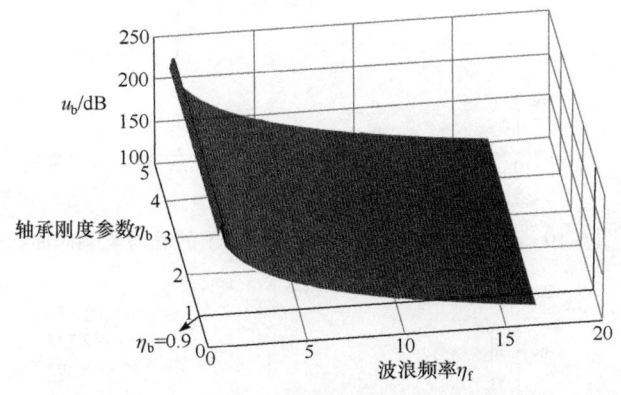

图 6-8 不同轴承刚度参数及波浪激励频率下的轴系基础位移的响应曲线

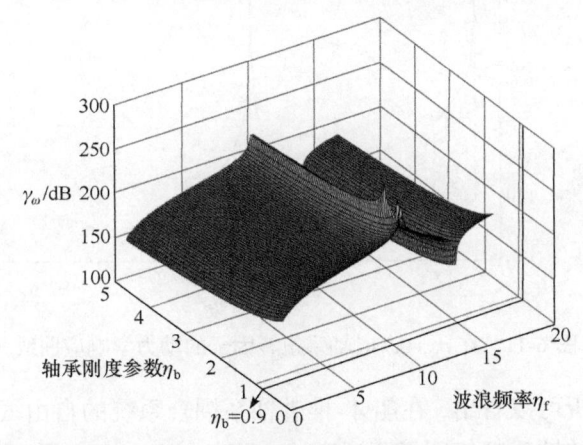

图 6-9 不同轴承刚度参数及波浪激励频率下轴系相对变形因子的响应曲线

为了使峰值更加明显，取轴系刚度参数 $\eta_b=0.9$，计算轴系相对变形因子和扭转因子的动力学响应曲线，如图 6-10 和图 6-11 所示。由图 6-11 可见，轴系相对变形因子的峰值在 10.23 处刚好对应轴系的 1 阶弯曲变形频率，如表 6-1 中模态 11 阶所示。同时，其耦合模型的模态振型在图 6-7(b)中。在图 6-11 中，轴系的扭转峰值分别出现在 1.011 和 10.23 处，恰好对应船体的一阶弯曲振型和轴系 1 阶弯曲振型。因此，通过以上计算结果可知，设定轴系运动参数可以在船舶设计过程中为轴系的可靠性设计提供一些有效的参考。

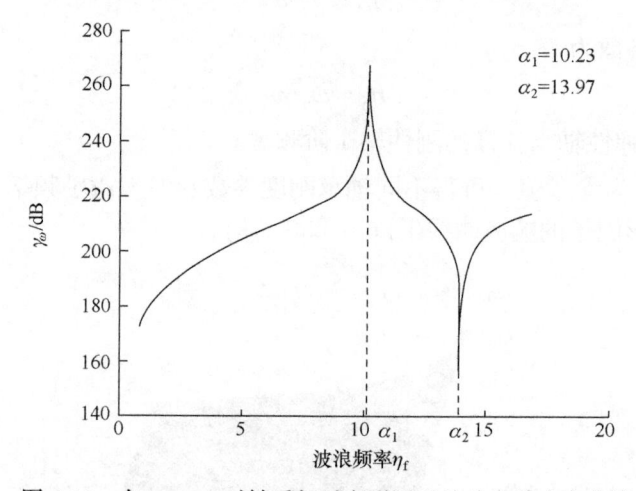

图 6-10　在 $\eta_b=0.9$ 时轴系相对变形因子的动力学响应曲线

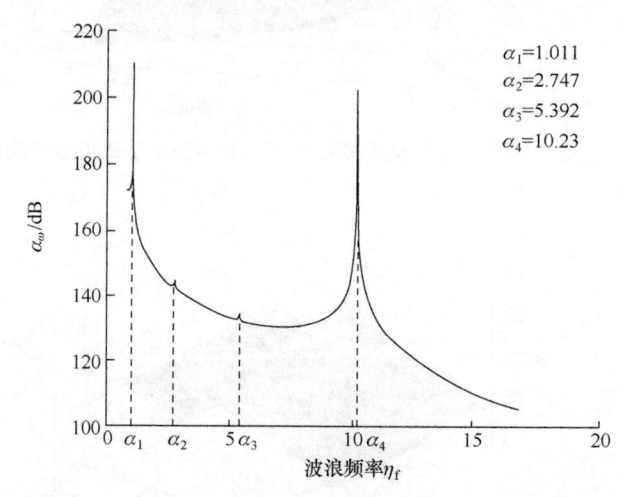

图 6-11　在 $\eta_b=0.9$ 时轴系扭转因子的动力学响应曲线

基于以上分析可以看出，在船体-推进轴系耦合系统的自由振动情况下，根据式(6-102)计算出的轴系频率因子要远离 1，而由式(6-118)计算得到的轴系变形因子应尽可能地小，避开耦合模态下的轴系振动或变形。在船舶设计过程中，船体和轴系的 1 阶弯曲变形频率的计算非常重要。对大型船舶而言，其 1 阶弯曲频率是比较小的。如果设计时将轴系的 1 阶弯曲频率提高，将有效地减少轴系的振动。因此，在实船轴系动力学设计过程中，我们给出以下建议。

(1) 初始设计阶段可以先用二维模型选择初始参数。
(2) 使用选取的初始设计参数，使用提出的三维模型进行分析，修正设计数据。
(3) 根据模型自由振动和动力学响应对数据检查、修正。

6.7 模型实验

6.7.1 实验基本参数

图 6-12 所示的船体部分直接浸入水中，推进轴系和船体坐标系分别选择在轴梁与船体梁的中点处。其中，$o\text{-}x_1x_2x_3$ 为船体坐标系，$o\text{-}y_1y_2y_3$ 为轴系坐标系，$o\text{-}z_1z_2z_3$ 为水域坐标系。

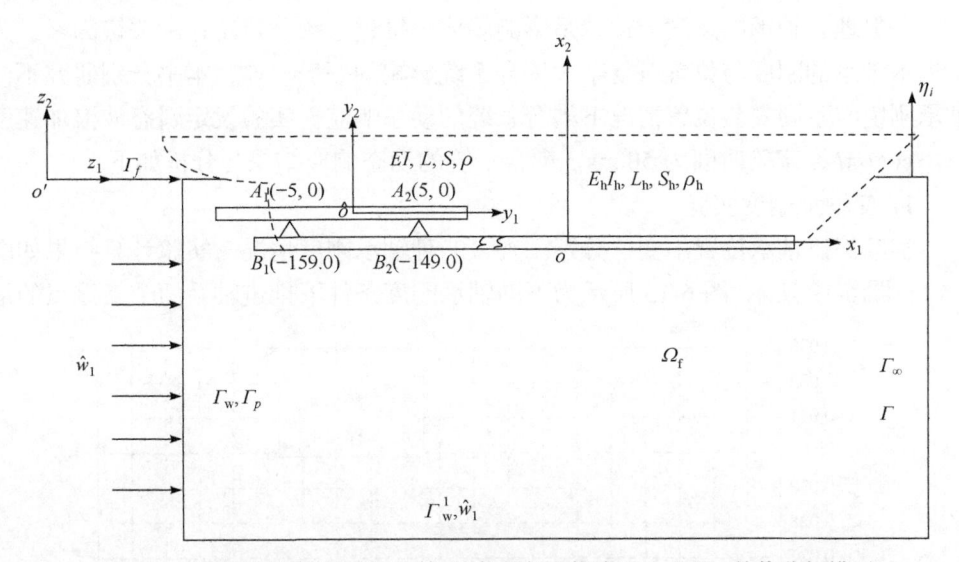

图 6-12 大型船舶推进系统-船体-外载荷复杂耦合动力学 2D 数值分析模型

轴系的相关参数为 $L = 14.4 \text{ m}$，$\rho = 7860 \text{ kg/m}^3$，$r = 0.5 \text{ m}$，$E = 210 \text{ GN/m}^2$，$I_{zs} = 0.0064 \text{ m}^4$，泊松比 $\mu = 0.3$，轴系截面抗弯刚度 $K = EI_{zs} = 1.344 \text{ GN} \cdot \text{m}^2$；支撑轴承刚度 $k_{13} = k_{23} = 1.0 \text{ GN/m}$；在推进轴系的左端用一个集中载荷 925.8 kN 模拟螺旋桨；在推进轴系的右端用 5 个集中载荷 137 kN、79.48 kN、447.25 kN、447.25 kN、

447.25 kN 模拟柴油机飞轮、法兰,以及曲轴靠近飞轮端的三个拐。

船体的相关参数为 L_h = 320 m, ρ_s = 7860 kg/m³, 型高 29.7 m, 型宽 60 m, E_h = 205.8 GN/m², I_{zh} = 1534 m⁴, μ = 0.3, 船体截面抗弯刚度 $k = E_h I_{zh}$ = 315697.2 GN·m²。

流体的相关参数为水的深度,即 H = 200 m, 在水域边界有一个瞬态波浪加速度 $\hat{w}_1 = (1 + z_2/H)\cos\bar{\omega}t$ 沿着 z_1 方向抨击船体。

为了研究船体-推进轴系-外载荷三者间的强耦合动力学,本书分别计算两种典型情况下的系统动态响应,一种是常规波浪浪频激励实验,另一种是爆炸波激励实验[11]。

6.7.2 常规波浪浪频激励实验

常规波浪浪频一般为常规的波浪激励,其来波频率一般在 1~10 Hz。这个频率非常接近船体和推进系统的低阶固有频率。这样,波浪与船舶之间很容易造成低阶共振,从而激发船体,以及推进系统的低频共振,给船舶带来极大危害。因此,研究常规波浪浪频激励下的船舶动态响应,揭示三者耦合的一般规律,可以为船舶结构的优化设计提供理论支持。

一般地,轴承的刚度与位置是影响船体与推进系统稳定工作的关键因素。为了揭示轴承的刚度与位置对复杂大耦合系统影响的一般规律,本书分别研究不同轴承刚度与不同安装位置情况下耦合系统的动态响应。实验设定瞬态波浪加速度 $\hat{w}_1 = \cos 6\pi t$, 实验时间为 50 ms, 耦合系统的动态响应结果与分析如下。

1) 变轴承刚度实验

实验保持轴承位置不变,分别调查 19 种轴承刚度情况。实验计算结果如图 6-13~图 6-19 所示。图 6-13 所示为不同轴承刚度条件下推进轴系两个支撑点的最

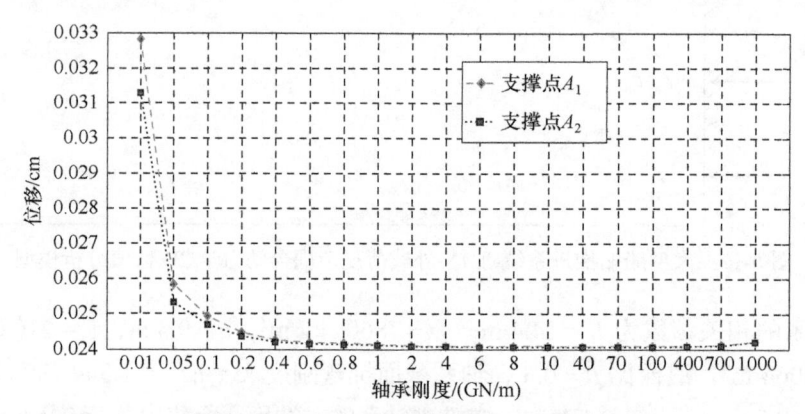

图 6-13 不同轴承刚度条件下推进轴系两个支撑点的最大变形量

大变形量。图 6-14 和图 6-15 所示为不同轴承刚度条件下推进轴系两支撑点的振动变形。图 6-16 所示为不同轴承刚度条件下船体两个支撑点的最大变形量。图 6-17 和图 6-18 所示为不同轴承刚度条件下船体两支撑点的振动变形。图 6-19 所示为不同轴承刚度条件下流体自由面压力变化曲线。

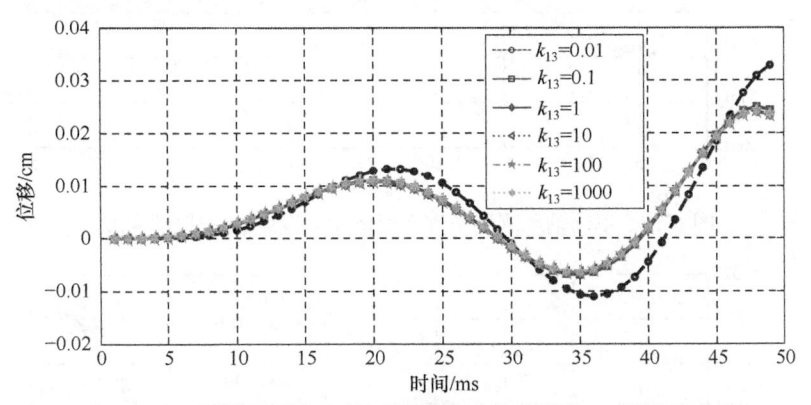

图 6-14　不同轴承刚度条件下推进轴系左支撑点 A_1 的振动变形

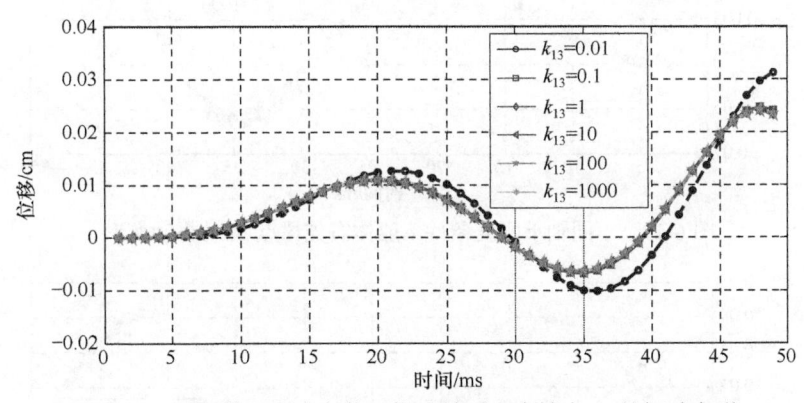

图 6-15　不同轴承刚度条件下推进轴系右支撑点 A_2 的振动变形

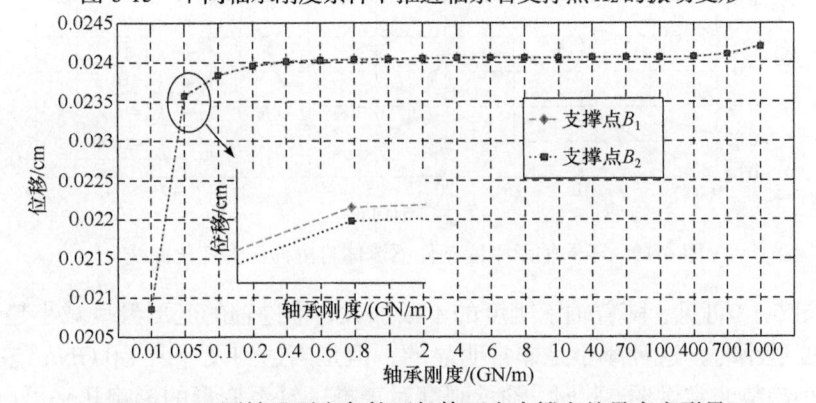

图 6-16　不同轴承刚度条件下船体两个支撑点的最大变形量

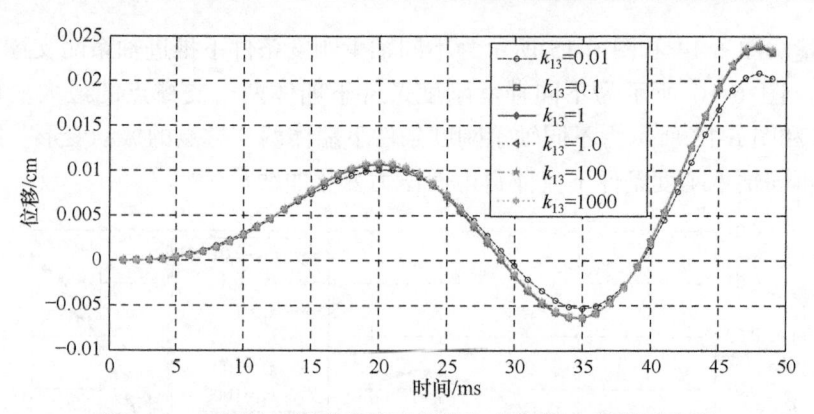

图 6-17 不同轴承刚度条件下船体左支撑点 B_1 的振动变形

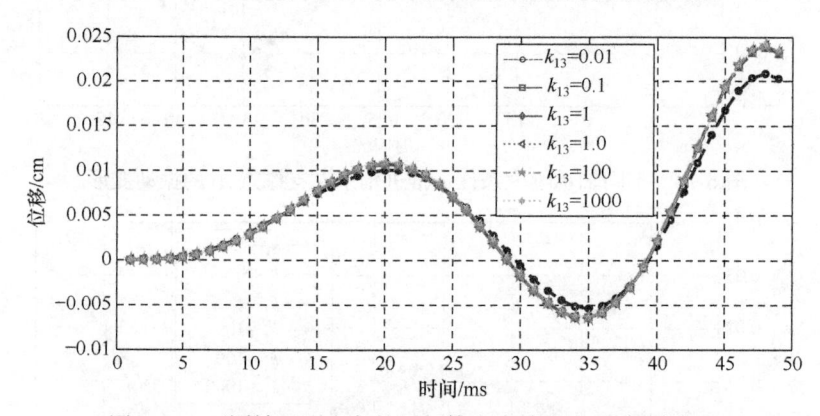

图 6-18 不同轴承刚度条件下船体右支撑点 B_2 的振动变形

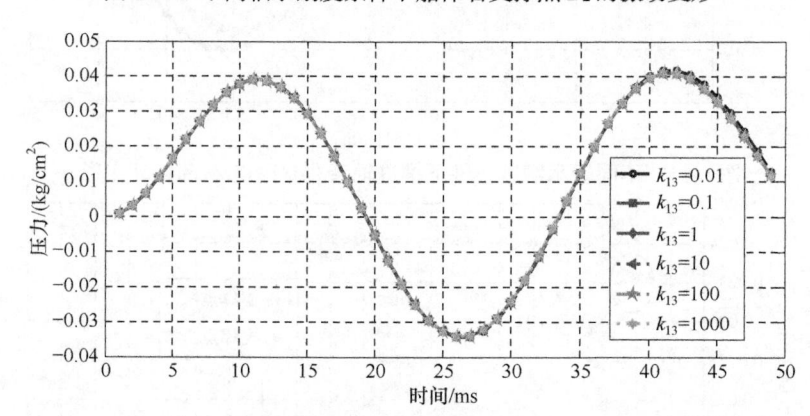

图 6-19 不同轴承刚度条件下流体自由面压力变化曲线

从图 6-13 可见，随着轴承刚度的不断加大，推进轴的变形量呈减小趋势。在轴承刚度过小时，这种减小是非常明显的，但是当达到设计值 1.0 GN/m 左右时，这种变小趋势非常微弱。此时，轴承刚度对于推进轴系变形的影响几乎可以忽略。

结合图 6-14 和图 6-15，同样可以印证这个观点，就是在达到合理的最小刚度后，轴承刚度对轴系的耦合变形影响作用可以忽略。

从图 6-16 可见，随着轴承刚度的不断加大，船体的最大变形量呈增加趋势。在轴承刚度过小时，这种增加是非常明显的，但是当达到设计值 1.0 GN/m 左右时，这种增加趋势非常微弱。此时，轴承刚度对于推进变形的影响几乎可以忽略。结合图 6-17 和图 6-18，同样可以印证这个观点，即在达到合理的最小刚度后，轴承刚度对船体的耦合变形影响作用可以忽略。

由于大型船舶的船体是一种典型的大薄壁空腔体，因此在波浪激励下，船体容易发生变形[11]。当增加轴承刚度时，由于船体抗弯刚度远大于轴承和轴系，而轴承与轴系刚度相差不大，因此轴承刚度的增加会增强轴系的抗变形能力，对船体刚度的影响不明显。相对加大船体与轴系之间的刚度比差，其结果是导致船体变形加剧，轴系变形减轻；当轴承刚度过分大时，即轴承刚度远大于船体和轴系时，船体与轴系的刚度比差被反向缩小了。这样就会使船体变形与轴系变形相对一致，即图 6-13 与图 6-16 中轴承刚度达到设计值 1.0 GN/m 以后，船体最大变形量基本与轴系最大变形量相同。因此，在轴承刚度设计中，可以选择最小合理设计刚度，这样既可以降低轴承制造复杂度与成本，又可以得到满意的船体-推进耦合变形效果。

进一步，如图 6-20 所示，随着轴承刚度的增加，推进轴的前 6 阶固有频率是逐渐增加的，当达到设计值 1.0 GN/m 时，增加幅度开始非常微弱。如图 6-21～图 6-26 所示，由于模型引入螺旋桨、主机飞轮，以及曲轴等部件的集中质量，因此轴系的固有模态具有其特殊的特点。模态可分为螺旋桨、轴系、主机等部分。由于集中质量的影响，推进系统在两端的模态振动更加剧烈与明显，而中间部分的轴系则发生相对于其他两部分非常微小的变形。从轴系模态局部放大图可见，轴系部分的前两阶模态表现为平转运动，而后面 4 阶出现弯曲+转动。这个局部分析结果与理论分析是一致的，说明耦合系统中子系统的分析计算是正确的。

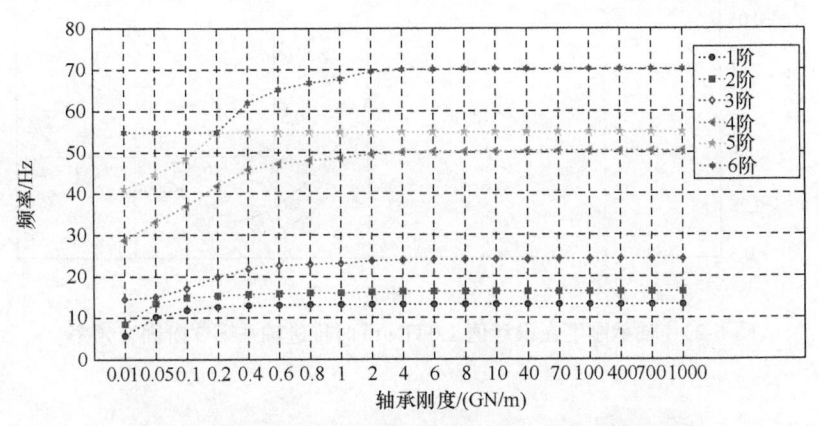

图 6-20　不同轴承刚度条件下推进轴系前 6 阶固有频率

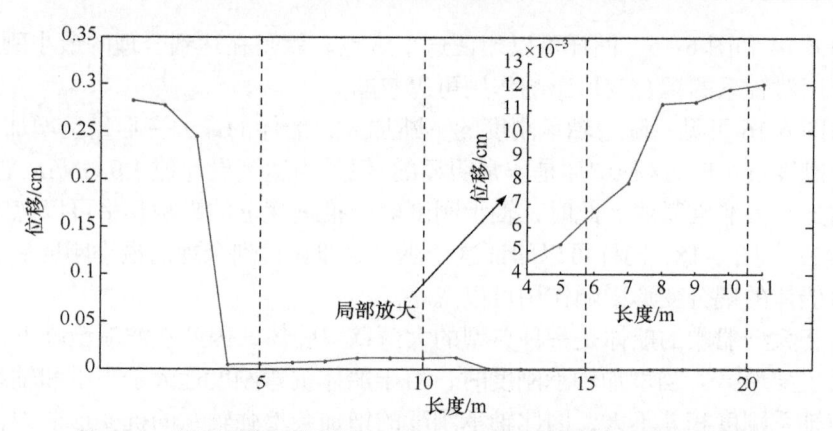

图 6-21 轴承刚度在设计值 1.0 GN/m 时推进轴系第 1 阶固有频率

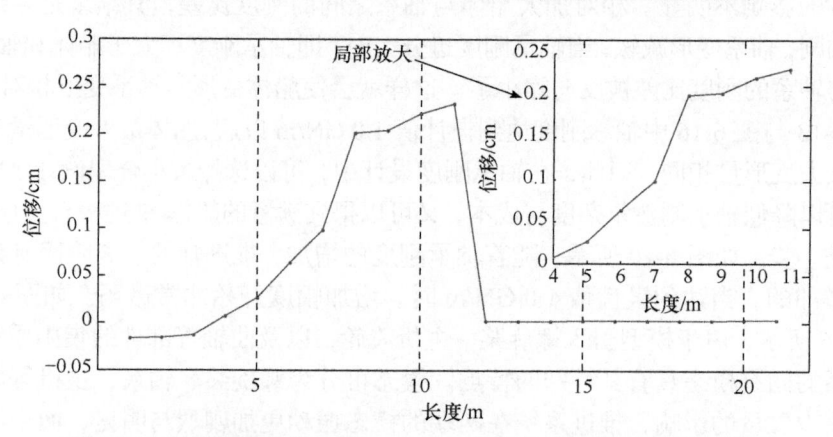

图 6-22 轴承刚度在设计值 1.0 GN/m 时推进轴系第 2 阶固有频率

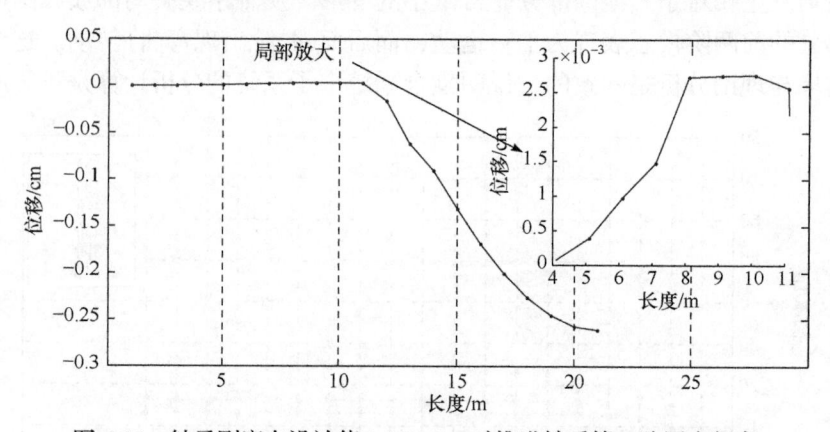

图 6-23 轴承刚度在设计值 1.0 GN/m 时推进轴系第 3 阶固有频率

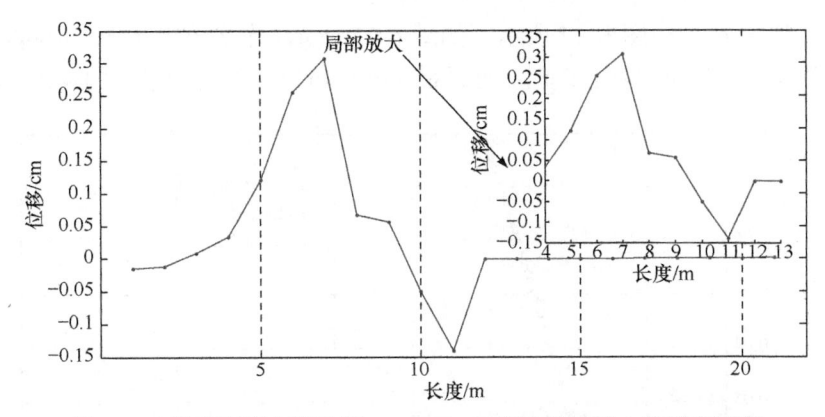

图 6-24 轴承刚度在设计值 1.0 GN/m 时推进轴系第 4 阶固有频率

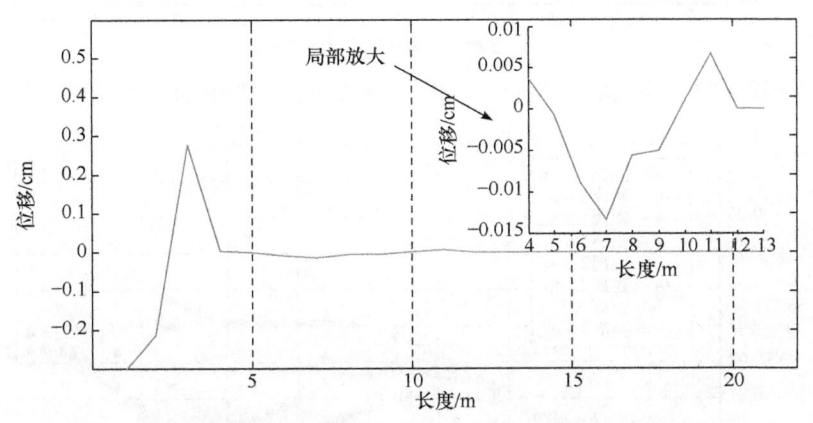

图 6-25 轴承刚度在设计值 1.0 GN/m 时推进轴系第 5 阶固有频率

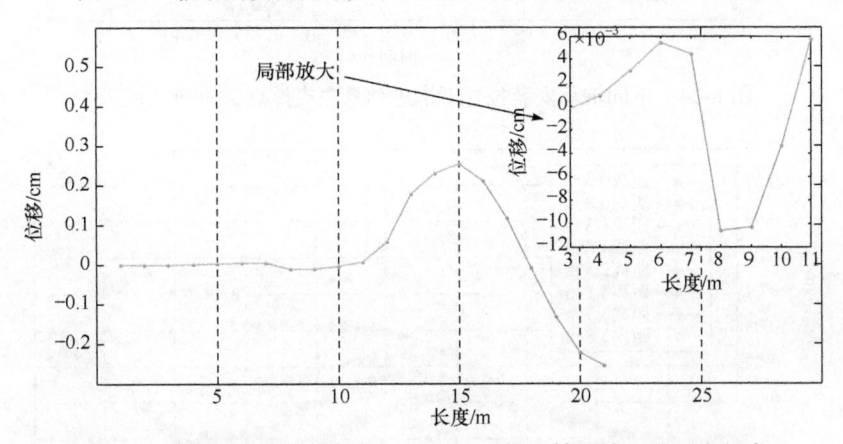

图 6-26 轴承刚度在设计值 1.0 GN/m 时推进轴系第 6 阶固有频率

2) 变轴承位置实验

在轴承刚度为设计值的条件下,分别调整 8 个不同轴承位置 A_1 的情况,实验计算结果如图 6-27～图 6-37 所示。如图 6-27 所示，轴承位置对轴系振动烈度的影响非常大，安装位置不合理时，轴系最大变形可以达到正常水平的 4 倍，此时推

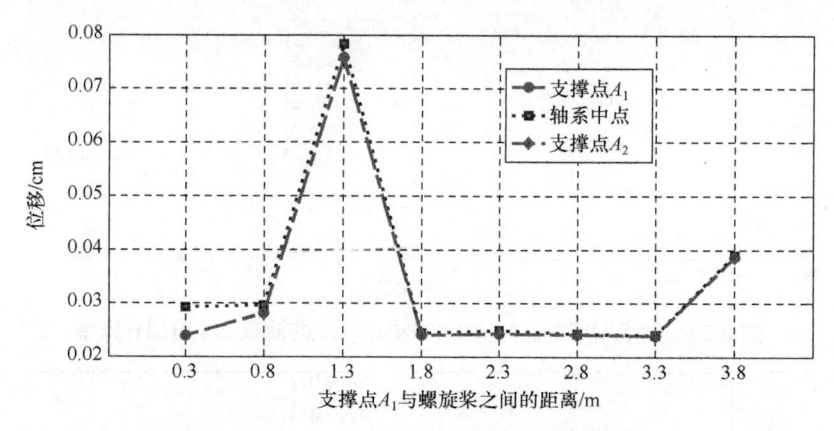

图 6-27 不同轴承安装位置下推进轴系支撑点和观测点的最大变形量

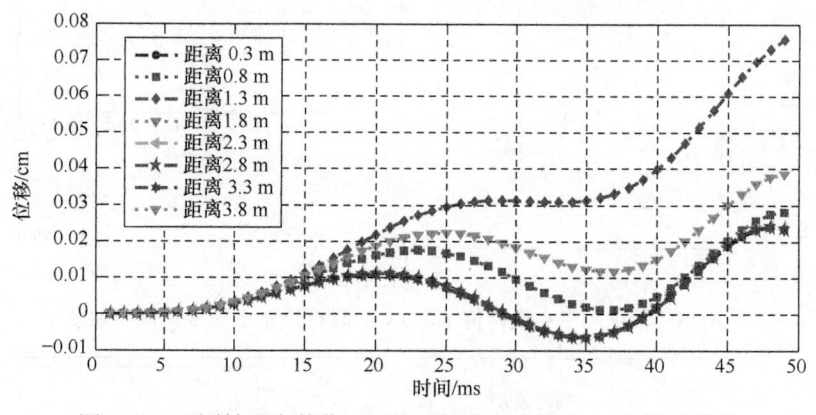

图 6-28 不同轴承安装位置下推进轴系左支撑点 A_1 的振动变形

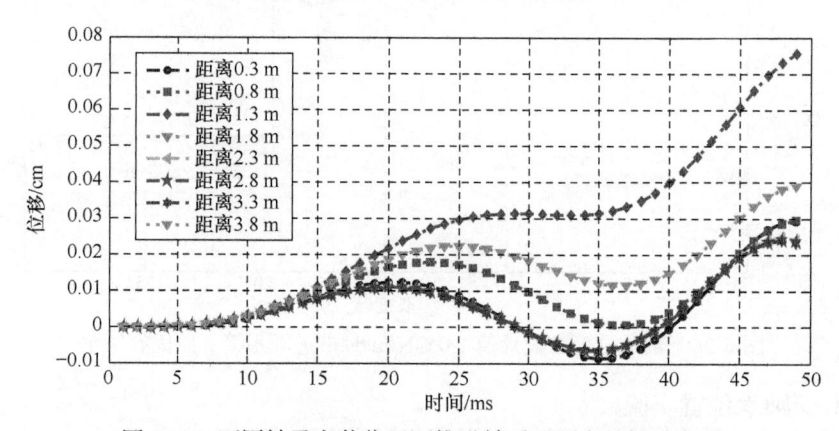

图 6-29 不同轴承安装位置下推进轴系观测点的振动变形

进轴系的振动是非常严重的。结合图 6-28～图 6-30，同样可以印证这个观点。当轴承位置设计不合理时，轴系的振动变形大，造成轴承过度磨损等破坏，威胁轴系安全可靠运行。因此，轴承位置对轴系的耦合变形影响作用非常明显。

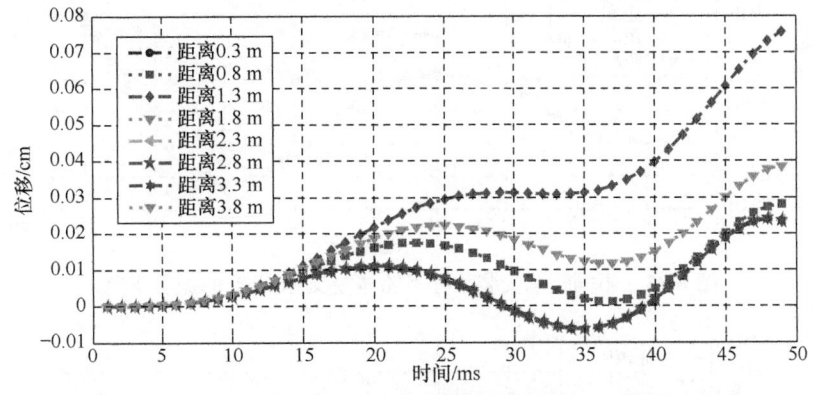

图 6-30 不同轴承安装位置下推进轴系右支撑点 A_2 的振动变形

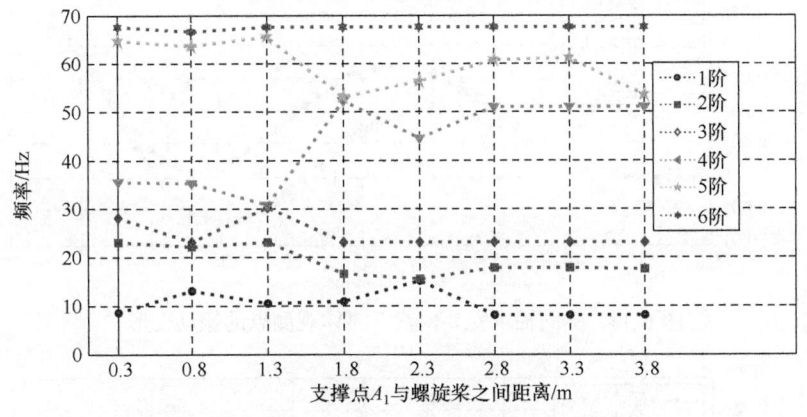

图 6-31 轴承设计位置下推进轴系前 6 阶固有频率

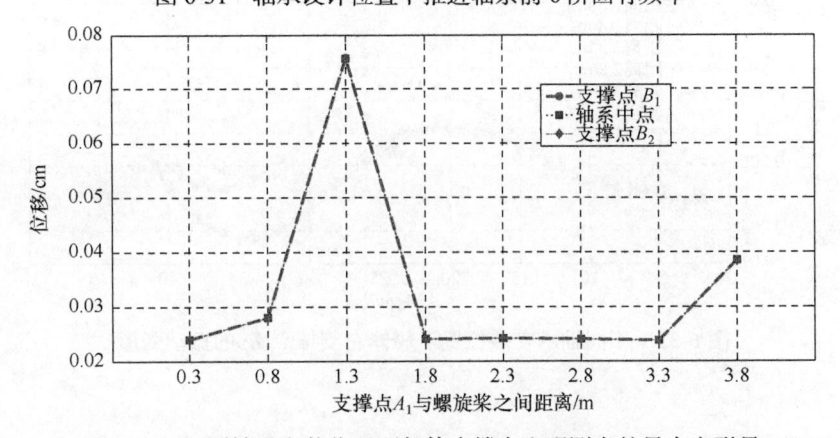

图 6-32 不同轴承安装位置下船体支撑点和观测点的最大变形量

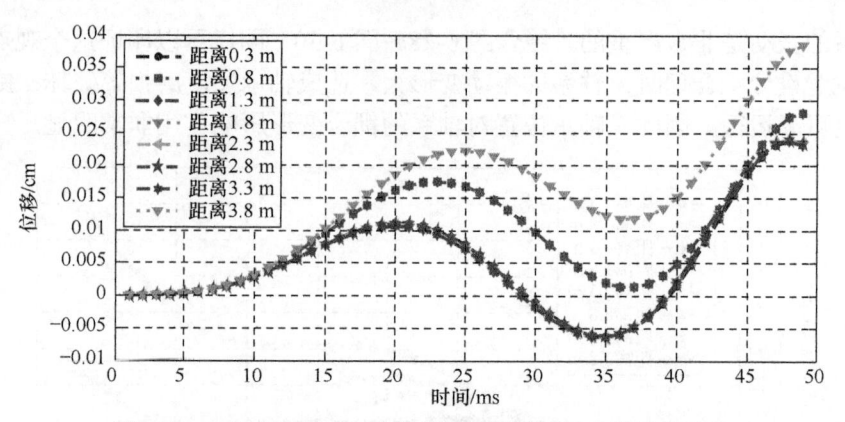

图 6-33　不同轴承安装位置下船体左支撑点 B_1 的振动变形

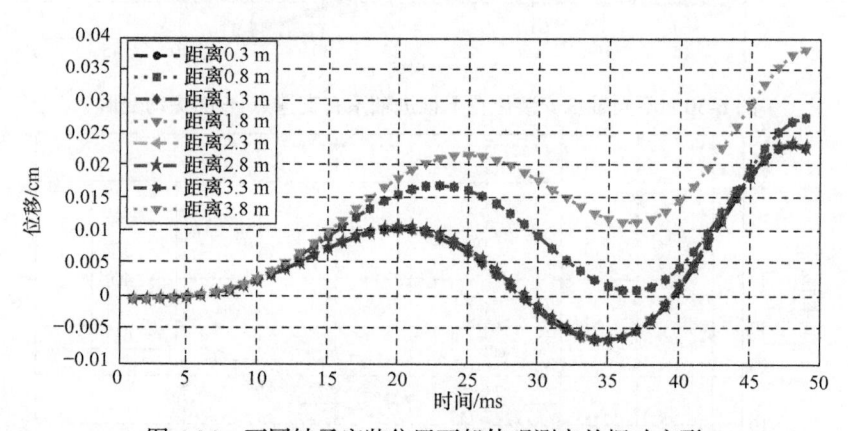

图 6-34　不同轴承安装位置下船体观测点的振动变形

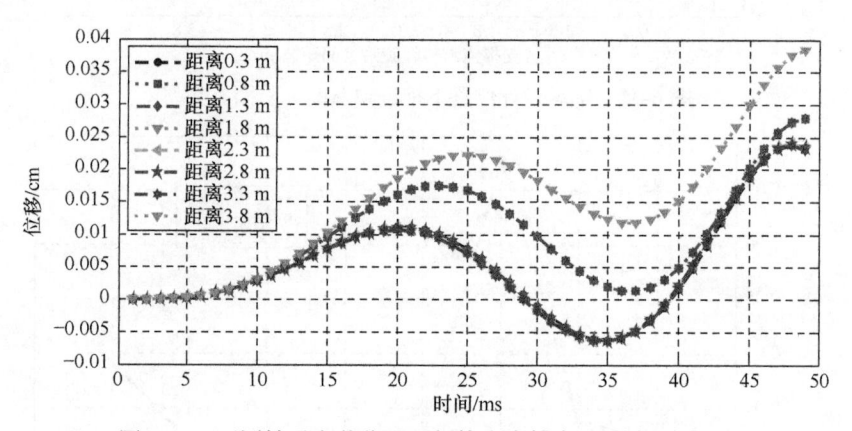

图 6-35　不同轴承安装位置下船体右支撑点 B_2 的振动变形

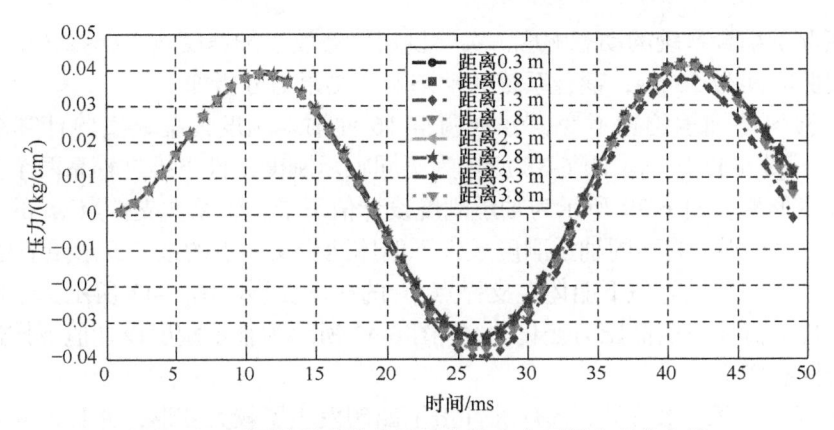

图 6-36　不同轴承安装位置下流体自由面压力变化曲线

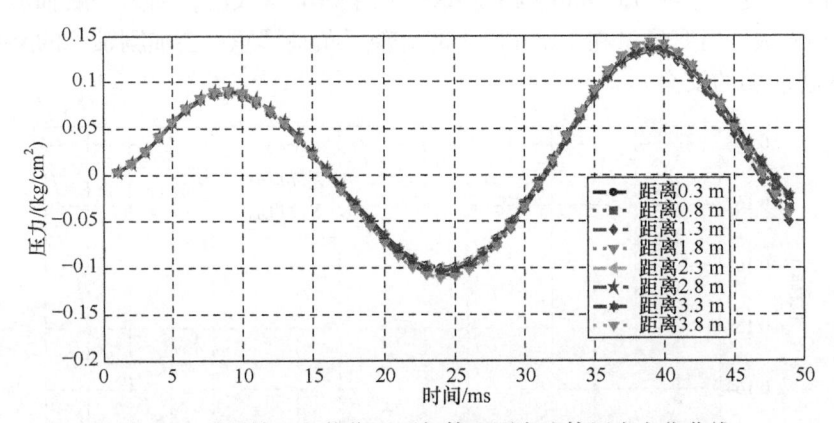

图 6-37　不同轴承安装位置下船体观测点流体压力变化曲线

图 6-32 所示为不同轴承安装位置下船体支撑点和观测点的最大变形量。图 6-33～图 6-35 所示为不同轴承安装位置下船体左支撑点 B_1、观测点、B_2 的振动变形。图 6-36 和图 6-37 所示为不同轴承安装位置下流体自由面和船体观测点流体压力变化曲线。

从图 6-32 可见，随着轴承位置发生变化，船体的最大变形量表现出与推进轴系一致的响应过程，即支撑位置设计不合理时会加剧船体变形程度。结合图 6-33～图 6-35，同样可以印证上述观点，即当轴承支撑安装在合理设计位置，耦合系统中船体子系统的变形在可接受的范围内。

6.7.3　爆炸波激励实验

爆炸波为突然发生的频率较高的冲击激励。爆炸波一般发生在极端海洋工况，由于风或者武器等的突然强力冲击，会造成高基频波浪激励，对船体产生严重影响，因此研究极端爆炸波是检验船舶抗冲击能力的主要手段。本节研究不同轴承刚度情况下耦合系统的动态响应。实验设定瞬态波浪加速度 $\hat{w}_1 = \cos 200\pi t$ 的爆炸波，实验时间为 50 ms，耦合系统的动态响应结果与分析如下。

实验保持轴承位置不变，分别调整 16 种轴承刚度情况，实验计算结果如图 6-38～图 6-43 所示。图 6-38 所示为不同轴承刚度条件下推进轴系两个支撑点的最大变形量。图 6-39 所示为轴承刚度设计值下推进轴系左支撑点 A_1 的振动变形。图 6-40 所示为不同轴承刚度条件下船体两个支撑点的最大变形量。图 6-41 所示为轴承刚度设计值下船体左支撑点 B_1 的振动变形。图 6-42 所示为不同轴承刚度条件下流体自由面压力变化曲线。图 6-43 所示为轴承刚度设计值下推进轴系前 6 阶固有频率。

从整个计算结果可见，爆炸波冲击下船舶发生了较大变形，并且不同刚度条件下的最大变形量在 1.6 mm 以上。这个数字是非常大的，因为一般轴承变形量为 0.1 mm 级，当变形量在 1 mm 以上时，轴承负荷严重，会加剧轴承的磨损与破坏，威胁船舶的安全。

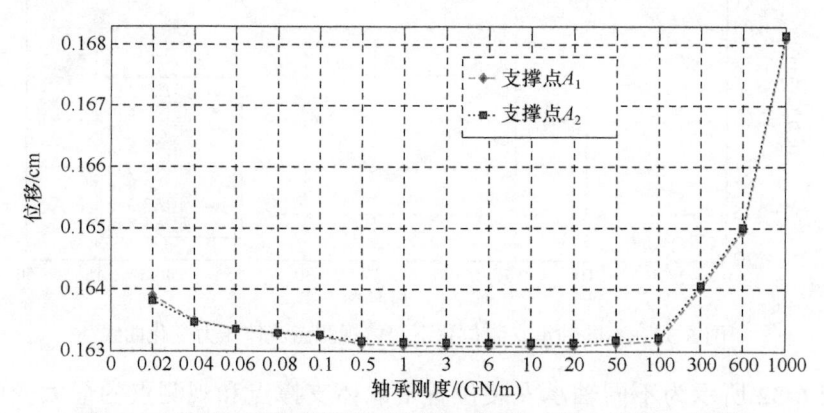

图 6-38 不同轴承刚度条件下推进轴系两个支撑点的最大变形量

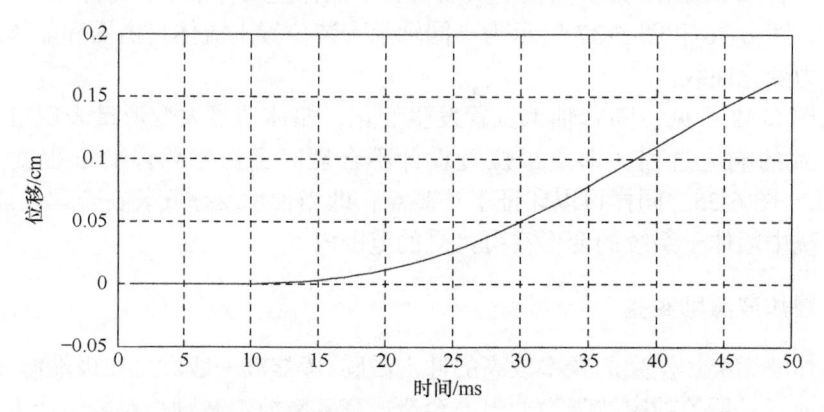

图 6-39 轴承刚度设计值下推进轴系左支撑点 A_1 的振动变形

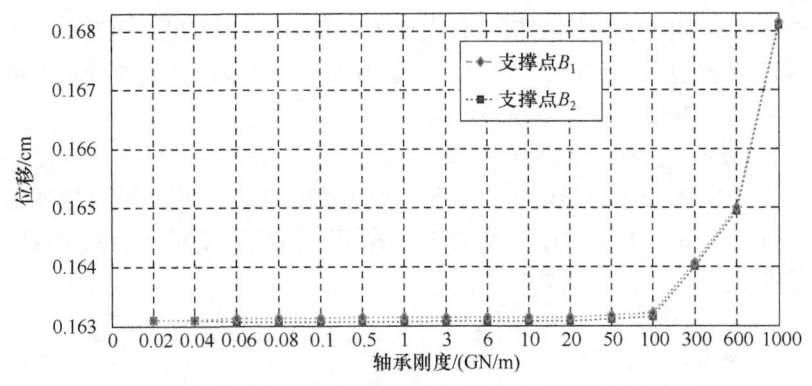

图 6-40　不同轴承刚度条件下船体两个支撑点的最大变形量

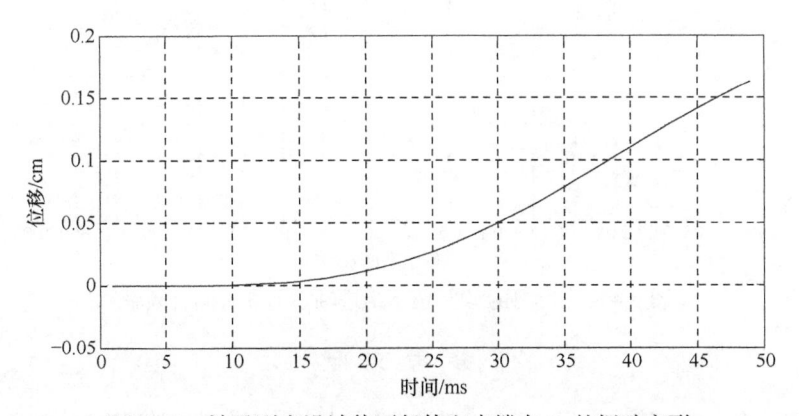

图 6-41　轴承刚度设计值下船体左支撑点 B_1 的振动变形

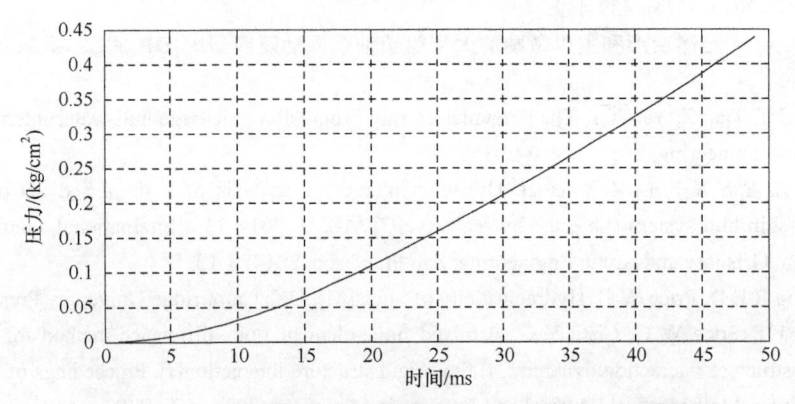

图 6-42　不同轴承刚度条件下流体自由面的压力变化曲线

由图 6-38 可见，随着轴承刚度的不断加大，推进轴的变形量先减小后增大，而且当轴承刚度过分大时，推进轴的变形将显著增加。可见，轴承刚度不能太小也不能太大。太小则在常规波浪激励下发生相对合理刚度值的较大变形，太大则在爆炸波下发生相对合理刚度值的较大变形。由图 6-39 可见，轴系变形随着爆炸冲击时间而单调增加。因此，当遇到持续时间较长的爆炸高频波冲击，推进轴系将发生较可观的变形，造成系统剧烈振动。

由图 6-40 可见，轴承刚度对船体变形的影响比较微小，然而当刚度超过某个值后将会造成船体变形明显增加。由图 6-41 可见，轴系变形是随着爆炸冲击时间而单调增加。由图 6-43 可知，在爆炸波冲击下，轴承刚度对于轴系固有频率的影响不是很明显。

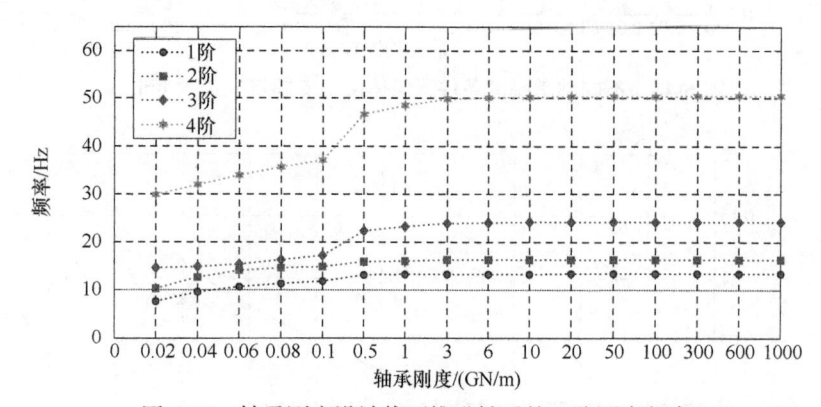

图 6-43　轴承刚度设计值下推进轴系前 6 阶固有频率

参 考 文 献

[1] 严新平, 李志雄, 袁成清, 等. 大型船舶推进系统与船体耦合动力学理论与方法研究[J]. 船舶力学, 2013, 17(4): 439-449.

[2] 田哲. 计入船体变形和主机激励的大型船舶轴系振动建模研究[D]. 武汉: 武汉理工大学, 2016.

[3] Xing J T, Tian Z, Yan X P. The dynamics of ship propulsion unit-large hull-water interactions[J]. Ocean Engineering, 2016, 124: 349-362.

[4] Tian Z, Yan X P, Li Z X, et al. Dynamic interaction analysis of a simplified 2D propulsion shaft-ship hull system subjected by sea wave[C]//ASME 2014 33rd International Conference on Ocean, Offshore and Arctic Engineering, San Francisco, 2014: 8-13.

[5] Bishop R E D, Price W G. Hydroelasticity of Ships[M]. UK: Cambridge University Press, 1979.

[6] Xing J T, Price W G, Chen Y G. A mixed finite-element finite-difference method for nonlinear fluid-structure interaction dynamics. I. fluid-rigid structure interaction[J]. Proceedings of the Royal Society A-Mathematical Physical and Engineering Sciences, 2003, 459: 2399-2430.

[7] 严新平, 李志雄, 袁成清, 等. 考虑船体变形耦合作用的船舶推进系统建模与控制[J]. 船海工程, 2011, 40(1): 60-63.

[8] Tian Z, Yan X P, Zhang C, et al. Simulation on the dynamic behavior of the propulsion system subjected by hull deformation for large vessels[C]//ASME 2015 34rd International Conference on

Ocean, Offshore and Arctic Engineering, St John's, 2015: 1-8.

[9] Tian Z, Zhang C, Yan X P, et al. Simulation of the vibration characteristics of a propulsion system excited by hull deformations[C]//The 5th International Conference on Marine Structures, London, 2015:167-174.

[10] Newman J N. The theory of ship motions[J]. Advances in Applied Mechanics, 1978, 18: 221-283.

[11] 李志雄. 大型船舶推进系统的动力学建模与状态监测方法研究[D]. 武汉：武汉理工大学, 2013.

第 7 章　船舶轴系耦合振动研究

船舶在不同的航行条件下，外部载荷是随机多变的，会诱发船体结构的复杂变形，从而造成推进轴系受到的载荷随机多变，超过其服役条件的允许范围，而无法正常工作。由于波浪载荷对船体结构的作用，其对船舶的航行安全有着重要的影响，由此造成的安全事故和经济损失日益突出。为了提高船舶航行的可靠性，需要建立系统的流固耦合理论模型，进行船体结构尺寸和材料参数的优化设计，以减小与流体的耦合效应，降低船体变形程度。同时，考虑推进轴系在多种不同船体变形条件下的合理校中和振动研究，减小在航行过程中出现超负荷运转导致的断裂失效，可以提高轴系的推进效率[1]。

依据弹性理论，结构的各点在外载荷的作用下发生变形。其大小和方向各不相同，变形不仅发生在载荷作用方向，也可能发生在其他方向，包括线位移和扭转角。物体的形状越复杂，变形的形式和相互的影响也越复杂。这些振动形式相互依赖和影响的关系就是各种耦合振动的力学基础[2]。船舶轴系的耦合振动形式包括扭转-纵向、扭转-横向、横向-纵向等双向耦合振动，以及扭转-横向-纵向多向耦合振动。已有的研究结果表明，扭转-纵向耦合振动是由轴系的偏心作用引起的；扭转-横向耦合振动是由质量不平衡引起的，扭转角和横向位移发生在形心和剪切中心不重合的轴系截面[3]。然而，这些研究都无法系统地揭示推进系统的耦合本质，推进轴系的多向耦合振动问题并不是扭转、横向和纵向振动的简单叠加。

7.1　船舶轴系扭转-纵向耦合振动研究

由前述统计资料的分析可知，轴系在船舶航行事故中所占比例越来越高，本节重点研究船舶轴系振动中，较为常见的扭转-纵向耦合振动理论与方法[4]。在理论建模的基础上，开展轴系振动的预测研究，系统分析耦合作用在船舶轴系运转条件下的动态影响。目的在于系统分析船舶轴系在不同船体变形条件下的振动响应，在减小轴系失效且保证动力推进的前提下，提升船舶航行的可靠性。

7.1.1　船舶轴系扭转-纵向耦合振动建模分析

将船舶轴系这一研究对象简化为连续的均质欧拉梁。梁单元的简化模型如图 7-1 所示。其中，ρ、J、L、A 和 E 为梁结构的密度、转动惯量、长度、横截面积和弹性模量，m 和 I_P 为质量和扭转常数，$\theta(t)$ 和 $x(t)$ 为振动响应的扭转角和纵向位移。

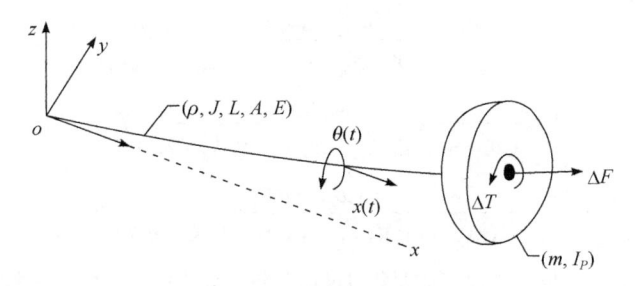

图 7-1 梁单元的简化模型[5]

根据轴系旋转过程中的运动规律，轴系的扭振会产生轴向的变形，进而产生轴向的等效虚力。同样，在轴系的纵振过程中，产生扭转的变形及对应的等效虚扭矩。由扭振产生的纵向虚位移 Δx_t 和纵振产生的虚转角 $\Delta \theta_x$ 为

$$\begin{aligned} \Delta x_t &= k_{tx}\theta(t) \\ \Delta \theta_x &= k_{xt}x(t) \end{aligned} \tag{7-1}$$

其中，k_{tx} 和 k_{xt} 为扭转和纵向耦合刚度，其等效的扭矩和纵向力为 $\Delta T = k_t \Delta \theta_x$ 和 $\Delta F = k_x \Delta x_t$。

将耦合作用产生的虚转角和纵向虚位移代入振动方程，可以得到扭转-纵向耦合振动方程，即

$$\begin{aligned} J\ddot{\theta} + d_t\dot{\theta} + k_t\theta - k_{tx}x &= T\sin\omega_t t \\ m\ddot{x} + d_x\dot{x} + k_x x - k_{xt}\theta &= F\sin\omega_x t \end{aligned} \tag{7-2}$$

其中，J 为沿 x 轴的转动惯量；m 为梁的质量；d_t 和 d_x 为扭转阻尼和纵向阻尼；k_t 和 k_x 为扭转刚度和纵向刚度；$k_{tx}(=\delta_{kt})$ 为扭转耦合刚度；$k_{xt}(=\delta_{kx})$ 为纵向耦合刚度。

通过对该耦合振动方程的求解可以得到不考虑阻尼条件下的频率解。式(7-3)显示的耦合方程的两个极限频率为

$$\omega_{n1,2}^2 = \frac{1}{2}\left[\frac{k_t}{J} - \frac{k_x}{m} \pm \sqrt{\left(\frac{k_t}{J} - \frac{k_x}{m}\right)^2 + \frac{4k_{tx}k_{xt}}{mJ}}\right] \tag{7-3}$$

其中，ω_{n1} 和 ω_{n2} 为耦合振动的两个固有频率；在不考虑耦合作用即 $\delta = 0$ 时，$\omega_{n1,2}$ 为独立的扭转和纵振固有频率 k_t/J 和 k_x/m，因此两个方向的固有频率将互相作用，使彼此的值发生改变。

同时，可以得到系统在耦合作用下的扭转和纵向振动响应，即

$$\theta = \frac{-k_{tx}/J}{(\omega_{n1}^2 - \omega_t^2)(\omega_{n2}^2 - \omega_x^2) - (k_{tx}k_{xt}/mJ)}F$$

$$+ \frac{(\omega_{n1}^2 - \omega_\theta^2)(\omega_{n2}^2 - \omega_x^2) + (2k_{tx}k_{xt}/mJ)}{(\omega_{n1}^2 - \omega_t^2)(\omega_{n2}^2 - \omega_x^2) - (k_{tx}k_{xt}/mJ)}T$$

$$x = \frac{-k_{xt}/m}{(\omega_{n1}^2 - \omega_t^2)(\omega_{n2}^2 - \omega_x^2) - (k_{tx}k_{xt}/mJ)}T$$

$$+ \frac{(\omega_{n1}^2 - \omega_x^2)}{(\omega_{n1}^2 - \omega_t^2)(\omega_{n2}^2 - \omega_x^2) - (k_{tx}k_{xt}/mJ)}F$$

(7-4)

将结构的分布按照一定的规则集中到某个特定的位置上，结构的整体质量可以离散为一系列的集中质量，其余部分没有质量但具有弹性性能[6]。每个集中质量的惯性力与相互作用使离散系统的运动方程只以其位移为自由度，进而将无限自由度体系简化为有限自由度体系。其等效力学模型如图 7-2 所示。本节采用的实验平台为船舶轴系综合性能实验台。其推进轴系由 2 段中间轴和 1 段尾轴组成，定义上述集中质量模型中的 $j=3$。

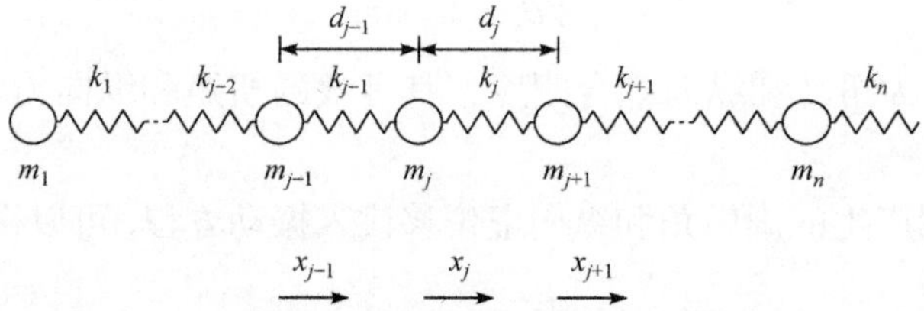

图 7-2 集中质量法等效力学模型

因此，系统的扭转惯量矩阵 J 和质量矩阵 M 可分别表示为

$$J = \begin{bmatrix} J_1 & & \\ & J_2 & \\ & & J_3 \end{bmatrix}$$
$$M = \begin{bmatrix} m_1 & & \\ & m_2 & \\ & & m_3 \end{bmatrix}$$

(7-5)

其中，m_j 和 $J_j (j=3)$ 为轴系每部分的质量和转动惯量。

系统的扭转阻尼矩阵 D_T 和纵向阻尼矩阵 D_X 为

$$D_T = \begin{bmatrix} d_{t1} & -d_{t1} & \\ -d_{t1} & d_{t1} + d_{t2} & -d_{t2} \\ & -d_{t2} & d_{t2} + d_{t3} \end{bmatrix}$$

$$D_X = \begin{bmatrix} d_{x1} & -d_{x1} & \\ -d_{x1} & d_{x1}+d_{x2} & -d_{x2} \\ & -d_{x2} & d_{x2}+d_{x3} \end{bmatrix} \tag{7-6}$$

其中，系统每个质量点的扭转阻尼系数和纵向阻尼系数可以分别定义为

$$\begin{aligned} d_{tj} &= 0.05 m_j \omega_j \\ d_{xj} &= 0.08 J_j \omega_j \end{aligned} \tag{7-7}$$

式中，ω_j 为轴系的转速。

系统的扭转刚度矩阵 K_T 和纵向刚度矩阵 K_X 分别表示为

$$K_T = \begin{bmatrix} k_{t1} & -k_{t1} & \\ -k_{t1} & k_{t1}+k_{t2} & -k_{t2} \\ & -k_{t2} & k_{t2}+k_{t3} \end{bmatrix}$$

$$K_X = \begin{bmatrix} k_{x1} & -k_{x1} & \\ -k_{x1} & k_{x1}+k_{x2} & -k_{x2} \\ & -k_{x2} & k_{x2}+k_{x3} \end{bmatrix} \tag{7-8}$$

其中，k_{tj} 和 $k_{xj}(j=3)$ 为每个部分的扭转刚度纵向刚度，根据材料力学的基本原理可定义为

$$\begin{aligned} k_{tj} &= GI_{Pj}/L_j \\ k_{xj} &= EA_j/L_j \end{aligned} \tag{7-9}$$

式中，G 和 E 为材料的切变模量和弹性模量；I_{Pj}、A_j 和 $L_j(j=3)$ 为轴系每段的扭转常数、横截面积和长度。

系统的扭转耦合刚度矩阵 K_{TX} 和纵向耦合刚度矩阵 K_{XT} 为

$$\begin{aligned} K_{TX} &= \delta K_T \\ K_{XT} &= \delta K_X \end{aligned} \tag{7-10}$$

其中，δ 为耦合刚度系数，即

$$\delta = \frac{m_c^2}{mJ} \tag{7-11}$$

式中，惯性耦合项 m_c 取决于螺旋桨的流体动力和动力矩，并且与转轴的扭转角和纵向变形相关，但由于其无法在理论上进行定义，通过实验测试进行探讨后总结其取值应小于 0.1[7]，这里取 0.02[8]。

无阻尼扭转-纵向耦合刚度系数 δ 取值变化如图 7-3 所示。

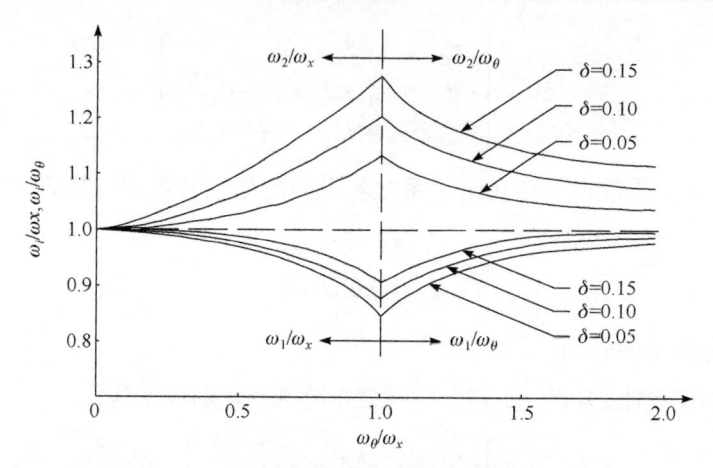

图 7-3 无阻尼扭转-纵向耦合刚度系数 δ 取值变化

在进行集中质量模型参数的定义,并作为数值计算的输入后,计算结果输出包括结构的扭转角矩阵 θ、扭转速度矩阵 $\dot{\theta}$ 和扭转加速度矩阵 $\ddot{\theta}$,即

$$\begin{aligned} \theta &= \begin{bmatrix} \theta_1 & \theta_2 & \theta_3 \end{bmatrix}^T \\ \dot{\theta} &= \begin{bmatrix} \dot{\theta}_1 & \dot{\theta}_2 & \dot{\theta}_3 \end{bmatrix}^T \\ \ddot{\theta} &= \begin{bmatrix} \ddot{\theta}_1 & \ddot{\theta}_2 & \ddot{\theta}_3 \end{bmatrix}^T \end{aligned} \tag{7-12}$$

结构的纵向位移矩阵 x、纵向速度矩阵 $\dot{x}$ 和纵向加速度矩阵 $\ddot{x}$ 为

$$\begin{aligned} x &= \begin{bmatrix} x_1 & x_2 & x_3 \end{bmatrix}^T \\ \dot{x} &= \begin{bmatrix} \dot{x}_1 & \dot{x}_2 & \dot{x}_3 \end{bmatrix}^T \\ \ddot{x} &= \begin{bmatrix} \ddot{x}_1 & \ddot{x}_2 & \ddot{x}_3 \end{bmatrix}^T \end{aligned} \tag{7-13}$$

其中,θ_j、$\dot{\theta}_j$、$\ddot{\theta}_j$ 和 x_j、$\dot{x}_j$、$\ddot{x}_j$ ($j=3$) 为每个质量点的扭转和纵向振动的位移、速度、加速度。

7.1.2 模型验证与数值计算

结构的振动响应主要描述系统的动力学特性,对于系统的控制方法及其运行可靠性都有重要的影响。包括谐波分析和瞬态分析在内的动态响应,不仅能够确定系统的固有频率以减小或避免共振,还能计算系统在时域内的位移变化规律。因此,本节以集中质量模型为基础,分析船舶轴系扭转-纵向耦合振动的固有频率和瞬态幅值。

在集中质量模型中,参数的输入根据实验轴系的结构尺寸和材料参数进行定义。其结构示意图如图 7-4 所示。

第 7 章 船舶轴系耦合振动研究

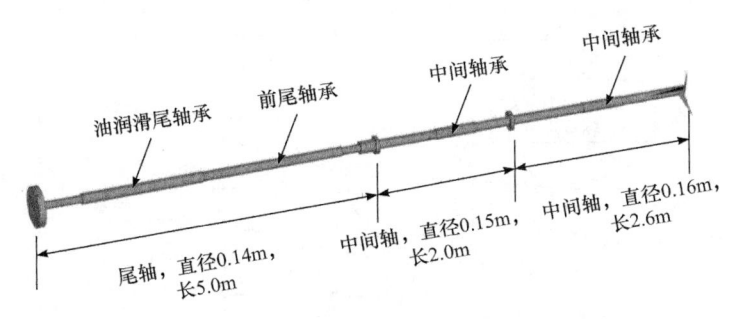

图 7-4 实验轴系的结构示意图

轴系的材料密度 ρ = 7850 kg/m³、弹性模量 E = 206 GPa、切变模量 G = 77 GPa、耦合刚度系数 δ = 0.02、横截面积 $A_j = \pi D_j^2/4$ m²、转动惯量 $J_j = m_j(r_j/2)^2/2$ kg·m²、扭转常数 $I_{Pj} = \pi D_j^4/32$ m⁴，定义转速为 100～500 r/min。同时，轴系的每段长度为 L_1 = 2.6 m、L_2 = 2.0 m 和 L_3 = 5.0 m，直径为 D_1 = 0.16 m、D_2 = 0.15 m 和 D_3 = 0.14 m。

定义求解步长和时间为 0.0005s 和 10s，并选取后 5s 稳定状态下的值作为本模型的数值结果，定义模型的初始条件为 $\theta(0) = x(0) = 0$。式(7-5)～式(7-11)作为模型的参数输入，进行 MATLAB 数值计算，式(7-12)和式(7-13)作为结果输出。

在具体的数值计算过程中，主要围绕以下三个算例进行。

算例1，耦合振动的相互作用。定义模型的转速为 100 r/min，求解耦合振动的固有频率和瞬态响应，分析扭转和纵向的相互作用。

算例2，转速对耦合振动的影响。通过分析不同转速下的固有频率和瞬态幅值的变化，研究轴系转速对其耦合振动的影响。

算例3，载荷对耦合振动的影响。通过分析空载、扭矩加载、纵向力加载和综合加载等条件下轴系的动态响应，研究外部载荷对耦合振动的影响。

定义转速为 100、200、300、400 和 500r/min，其中综合加载表示扭矩和纵向力同时加载。定义不同的加载工况如表 7-1 所示。

表 7-1 定义不同的加载工况

指标	工况 1	工况 2	工况 3	工况 4
加载条件	空载	扭矩加载	纵向力加载	综合加载

在数值计算求解过程中，为了保证模型的外部载荷与实验测试一致，采用实验结果作为模型的输入。不同工况下的扭矩和纵向力实验值如图 7-5 所示。

在进行数值求解之前，需要判断模型的准确性，采用简单的静力学模型进行模型的验证。下面通过对比静力学模型和集中质量模型的计算结果，分析模型的

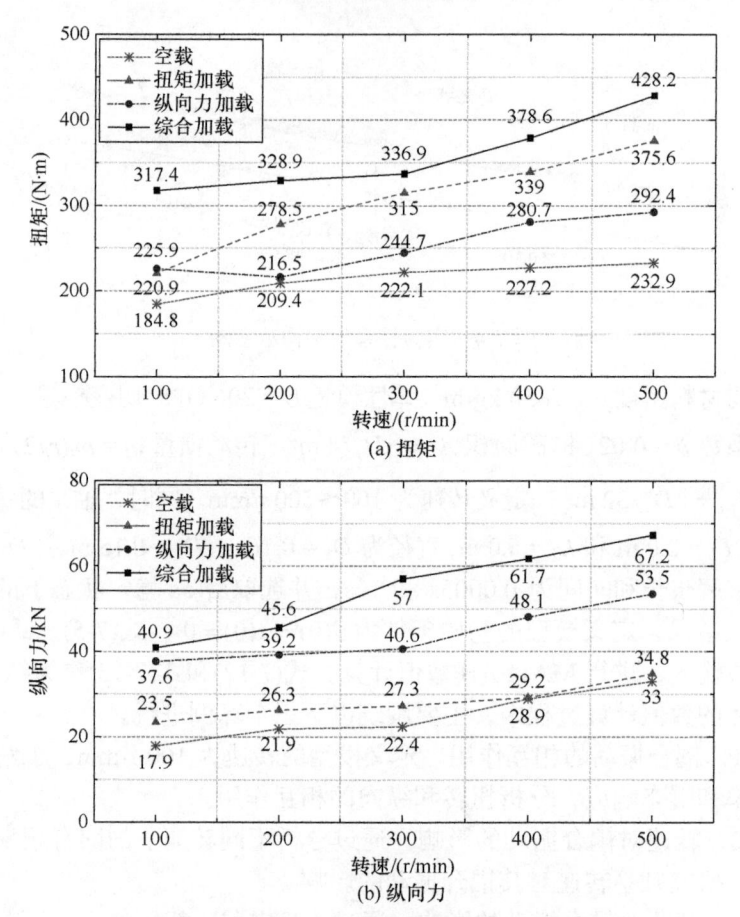

图 7-5 不同工况下的扭矩和纵向力实验值

准确性。在验证过程中，为保证两种不同模型的计算条件相同，不考虑耦合系数 δ 的存在，定义 $\delta=0$，选择与算例 1 相同的工况，即轴系转速为 100 r/min。此时的扭矩为 184.8 N·m 和纵向力为 17.9 kN。

在静力学模型中，结合连续单元悬臂梁结构的材料力学关系，可以得到其扭转角度 θ 和纵向位移 x，即

$$\theta = T\sin(\omega t)L/GI_P \tag{7-14}$$

$$x = F\sin(\omega t)L/EA \tag{7-15}$$

因此，可以得到简单模型与集中质量模型结果(图 7-6)。

由图 7-6 可知，两种方法求得的轴系扭转角度和纵向位移不论是运动的规律，还是最大的变形量都有很好的吻合。扭转角最大值为 6.4×10^{-4} rad 和 5.1×10^{-4} rad；纵向位移最大值为 5.5×10^{-5} m 和 5.1×10^{-5} m。存在误差的原因是，在静力学方法

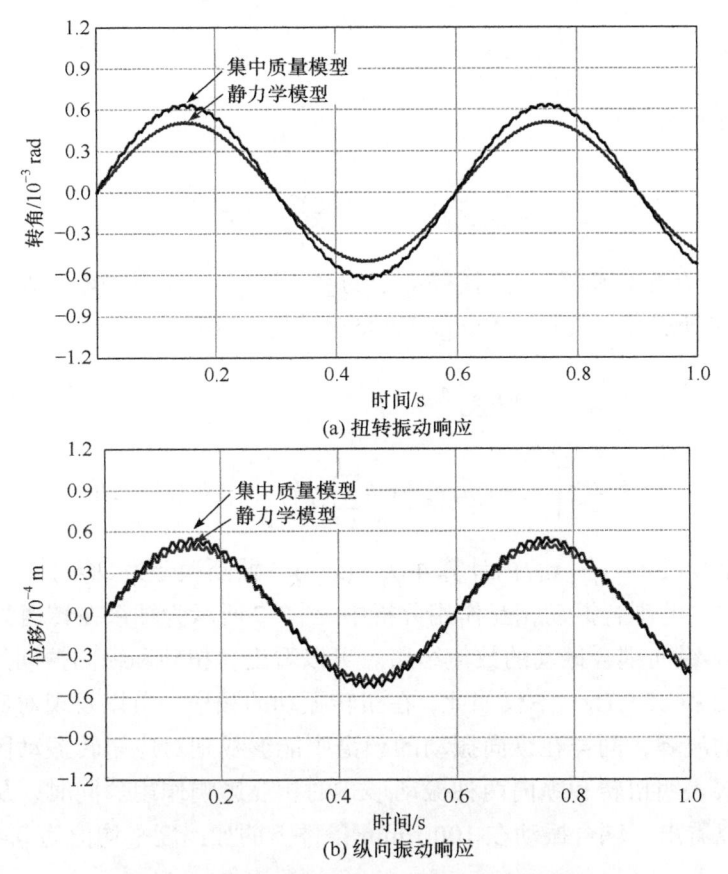

图 7-6 简单模型与集中质量模型结果对比

中没有考虑阻尼，每段轴间存在相互作用，但总体来说误差水平很低。这证明了集中质量模型的准确性。

采用高阶 Runge-Kutta 法进行数值计算，该方法是工程应用中较为广泛的高精度单步算法。采取对误差进行控制的措施具有较高精度，但实现原理较为复杂。其理论基础为泰勒展开式和斜率近似表达微分法，通过对积分区间多个计算点的斜率进行加权平均，并以该斜率作为区间内下一个点的计算依据，可以构造出高精度的数值积分方法。在求解二阶常微分振动方程过程中，通常采用精度较高的非刚性单步 Runge-Kutta 法(ODE45)。其一般形式为

$$y_{n+1} = y_n + h\sum_{i=1}^{L}\lambda_i k_i$$
$$k_1 = f(x_n, y_n) \qquad (7\text{-}16)$$
$$k_i = f\left(x_n + c_i h, y_n + c_i h\sum_{j=1}^{i-1}a_{ij}k_j\right), \quad i = 2,3,\cdots,L$$

其中，$c_i \leqslant 1$；$\sum_{i=1}^{L}\lambda_i = \sum_{j=1}^{i-1}a_{ij} = 1$。

其局部截断误差为

$$T_{n+1} = y(x_{n+1}) - y(x_n) - h\sum_{i=1}^{L}\lambda_i k_i^* \tag{7-17}$$

其中，用微分方程准确解 $y(x_n)$ 代替 k_i 中的 y_n，即 k_i^*；将局部截断误差中的 $y(x_{n+1})$ 在 x_n 处作泰勒展开，其隐式 Runge-Kutta 公式可以表示为

$$\begin{cases} y_{n+1} = y_n + h\sum_{i=1}^{L}\lambda_i k_i \\ k_i = f\left(x_n + c_i h, y_n + c_i h\sum_{j=1}^{i-1}a_{ij}k_j\right), \quad i = 2,3,\cdots,L \end{cases} \tag{7-18}$$

其中，每个步长 $h = x_i - x_{i-1}$ 内计算 4 次 $f(x,y)$，截断误差为 $O(h_5)$。

在算例 1 的耦合振动相互作用分析中，图 7-7 所示为轴系在转速为 100 r/min 条件下扭转-纵向耦合振动的数值结果。可以看出，扭转和纵向振动的固有频率为 136.7 Hz 和 65.9 Hz。不仅如此，在扭转振动的频谱中可以发现对应纵向振动固有频率的波峰，同样在纵向振动的频谱中能够找到对应扭转振动固有频率的波峰，直接表明扭转和纵向两种振动形式的相互影响作用。同时，从瞬态响应的结果可以看出，耦合振动在 100 r/min 条件下的加速度平均值为 0.43 rad/s² 和 0.07 m/s²。

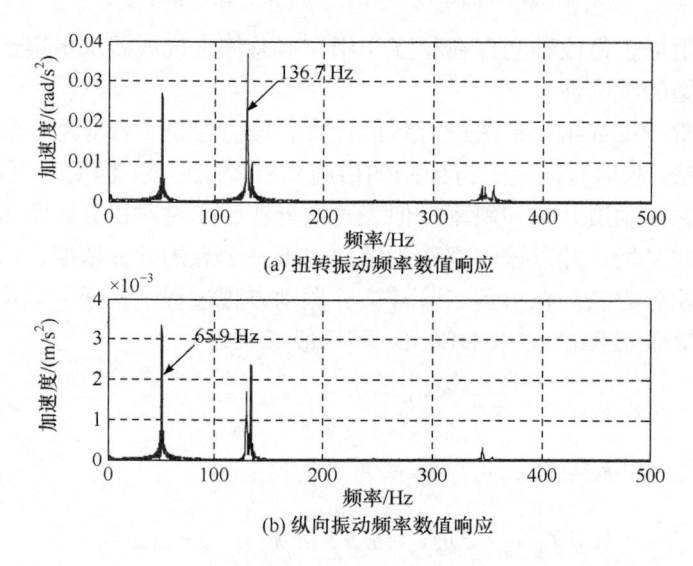

(a) 扭转振动频率数值响应

(b) 纵向振动频率数值响应

(c) 扭转振动瞬态数值响应

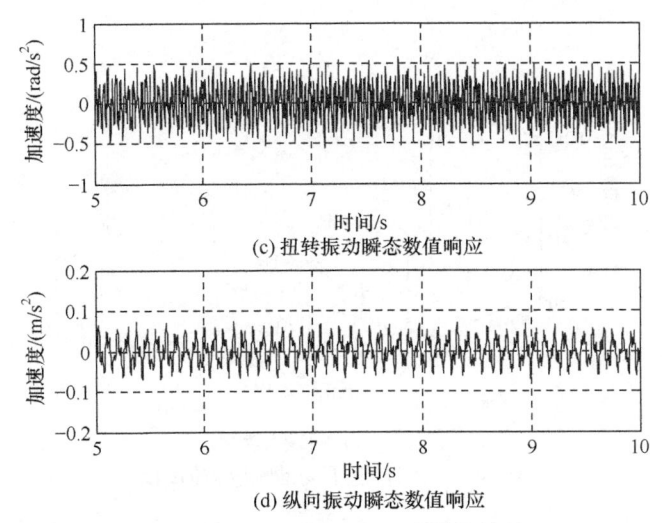

(d) 纵向振动瞬态数值响应

图 7-7　转速为 100 r/min 的数值结果

在算例 2 的转速对耦合振动的影响分析中,图 7-8 显示了轴系在转速为 100～500 r/min 条件下扭转-纵向耦合振动谐响应的数值结果。可以看到,在转速增加的情况下,扭转和纵向的固有频率变化很小,即扭转方向固有频率分别为 136.7 Hz、138.2 Hz、139.7 Hz、140.5Hz 和 141.2 Hz;纵向固有频率分别为 65.9 Hz、66.8 Hz、67.6 Hz、68.0Hz 和 68.4 Hz。因此,可以认为耦合振动的固有频率在不同转速下是保持不变的。可以发现,在固有频率处的波峰值是随着转速的增加而变大的。

如图 7-9 所示,扭转和纵向的瞬态幅值随着转速的增加同时变大。具体的数据为扭转方向的瞬态幅值分别为 0.43 rad/s^2、0.83 rad/s^2、1.22 rad/s^2、1.49 rad/s^2 和 1.83 rad/s^2;纵向的瞬态幅值分别为 0.07 m/s^2、0.10 m/s^2、0.12 m/s^2、0.17 m/s^2 和 0.22 m/s^2。

(a) 扭转数值响应

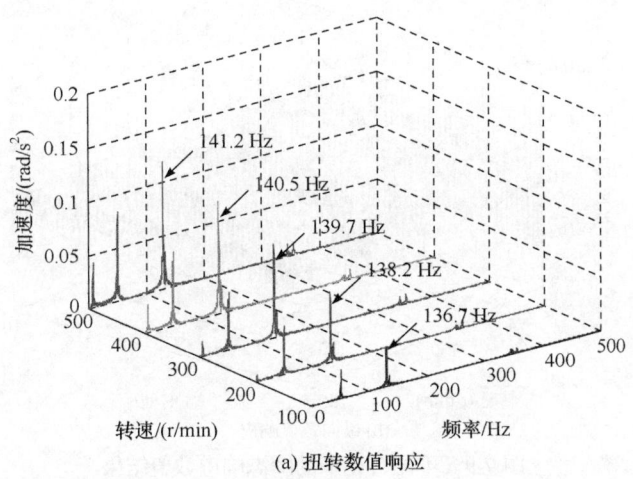

(b) 纵向数值响应

图 7-8　不同转速下的谐响应数值结果

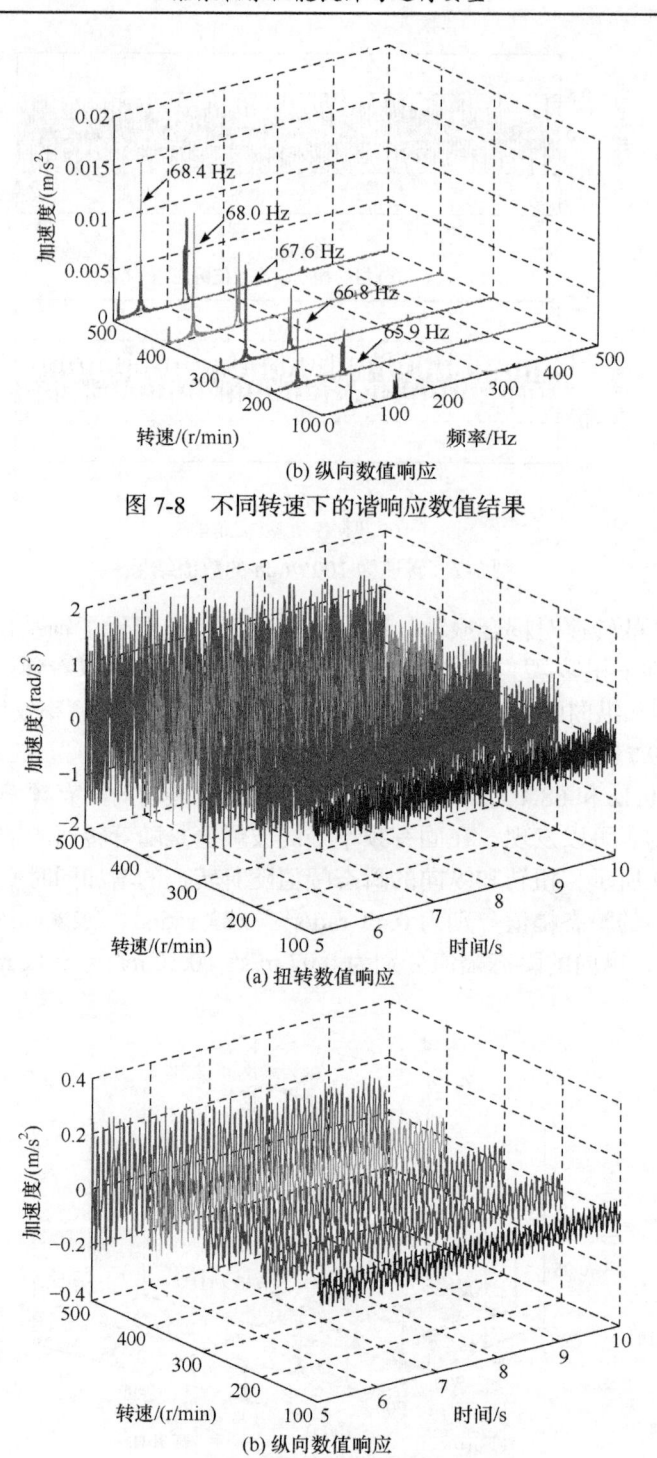

(a) 扭转数值响应

(b) 纵向数值响应

图 7-9　不同转速下的瞬态响应数值结果

通过上述两种算例分析，可以证明船舶轴系在扭转和纵向振动时的相互耦合作用。同时，该耦合振动的固有频率是独立于转速的，其瞬态幅值是随着转速的增加而增加的。为了更深入地验证模型的准确性，需要进一步研究算例 3 在船体变形条件下的扭转-纵向耦合振动响应。

7.1.3 船体变形对推进轴系扭转-纵向耦合振动的影响

在轴系的实际运行过程中，不仅受到主机扭矩激励和主机的纵向激励。船体结构在航行过程中产生的变形通过轴承的支撑作用在轴系上，使轴系的轴线偏离船舶的中线面，以及主机和螺旋桨高度。这会严重影响轴系的正常工作状态[9, 10]。因此，本节重点研究不同船体变形条件下的轴系耦合振动。由于实验室条件的限制，船体变形通过对轴系不同形式的外部加载来实现。其主要的加载形式包括扭矩和纵向力加载，因此对于许用应力的设定需要结合相关的规范进行[11]。国际规范 IACS M68，以及包括 ABS 等在内的研究机构均采用下述公式进行扭转许用应力的校核[12]，即

$$\begin{aligned}\tau_c &= \frac{\sigma_B + 160}{18} C_k C_D (3 - 2\lambda^2), \quad \lambda < 0.9 \\ \tau_c &= \frac{\sigma_B + 160}{18} C_k C_D \times 1.38, \quad 0.9 < \lambda < 1.05\end{aligned} \quad (7\text{-}19)$$

其中，τ_c 为连续加载条件下允许的极限扭转应力，单位 MPa；σ_B 为轴系材料的最小拉伸强度，单位 MPa；C_k 为轴系结构设计系数，本轴系对应的系数为 1.0；尺寸系数 $C_D = 0.35 + 0.93 d^{-0.2}$，$d$ 为轴系的外径，单位 mm；转速比 $\lambda = n/n_0$，n 和 n_0 为设计转速和额定转速，单位 r/min，本轴系设计的转速比 $\lambda = 1/1.84$。

因此，根据规范的计算结果，在轴系的许用应力范围内，在实验条件允许并减少实验误差的基础上，选取的应力纵向应力值如图 7-10 所示。在定义该应力的条件下，不同运行工况下的外部载荷输入如图 7-5 所示。

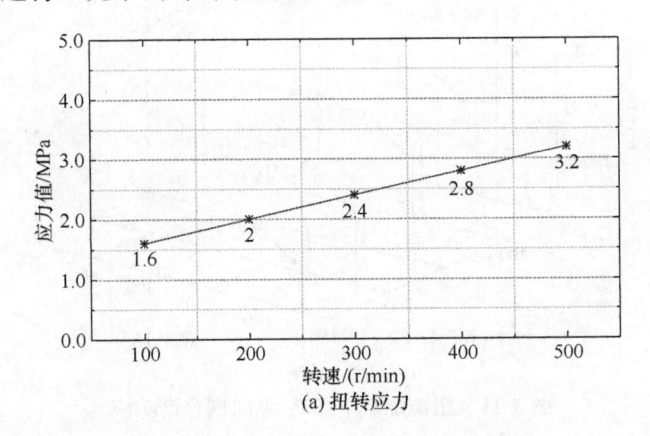

(a) 扭转应力

(b) 纵向应力

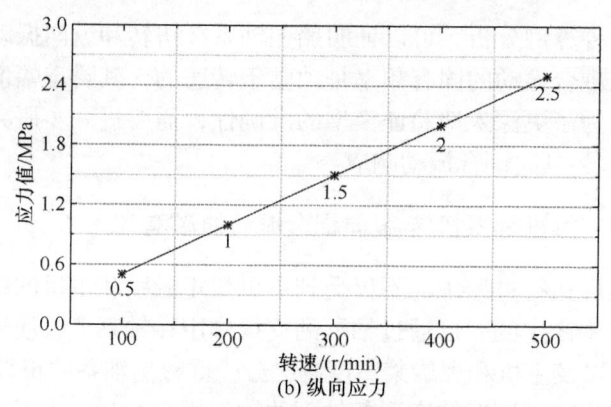

图 7-10 加载实验选取的应力纵向应力值

如图 7-11～图 7-13 所示，在外部载荷的作用下，耦合振动的固有频率基本不

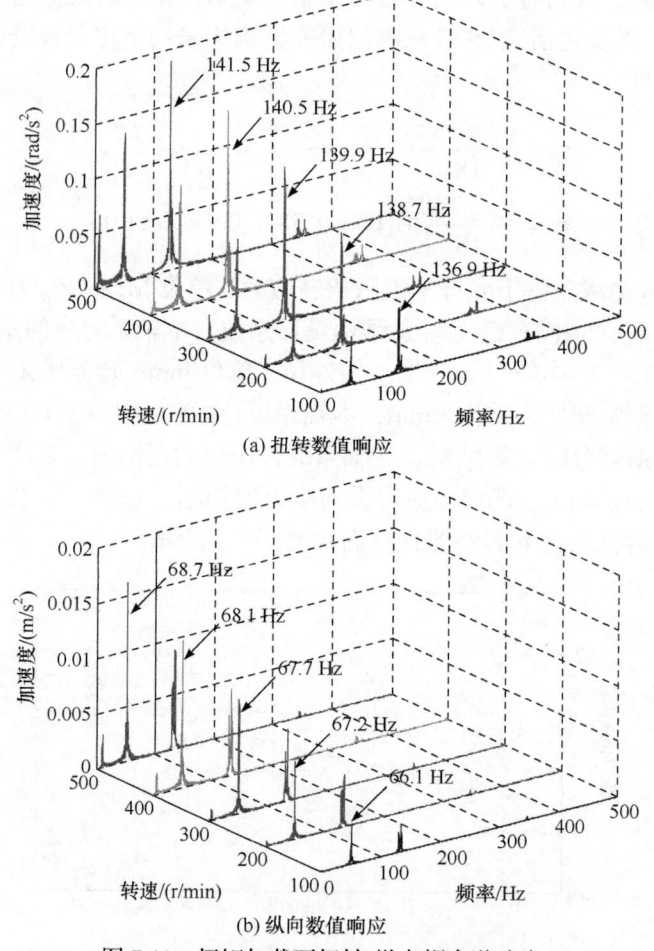

(a) 扭转数值响应

(b) 纵向数值响应

图 7-11 扭矩加载下扭转-纵向耦合谐响应

第 7 章 船舶轴系耦合振动研究

变,但与空载条件的数值结果相比,扭矩加载条件下扭振的固有频率比纵振增加量略大。同样,纵向力加载条件下的纵振增加量也大于扭振,说明加载的方向对其主振形式的影响更大,同时对耦合振动也有一定的影响。在综合加载的情况下,耦合振动的固有频率同时变大。

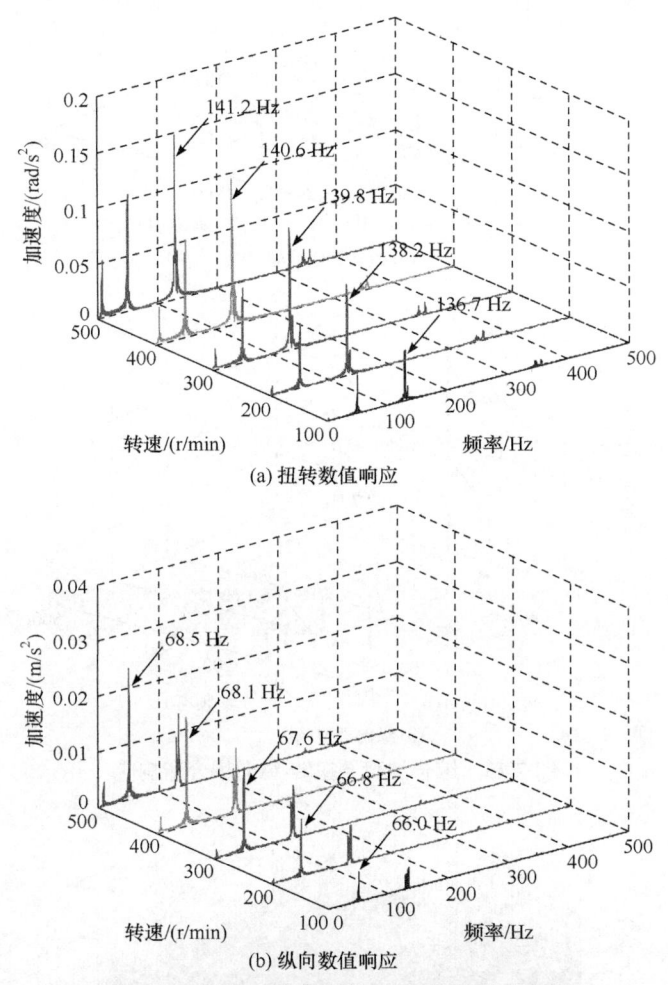

(a) 扭转数值响应

(b) 纵向数值响应

图 7-12 纵向力加载下扭转-纵向耦合谐响应

如图 7-14～图 7-16 所示,在扭矩加载时,不但扭转振动增加,而且纵向振动也相应变大,扭转振动的变化更加剧烈。同样,在纵向力加载时,纵向振动的增量明显大于扭振,表明外部载荷的作用对主振的影响更加剧烈,也在一定程度上影响耦合振动的响应,并且综合加载的振幅增加程度比单独加载更加明显。

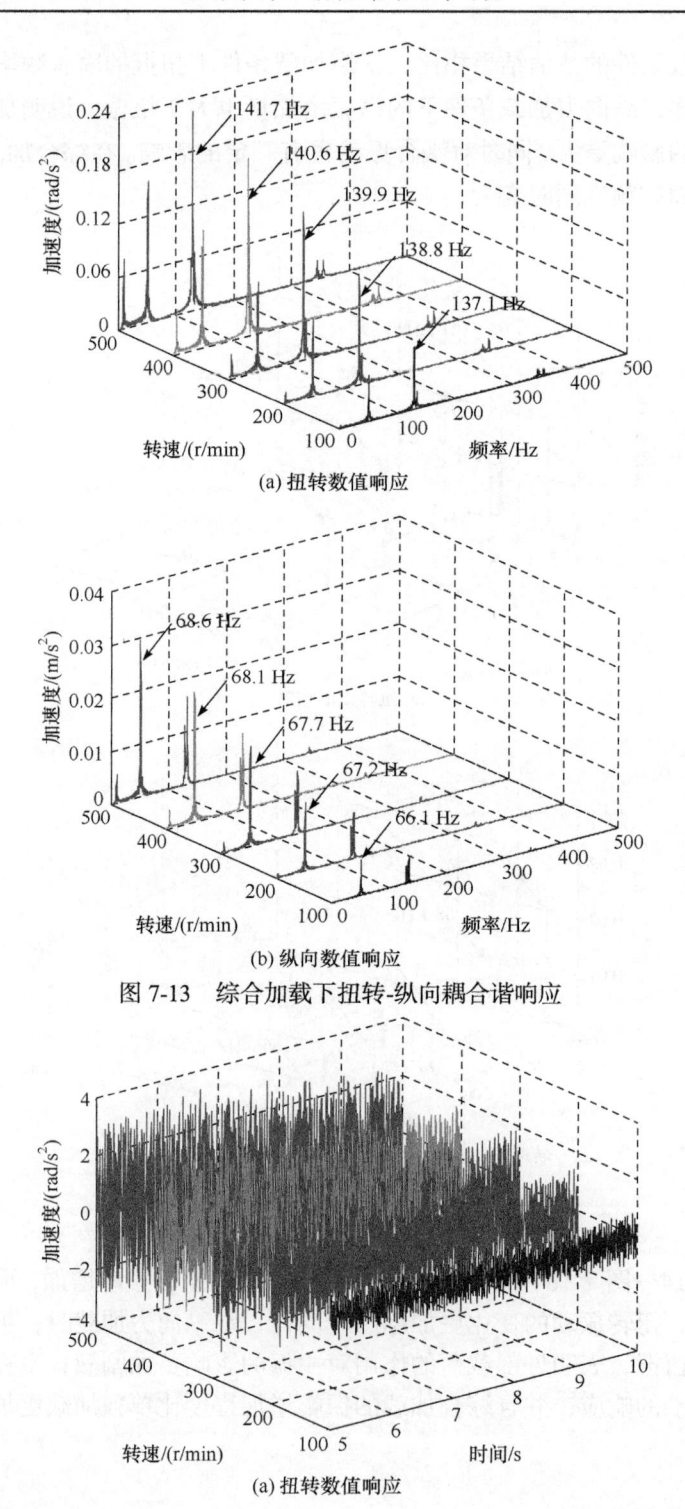

图 7-13　综合加载下扭转-纵向耦合谐响应

(a) 扭转数值响应

(b) 纵向数值响应

(a) 扭转数值响应

(b) 纵向数值响应

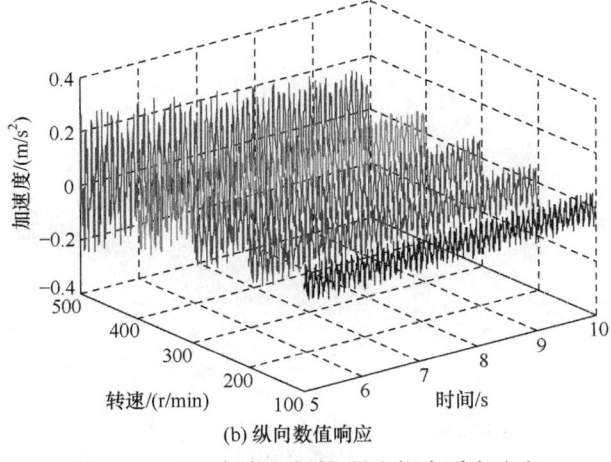

图 7-14 扭矩加载下扭转-纵向耦合瞬态响应

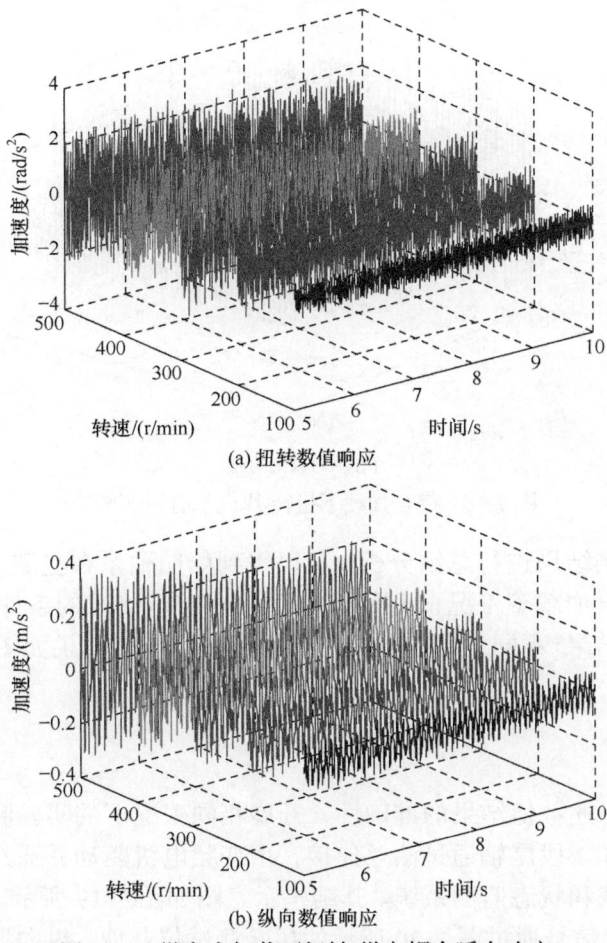

(a) 扭转数值响应

(b) 纵向数值响应

图 7-15 纵向力加载下扭转-纵向耦合瞬态响应

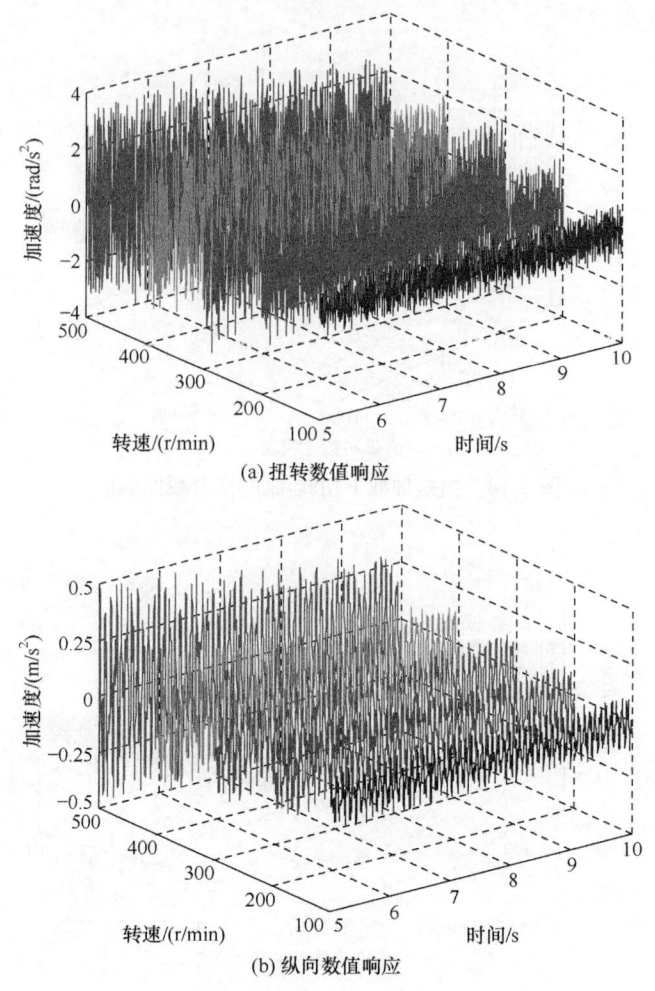

图 7-16 综合加载下扭转-纵向耦合瞬态响应

将上述算例结果进行总结分析,可以得到船舶轴系在空载、扭矩加载、纵向力加载和综合加载等工况,以及转速为 100~500r/min 的条件下扭转-纵向耦合振动的数值结果。不同工况的谐响应和瞬态响应数值结果如图 7-17 和图 7-18 所示。

7.1.4 实验验证

为了验证上述数值结果的准确性,开展相同工况下的实验测试。实验轴系的 2 段中间轴和 1 段尾轴通过法兰连接,由变频电机驱动并通过轴承支撑,同时配有液压加载和状态监测系统。其结构示意图如图 7-19 所示。在实验测试过程中,扭转振动信号通过图 7-20 所示的扭转测试仪获取,纵向振动的信号通过

第 7 章　船舶轴系耦合振动研究

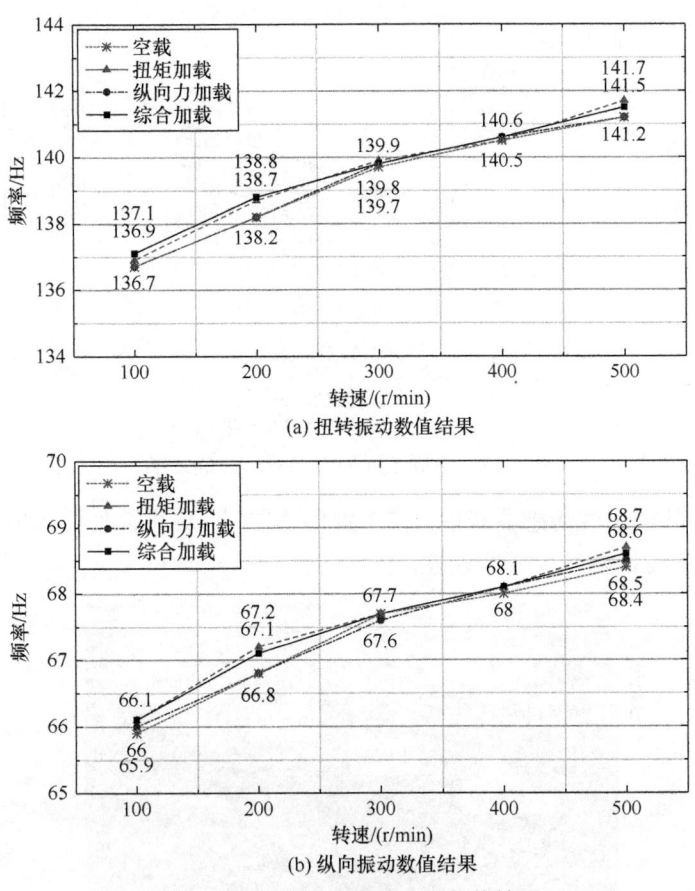

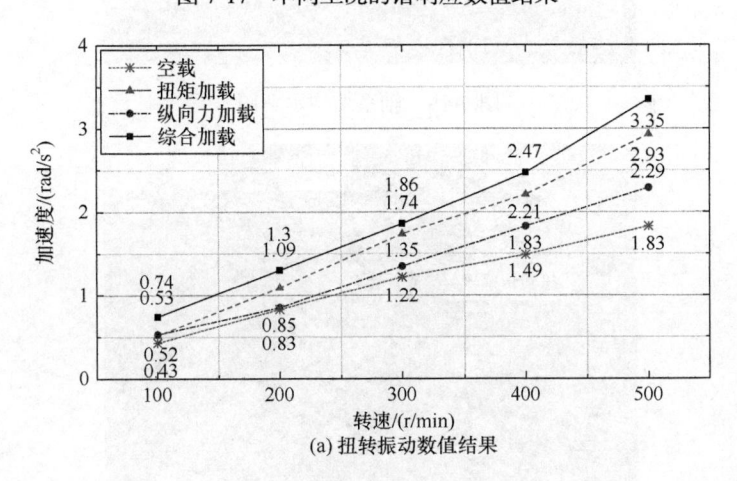

(a) 扭转振动数值结果

(b) 纵向振动数值结果

图 7-17　不同工况的谐响应数值结果

(a) 扭转振动数值结果

(b) 纵向振动数值结果

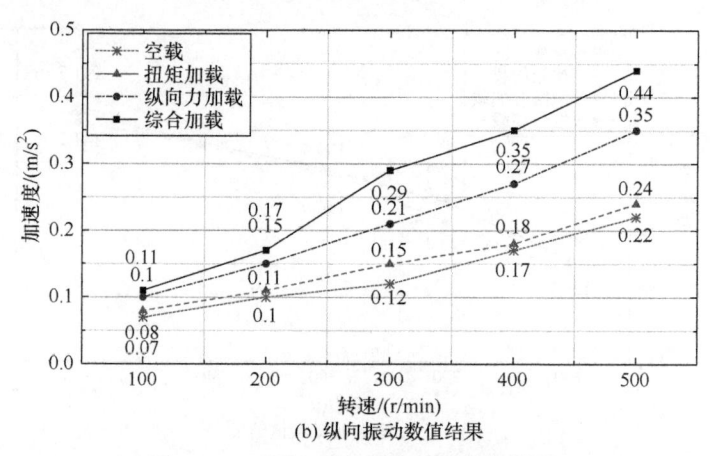

图 7-18　不同工况的瞬态响应数值结果

图 7-21 所示的加速度传感器获取。在布置传感器时，尽可能使两者的位置靠近来采集同一位置的振动减少实验误差。

图 7-19　轴系结构示意图

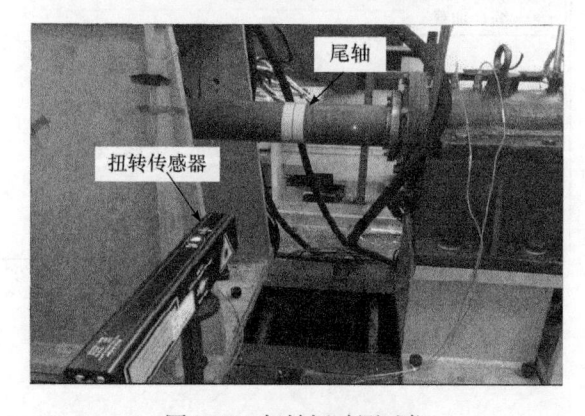

图 7-20　扭转振动测试仪

图 7-21　加速度传感器

轴系设计的最大转速为 550r/min。为了保证实验数据的完备性并将误差最小化，实验转速选取与数值计算相同的 100~500r/min 等 5 种工况。在加载实验过程中，通过轴系螺旋桨端的液压加载系统(图 7-22)进行实现。该加载系统包括扭矩、纵向和横向等多向加载，用来模拟轴系在实际航行过程中不同形式的载荷作用，通过相应的力学传感器实现加载大小的监测和控制。实验过程中需要的主要测试仪器如表 7-2 所示。

图 7-22　液压加载系统

表 7-2　实验测试仪器列表

仪器	类别/型号
激光扭振测量仪	B&K 2523
三向加速度传感器	B&K 4535-B-001
转速传感器	B&K MM0024
扭矩传感器	BINSFELD-TT10K
信号采集仪	PXIe-4499

在算例 1 的耦合振动相互作用分析中，转速为 100 r/min 的耦合振动实验结果如图 7-23 所示。可以看出，扭转和纵向振动的固有频率为 149.8 Hz 和 68.5 Hz，与数值结果相差不大；耦合振动在 100 r/min 的条件下加速度的平均值为 0.45 rad/s^2 和 0.07 m/s^2。

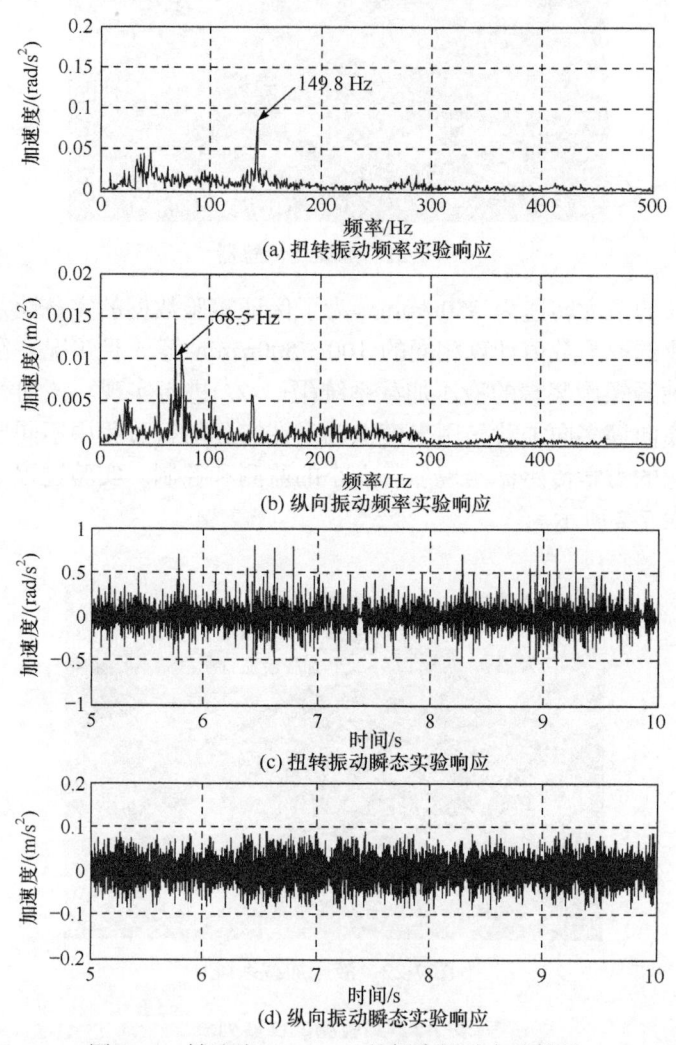

图 7-23 转速为 100 r/min 的耦合振动实验结果

在算例 2 的转速对耦合振动影响分析中，不同转速下耦合振动谐响应实验结果如图 7-24 所示。可以看到，在转速增加的情况下，扭转和纵向的固有频率为 149.8 Hz、166.8 Hz、160.2 Hz、142.7 Hz、147.2 Hz 和 68.5 Hz、67.2 Hz、70.3 Hz、71.9 Hz、73.4 Hz。尽管实验测试的固有频率在不同转速下差异较大，但是在可以接受的实验误差范围内，可以近似认为耦合振动的固有频率在不同转速下是保持不变的。

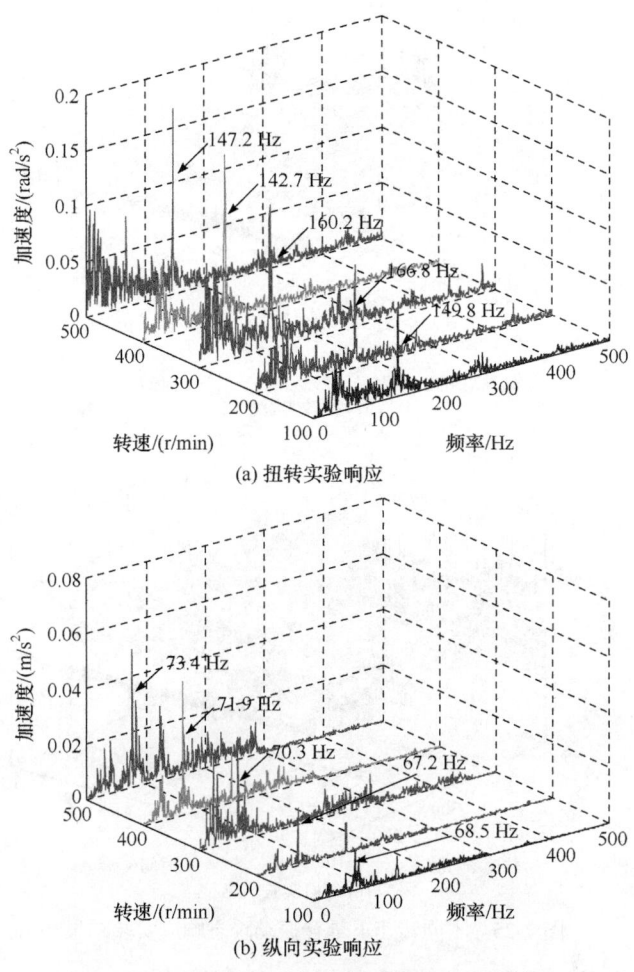

(a) 扭转实验响应

(b) 纵向实验响应

图 7-24　不同转速下耦合振动谐响应实验结果

不同转速下耦合振动瞬态响应实验结果如图 7-25 所示。可以看出，扭转和纵向的瞬态幅值随着转速的增加同时变大。具体的数据为，扭转方向的平均瞬态幅值分别为 0.45 rad/s^2、0.71 rad/s^2、1.07 rad/s^2、1.52 rad/s^2、2.16 rad/s^2；纵向的平均瞬态幅值分别为 0.07 m/s^2、0.11 m/s^2、0.14 m/s^2、0.19 m/s^2、0.26 m/s^2。

进一步，研究算例 3 的外部载荷对耦合振动的影响，在实验测得轴系空载、扭矩加载、纵向力加载和综合加载等工况，以及转速为 100～500 r/min 的条件下的扭转-纵向耦合振动后，不同工况下的谐响应和瞬态响应实验结果如图 7-26 和图 7-27 所示。

(a) 扭转实验响应

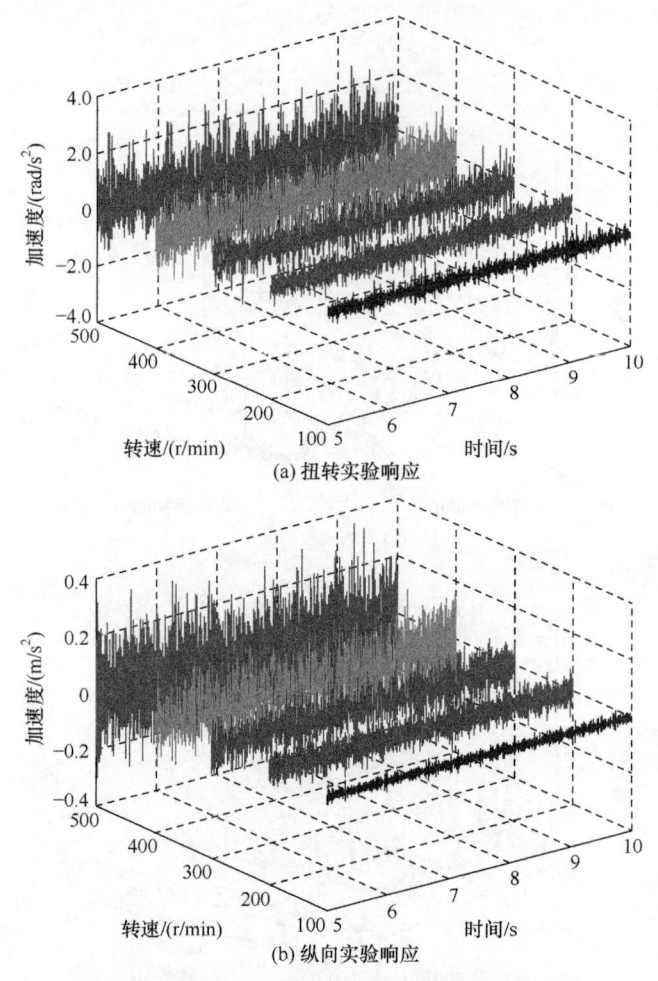

(b) 纵向实验响应

图 7-25 不同转速下耦合振动瞬态响应实验结果

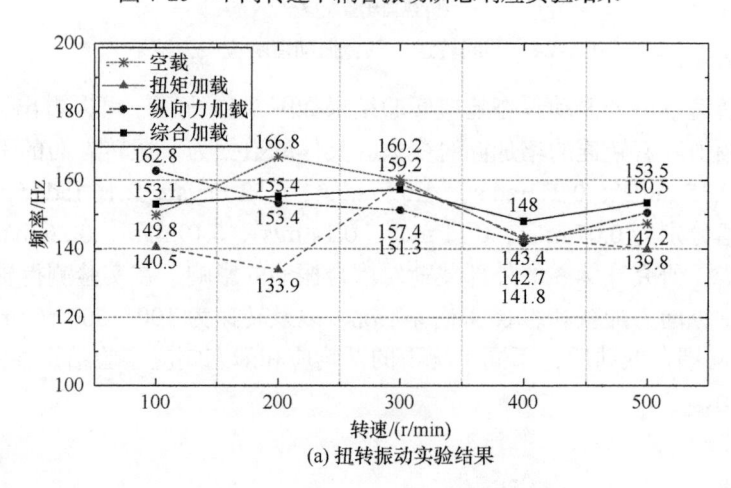

(a) 扭转振动实验结果

第 7 章　船舶轴系耦合振动研究

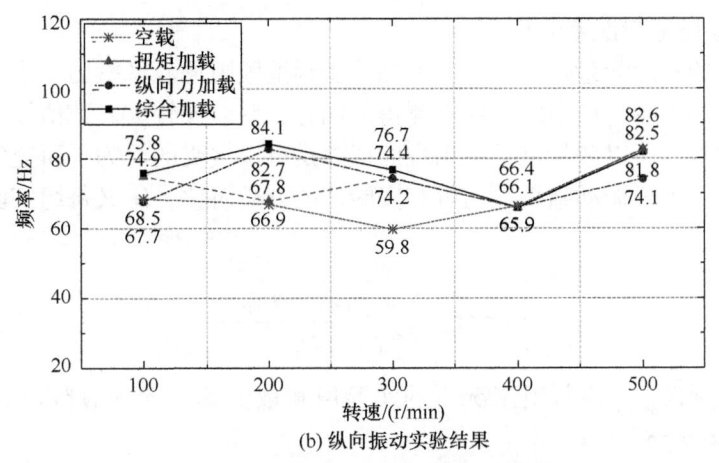

(b) 纵向振动实验结果

图 7-26　不同工况下的谐响应实验结果

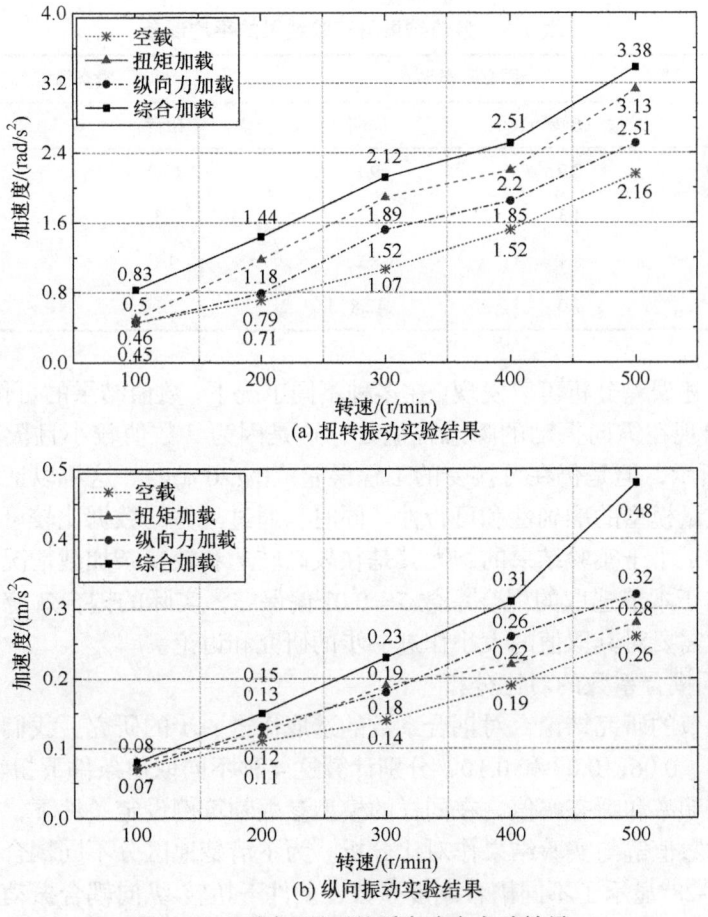

(a) 扭转振动实验结果

(b) 纵向振动实验结果

图 7-27　不同工况下的瞬态响应实验结果

1) 结果讨论与误差分析

在实验的实际测量过程中，船舶轴系受到油膜阻尼、摩擦力、主机噪声，以及仪器精度的影响，使不同转速下测得的固有频率差异较大。数值模型没有考虑这些干扰因素，所以测量过程中出现的误差是可以接受的。为了研究实验过程中产生的误差，进行振动结果数值解和实验值的分析对比，定义每组实验数据的误差为

$$\text{error}_i = \frac{1}{i}\sum_{i=1}^{5}\frac{|a_{\exp,i} - a_{\text{num},i}|}{a_{\exp,i}} \tag{7-20}$$

其中，$a_{\exp,i}$ 和 $a_{\text{num},i}$ 为每组工况下的实验值和数值解，即固有频率和瞬态幅值（图 7-17～图 7-27）。

数值结果与实验结果的平均误差如表 7-3 所示。

表 7-3　数值结果与实验结果的平均误差

参数	固有频率/% 扭转	固有频率/% 纵向	瞬态幅值/% 扭转	瞬态幅值/% 纵向
空载	8.9	9.1	10.9	7.3
扭矩加载	4.3	8.4	5.3	12.4
纵向力加载	8.1	8.2	9.3	17.6
综合加载	9.0	12.8	7.1	19.6

通过上述误差分析可以发现，在多种不同工况下，数值结果的可信度比较高。最大误差出现在纵向振动的瞬态幅值处，这是因为其数值较小且极其敏感，如图 7-18(b)所示，但是仍在可接受的工程误差范围(20%)内。这可以证明本章耦合振动集中质量模型的准确性和可行性。同时，通过具体的数据比较可以发现，数值结果通常是小于实验结果的，尤其是在较高转速和较复杂加载情况下。这种现象主要归结于本节选取的耦合系数 $\delta = 0.02$ 偏保守，实际的耦合效应是更加剧烈的。因此，需要对其取值的大小作进一步的研究和讨论。

2) 不同耦合系数的对比分析

结合上节的研究结论，对耦合系数的选取作进一步的研究。我们将 δ 的取值定义为 0.04、0.06、0.08 和 0.10，分别计算这 4 种不同取值条件下扭转-振动耦合振动的固有频率和瞬态幅值。在同样的模型参数和算例设定条件下，分别将集中质量模型的数值解与实验结果作对比分析。为了清楚地区分不同耦合系数的影响作用，图 7-28 显示了不同耦合刚度系数 δ 条件下扭转-纵向耦合振动的差异，其他工况下的具体结论比较不再赘述。

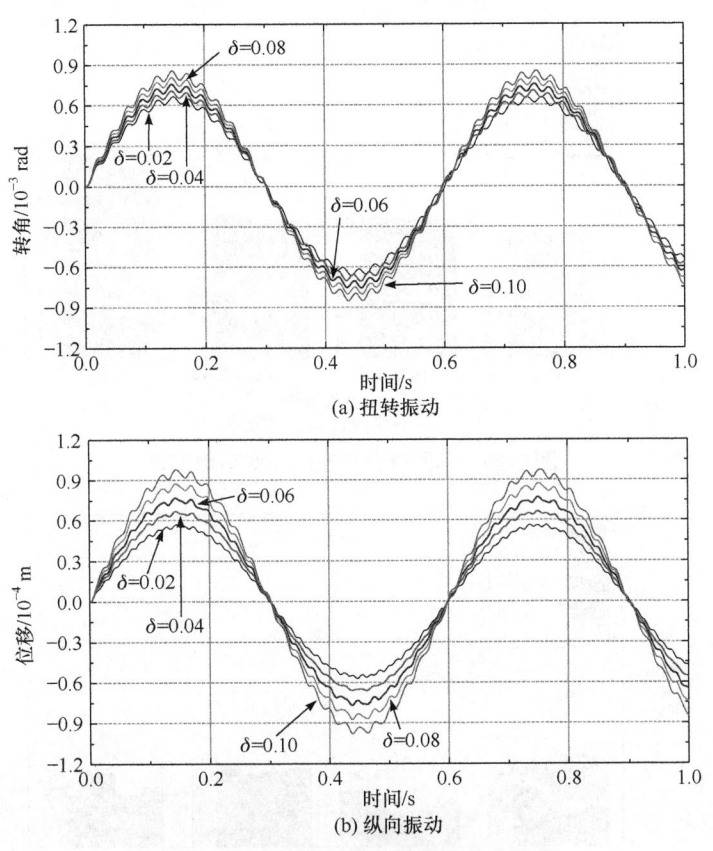

图 7-28 不同耦合刚度系数的数值结果

通过分析扭转-纵向耦合系数 δ 为 0.04、0.06、0.08 和 0.10 下的集中质量模型，将所得数值结果与实验结果进行比较，可以得到如图 7-29 和图 7-30 所示的误差结果。

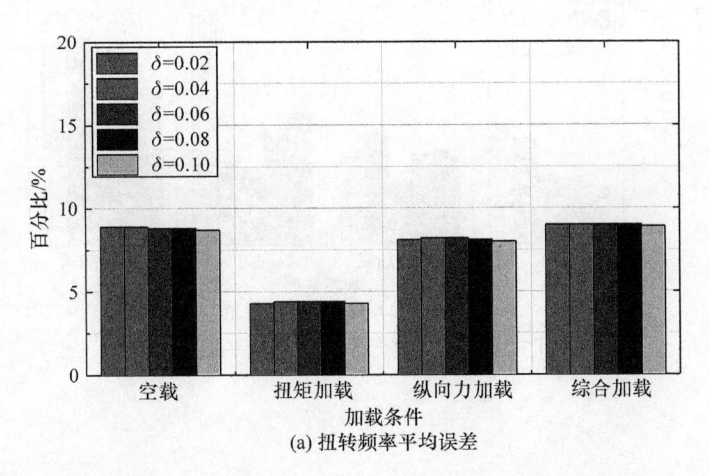

(a) 扭转频率平均误差

(b) 纵向频率平均误差

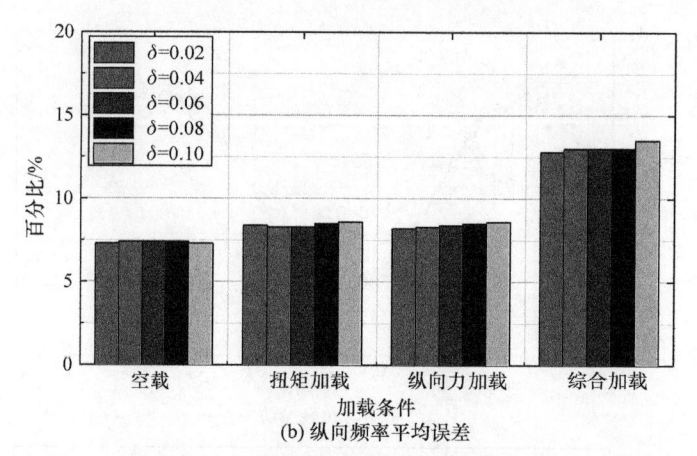

图 7-29 不同耦合系数的频率平均误差

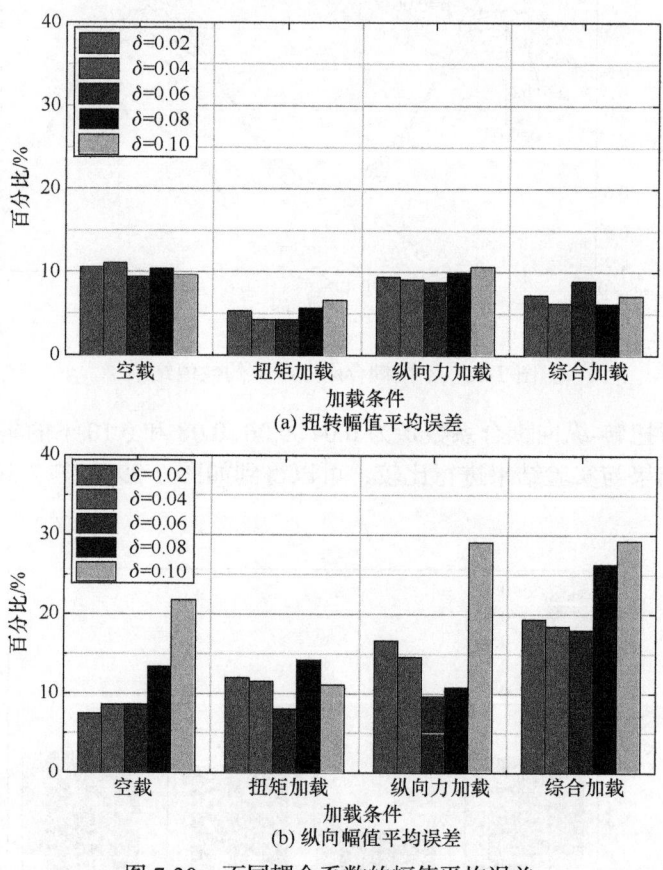

(a) 扭转幅值平均误差

(b) 纵向幅值平均误差

图 7-30 不同耦合系数的幅值平均误差

7.2 船舶轴系扭转-横向耦合振动研究

船舶轴系的横向扭转耦合振动是不平衡量引起的。不平衡量包括螺旋桨的旋转、轴部件的质量、作用于轴承的力和齿轮的啮合力。由于轴系的结构特点，以及上述转动过程中的不平衡影响，轴系的质量中心和横截面中心之间会出现截面偏心距[13]。同时，在实际运行条件下，轴不一定总是保持水平状态。轴系的偏心效应会使振动响应更加复杂和强烈。本节提出一种研究船舶推进轴系扭转-横向耦合振动的数值模型，考虑上述影响因素来预测耦合振动的性能，为推进轴系的结构尺寸等参数设计提供分析手段。

7.2.1 船舶轴系扭转-横向耦合振动建模

将船舶轴系等效为一个固定端(主机)和自由端(螺旋桨)的欧拉悬臂梁结构，截面偏心的推进轴系示意图如图 7-31 所示。图中参数 ρ、J、L、A 和 E 分别表示轴系的密度、转动惯量、长度、横截面积和弹性模量，m、e 和 I 分别表示轴系的质量、横截面偏心和截面惯量，$x(t)$、$y(t)$ 和 $\theta(t)$ 分别表示横向和扭转方向的位移和转角，F_x、F_y 和 M_θ 分别表示各个方向上的横向力和扭转力矩。

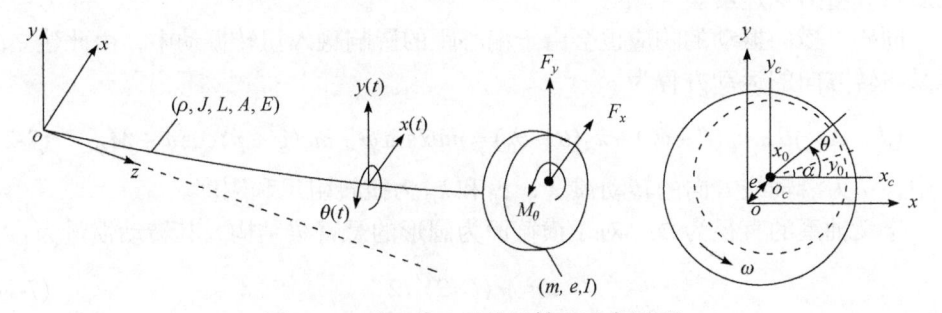

图 7-31 截面偏心的推进轴系示意图[14]

在图 7-31 所示的截面偏心示意图中，x_c 和 y_c 是相对于截面中心原点 o_c 的 x-横向和 y-横向的坐标，偏心率 e 是 o_c 和坐标原点 o 间的变形，ω 和 α 为轴系的转速和转角，其初始位置可由参数 x_0、y_0 和 θ_0 表示。

轴系在转动过程中会产生扭转角，偏心作用的存在会引起轴系横向的变形。根据横截面偏心距的几何关系与力学理论，横向变形 x_c 和 y_c，以及扭转角 φ 关于相对坐标原点 o_c 的表达式为

$$\begin{aligned} x_c &= x + e\cos\varphi \\ y_c &= y + e\sin\varphi \\ \varphi &= \omega t + \theta \end{aligned} \tag{7-21}$$

其中，x、y 和 θ 为相对初始坐标原点的 x 轴横向变形、y 轴横向变形和扭转角；t 为运动时间。

对式(7-21)进行一阶导数和二阶导数计算，可以得到横向变形和扭转角的速度和加速度表达式，即

$$\dot{x}_c = \dot{x} - e\dot{\varphi}\sin\varphi$$
$$\dot{y}_c = \dot{y} + e\dot{\varphi}\cos\varphi \tag{7-22}$$

$$\ddot{x}_c = \ddot{x} - e\ddot{\varphi}\sin\varphi - e\dot{\varphi}\cos\varphi$$
$$\ddot{y}_c = \ddot{y} + e\ddot{\varphi}\cos\varphi - e\dot{\varphi}\sin\varphi \tag{7-23}$$

其中，$\dot{x}$、$\dot{y}$ 和 $\dot{\varphi}$ 为横向和扭转方向对应初始坐标系的速度；$\ddot{x}$、$\ddot{y}$ 和 $\ddot{\varphi}$ 为横向和扭转方向的加速度。

将式(7-21)中的扭转角计算公式引入式(7-22)和式(7-23)，用 θ 代替 φ，根据质心的运动理论和偏心引起的力矩理论，轴系横向振动的常微分方程可表示为

$$m\ddot{x}_c + c_x(\dot{x} - \dot{x}_0) + k_x(x - x_0) = me\ddot{\theta}\sin\varphi + me(\omega + \dot{\theta})^2\cos\varphi + F_x$$
$$m\ddot{y}_c + c_y(\dot{y} - \dot{y}_0) + k_y(y - y_0) = -mg - me\ddot{\theta}\cos\varphi + me(\omega + \dot{\theta})^2\sin\varphi + F_y \tag{7-24}$$

其中，c_x 和 c_y 为 x-横向和 y-横向的阻尼；k_x 和 k_y 为相应的刚度；m 和 g 为轴系的质量和重力加速度。

同样，横向振动的响应也会由于偏心距的影响融入扭转振动中，由此建立的轴系扭转方向的运动方程为

$$(J + me^2)\ddot{\theta} + c_\theta(\dot{\theta} - \dot{\theta}_0) + k_\theta(\theta - \theta_0) = me\ddot{x}\sin\varphi - me(g + \ddot{y})\cos\varphi + M_\theta \tag{7-25}$$

其中，J 为沿轴线方向的转动惯量；c_θ 和 k_θ 为扭转阻尼和刚度。

定义轴系的直径为 D，对于横截面为圆形的悬臂梁结构，其转动惯量为

$$J = m(D/2)^2/2 \tag{7-26}$$

将轴系的横向振动式(7-24)与扭转振动式(7-25)相结合，假定初始横向变形为 $x_0 = y_0 = 0$ 和扭转角为 $\theta_0 = 0$，可以得到推进轴系扭转-横向耦合振动的运动方程，即

$$m\ddot{x} + c_x\dot{x} + k_x x = me\ddot{\theta}\sin(\omega t) + me(\omega + \dot{\theta})^2\cos(\omega t) + F_x$$
$$m\ddot{y} + c_y\dot{y} + k_y y = -mg - me\ddot{\theta}\cos(\omega t) + me(\omega + \dot{\theta})^2\sin(\omega t) + F_y \tag{7-27}$$
$$(J + me^2)\ddot{\theta} + c_\theta\dot{\theta} + k_\theta\theta = me\ddot{x}\sin(\omega t) - me(g + \ddot{y})\cos(\omega t) + M_\theta$$

从上述方程中可以发现，横向振动和扭转振动间由偏心距引起的相互作用。将上述耦合方程转化为矩阵形式，可得

$$\begin{bmatrix} m & & -me\sin(\omega t) \\ & m & me\cos(\omega t) \\ -me\sin(\omega t) & me\cos(\omega t) & J+me^2 \end{bmatrix} \begin{bmatrix} \ddot{x} \\ \ddot{y} \\ \ddot{\theta} \end{bmatrix} + \begin{bmatrix} c_x & & \\ & c_y & \\ & & c_\theta \end{bmatrix} \begin{bmatrix} \dot{x} \\ \dot{y} \\ \dot{\theta} \end{bmatrix}$$
$$+ \begin{bmatrix} k_x & & \\ & k_y & \\ & & k_\theta \end{bmatrix} \begin{bmatrix} x \\ y \\ \theta \end{bmatrix} = \begin{bmatrix} me(\omega+\dot{\theta})^2 \cos(\omega t) + F_x \\ -mg + me(\omega+\dot{\theta})^2 \sin(\omega t) + F_y \\ -meg\cos(\omega t) + M_\theta \end{bmatrix} \tag{7-28}$$

这表明，截面偏心是产生扭转-横向耦合振动的原因，也是扭转耦合振动的关键所在。当偏心距 $e=0$ 时，轴系的扭转振动和横向振动互不影响，不存在耦合振动。

根据材料力学的相关理论,横截面为圆形悬臂梁结构的横向刚度和扭转刚度,可以分别通过挠度和转角得到，即

$$\begin{aligned} k_x &= k_y = 3EI/L^3 \\ k_\theta &= GI_P/L \end{aligned} \tag{7-29}$$

其中，E 和 G 为材料的弹性模量和切变模量；沿轴线方向的截面惯量 I 和极惯性矩 I_P 具有如下关系，即

$$I = \pi I_P = \pi D^4/32 \tag{7-30}$$

由于阻尼作用与轴系的转速有关，因此可以将轴系的横向阻尼和扭转阻尼分别定义为[8]

$$\begin{aligned} c_x &= c_y = \xi_x m\omega \\ c_\theta &= \xi_\theta J\omega \end{aligned} \tag{7-31}$$

其中，ξ_x 和 ξ_θ 为横向阻尼系数和扭转阻尼系数，根据材料的实际性能，定义 $\xi_x = 0.05$ 和 $\xi_\theta = 0.08$。

包括横向力和扭转扭矩在内的轴系外部激励可由以下式给出，即

$$\begin{aligned} F_x &= F_{x0}\sin(\omega t) \\ F_y &= F_{y0}\sin(\omega t) \\ M_\theta &= M_{\theta 0}\sin(\omega t) \end{aligned} \tag{7-32}$$

这些外部激励是耦合振动式(7-28)中具有不同振幅和转速的载荷输入。

7.2.2 模型验证与数值计算

1. 实验测试

为了验证扭转-横向耦合振动数值模型的准确性,本节对船舶轴系的振动进行实验测量。实验系统由轴系(变频电机驱动)、减速器、推力轴承、底座和基座组

成,如图 7-4 所示。轴系和轴承固定在底座上,底座安装在基座上。轴系包括两个中间轴和一个尾轴,通过联轴器连接起来,两个中间轴由中间轴承支撑,而尾轴由水润滑的尾轴承和油润滑的前尾轴承支撑。轴系的总体直径和长度约为 0.15 m 和 9.6 m。此外,实验系统配有润滑、液压加载和状态监测系统。

该轴系的最大设计转速为 550 r/min,为了尽量减小实验误差,避免超负荷引起的轴系损坏,定义转速为 100~500 r/min,步长为 100 r/min。扭振测量仪的型号为 B&K 2523,转速传感器的型号为 B&K MM0024。在实验过程中,利用激光扭振传感器(BINSFELD-TT10K)测量螺旋桨附近尾轴的扭振信号,通过三轴加速度传感器(B&K 4535-B-001)获取横向振动数据,激光检测仪和三轴加速度计布置在尽可能靠近的位置,尽可能减少由测试位置引起的偏差,通过包括伺服放大器、信号采集卡和信号输出装置等在内的多通道信号分析仪(PXIE-4499)采集振动数据,以及轴系的扭转和横振响应。

在实验过程中,通过安装在激振器上的应力传感器和信号采集仪可以获得轴系转动过程中的扭矩值,同时监测和控制轴系的扭矩大小。不同转速条件下的轴系扭矩如表 7-4 所示。

表 7-4 不同转速条件下的轴系扭矩

参数	转速				
	100r/min	200r/min	300r/min	400r/min	500r/min
扭矩/(N·m)	184.8	209.4	222.1	227.2	232.9

如图 7-32 所示,由于摩擦、噪声等影响因素的存在,这些曲线不是规则的正弦曲线,出现轻微的毛刺现象。为了减少实验误差,可以忽略这些微小的影响。

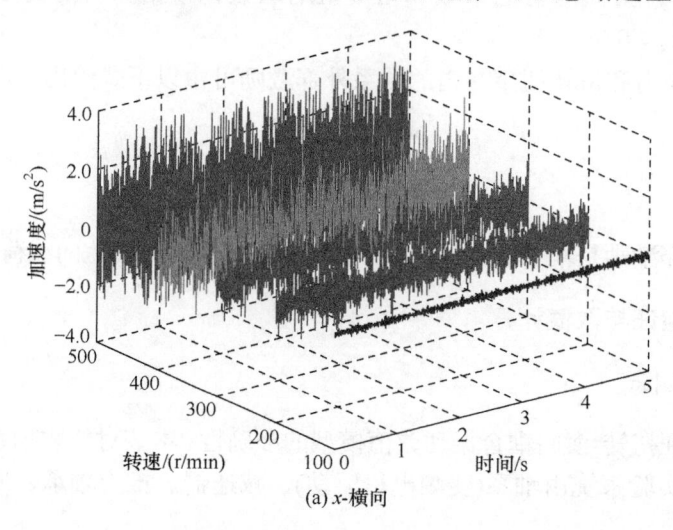

(a) x-横向

(b) y-横向

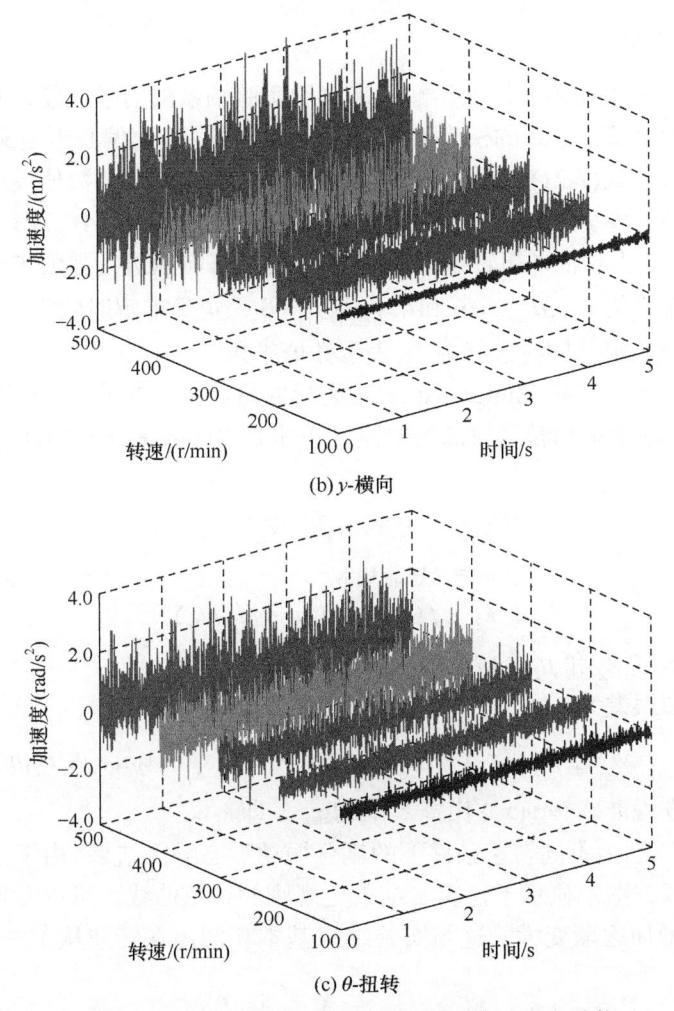

(c) θ-扭转

图 7-32　不同转速条件下的耦合振动瞬态响应实验值

实验结果表明，轴系耦合振动的瞬态幅值随着转速的增加逐渐增大。在转速为 100 r/min 时，振动响应在 x-横向、y-横向和 θ-扭转方向的加速度为 0.12 m/s²、0.16 m/s² 和 0.43 rad/s²；当转速增加到 500 r/min 时，相应的加速度变为 2.14 m/s²、2.21 m/s² 和 1.83 rad/s²。通过对比分析可以发现，在转速从 100 r/min 增加到 500 r/min 时，横向振动的瞬态幅值增量为 17.8 倍，而扭转振动的增量仅为 5.1 倍，表明转速对横向振动的影响更为严重。

对于 x-横向和 y-横向的瞬态结果而言，不考虑测量误差时，不同转速下的加速度基本保持不变，x-横向比 y-横向的实验结果略微小一点。

2. 数值计算

在数值计算中使用的模型参数用来表示实验轴系的力学性能，对实验轴系进行对应的数值计算，轴系的模型参数与上一节相同，截面偏心距定义为 0.001，与轴的设计一致。式(7-21)~式(7-32)为数值计算的理论基础，数值模型的扭矩输入和相应的转速与实验测试保持一致，如表 7-1 所示。利用 MATLAB 软件，采用高阶 Runge-Kutta 法对轴系扭转-横向耦合振动的瞬态响应进行数值求解。耦合模型的初始状态定义为 $x,y,\theta|_{t=0}=0$ 和 $\dot{x},\dot{y},\dot{\theta}|_{t=0}=0$，定义求解时间为 10s，直到计算在此期间趋于稳定，同时选择前 5s 表示数值结果。

采用刚性的二三阶 Runge-Kutta 法进行数值计算，在求解二阶常微分振动方程的过程中，通常采用精度较高的非刚性单步长 Runge-Kutta 法(ODE23)，其一般形式为

$$y_{n+1} = y_n + h(c_1 k_1 + c_2 k_2)$$
$$k_1 = f(x_n, y_n),$$
$$k_2 = f(x_n + \lambda_2 h, y_n + \mu_{21} h k_1)$$

其中，c_1、c_2、λ_2 和 μ_{21} 均为待定常数。

局部截断误差为

$$T_{n+1} = y(x_{n+1}) - y(x_n) - h(c_1 f(x_n, y_n) + c_2 f(x_n + \lambda_2 h, y_n + \mu_{21} h f_n))$$

可以用微分方程准确解 $y(x_n)$ 代替 k_i 中的 y_n，即 k_i^*。

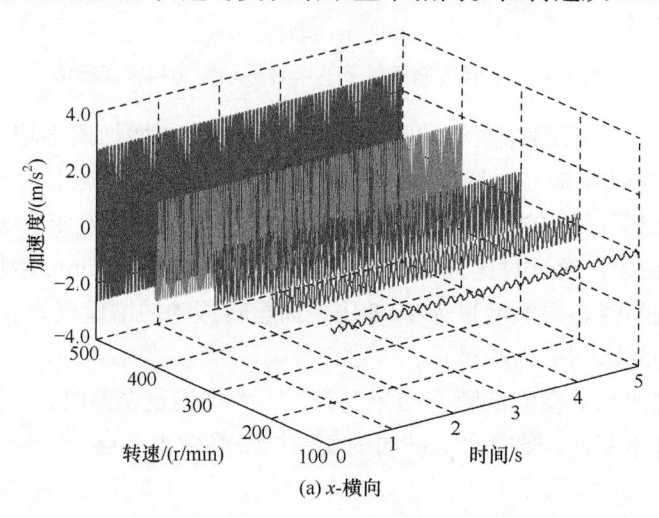

图 7-33 所示为不同转速条件下的耦合振动瞬态响应结果。由于没有考虑实验中的影响因素，图中显示了比实验结果更规则的正弦曲线。可以发现，瞬态响应随着转速的增加逐渐变大，这与实验结果基本相同。在转速从 100 r/min 增加到

(a) x-横向

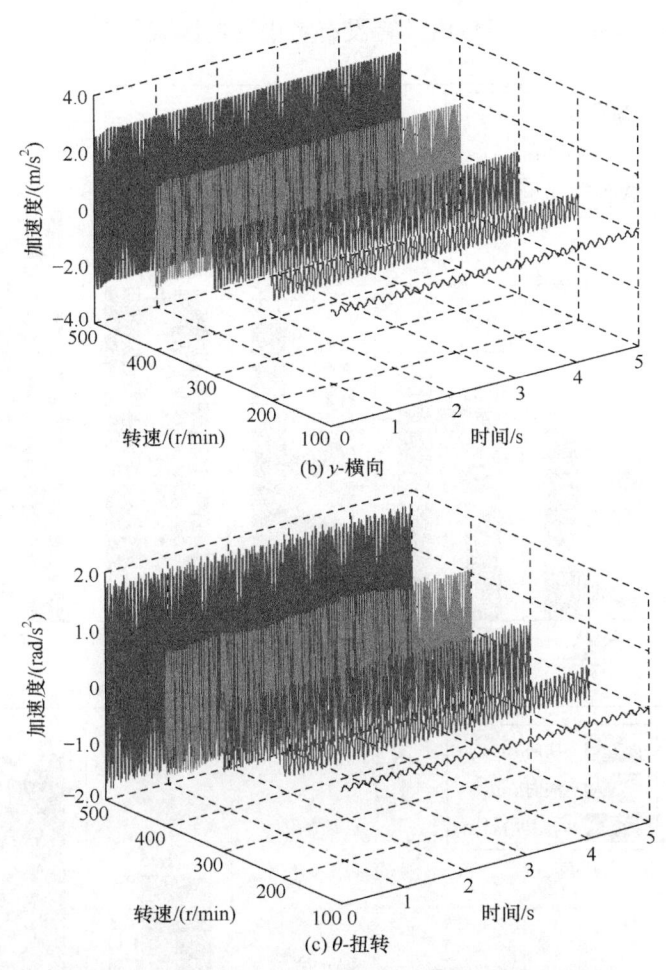

图 7-33　不同转速条件下的耦合振动瞬态响应结果

500 r/min 的情况下，x-横向的数值结果从 0.12 m/s^2 变为 2.66 m/s^2，y-横向从 0.12 m/s^2 变为 2.67 m/s^2，θ-扭转方向从 0.06 rad/s^2 变为 1.77 rad/s^2。应该指出，x-横向和 y-横向的变化比扭转方向的变化要明显得多。这与图 7-32 的实验结果非常相似，意味着横向加速度比扭转加速度对转速更为敏感。

3. 结果分析对比

为了验证扭转-横向耦合振动数值模型，需要对实验结果和数值结果进行比较。耦合振动瞬态响应的实验值与计算值对比如图 7-34 所示。可以发现，实验测试和数值计算都表明耦合振动的瞬态响应随着转速的增加逐渐变大。此外，x-横向和 y-横向的加速度实验值比计算值稍小，而扭转加速度的实验值却大于计算值，即耦合振动的实验值和计算值间存在微小的偏差。这主要是因为实验过程中存在摩擦、阻尼等影响因素，而数值计算没有考虑这些因素。

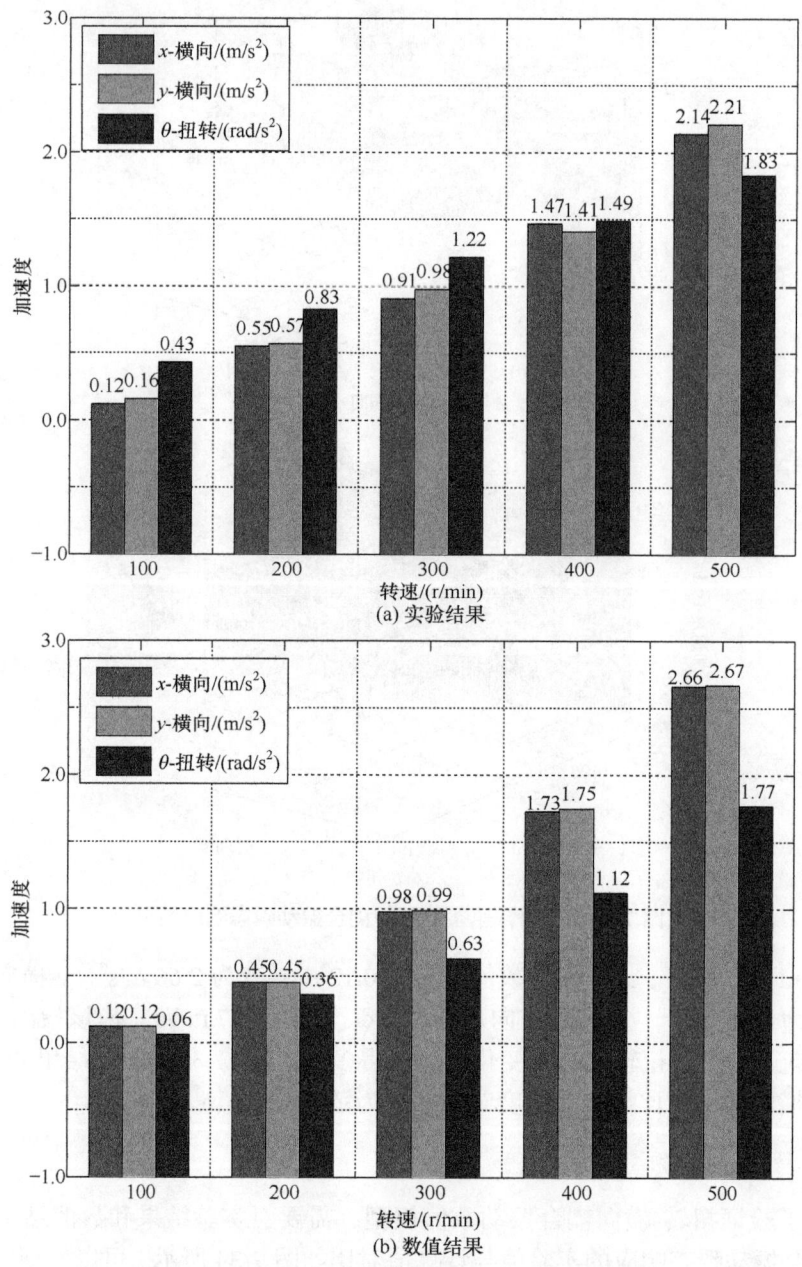

图 7-34 耦合振动瞬态响应的实验值与计算值对比

为了研究实验值和计算值之间的偏差，定义每组五个转速条件下的实验值和计算值的平均误差为

$$\text{error}_i = \frac{1}{i}\sum_{i=1}^{5}\frac{\left|a_{\exp,i} - a_{\text{num},i}\right|}{a_{\exp,i}} \tag{7-33}$$

其中，$a_{\exp,i}$ 和 $a_{\text{num},i}$ 为耦合振动的实验结果和计算结果。

对比发现，x-横向和 y-横向的相对误差为 13.5%和 18.4%，且略小于扭转方向的相对误差。考虑数值模型中假定的阻尼系数与实际测量的差异性，实验轴系由三段轴组成，但在数值模型中被视为一根完整的轴，其运行状态和结构特点的差异导致平均偏差的增大。同时，瞬态响应的加速度结果是从位移的二阶导数求解得到的，求导过程也会导致误差的增大。综上所述，由于相对误差的置信水平较高，数值计算的误差是可以被接受的。本章提出的数值模型可以应用于轴系的扭转-横向耦合振动。

7.2.3 船舶轴系扭转-横向耦合振动影响分析

理论基础表明，轴系的扭转-横向耦合振动是由截面偏心引起的，利用数值模型，对不同截面偏心率、阻尼系数和轴系长径比等进行数值计算，可以得到不同模型参数下的振动特性，并对数值结果进行对比分析，研究上述因素对扭转-横向耦合振动的影响。振动响应包括 Poincaré 截面图和瞬态幅。Poincaré 截面用来描述轴系横截面的运动轨迹。瞬态幅值预测轴系的极限旋转角和纵向位移。此外，由于实验结果和数值结果表明 x-横向和 y-横向的振动响应差别很小，为了简化处理，下面选取 x-横向的结果代表轴系的横向振动。

1. 偏心距影响研究

由于轴系的截面偏心率与其扭转-横向耦合振动密切相关，定义轴系的偏心率为 $\varepsilon = e'/e$，因此数值模型的初始参数取 $\varepsilon = 1.0$。为了研究不同偏心率的影响作用，在数值计算中分别定义 $\varepsilon = 0.5$ 和 $\varepsilon = 2.0$，研究轴系的耦合振动响应，为轴系设计过程确定更适合的取值范围。

如图 7-35 所示，该闭合曲线显示了耦合振动的准周期运动。可以发现，Poincaré 面的形状不是规则的圆形，证明了耦合效应的影响作用。随着偏心率由 0.5 增加到 1.0，再增加到 2.0，横向振动的变化基本上是原来的两倍，而扭转响应在不同偏心距范围内基本保持不变。可见，耦合振动的 Poincaré 截面增量与截面偏心率的变化成倍数关系。

如图 7-36 所示，耦合振动的加速度响应随着转速的增加逐渐变大。可以看出，随着截面偏心率的增加，横向加速度响应基本增加一倍，这与 Poincaré 截面的结果基本一致。对于扭转振动响应，不同偏心距的加速度也略有变化，但这种变化

(a) x 和 y-横向　　　　　　　　　　　(b) θ-扭转

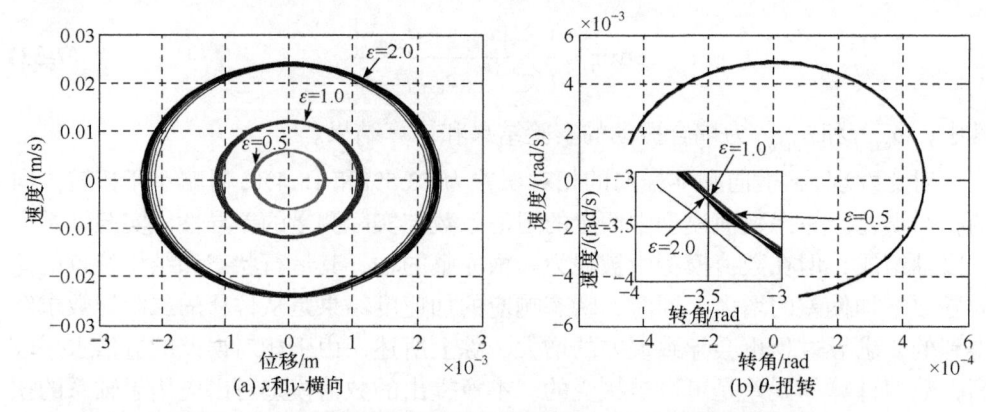

图 7-35　不同偏心距条件下的耦合模型 Poincaré 截面对比图

并不明显，即偏心率对耦合振动的扭转加速度的影响很小。因此，截面偏心率对耦合振动的瞬态振幅，特别是在横向振动方向有着重要的影响，并且偏心距与横向加速度基本为线性关系。

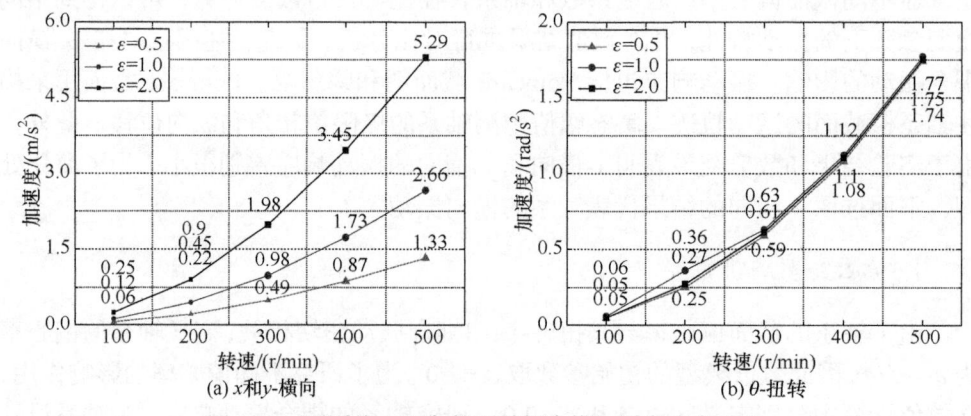

(a) x 和 y-横向　　　　　　　　　　　(b) θ-扭转

图 7-36　不同偏心距条件下的耦合模型瞬态响应对比

2. 阻尼系数影响研究

式(7-31)中的阻尼系数是基于经验公式和实验测量定义的。由于阻尼作用在轴系转动过程中是必不可少的，并且没有详细的方法确定阻尼系数的取值，因此基于不同阻尼系数的数值计算值分析对比是一种有效的定义方法。定义横向阻尼比为 $\mu=\xi'_x/\xi_x$，扭转阻尼比为 $\nu=\xi'_\theta/\xi_\theta$，那么数值模型的初始阻尼比为 $\mu=1.0$ 和 $\nu=1.0$。假设横向和扭转阻尼系数比为 $\mu=10.0$ 和 $\nu=10.0$，下面通过数值计算结果的比较，讨论阻尼作用对耦合振动的影响。

如图 7-37 所示，由于耦合作用的影响，两图中的曲线形状都趋向于椭圆，这与图 7-35 中的计算结果基本相似。由此可知，横向阻尼的增加使横向振动的轴系轨迹相应减小，而 $\mu=1.0$、$\nu=1.0$ 和 $\mu=1.0$、$\nu=10.0$ 两种情况的比较表明，扭转振动几乎不受扭转阻尼的影响。扭转振动的 Poincaré 截面在两种不同阻尼条件下的周期性运动几乎都是稳态的，结果表明阻尼作用对耦合振动的扭转方向 Poincaré 截面影响很小。

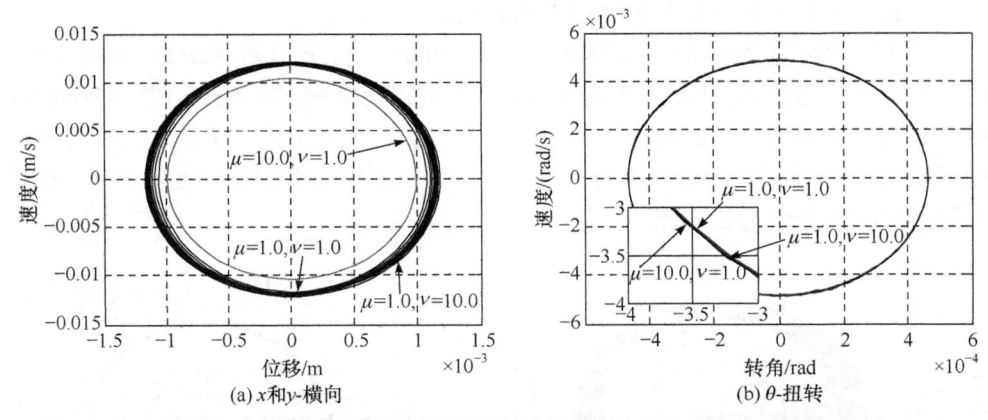

图 7-37 不同阻尼系数条件下的耦合模型 Poincaré 截面对比图

如图 7-38 所示，随着转速的增加，耦合振动的加速度逐渐变大。横向加速度受到横向阻尼的影响更为明显，这与 Poincaré 截面的结果基本一致，且随着转速的增加，这种变化也不断增大。由图 7-38(a)可以看出，横向加速度几乎不受扭转阻尼的影响。图 7-38(b)中的耦合振动加速度在两种不同阻尼作用下都有轻微的减小。因此，横向阻尼和扭转阻尼都会影响耦合振动的瞬态振幅，且横向阻尼的影响更加明显。

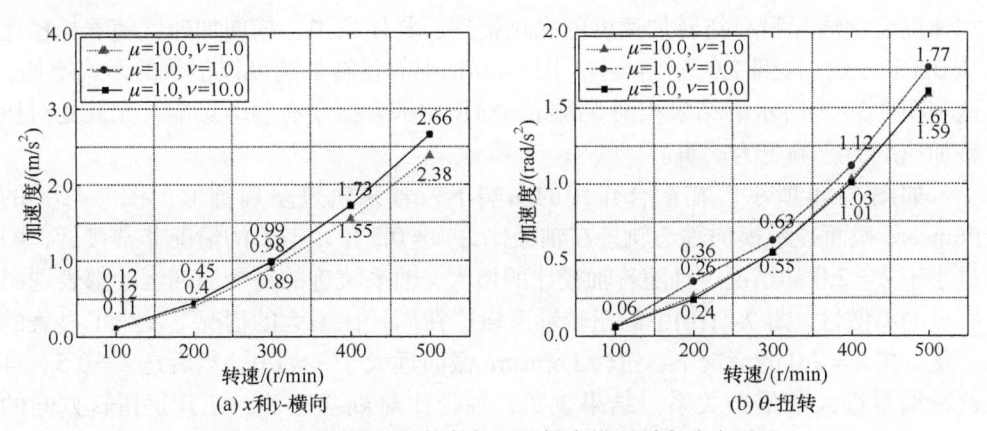

图 7-38 不同阻尼系数条件下的耦合模型瞬态响应对比

3. 轴系长径比影响研究

由于轴系的结构尺寸对其振动特性与控制有至关重要的作用，本节讨论结构尺寸参数对耦合振动的影响。定义轴长比和轴径比为 $\eta = L'/L$ 和 $\lambda = D'/D$，L 和 D 为初始长度和轴径，则其长径比可表示为 λ/η，因此上述数值模型的尺寸参数初始值为 $\eta = \lambda = 1.0$。通过改变系数 η 和 λ 的大小，可以得到不同长径比的数值结果，以此研究轴系长径比对耦合振动的影响。

图 7-39 所示为不同轴长比的轴系在 100 r/min 条件下的 Poincaré 截面对比图。由于耦合作用的影响，Poincaré 截面的形状非常接近椭圆。图 7-39(a)中的 Poincaré 截面表明，横向加速度随着轴长的增加，其轴系轨迹几乎是稳定的，且具有相对的周期离散性。图 7-39(b)中的扭转加速度在轴长比作用下的差异更为显著，相邻两种情况的变量约为长径比的倍数。

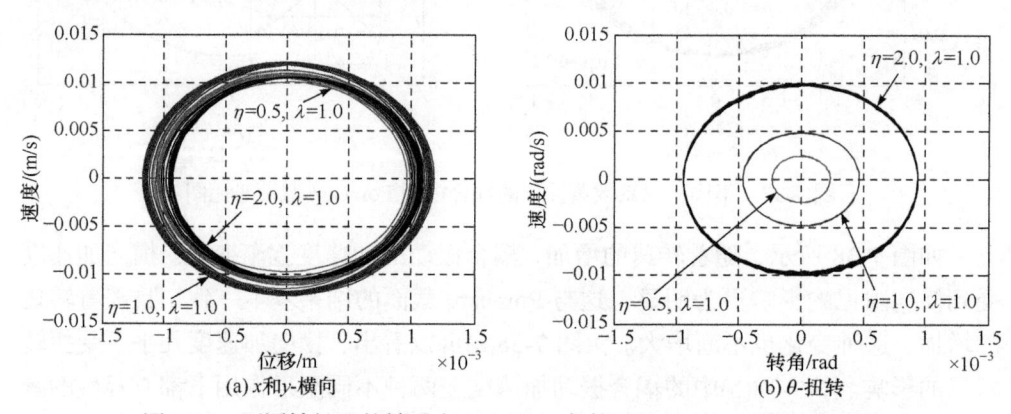

图 7-39 不同轴长比的轴系在 100 r/min 条件下的 Poincaré 截面对比图

图 7-40 所示为不同轴长比条件下的耦合模型瞬态响应对比。可以发现，横向加速度变化情况没有扭转加速度的变化剧烈。具体来说，横向加速度随着长径比从 0.5 到 1.0，再到 2.0 逐渐减小。图 7-40(b)中的扭转加速度以倍数的形式增加，这与图 7-39(b)所示的结果相同。因此，轴长比耦合振动有显著影响，尤其是对扭转加速度的影响更为严重。

如图 7-41 所示，在耦合作用的影响下，轴系轨迹呈扁圆形。图 7-41(a)的 Poincaré 截面显示横向轴心轨迹在轴径比为 $\lambda = 0.5$ 和 $\lambda = 1.0$ 的情况非常接近，明显小于 $\lambda = 2.0$ 的情况，且随着轴径比的增大，轴系轨迹的每个周期运动都表现出明显的离散性。图 7-41(b)中的扭转轴系轨迹在周径比增大的情况下发生了显著的变化。在 $\lambda = 2.0$ 的情况下，扭转 Poincaré 截面远大于 $\lambda = 1.0$，然后是 $\lambda = 0.5$，且这种增量远大于倍数关系。结果表明，轴径比对耦合振动，尤其是扭转方向的 Poincaré 截面有很大的影响。

图 7-40 不同轴长比条件下的耦合模型瞬态响应对比

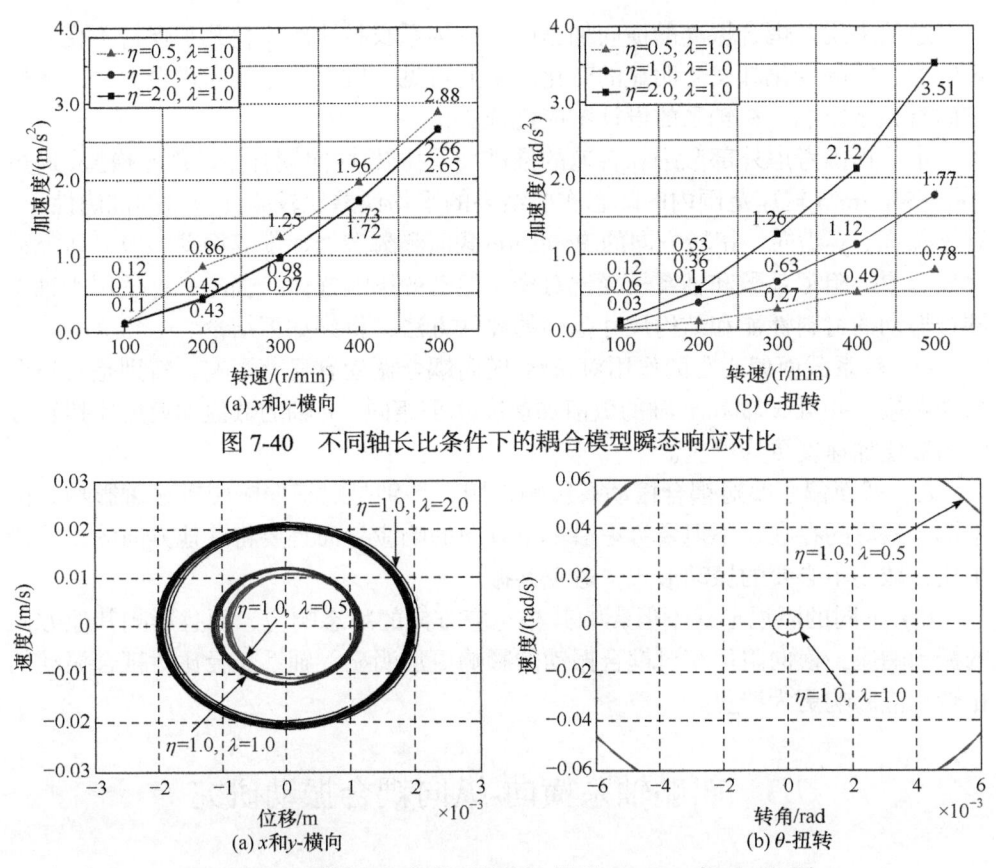

图 7-41 不同轴径比条件下的耦合模型 Poincaré 截面对比图

如图 7-42 所示，横向加速度随着轴径比的增加有略微的增大，而扭转加速度与之相比则有非常明显的变化。这意味着，轴径比对耦合加速度尤其是扭转方向有显著的影响，同样的结论也适用于轴长比对耦合振动的影响。

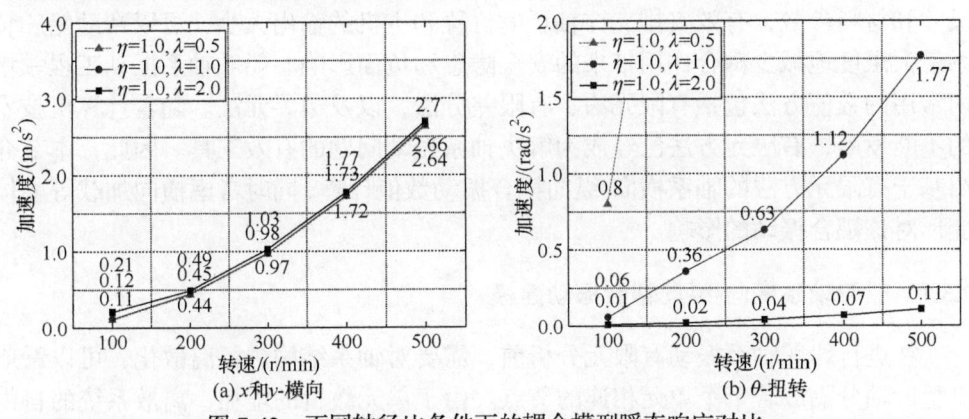

图 7-42 不同轴径比条件下的耦合模型瞬态响应对比

总的来说，耦合振动的横向加速度随着轴系长径比的变化几乎保持不变，而扭转加速度的变化却发生明显的变化。由此可见，轴系长径比对耦合振动的扭转方向有显著影响，在轴系的设计中应优选。

本节提出考虑外部激励和转速的推进轴系扭转-横向耦合振动理论模型，通过 100~500r/min 转速范围内的瞬态实验结果的平均误差比较验证模型的准确性，计算 x-横向、y-横向、扭转方向的 Poincaré 截面和瞬态加速度等振动响应，研究截面偏心率、阻尼系数和轴系长径比对耦合振动的影响规律，提出一种适用于轴系耦合振动的材料性能和结构尺寸范围的评估方法，得到如下结论。

(1) 轴系截面偏心距的作用对扭转-横向耦合振动有显著影响，特别是对横向振动响应，并且 x 轴和 y 轴的数值加速度几乎相同。y 轴的数值加速度比扭转方向的数值加速度更为严重。

(2) 截面偏心率对耦合振动有影响作用，特别是对横向响应有显著影响。由于耦合效应的存在，不但要考虑沿单个方向的响应，而且要将其他方向的影响最小化，减小不必要的振动形式，避免共振。

(3) 不同的阻尼形式不但影响其相对应方向的瞬态响应，而且影响其他方向的振动响应，横向阻尼相对耦合振动的影响更加明显。轴系长径比对耦合振动的扭转响应影响更为严重。

7.3 船舶轴系横向-纵向耦合振动研究

船舶轴系在实际运行过程中，由于主机的激励、螺旋桨的推力和不同形式的船体变形作用，轴系在各个方向的振动并不是单一存在的。这些振动形式间的相互耦合和影响会增加各种振动响应的剧烈程度[15]。因此，深入研究轴系多种振动形式间的作用机理与耦合效应，准确预估极限频率和幅值，合理设计轴系的结构尺寸和材料参数，有效安排支撑轴承的位置和主机的输出大小，可以帮助船舶轴系最大限度地减少耦合作用带来的安全隐患和负面影响。船舶轴系振动工程领域内常用的数值方法包括有限元法、有限差分法，以及边界元法。随着计算机技术的不断发展，有限元方法已经成为解决轴系振动问题的有效工具。因此，本节介绍基于有限元方法的轴系横向-纵向耦合振动数值计算，同时考虑横向加载等船体变形对该耦合振动的影响。

7.3.1 船舶轴系横向-纵向耦合振动建模

在进行船舶轴系振动有限元分析前，需要对轴系结构进行离散化，可以看成将整段轴分隔成若干个单元相连的节点。由于单元数目的增加，离散系统的自由度相应地增多，在提高求解精度的同时，也会增加计算的工作量，因此单元数目的多少将直接影响计算的时长和精度[16]。研究梁的弯曲的前提条件是中心面假设，当中心面在轴线方向的长度一定时，梁在垂直中性面上的变形必将引起轴线方向的位移；同时，纵向周期性激励会诱发梁的横向位移。这两种振动形式的相互作用表明，梁的横向-纵向耦合振动是客观存在的。

如图 7-43 所示，定义梁的长度为 l，其轴线位于 x-y 平面内，中性面垂直于 x-y 平面。梁上任意点 A 在初始轴线上运动，x 轴上的坐标为 $(x,0)$，在横向-纵向耦合振动的影响下运动至 B 点。假设该点的纵向和横向位移为 $u(x,t)$ 和 $v(x,t)$，此时的轴线位置偏移至图 7-43 所示的虚线位置。

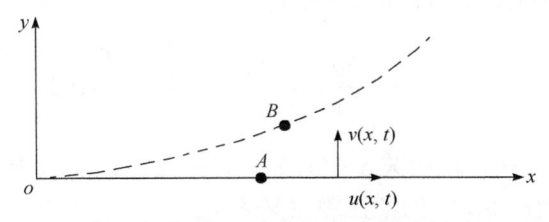

图 7-43 梁轴线的横向-纵向耦合振动

根据基尔霍夫假设，将非线性横向位移加入纵向位移中，可以得到各向位移，即

$$U(x,y,t) = u(x,t) - y\frac{\partial v}{\partial x}(x,t)$$
$$V(x,t) = v(x,t) \qquad (7\text{-}34)$$
$$W(x,t) = 0$$

在小变形假设的基础上，规定位移量级 $O(u) = O(v^2)$，根据弹性力学中应力-应变关系可得

$$\varepsilon_x = \frac{\partial U}{\partial x} + \frac{1}{2}\left(\frac{\partial V}{\partial x}\right)^2$$
$$\varepsilon_y = \frac{\partial U}{\partial y} \qquad (7\text{-}35)$$
$$\varepsilon_z = \gamma_{yz} = \gamma_{zx} = 0$$

$$\gamma_{xy} = \frac{1}{2}\left(\frac{\partial V}{\partial x} + \frac{\partial U}{\partial y}\right)$$
$$\gamma_{yz} = 0 \qquad (7\text{-}36)$$
$$\gamma_{zx} = 0$$

将式(7-36)代入式(7-34)和式(7-35)，可得

$$\varepsilon_x = \frac{\partial U}{\partial x} + \frac{1}{2}\left(\frac{\partial V}{\partial x}\right)^2 = \frac{\partial u}{\partial x} - y\frac{\partial^2 v}{\partial x^2} + \frac{1}{2}\left(\frac{\partial v}{\partial x}\right)^2 \tag{7-37}$$

其中，U 和 V 为 x 轴和 y 轴方向的总位移变量；纵向 u 和横向 v 为横坐标 x 和时间 t 的函数。

根据胡克定律可以得到纵向应力 $\sigma_x = E\varepsilon$，因此系统的应变能 PE 可以表示为

$$\text{PE} = \frac{1}{2}\int_V \sigma_{ij}\varepsilon_{ij}\mathrm{d}V \tag{7-38}$$

将式(7-35)~式(7-37)代入式(7-38)，可得

$$\text{PE} = \frac{E}{2}\int_x\int_A\left[\frac{\partial u}{\partial x} - y\frac{\partial^2 v}{\partial x^2} + \frac{1}{2}\left(\frac{\partial v}{\partial x}\right)^2\right]^2 \mathrm{d}A\mathrm{d}x \tag{7-39}$$

根据横截面积为圆形结构关于中心面对称的特点，式(7-39)中含有 y 项的积分为 0，x 的取值范围从 0 到 l 的惯性矩定义为

$$I_x = \int_A y^2 \mathrm{d}A \tag{7-40}$$

将式(7-40)代入式(7-39)，并展开平方项可得

$$\text{PE} = \frac{1}{2}\int_0^l\left[EA\left(\frac{\partial u}{\partial x} + \frac{1}{2}\frac{\partial^2 v}{\partial x^2}\right)^2 + EI\left(\frac{\partial v}{\partial x}\right)^4\right]\mathrm{d}x \tag{7-41}$$

同时，系统的动能可以表示为

$$\text{KE} = \frac{E}{2}\int_0^l\left\{\int_A \rho\left[\left(\frac{\partial U}{\partial t}\right)^2 + \left(\frac{\partial V}{\partial t}\right)^2\right]\right\}\mathrm{d}A\mathrm{d}x \tag{7-42}$$

将式(7-34)代入式(7-42)，可得

$$\text{KE} = \frac{1}{2}\left\{\int_0^l \rho\left[\left(\frac{\partial u}{\partial t}\right)^2 + \left(\frac{\partial v}{\partial t}\right)^2\right] + \rho I\left(\frac{\partial^2 v}{\partial x \partial t}\right)^2\right\}\mathrm{d}x \tag{7-43}$$

建立对时间 t 的拉格朗日函数，可得

$$\begin{aligned}\int_1^f L\mathrm{d}t &= \int_1^f (\text{KE} - \text{PE})\mathrm{d}t \\ &= \int_1^f\left\{\int_0^l [\rho A(\dot{u}^2 + \dot{v}^2) + \rho I \dot{v}'^2 - EA(u' + \ddot{v}^2/2)^2 - EIv''^2]\mathrm{d}x\right\}\mathrm{d}t\end{aligned} \tag{7-44}$$

其中，符号 · 和 ·· 分别表示对时间 t 的一次和二次求导；符号 ′ 和 ″ 分别表示对位

x 的一次和二次求导，这些符合在后续的公式中具有相同的含义。

假设纵向运动 $u(x,t)$ 和横向运动 $v(x,t)$ 的虚功为

$$\partial W = \int_0^l (N_x(X,t)\delta u + Q_y(X,t)\delta v)\mathrm{d}x \tag{7-45}$$

其中，N_x 为纵向力；Q_y 为横向剪切力。

将虚功位移代入式(7-44)，可得

$$\begin{aligned}\delta \int_1^f L\mathrm{d}t = \delta \int_1^f &\left\{\int_0^l [\rho A(\dot{u}\delta\dot{u} + \dot{v}\delta\dot{v}) + \rho I \dot{v}'\delta\dot{v}'\right. \\ &\left. - EA(u' + v'^2/2)(\delta u' + v'\delta v') - EIv''\delta v'']\mathrm{d}x\right\}\mathrm{d}t\end{aligned} \tag{7-46}$$

进行积分变换，考虑梁截面的边界条件略去高阶项，可得

$$\begin{aligned}\delta \int_1^f L\mathrm{d}t = \delta \int_1^f \int_0^l &\Big([-\rho A\ddot{u} + EA(u' + v'^2/2)']\delta u \\ &+\{-\rho A\ddot{v} + [EA(u' + v'^2/2)v']' + \rho I\ddot{v}'' - (EIv'')''\}\delta v\Big)\mathrm{d}x\mathrm{d}t\end{aligned} \tag{7-47}$$

根据 Hamilton 原理，$\delta \int_1^f (W-L)\mathrm{d}t = 0$，横向-纵向耦合振动方程可以表示为

$$\begin{aligned}&-\rho A\ddot{u} + EA\left(u' + \frac{1}{2}v'^2\right) = N_x \\ &-\rho A\ddot{v} - (EIv'')'' + \left[EA\left(u' + \frac{1}{2}v'^2\right)\right]v' = Q_y\end{aligned} \tag{7-48}$$

令虚力 $N_x = Q_y = 0$，将式(7-48)展开，可得

$$\begin{aligned}&\rho A\frac{\partial^2 u}{\partial t^2} - EA\left(\frac{\partial^2 u}{\partial x^2} + \frac{1}{2}\frac{\partial v}{\partial x}\frac{\partial^2 v}{\partial x^2}\right) = 0 \\ &\rho A\frac{\partial^2 v}{\partial t^2} + EI\frac{\partial^4 v}{\partial x^4} - \left[EA\frac{\partial^2 u}{\partial x^2}\frac{\partial v}{\partial x} + \frac{\partial u}{\partial x}\frac{\partial^2 v}{\partial x^2} + \frac{3}{2}\left(\frac{\partial v}{\partial x}\right)^2\frac{\partial^2 v}{\partial x^2}\right] = 0\end{aligned} \tag{7-49}$$

在两种振动形式相互耦合的方程中，其耦合项是关于时间 t 和空间 x 的偏导数，可假设其振型为对时间 t 或位置 x 的正弦函数，但在更加复杂的非正弦函数情况下，需要探寻其他的解决方法。

结合上述理论分析，在无法进行船舶横向-纵向耦合振动的数学方法求解的情况下，利用工程应用中广泛使用的有限元方法建立有限元模型，并进行数值求解。有限元方法在复杂船舶结构的设计和分析中已被认为是该研究领域非常重要的技术手段。本节采用实体单元与点单元结合，在转角和位移约束的同时施加耦合约

束，计算轴系不同转速和加载条件下，横向-纵向耦合振动的谐响应和瞬态响应，最后讨论不同偏心距条件对耦合振动的影响。

7.3.2 模型验证与数值计算

本章讨论的有限元模型是以船舶轴系综合性能实验台为对象建立的。在有限元的建模过程中，采用 8 节点的 SOLID45 单元建立轴系的模型，采用 6 个自由度的 MASS21 单元建立尾部螺旋桨的模型。模型的结构尺寸和材料参数与实验轴系保持一致，轴系的每段长度为 $L_1 = 2.6$ m、$L_2 = 2.0$ m 和 $L_3 = 5.0$ m，直径为 $D_1 = 0.16$ m、$D_2 = 0.15$ m 和 $D_3 = 0.14$ m，材料密度为 7850 kg/m^3，材料的弹性模量、切变模量和泊松比为 210 GPa、77 GPa 和 0.3。

有限元模型的边界条件定义与实验台保持一致。船舶轴系横向-纵向耦合有限元模型如图 7-44 所示。具体包括常规的位移约束、转角约束，均施加在 4 个轴承座的位置(图中 B、C、D 和 F 位置)来模拟其支撑作用；同时包括轴系尾端螺旋桨截面(图中 F 位置)通过点单元与实体单元的耦合约束，以及轴系前端(图中 A 位置)施加的转速条件，最后对模型整体定义结构的重力加速度。模型整体采用 4 面体映射网格进行模型的网格划分。有限元方法是将连续的求解域离散为有限个单元组合体，利用单元内的节点数值和插值函数计算近似解。单元尺寸的缩小和插值函数精度的提高会不断改进求解的近似程度。

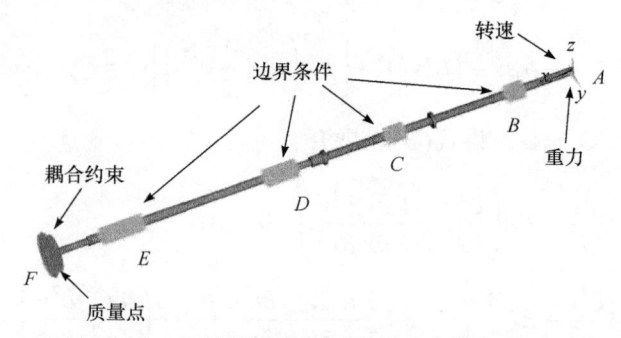

图 7-44 船舶轴系横向-纵向耦合有限元模型

利用图 7-19～图 7-22 所示的船舶轴系综合性能实验台进行实验测试与验证。在实验台最大转速允许的情况下，在尽可能地减少实验误差和增加数据完备性的基础上，定义船舶轴系的转速为 60 r/min、100 r/min、160 r/min、260 r/min 和 360 r/min。

合理的转速可以提高旋转轴系的可靠性和稳定性，在确定施加耦合约束的合理性以后，再对模型的极限转速进行分析。工程上采用坎贝尔图分析整个转速范围的振动变化特征。在分析过程中，横纵坐标为结构的转速和与其有关的频率，呈现在以原点引出的射线上，而自由振动部分则呈现在固定的频率线上，通过两者的交点确定转子在整个转速范围内的工作特性。采用本章模型计算的轴系极限转速的坎贝尔图如图 7-45 所示。

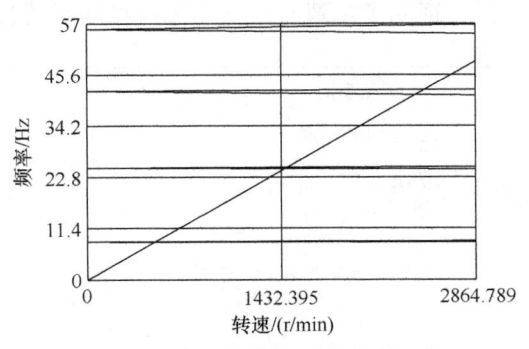

图 7-45　轴系极限转速的坎贝尔图

根据图 7-45 可以得到轴系前 8 阶的极限转速。该条件下轴系的正转和反转状态都保持平稳状态。具体分析极限转速的大小时，船舶轴系有限元模型的极限转速如表 7-5 所示。通过分析可得，第 1、2 阶模态下的极限转速约为 523 r/min，第 3、4 阶模态下的极限转速约为 1469.2 r/min。结果显示，轴系在第一阶模态下的极限转速接近实验台轴系设计的额定转速 550 r/min，可以认为模型的极限转速结果接近于实际值。定义数值计算和实验测试过程中的最高转速为 360 r/min，小于其极限转速，可以保证实验测试的稳定性。这证明了数值计算的转速取值范围是合理的。

表 7-5　船舶轴系有限元模型的极限转速

参数	阶			
	第 1 阶	第 2 阶	第 3 阶	第 4 阶
极限转速/(r/min)	523	523	1469.2	1469.2

在数值计算之前，首先通过上述极限转速的分析，确定转速定义合理后，再进行模型的准确性验证。由于横向振动过程中的刚度大小无法通过其力学特性进行定义，无法采用简单模型进行验证，因此采用有限单元的简单梁单元模型与本章建立的实体结构模型对比，分析模型的准确性。在梁模型中，将多段轴系视为单一的整体梁结构，即建立长为 9.6m 的圆直杆进行整体分析，将轴系各个轴段的直径定义为 0.15m，其余材料性能基本参数与实体模型保持一致。

通过数值计算，可以得到如图 7-46 所示的梁模型和实体模型结果对比图。两种模型求得的轴系横向和纵向位移的运动规律和变形量相差不大。横向位移最大值为 9.7×10^{-5} m 和 9.5×10^{-5} m；纵向位移为 6.1×10^{-5} m 和 5.5×10^{-5} m。可以看出，梁模型的计算结果略大于实体模型，存在误差的主要原因是梁模型过于简单，但总体来说误差水平很低，证明了本章有限元实体模型的准确性。

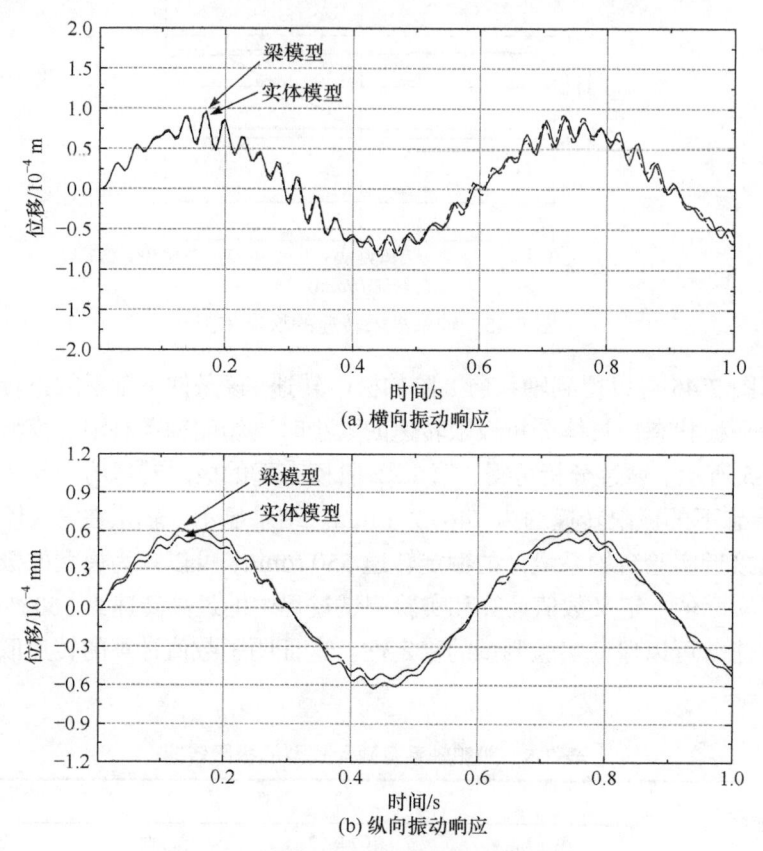

(a) 横向振动响应

(b) 纵向振动响应

图 7-46　梁模型与实体模型数值结果对比

在上述转速分析的基础上，定义数值计算的转速与实验保持一致。在实验台最大转速允许的情况下，尽可能减少实验误差和增加数据完备性的基础上，对轴系采用横向加载进行轴系横向-纵向耦合振动的研究，加载的应力大小为 σ=3.0 MPa。因此，对于数值计算和实验测试均定义空载和横向加载两种工况。

在空载条件的数值计算中，定义求解步长和时间为 0.001s 和 1.0s，计算过程中的收敛系数定义为 0.001，分别计算转速为 60~360r/min 条件下的轴系横向-纵向耦合振动。

在横向加载数值计算过程中，横向应力 σ 可以通过力学关系转换为横向载荷

Q_y，施加到对应实验位置的有限元模型上，其他输入条件与空载条件保持一致，具体的应力转换方法为

$$\sigma = \frac{M}{W_z}$$
$$M = Q_y L$$
(7-50)

其中，M 为弯矩大小；L 为轴的长度；W_z 为弯曲截面系数；Q_y 为横向载荷。

图 7-47 和图 7-48 所示为空载和加载条件下的轴系横向-纵向耦合谐响应。横向和纵向振动的频率值为 116.3 Hz 和 54.6 Hz。可以发现，随着转速的增加，耦

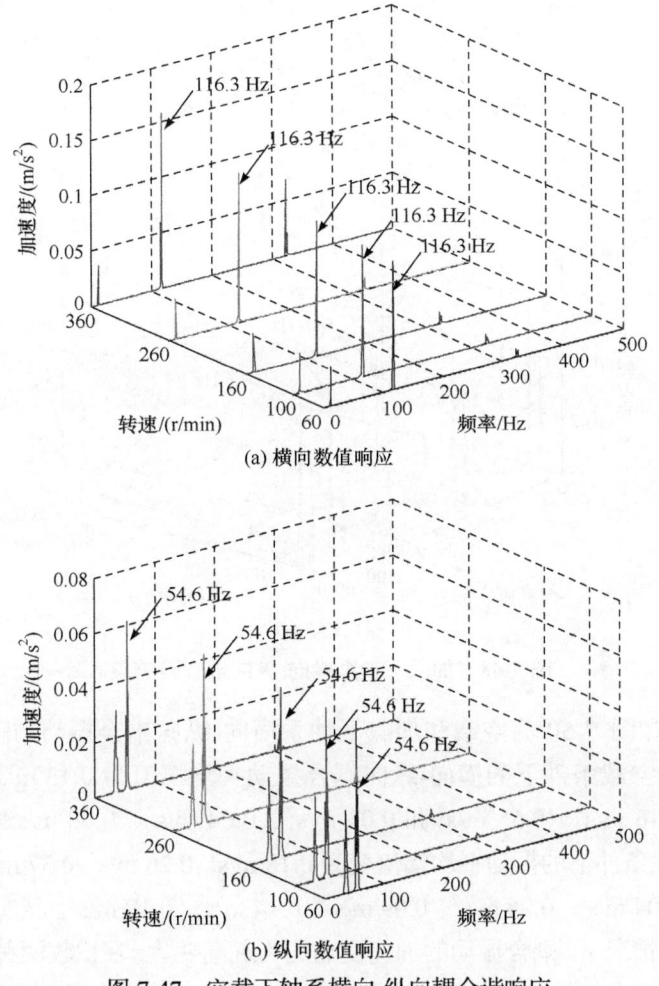

(a) 横向数值响应

(b) 纵向数值响应

图 7-47 空载下轴系横向-纵向耦合谐响应

合振动的固有频率仍保持不变,且在比较空载和加载两种条件下的数值结果时,耦合频率并未发生改变。

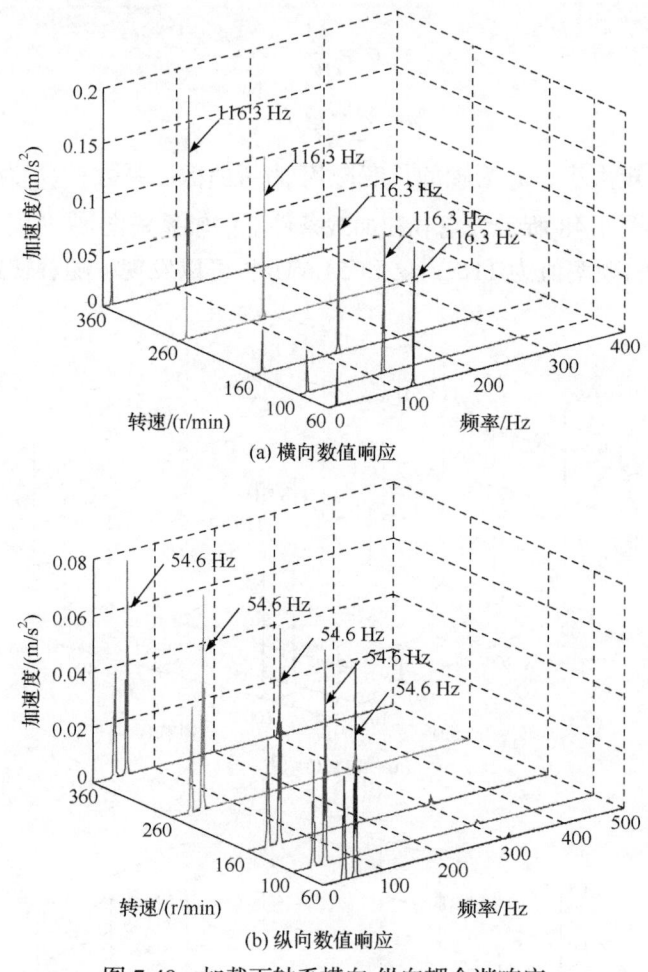

图 7-48 加载下轴系横向-纵向耦合谐响应

图 7-49 和图 7-50 为空载和加载下轴系横向-纵向耦合振动的瞬态响应。具体的数据为,空载条件下的横向-纵向耦合振动平均幅值为 0.13 m/s²、0.23 m/s²、0.34 m/s²、0.46 m/s²、0.55 m/s² 和 0.03 m/s²、0.04 m/s²、0.06 m/s²、0.09 m/s²、0.12 m/s²,加载条件下的振动平均幅值变为 0.18 m/s²、0.26 m/s²、0.37 m/s²、0.55 m/s²、0.69 m/s² 和 0.04 m/s²、0.06 m/s²、0.09 m/s²、0.14 m/s²、0.17 m/s²。从实验结果可知,在转速增加的情况下,耦合振动的加速度响应均逐渐变大。在比较两种运行工况时,横向加载增大横向振动幅值的同时,会诱发耦合纵向振动的加剧,表明外部载荷不仅能明显增加主振形式,也能增加耦合振动的响应,且主振的变化量较大。

第 7 章 船舶轴系耦合振动研究

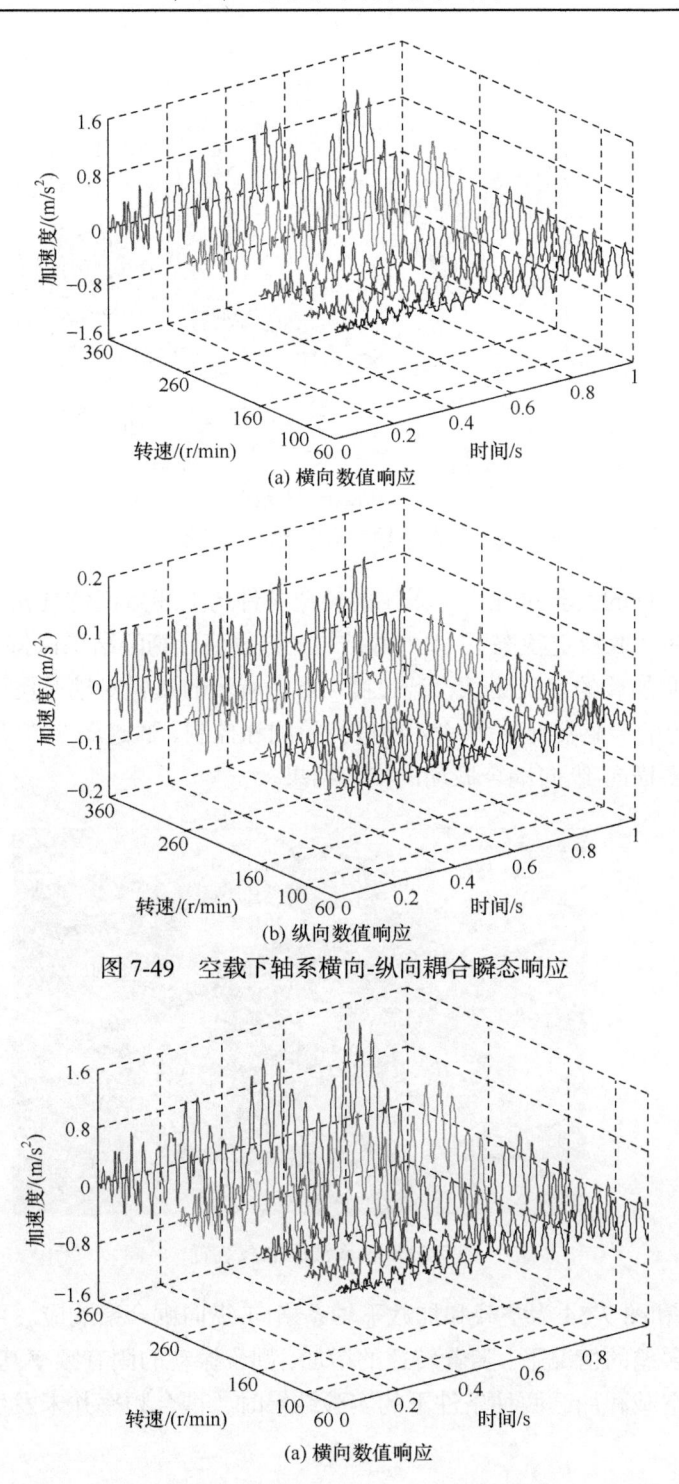

(a) 横向数值响应

(b) 纵向数值响应

图 7-49 空载下轴系横向-纵向耦合瞬态响应

(a) 横向数值响应

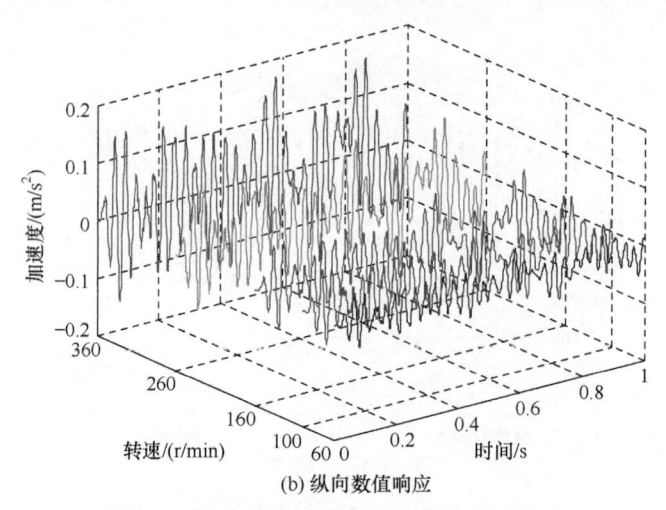

图 7-50 加载下轴系横向-纵向耦合瞬态响应

在空载条件的实验过程中，采用的转速条件与上述数值仿真相同。实验测试时间为 10s 并选取稳定状态下 1s 内的结果，与数值计算的结果保持一致。在此基础上进行横向加载的实验测试，通过图 7-51 所示的装置对轴系尾端进行横向加载，采用相应的传感器对应力的大小进行检测和控制，通过图 7-52 所示的传感器测定船舶轴系横向-纵向耦合振动的实验结果。

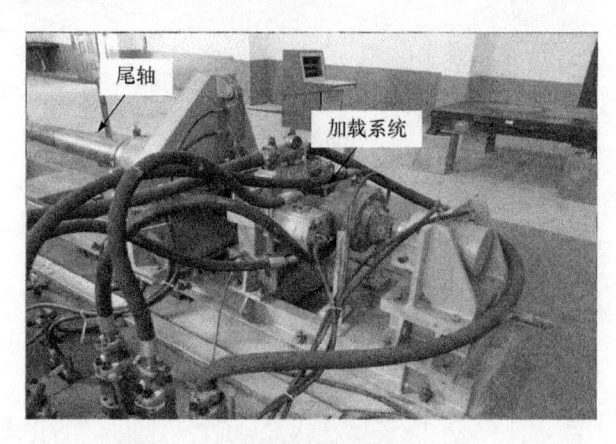

图 7-51 轴系液压加载装置

图 7-53 和图 7-54 为空载和加载下轴系横向-纵向耦合谐响应。可以发现，在不考虑实验误差的情况下，随着转速的增加，耦合振动的固有频率基本保持不变，并且在比较空载和加载两种条件下的实验结果时，耦合频率并未发生改变。

第 7 章　船舶轴系耦合振动研究

图 7-52　轴系加速度传感器

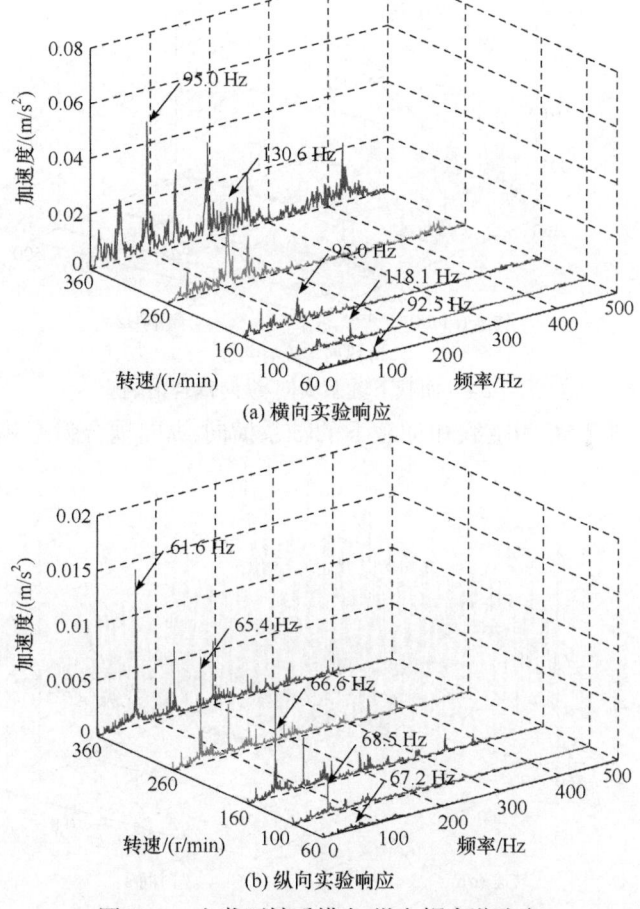

(a) 横向实验响应

(b) 纵向实验响应

图 7-53　空载下轴系横向-纵向耦合谐响应

(a) 横向实验响应

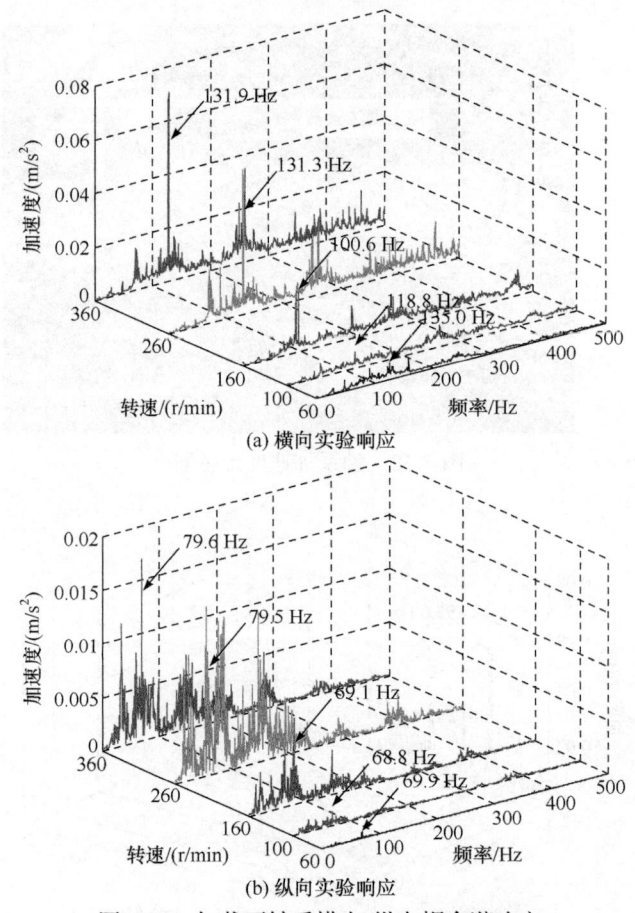

(b) 纵向实验响应

图 7-54　加载下轴系横向-纵向耦合谐响应

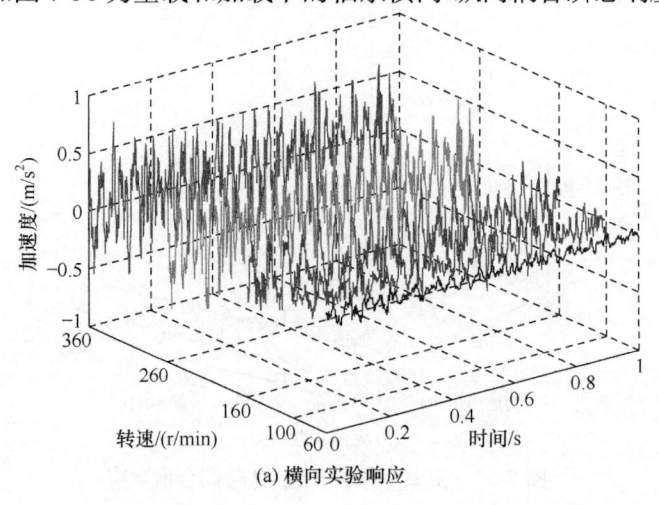

图 7-55 和图 7-56 为空载和加载下的轴系横向-纵向耦合瞬态响应。具体的数

(a) 横向实验响应

(b) 纵向实验响应

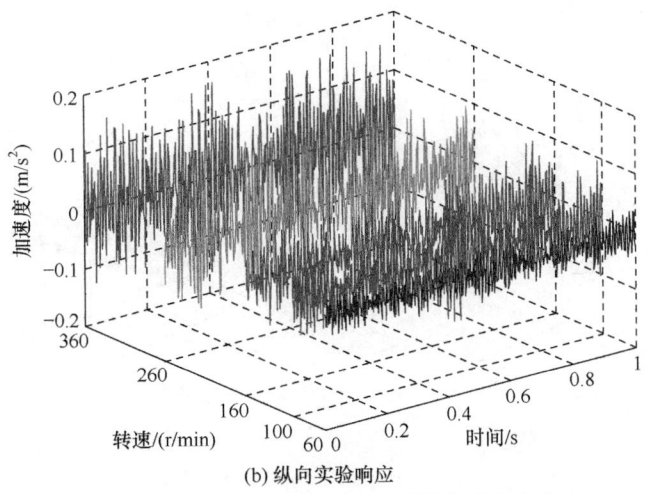

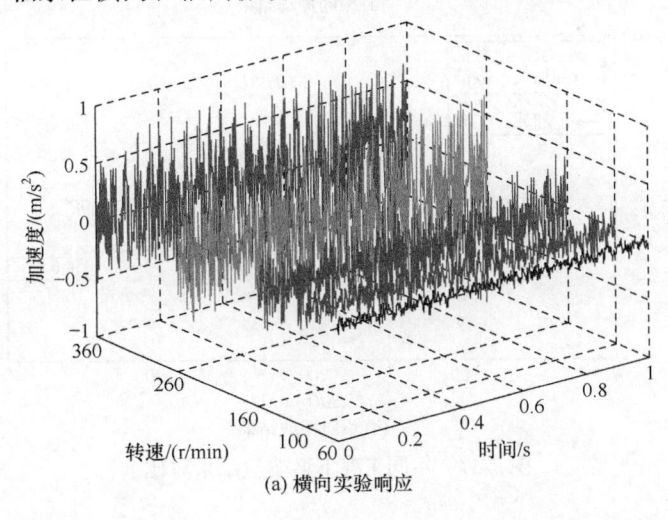

图 7-55　空载下轴系横向-纵向耦合瞬态响应

据为，空载条件下的横向-纵向耦合振动幅值为 0.10、0.21、0.28、0.37~0.49 m/s^2 和 0.03、0.06、0.08、0.12~0.16 m/s^2，加载条件下变为 0.10、0.21、0.36、0.49~0.57 m/s^2 和 0.04、0.08、0.10、0.16~0.2 m/s^2。由结果可知，在转速增加的情况下，耦合振动的加速度响应均逐渐变大。比较空载和加载两种工况，横向加载不仅增加横向振动的幅值，还会引起纵向振动的变化，在耦合振动过程中的主振形式变化更加剧烈。

为了探究本节建立的有限元模型的准确性，我们将表 7-5 所示的两组数值计算结果与两组实验测试结果进行对比分析。如图 7-57 所示，两种运行状态下耦合振动固有频率的计算结果一致，该频率与转速和外部加载无关。在不考虑实验误差的情况下，轴系在横向和纵向振动的固有频率也基本保持不变。

(a) 横向实验响应

(b) 纵向实验响应

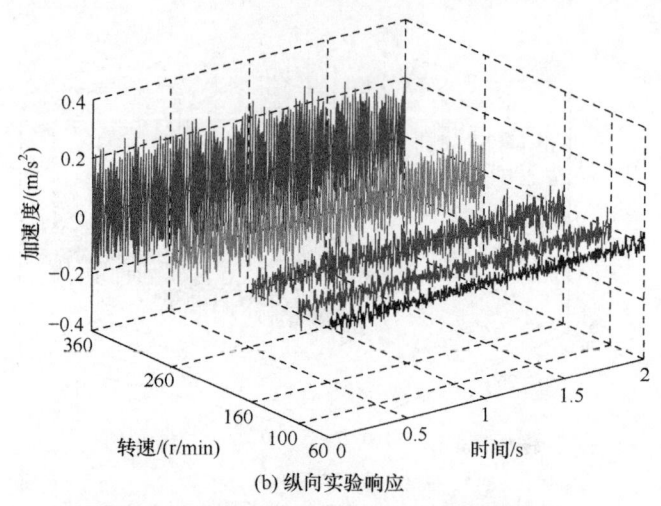

图 7-56 加载下轴系横向-纵向耦合瞬态响应

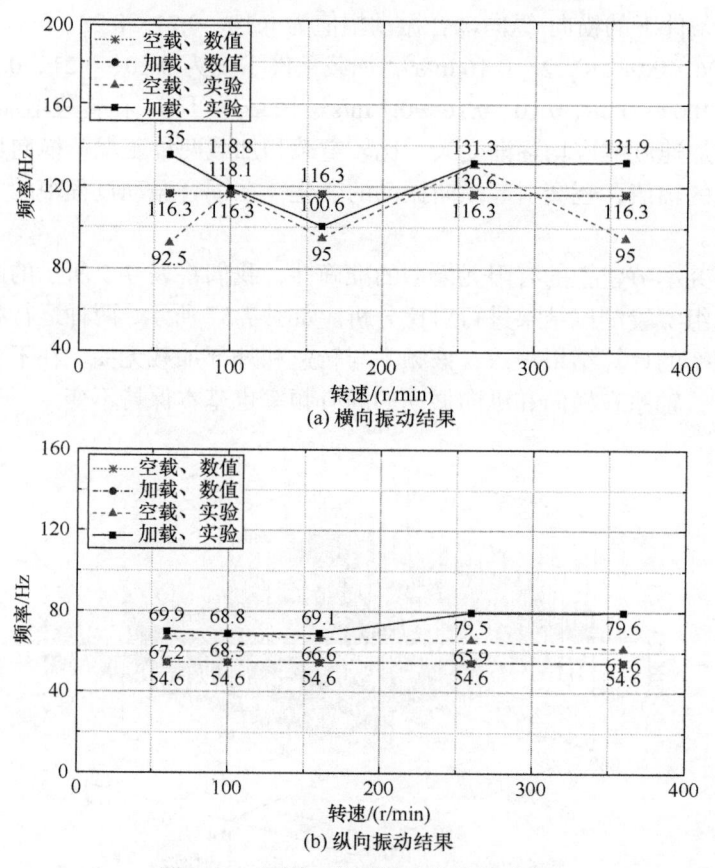

(a) 横向振动结果

(b) 纵向振动结果

图 7-57 不同工况下谐响应结果对比

如图 7-58 所示，根据计算值和实验值的对比分析，横向和纵向振动的瞬态幅值不但随着转速的增加而增加，而且随着横向载荷的施加同时变大。这说明，横向载荷不仅能增加横向振动的响应，也能增加纵向振动的幅值。

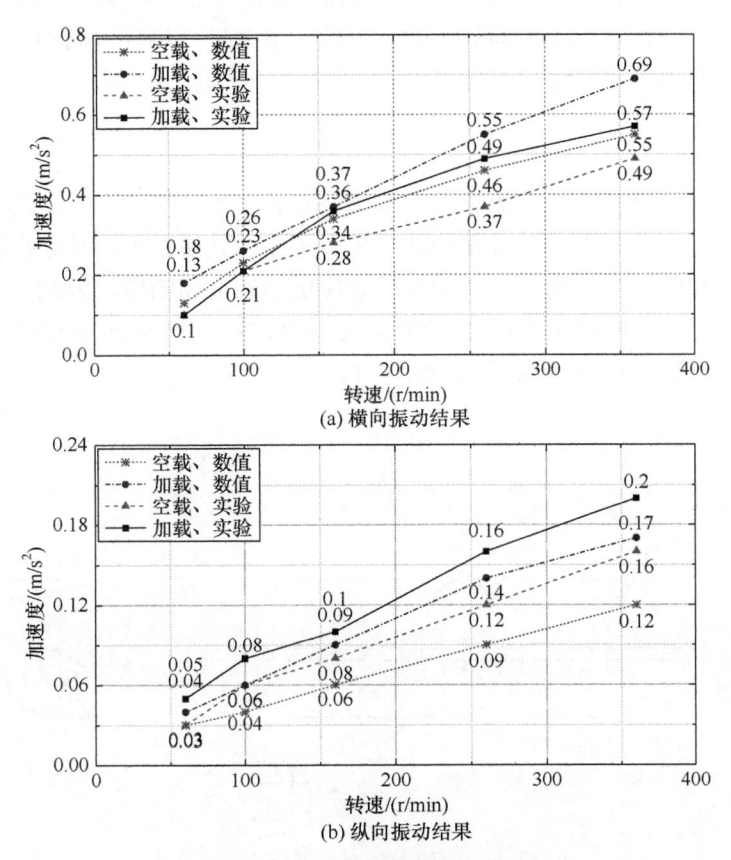

图 7-58 不同工况下瞬态响应结果对比

在空载状态下，固有频率和瞬态幅值存在一定的误差。同样，加载条件下耦合振动的数值和实验结果也存在一定的误差。这是由于实验过程中油膜阻尼、轴承支承，以及机械摩擦等影响因素的存在，而有限元模型却并未考虑。为了更好地探究误差出现的原因，需要系统分析振动过程中的各种影响因素。通过式(7-55)可知，随着转速的增加必定引起纵向力 N_x 和横向力 Q_y 的增加，导致两个方向加速度 $\ddot{u}$ 和 $\ddot{v}$ 的增加，从理论分析上解释了转速对于瞬态幅值的影响。横向加载的作用使横向力 Q_y 进一步增加，引起横向加速度增大的同时，由于耦合作用，纵向加速度也随之变大。

7.3.3 船舶轴系横向-纵向耦合振动影响分析

在航行过程中，船舶轴系会受到螺旋桨激励和船体变形等外界条件的作用，引起船体结构发生相对变形。该变形作用到推进轴系上，使其运行工况更为复杂，需要考虑不同因素对轴系振动的影响。因此，本节进一步分析偏心距和船体变形对于轴系横向-纵向耦合振动的影响。

1. 截面偏心距影响分析

在实际运行过程中，船舶轴系并不是一直处于无干扰的水平运转状态。由于轴系的结构特征及其在运转过程中的质量不平衡，其质量中心并非在轴线上，会引起旋转截面的偏心作用，从而使振动效应更加复杂和剧烈。因此，本节分析偏心距变化对轴系横向-纵向耦合振动的影响。假设剪切中心和质量中心的偏心距为 e，船舶轴系偏心距示意图如图 7-59 所示。

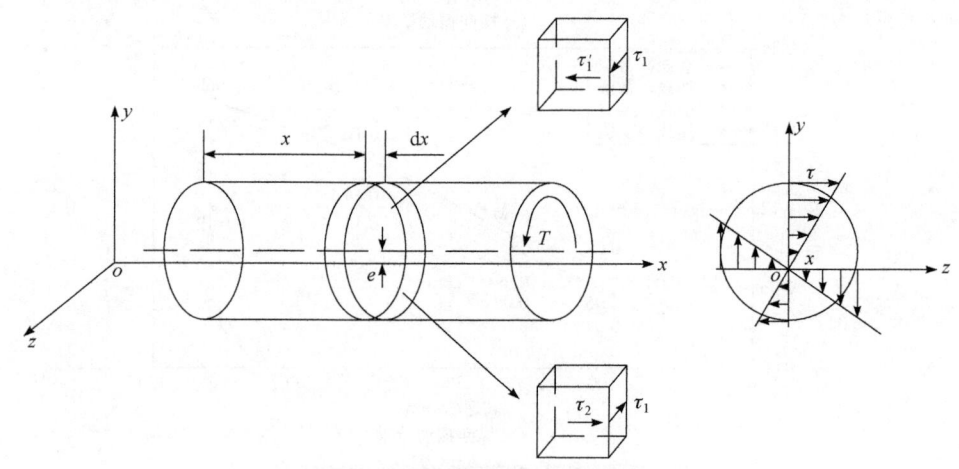

图 7-59 船舶轴系偏心距示意图

由偏心距引起的系统势能 PE' 和动能 KE' 可表示为

$$PE' = \frac{1}{2}\int_l \int_A \left[E\left(y\frac{\partial^2 v}{\partial x^2}\right)^2 + G\left(r\frac{\partial^2 \theta}{\partial x^2}\right)^2 \right] dA dx \tag{7-51}$$

$$KE' = \frac{1}{2}\int_l \int_A \rho \left[\frac{\partial(v+e\theta)^2}{\partial t}\right]^2 dA dx + \int_l \int_A \rho \left(r\frac{\partial \theta}{\partial t}\right)^2 dA dx \tag{7-52}$$

其中，θ 为旋转过程中的扭转角；r 为轴系半径。

将含有偏心距的动能 KE' 代入式(7-44)的拉格朗日函数中，可得

$$\int_1^f L dt = \int_1^f (KE + KE' - PE - PE') dt \tag{7-53}$$

进行积分变换，以及对应的分步积分，略去截面边界条件的高阶项可得

$$\rho J_p \frac{\partial^2 \theta}{\partial t^2} - GJ_p \frac{\partial^2 \theta}{\partial x^2} = \frac{r^2}{2} EA \left[2\frac{\partial u}{\partial x}\frac{\partial^2 \theta}{\partial x^2} + \left(\frac{\partial u}{\partial x}\right)^2 \frac{\partial^2 \theta}{\partial x^2} - \frac{\partial^2 u}{\partial x^2}\frac{\partial \theta}{\partial x} - \frac{\partial u}{\partial x}\frac{\partial^2 u}{\partial x^2}\frac{\partial \theta}{\partial x} \right]$$

$$+ e^2 \rho A \frac{\partial^2 \theta}{\partial t^2} + e\rho A \frac{\partial^2 v}{\partial t^2}$$

$$\rho A \frac{\partial^2 u}{\partial t^2} - EA \frac{\partial^2 u}{\partial x^2} = EA \left\{ r^2 \left[\frac{\partial \theta}{\partial x}\frac{\partial^2 \theta}{\partial x^2} - \frac{\partial u}{\partial x}\left(\frac{\partial \theta}{\partial x}\right)^2 - 2\frac{\partial u}{\partial x}\frac{\partial \theta}{\partial x}\frac{\partial^2 \theta}{\partial x^2} \right] + \frac{\partial v}{\partial x}\frac{\partial^2 v}{\partial x^2} \right\}$$

$$EI \frac{\partial^4 v}{\partial x^4} + \rho A \frac{\partial^2 (v+e\theta)}{\partial t^2} = \left[EA \frac{\partial^2 u}{\partial x^2}\frac{\partial v}{\partial x} + \frac{\partial u}{\partial x}\frac{\partial^2 v}{\partial x^2} + \frac{3}{2}\left(\frac{\partial v}{\partial x}\right)^2 \frac{\partial^2 v}{\partial x^2} \right]$$

(7-54)

显然，在不考虑扭转角 θ 的情况下，式(7-54)即偏心条件下船舶轴系的横向-纵向耦合振动方程。其中含有 u 项和 v 项的耦合方程不仅是关于时间 t 和空间 x 的偏导数，同时出现新的 $\partial/\partial t$ 和 $\partial/\partial x$ 耦合项。在用现有的数学方法无法进行求解的情况下，我们根据本节的有限元模型进行探讨。

采用与实体模型相同的边界条件和模型参数输入，仅考虑轴系转速为 100 r/min 的运行条件，计算横截面偏心距为 0、0.02、0.04、0.06 和 0.08 m 等不同条件下的轴系横向-纵向耦合振动。为了便于直观比较，提取求解的位移响应作为计算结果。不同偏心距的瞬态响应对比如图 7-60 所示。

由此可知，在横截面偏心距逐渐增加的情况下，轴系的横向-纵向耦合振动响应明显增加，表明偏心距的大小直接影响轴系耦合振动，尤其对横向振动的影响作用更加明显。由于轴系结构特征由多段轴通过法兰连接，因此在设计过程中，必须考虑横截面的偏心距对其横向-纵向耦合振动的影响，以保证轴系的安全运转。

2. 船体变形影响分析

由于船舶在航行过程中会受到风浪等外部载荷的激励作用，产生相应的船体变形。这些复杂的变形作用通过推进轴系的支撑轴承传递到轴系上，会引起轴系振动响应加剧。因此，通过对不同位置的轴承施加不同的横向位移可以模拟船体变形的作用，研究船体变形对于轴系耦合振动的动态影响。根据式(7-55)，假设当横向力 Q_y 存在且纵向力 $N_x = 0$ 时，该运动方程变为

$$-\rho A \ddot{u} + EA\left(u' + \frac{1}{2}v'^2\right)' = 0$$

$$-\rho A \ddot{v} - (EIv'')'' + \left[EA\left(u' + \frac{1}{2}v'^2\right)'\right]v' = Q_y$$

(7-55)

(a) 横向振动响应

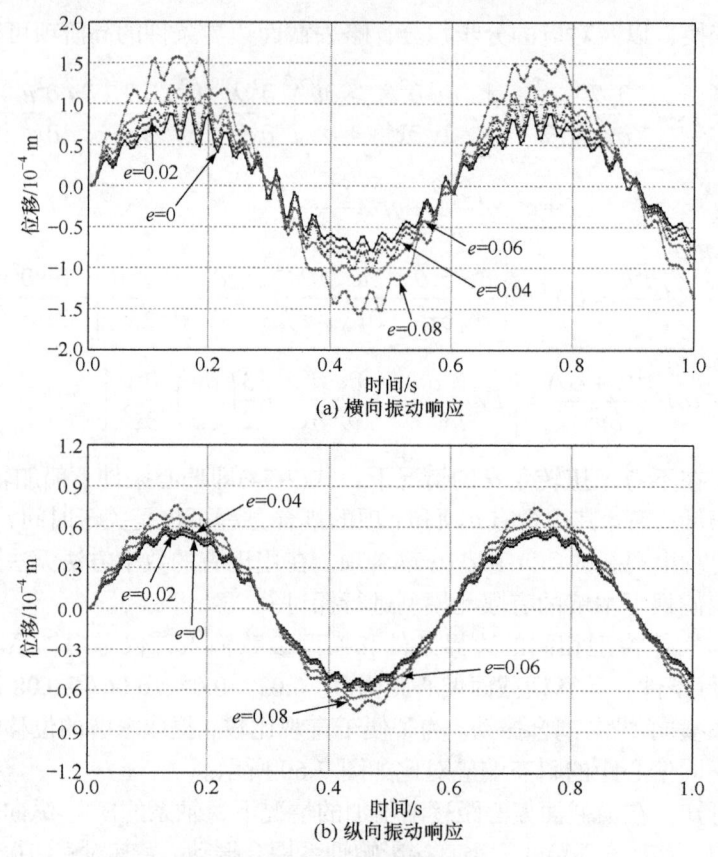

(b) 纵向振动响应

图 7-60　不同偏心距的瞬态响应对比

在模型的研究中,将横向剪切力 Q_y 分别用轴承处的位移大小代替,即在不同轴承处施加不同大小的船体变形量,通过位移变量的形式作用到轴系上,在图 7-33 所示的有限元模型的基础上,在点 A 至 E 处分别施加大小为 $u_0(t)$ 至 $u_4(t)$ 的变形量,位移 $u_x(t)$ 的大小和形式根据相关研究结论[17]进行对应结构尺寸的力学关系转化后,其值(单位:mm)为

$$\begin{aligned} u_0(t) &= 0.1652\sin(0.4385t+0.8722)+0.6921 \\ u_1(t) &= 0.1182\sin(0.4385t+0.8722)+0.8352 \\ u_2(t) &= 0.0142\sin(0.4385t-2.6167)+0.6223 \\ u_3(t) &= 0.0561\sin(0.4385t-2.6167)+0.4518 \\ u_4(t) &= 0.0063\sin(0.4385t-4.3611)+0.0818 \end{aligned} \tag{7-56}$$

同样采用与前述实体模型相同的边界条件和模型参数输入,考虑轴系转速为 100 r/min 的运行条件,将上述变形量施加到对应轴承位置,计算在船体变形条件

下的轴系横向-纵向耦合振动。在外部加载基本不影响轴系固有频率的情况下，只讨论轴系极限幅值的变化，同样提取位移结果以便对比分析。船体变形对轴系瞬态结果的影响如图 7-61 所示。

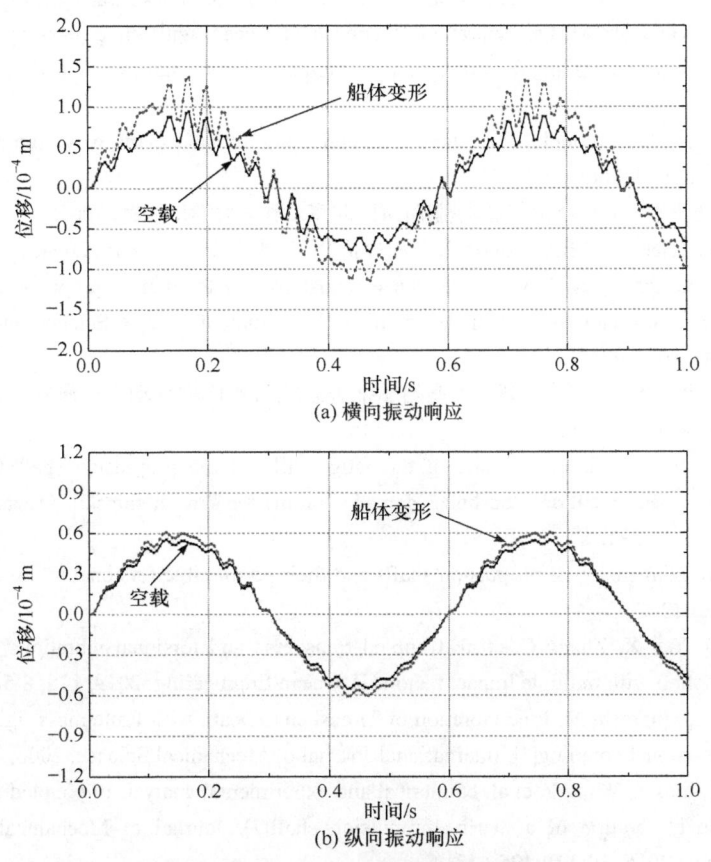

图 7-61 船体变形对轴系瞬态结果的影响

在理论分析中，外部加载的大小直接影响轴系的横向-纵向耦合振动，尤其对加载方向的影响作用更为明显。通过两种工况下的对比分析可知，在船体变形作用下，轴系的横向振动明显变大，在纵向的耦合振动同样也相应地增加。这与其工作原理基本相符。这两种振动形式在实际运动过程中是相互影响的。因此，在轴系的设计过程中，不仅需要考虑船体垂向变形影响轴系的横向振动情况，还需要考虑耦合作用对纵向振动的影响。

参 考 文 献

[1] 黄千稳. 大型船舶轴系多向耦合振动建模与试验研究[D]. 武汉: 武汉理工大学, 2017.
[2] 王伟, 赖永星, 苗同臣. 振动力学与工程应用[M]. 郑州: 郑州大学出版社, 2008.

[3] Huang Q, Yan X, Wang Y, et al. Numerical modeling and experimental analysis on coupled torsional-longitudinal vibrations of a ship's propeller shaft[J]. Ocean Engineering, 2017, 136: 272-282.
[4] 王贤烽. 基于耦合振动的轴系动态优化设计研究[D]. 武汉: 武汉交通科技大学, 2000.
[5] Salarieh H, Ghorashi M. Free vibration of Timoshenko beam with finite mass rigid tip load and flexural-torsional coupling[J]. International Journal of Mechanical Sciences, 2006, 48(7): 763-779.
[6] Parsons M. Mode coupling in torsional and longitudinal shafting vibrations[J]. Marine Technology, 1983, 20(3): 257-271.
[7] 刘保东, 阎贵平. 工程结构与稳定基础[M]. 北京: 清华大学出版社, 2002.
[8] 李辉光, 孙启国. 曲轴扭转纵向耦合振动分析[J]. 兰州交通大学学报, 2004, 23(1): 107-110.
[9] Li Z, Yan X, Qin L, et al. Model reference robust control for marine propulsion systems with model uncertainty caused by hull deformation[J]. Journal of Marine Science and Technology, 2013, 21(4): 400-409.
[10] 严新平, 李志雄, 刘正林, 等. 大型船舶推进系统与船体耦合动力学研究综述[J]. 船舶力学, 2013, 4(4): 439-449.
[11] Han H, Lee K, Park S. Estimate of the fatigue life of the propulsion shaft from torsional vibration measurement and the linear damage summation law in ships[J]. Ocean Engineering, 2015, 107: 212-221.
[12] IACS. M68:dimension of propulsion shafts and their permissible torsional vibration stresses[S]. London, 2012.
[13] Huang Q, Yan X, Zhang C, et al. Coupled transverse and torsional vibrations of the marine propeller shaft with multiple impact factors[J]. Ocean Engineering, 2019, 178: 8-58.
[14] Salarieh H, Ghorashi M. Free vibration of Timoshenko beam with finite mass rigid tip load and flexural-torsional coupling[J]. International Journal of Mechanical Science, 2006, 48(7): 779.
[15] Huang Q, Yan X, Wang Y, et al. Numerical and experimental analysis of coupled transverse and longitudinal vibration of a marine propulsion shaft[J]. Journal of Mechanical Science and Technology, 2016, 30(12): 405-412.
[16] 王小立. 船舶推进轴系动态性能分析与研究[D]. 武汉: 武汉理工大学, 2008.
[17] 葛玉文, 杨平, 黄喆. 大型船舶推进轴系与船体变形耦合响应分析[J]. 船舶工程, 2016, 38(6): 6-30.

第8章　船舶推进系统动态特性影响因素的仿真研究

随着船舶大型化、环境复杂化、工况多样化的发展，一些以往被忽视的因素对船舶推进系统的影响逐步增大并日趋明显[1]。因此，研究各种外界因素对于船舶推进系统动态特性的影响，并寻找其中的规律与特点，避免船舶推进系统在安装设计过程中出现问题，提高船舶设计制造速度和可靠性，确保船舶推进系统的正常运行，逐渐成为人们关注的焦点。

目前，许多国内外研究机构针对外界因素对船舶推进系统动态特性的影响问题开展了大量研究，总结了许多行之有效的方法与经验公式，但其中绝大多数是基于集中质量系统模型，并且往往仅对单一因素进行分析，忽视了各个因素之间的相互影响，使仿真结果与实际运行工况不一致，降低了仿真方法的可信度和精确度。

本章以 8530 TEU 大型远洋集装箱船的推进系统为研究对象，采用多软件联合仿真的方法，在考虑多种因素影响的情况下对船舶推进系统动态特性进行研究，建立以 ADAMS 多体动力学模型为核心的船舶推进系统动态模型，以轴系扭转振动和轴心轨迹为主要研究方向，对比不同因素、不同激励对船舶推进系统动态特性的影响，总结其变化规律，分析其变化原因。

8.1　船舶推进系统基本参数及模型建立

8.1.1　船舶推进系统的基本参数

本章以 8530 TEU 大型集装箱船的推进系统为研究对象，建立多体动力学模型。此模型由主机部分(曲轴、活塞、连杆及其他配件)、中间轴、螺旋桨轴、轴承、艉轴管，以及螺旋桨等组成。其中一共有 5 根轴(1 根螺旋桨轴、3 根中间轴和 1 根曲轴)，以及 10 个轴承(5 个曲轴轴承、3 个中间轴承、1 个艉轴承，以及 1 个艉轴管)。

根据此船推进系统设计图进行相应的简化，按照实际尺寸建立 3D 模型，主要分为主机部分和推进轴系部分。主机部分主要包括二冲程柴油机后四缸活塞、曲轴、连杆及其相应配件。推进轴系包括中间轴、艉轴及其轴承和螺旋桨。8530 TEU 集装箱船推进系统三维模型如图 8-1 所示。

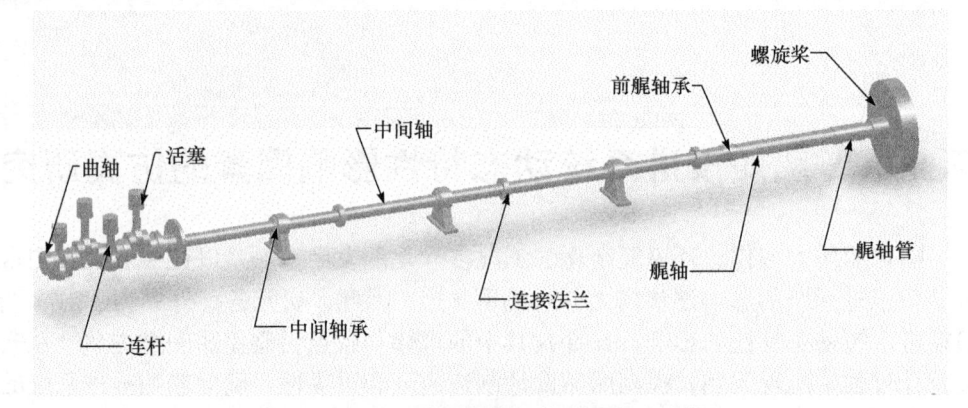

图 8-1　8530 TEU 集装箱船推进系统三维模型

船舶推进系统模型主要参数如表 8-1 所示。

表 8-1　船舶推进系统模型主要参数

部件尺寸名称	参数/mm	部件尺寸名称	参数/mm	部件尺寸名称	参数/mm
活塞直径	980	中间轴直径	795	中间轴承长度	1100
曲轴长度	9020	1#中间轴长度	11000	艉轴直径	975
曲轴直径	1062	2#中间轴长度	11000	艉轴长度	14165
主轴承长度	420	3#中间轴长度	12880	艉轴承长度	900
连杆长度	2477.5	中间轴法兰直径	1420	艉轴管长度	2070
推力轴承直径	3000	中间轴法兰长度	165	螺旋桨直径	3000

8.1.2　船舶推进系统多体动力学模型的建立

建立船舶推进系统装配体模型后,将模型数据分别导入 ADAMS 多体动力学仿真软件和 Ansys 有限元仿真软件,设置边界条件和约束状态,建立船舶推进系统多体动力学模型。为方便数据传输,将三维装配体模型以.x_t 格式的 parasolid 文件导出。

1. 多刚体模型的建立

ADAMS 可以通过 View 模块自带的三维建模工具直接创建刚体模型,同时拥有多个专业 CAD 软件接口,支持多种格式的模型导入。

由于船舶推进系统外形比较复杂,组成部件多,使用 ADAMS 自带工具建模耗时较长,且精确度无法保证,因此采用 Solidworks 建模后导入的方法建立模型。导入 ADAMS 后,为了保证后续仿真结果的真实性和有效性,需要进行以下几步设置。

(1) 定义材料属性。为了确定其质量分布和转动惯量等运动学参数,保证动力学仿真的合理性,需要对模型中各个部件的材料属性进行定义。假设所有部件材料为钢,以 ADAMS 数据库中 STEEL 的属性参数进行定义(弹性模量为 2.0×10^{11}Pa,泊松比为 0.3,密度为 7800 kg/m^3),自动计算模型的质量、质心和惯性矩等动力学参数。

(2) 确定各部件间的约束。初始模型仅包括各个部件在总坐标系中的位置关系,而每个部件拥有的六个自由度都未被约束。在实际工况下,推进系统各部件之间存在的相对运动关系并非如此。因此,必须通过各个部件之间的约束副去除不必要的运动关系,以确保各部件在仿真过程中的运动轨迹符合实际工况。例如,各轴段与其轴承之间添加轴向的圆柱副;连杆与曲轴之间添加旋转副;各轴段之间通过连接法兰添加固定副等。

(3) 设置推进系统运行工况及相应载荷。在船舶推进系统中,驱动力源于船舶柴油机各汽缸内油料燃烧产生的活塞作用。在仿真模型中,为了简化计算量,仅建立船舶柴油机后四缸的模型。在这种情况下,为了确保仿真过程中轴系的平稳运行,只能通过在曲轴前端设置旋转驱动的方法稳定轴系转速。

经过上述设置,建立的推进系统多刚体模型如图 8-2 所示。

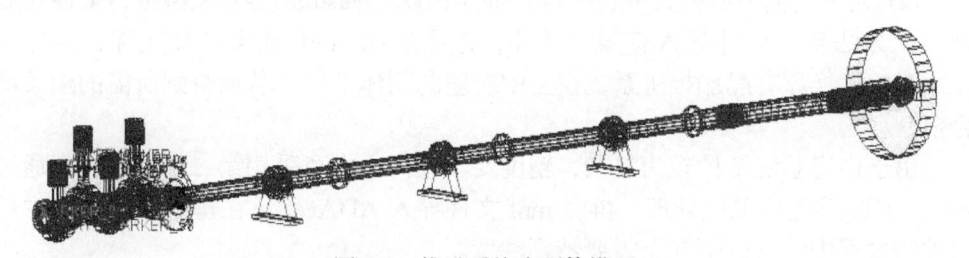

图 8-2 推进系统多刚体模型

2. 多体动力学模型的建立

所谓的多体动力学是指研究由若干个柔性和刚性物体相互连接组成并做着相对运动的复杂多体系统运动规律的科学。它一般以多刚体系统动力学为基础,对系统中需要考虑柔性影响的部件进行柔化处理[2]。多体动力学仿真分析流程如图 8-3 所示。

为了研究船舶推进系统动态特性的影响因素,不但要对整个推进系统进行动态仿真,而且必须保证各个部件的运行状态尽可能符合实际情况。对多刚体模型而言,其本身不具有实际部件拥有的弹性,即无法产生实际工况中存在的自身位移或形变,使各向振动无法显示。因此,将推进系统各轴段通过有限元划分转化为柔性体,生成船舶推进系统刚柔混合多体动力学模型,可以使仿真工况更加符合实际,分析的结果更加精确。

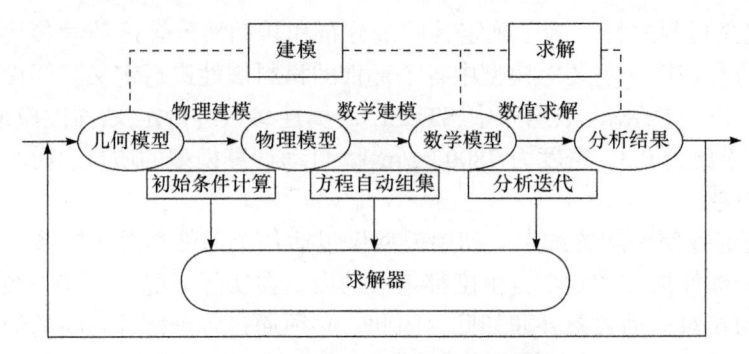

图 8-3　多体动力学仿真分析流程

在多体动力学仿真软件 ADAMS 中，有两种生成柔性体的方法[3]。

(1) 通过多体动力学仿真软件 ADAMS 中的 Autoflex 模块，直接对部件进行柔性化处理。其优点在于，能够在刚体模型上直接进行柔性体的建立并替换，并且不用改变已有的约束、驱动等参数，替换后也不会产生因约束位置的变化而导致的模型差异。其缺点在于，通过此方法柔化处理的三维模型一般结构都比较简单，无法处理复杂模型，且计算精度不高。

(2) 通过其他的有限元分析软件，如 Ansys、Nastran 等对模型进行柔性化处理。此方法要将部件导入有限元软件，进而生成 mnf 模态中性文件，并导入 ADAMS 替换原有船舶推进系统模型中对应的刚体部件，从而得到所需的刚柔耦合模型。

由于推进系统结构较为复杂，精度要求较高，本章采用第二种方法，即通过 Ansys 对部件进行柔化处理，再将 mnf 文件导入 ADAMS。在建立 mnf 模态中性文件的过程中，有以下几点需要特别注意。

(1) 单元属性的设置。在对模型进行网格单元划分前，需要根据设置的边界条件和不同需求，在 Ansys 提供的 200 多种单元种类中进行选择，使所选单元能够准确模拟待分析模型的同时，最大限度地降低误差，减少计算周期。

对船舶推进系统模型而言，其尺寸较大，结构比较复杂。Ansys 通常采用的单元格式是四面体单元(solid92)或六面体单元(solid45)。考虑主要进行的是非线性多体动力学仿真，使用六面体单元(solid45)能够在仿真过程中提高结果的精确性，因此选择六面体单元(solid45)对轴系模型进行网格划分，生成的有限元模型如图 8-4 和图 8-5 所示。

(2) 单位的统一设置。由于 mnf 模态中性文件经过 Ansys 的柔化后，需要导入 ADAMS 软件进行后续处理，而 Ansys 中并没有单位设置的相关选项。为了保证 ADAMS 与 Ansys 具有相同单位，便于参数的设置需要注意在模型建立和设置过程中始终保持单位相同。

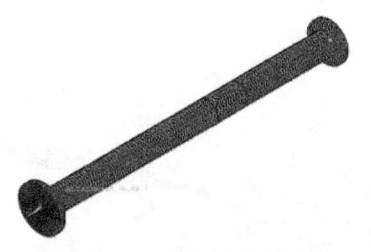

图 8-4　曲轴有限元模型　　　　　图 8-5　中间轴有限元模型

(3) 接触点的建立。在多体动力学模型中，刚性体与柔性体的连接处必须设置相应的节点(接触点)，便于柔性体与其他部件之间力的传输。这些接触点需要有六个自由度，并根据模型约束的需要，在接触点周围选取若干节点组成刚性区域作为接触区域力的输出端，避免应力集中导致的计算结果不准确。

根据上述内容，最终完成船舶推进系统中曲轴和推进轴系各轴段的柔性化处理，具体模型如图 8-6 和图 8-7 所示。图中深色网状区域即建立的刚性区域，本章建立的模型在轴与轴承接触处、曲轴与连杆/主轴承接触处、轴端连接处都建立了刚性区域，可以方便约束的添加。

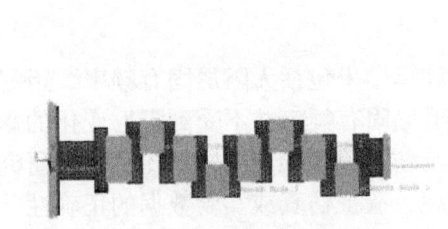

图 8-6　曲轴刚性区域　　　　　图 8-7　艉轴刚性区域

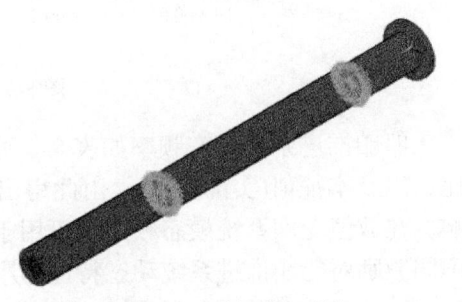

在 mnf 模态中性文件完成的基础上，导入 ADAMS 取代原先的刚性体部件，调整位置，使其与原刚性体位置重合，并及时修改柔性体节点变化导致的约束或驱动位置的偏移。船舶推进系统刚柔耦合模型如图 8-8 所示。

8.1.3　船舶推进系统模态频率的计算

完成动力学模型的建立后，通过 ADAMS/Vibration 对船舶推进系统多体动力学模型进行系统模态振动分析，可以得出其多阶模态频率。通过约束模态分析(图 8-9)可得整个船舶推进系统的模态信息图。

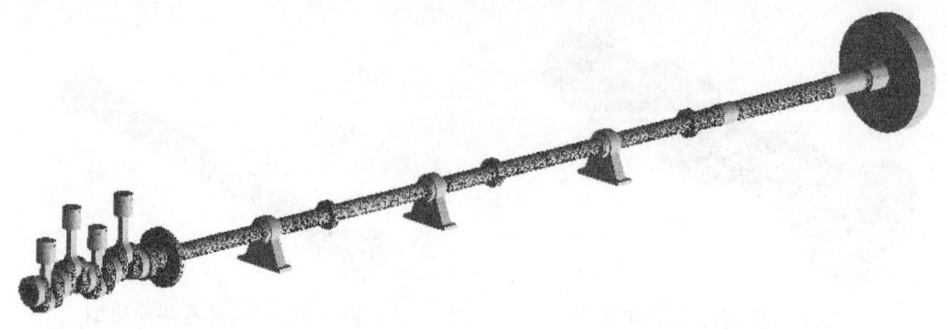

图 8-8　船舶推进系统刚柔耦合模型

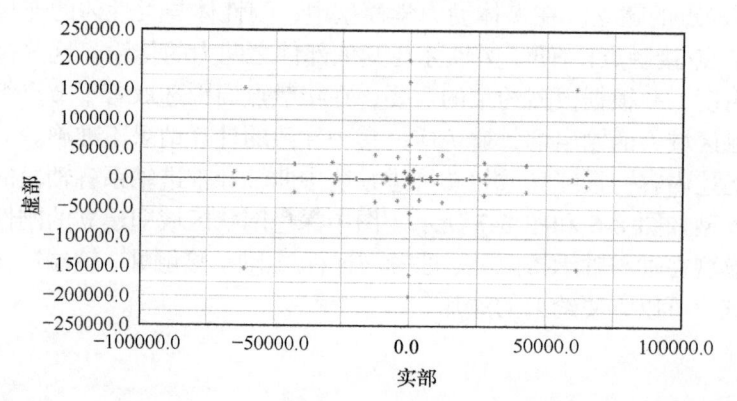

图 8-9　模态分析

船舶推进系统模态频率如表 8-2 所示。计算结果包括无阻尼固有频率、阻尼比，以及本征值(实部结果)。由此得出的无阻尼固有频率并不受到阻尼变化的影响，在数值上即系统模态频率，可用于后期与仿真或实验结果的对比分析，研究不同激励对船舶推进系统动态特性的影响表现，验证仿真或实验数据的正确性。

表 8-2　船舶推进系统模态频率

模态阶次	无阻尼模态频率/Hz	阻尼比	实部值	模态阶次	无阻尼模态频率/Hz	阻尼比	实部值
1	3.551	1.405×10^{-1}	-8.402×10^{-1}	9	2.335×10	5.840×10^{-2}	-1.363×10
2	3.874	2.479×10^{-3}	-9.604×10^{-2}	10	5.634×10	5.631×10^{-2}	-3.131×10
3	4.264	6.248×10^{-2}	-2.664×10^{-1}	11	6.049×10	8.103×10^{-4}	5.259×10
4	5.862	5.697×10^{-2}	3.340×10^{-1}	12	1.172×10^2	2.753×10^{-2}	-1.820×10
5	1.177×10	5.674×10^{-1}	-6.679	13	1.644×10	7.128×10^{-3}	-5.291×10
6	1.497×10	2.237×10^{-1}	-3.127	14	2.281×10	1.011×10^{-1}	-1.038×10
7	1.828×10	4.763×10^{-1}	-8.709	15	3.177×10	3.912×10^{-2}	-4.094×10
8	1.919×10	2.995×10^{-1}	5.750×10				

8.2 船体变形对推进系统动态特性影响的仿真研究

在多种已知的船舶推进系统影响因素中,船体变形是船舶大型化发展后影响最为显著的因素之一,引起了业界的重视。国内外也开展了大量的研究,但绝大部分研究都是从单一的角度进行研究,始终没有对其影响进行系统的总结。实际上,船体变形对推进系统的影响主要体现在随船体变形而变化的推进系统的各轴承相对位置的变化。轴承位置的变化不但会改变轴系的原有校中状态,而且易引起轴系支撑轴承负荷及轴上应力的改变,导致轴系校中失败,振动明显加大,甚至传动系统零部件损坏、轴承过度磨损等现象[4,5]。

8.2.1 船体变形的施加方式及基本参数

为了在动力学仿真模型中考虑船体变形的影响,首先必须获得不同海况(即不同的浪向、波长、浪向角)下,船体变形的大小及其变化情况。以 8530 TEU 大型集装箱船为例,本节采用流固耦合和有限元的方法,通过在有限元船体波形上添加波浪(即外载荷文件)的方法,计算各个轴承处船体位移的变化情况,并在此基础上假设此变化为周期性变化,并进行曲线拟合,得到相应的变形曲线。然后,将曲线导入船舶推进系统动力学模型中,用于模拟海况下船舶的变形情况。各轴承测点位置如图 8-10 所示。

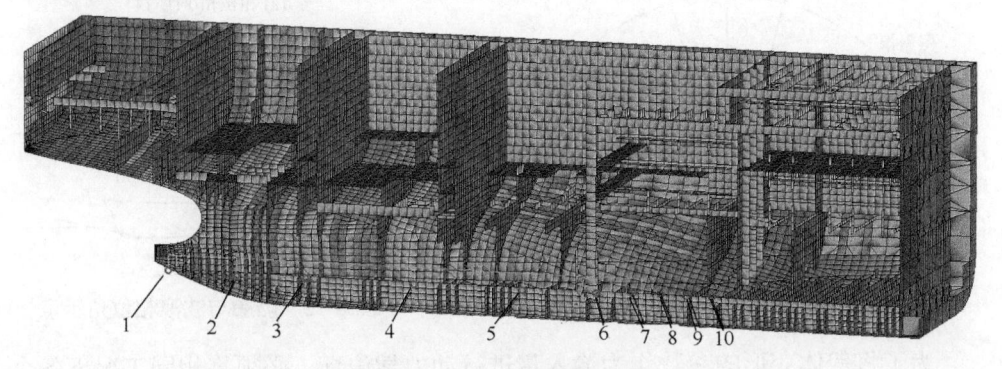

图 8-10 各轴承测点位置

为了便于对比不同海况对推进系统的影响,减少计算仿真量,本章主要关注以下 6 种海况的船体变形数据(表 8-3)。

表 8-3　各海况的船体变形数据

海况	航速/kn	装载状态	浪高/m	波长/m	浪向角/(°)
海况 1	0	满载	10	319.98	180
海况 2	14	满载	10	319.98	180
海况 3	25.8	满载	10	319.98	180
海况 4	25.8	满载	7	319.98	180
海况 5	25.8	满载	7	319.98	90
海况 6	25.8	满载	7	319.98	0

对于表 8-3 中的海况数据，所有外界波浪载荷皆为规则波，以便于对比各个海况参数的影响。其中，主要海况参数包括浪向角、浪高、波长(即波浪频率)和波浪的相位。本节涉及的浪向角定义为波浪传播方向与船舶运动方向间的夹角，例如夹角为 180°时为迎浪，0°为顺浪，90°为横浪(图 8-11)。浪高表示波浪最高点与海平面之间的距离；波长表示一周期波浪的全长(通常以船长的倍数表示，与波浪频率成对应关系)。波浪与船舶的相位角方面，当波峰位于船中处时此相位角定义为 0°，波谷位于船中处时此相位角定义为 180°(图 8-12)。除此以外，本章还将航速作为一项重要的参数进行对比。

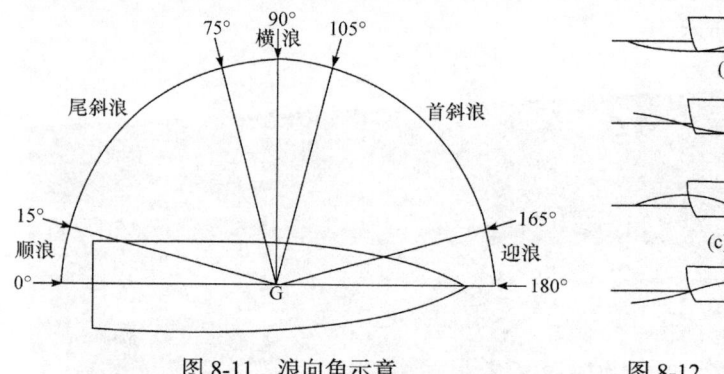

图 8-11　浪向角示意

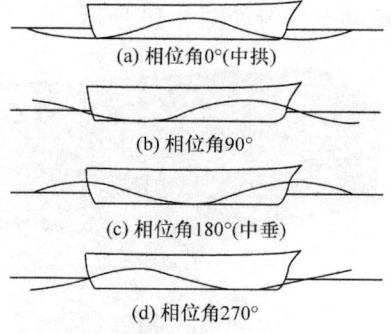

图 8-12　船舶与波浪相位角示意

为了将船体变形的参数作为输入量进行动力学仿真，必须将相同工况下各个轴承位置处的静态变形量转化为动态变形量。因此，本章取同一工况不同船波相位下轴承位置的垂向变形量，将其以船波相位 0°~360°为一周期进行排列转化，进而实现静态向动态的转化。具体转化过程如下。

首先，根据图 8-13 所示的船波相对位置，利用式(8-1)求得波浪与船舶的相对速度 V_g，从而利用式(8-2)计算波浪遭遇周期，即波浪相对于运动中的船舶周期，

一般用 T_g 表示，即

$$V_g = c + V\cos\mu \tag{8-1}$$

$$T_g = \frac{\lambda}{V_g} = \frac{\lambda}{c + V\cos\mu} \tag{8-2}$$

其中，c 为波速；V 为船舶航行速度；μ 为浪向角；λ 为波长。

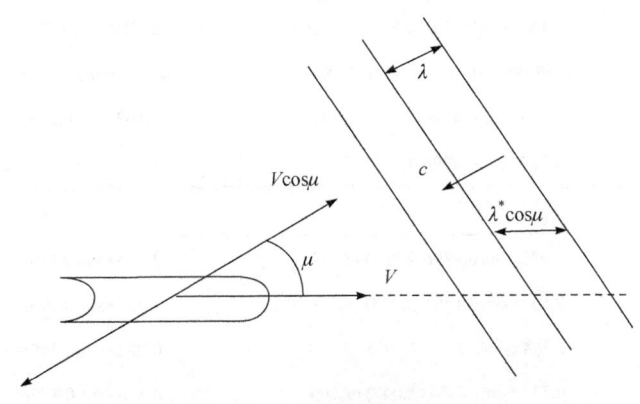

图 8-13 动态变形转化示意图

然后，结合船体动态变形曲线图，计算正弦函数的幅值与相位，即可得到不同工况下各轴承位置处的船体变形拟合函数，可作为动力学仿真模型的船体变形激励输入。

从表 8-4 中可以看出，在其他条件不变的情况下，可得到以下结论。

(1) 当船速增加时(海况 1~海况 3)，轴承处形变周期缩短，曲线偏移量几乎没有变化。同时，变形曲线振幅增加，即船体变形的变化范围更加明显。其变化幅度以等比例的形式增大，而初相位方面没有明显规律。

(2) 当浪高增大时(海况 3、海况 4)，轴承处形变周期不变，初相位相同。在偏移量方面，主轴承和推力轴承由于距离螺旋桨较远，基本不随浪高变化，但是对于 3 个中间轴承和艉轴承而言，浪高增大使其偏移量明显增大。此外，浪高的增加使船体变形的变化幅值明显增大。

(3) 当浪向角变化时(海况 4~海况 6)，轴承处船体变形周期随浪向角增大而减小，而其初相位基本随着浪向角的变化而变化，迎浪与顺浪情况下的初相位相差 360°，偏移量则基本无明显波动；船体变形的变化幅值方面，从顺浪到迎浪，其幅值以先减小再增大的规律变化。

表 8-4 各轴承位置船体垂向变形函数

形变位置	海况 1/mm	海况 2/mm
1#主轴承	2.999×sin(0.439t−2.093)−8.611	3.586×sin(0.298t−1.919)−8.606
2#主轴承	1.936×sin(0.439t−2.093)−5.550	2.316×sin(0.298t−1.919)−5.542
3#主轴承	0.957×sin(0.439t−2.093)−2.736	1.143×sin(0.298t−1.919)−2.731
推力轴承	0.557×sin(0.439t+0.872)+1.510	0.668×sin(0.298t+1.221)+1.513
1#中间轴承	2.146×sin(0.439t+0.872)+8.989	2.823×sin(0.298t+1.221)+8.986
2#中间轴承	1.535×sin(0.439t+0.872)+10.847	2.549×sin(0.298t+1.221)+10.850
3#中间轴承	0.185×sin(0.439t−2.617)+8.082	1.163×sin(0.298t+1.744)+8.081
前艉轴承	0.729×sin(0.439t−2.617)+5.868	1.071×sin(0.298t+2.442)+5.867

形变位置	海况 3/mm	海况 4/mm
1#主轴承	3.940×sin(0.179t−2.093)−8.612	2.755×sin(0.179t−2.093)−8.831
2#主轴承	2.552×sin(0.179t−2.093)−5.549	1.783×sin(0.179t−2.093)−5.650
3#主轴承	1.264×sin(0.179t−2.093)−2.737	0.882×sin(0.179t−2.093)−2.763
推力轴承	0.731×sin(0.179t+1.047)+1.509	0.514×sin(0.179t+1.047)+1.527
1#中间轴承	3.411×sin(0.179t+1.047)+8.985	2.391×sin(0.179t+1.047)+7.830
2#中间轴承	3.639×sin(0.179t+1.047)+10.846	2.55×sin(0.179t+1.047)+7.657
3#中间轴承	2.312×sin(0.179t+1.396)+8.083	1.620×sin(0.179t+1.57)+3.988
前艉轴承	1.793×sin(0.179t+1.57)+5.865	1.256×sin(0.179t+1.57)+1.760

形变位置	海况 5/mm	海况 6/mm
1#主轴承	0.517×sin(0.439t+1.57)−8.765	2.369×sin(0.699t−1.047)−8.768
2#主轴承	0.335×sin(0.439t+1.57)−5.606	1.527×sin(0.699t−1.047)−5.61
3#主轴承	0.167×sin(0.439t+1.57)−2.743	0.755×sin(0.699t−1.047)−2.7434
推力轴承	0.089×sin(0.439t−1.57)+1.515	0.44×sin(0.699t+1.57)+1.514
1#中间轴承	0.715×sin(0.439t−1.57)+7.715	1.637×sin(0.699t+1.57)+7.716
2#中间轴承	1.133×sin(0.439t−1.047)+7.398	1.06×sin(0.699t+2.093)+7.398
3#中间轴承	1.175×sin(0.439t−1.047)+3.588	0.48×sin(0.699t)+3.586
前艉轴承	0.99×sin(0.439t−1.047)+1.263	0.819×sin(0.699t−0.523)+1.262

8.2.2 船体变形对推进系统扭转振动的影响

为了更加全面地分析船体变形,即轴承处船体垂向位移对船舶推进系统扭转振动的影响,本节将各个轴承处模拟船体变形的垂向位移分别设为不同位置的激励，从频响曲线和频域变化对其进行分析。

1. 单个激励对扭转振动的影响

首先，为了研究分析各个轴承处垂向位移的影响，采用 ADAMS/Vibration 模块将各个轴承位置的垂向位移设为激励输入，根据轴承支撑位置分布，总共存在 10 路激励输入。船体变形激励输入参数如表 8-5 所示。

表 8-5 船体变形激励输入参数

激励输入位置	激励输入通道	激励输入大小/mm
1#主轴承	Input_Channel_6	1
2#主轴承	Input_Channel_7	1
3#主轴承	Input_Channel_8	1
4#主轴承	Input_Channel_9	1
推力轴承	Input_Channel_10	1
1#中间轴承	Input_Channel_1	1
2#中间轴承	Input_Channel_2	1
3#中间轴承	Input_Channel_3	1
前艉轴承	Input_Channel_4	1
艉轴管	Input_Channel_5	1

然后，将 3#中间轴的表面测点作为输出端，输出设定为扭转振动的幅值。最后，进行扫频分析，扫频范围为 0.1~1000Hz。频响曲线扫频设置如图 8-14 所示。

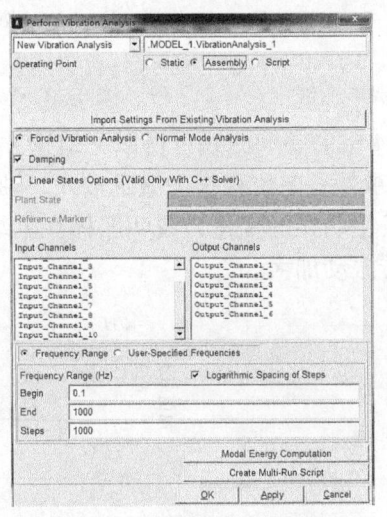

图 8-14 频响曲线扫频设置

仿真计算完成后，可得船舶推进系统模型的强迫振动模态分析结果。随后，对得到的各个轴承处激励,即垂向位移作为输入(表 8-5),扭转振动作为输出的频响函数进行分析,得到的轴承频响曲线如图 8-15~图 8-24 所示。

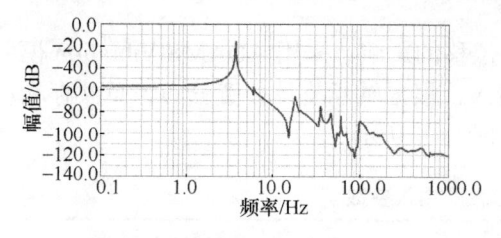

图 8-15 1#中间轴承频响曲线

图 8-16 2#中间轴承频响曲线

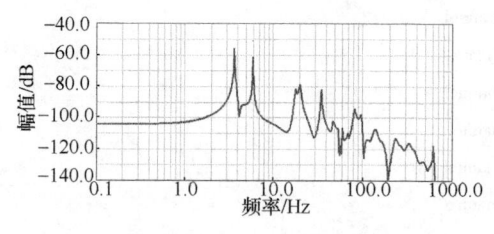

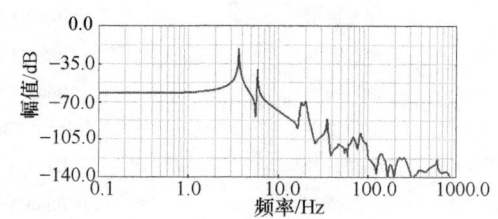

图 8-17 3#中间轴承频响曲线

图 8-18 前艉轴承频响曲线

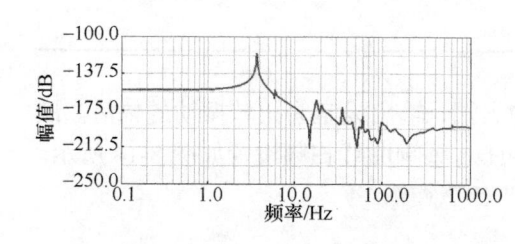

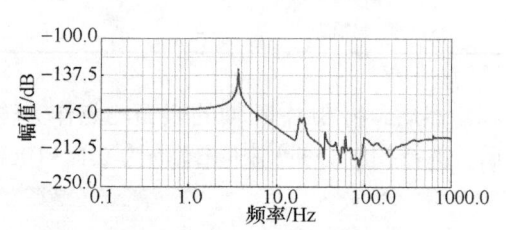

图 8-19 后艉管轴承频响曲线

图 8-20 1#曲轴主轴承频响曲线

分析图 8-15~图 8-24 中的频响曲线可得以下结论。

(1) 船体变形,即轴承处垂向位移作为激励输入,轴系扭转振动作为输出时,各轴承对应的频响曲线发生明显的变化,说明船体在轴承处的垂向位移的确能够引起船舶推进轴系的扭转振动加大。

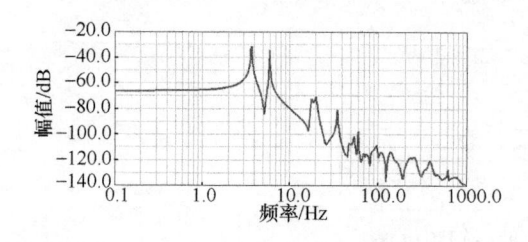

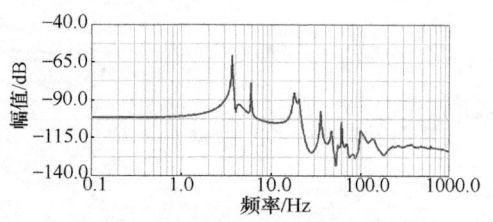

图 8-21 2#曲轴主轴承频响曲线

图 8-22 3#曲轴主轴承频响曲线

图 8-23　4#曲轴主轴承频响曲线　　　　图 8-24　推力轴承频响曲线

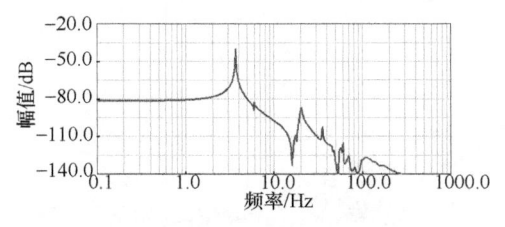

(2) 从图 8-15～图 8-24 的频响曲线中可以看出，任意轴承处垂向位移作为激励输入，其第一个响应峰值始终出现在 3.8 Hz 位置，即所计算出的 2 阶系统模态频率处；第二个各激励共有的响应峰值出现在 18 Hz，即 7 阶系统模态频率处。同时，在以 3#中间轴承、前艉轴承和后艉管轴承的位移为激励时，可以明显地发现，在共有的 3.8 Hz 和 18 Hz 峰值之间的 6 Hz 处，多出一个响应峰值，对应 4 阶系统模态频率。这是由于这三个轴承更加靠近船尾，受螺旋桨固有频率影响较大，导致此峰值的出现。由此可以推断，扭转振动受船体变形影响明显，其振幅会在 3.8 Hz 和 18 Hz 的模态频率处出现，并且靠近螺旋桨轴承的位移由于受到螺旋桨固有频率的影响，轴系扭转振动加大。

(3) 将各频响函数曲线进行对比可以发现，后部轴承(中间轴承、艉轴承、艉轴管)与前部轴承(曲轴主轴承、推力轴承)相比，对船舶推进系统扭转振动影响更加明显。由图 8-25 可以看出，在曲轴主轴承与推力轴承中，首尾两主轴承(1#和 4#主轴承)的位移对扭转振动影响较大。尤其是 4#主轴承，由于其与推力轴承距离相对较远，其垂向位移影响更加明显。由图 8-26 可以看出，在低频区域(10Hz以下)，除 3#中间轴承以外，各个轴承垂向位移的影响相近，高频区域由于受干扰因素过多，曲线较为杂乱，重合率不高，但此区域内的曲线数值较小，对轴系扭转振动影响可忽略不计。

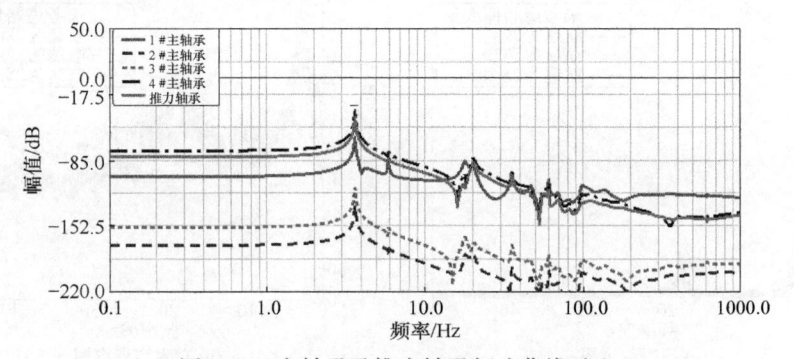

图 8-25　主轴承及推力轴承频响曲线对比

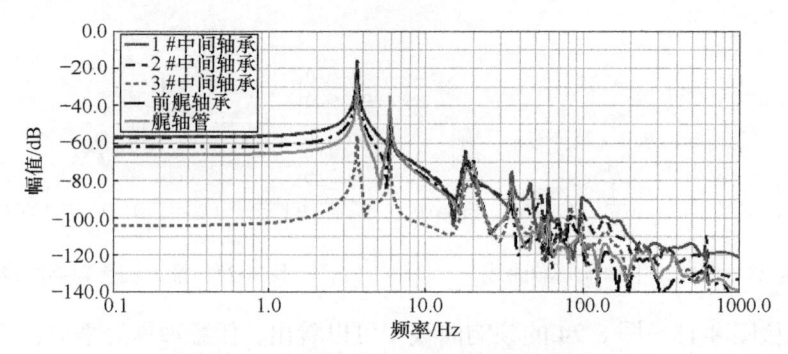

图 8-26 中间轴承及艉轴承频响曲线对比

至于 3#中间轴承对应的频响曲线过低，这是由于其处在 1#、2#中间轴承与前后艉轴承中间。由于螺旋桨重力因素，后艉管轴承垂向支撑力较大，使轴线不会过于下滑，而前艉轴承必须保证轴线在后艉管轴承的支撑作用和螺旋桨的重力作用下不会上翘。这导致两个轴承对垂向位移相对敏感，而 1#、2#中间轴承与其前后轴承距离较远，控制轴线距离较长，加上主机部分的重量影响及激励作用。这两个轴承与 3#中间轴承相比，其垂向位移对扭转振动影响较大。由此可以发现，所有中间轴承和艉轴承中，扭转振动对 3#中间轴承垂向位移最不敏感，受其影响最小。

2. 各海况下船体变形对扭转振动的影响

在单个激励频响分析的基础上，以表 8-4 中 6 种海况下的各轴承位置垂向位移动态变化为输入，导入 ADAMS 模型，模拟实际海况下的位移情况，同时设定推进系统在额定工况下运行，研究对比其频域下扭转振动的变化情况。不同航速下扭转振动曲线如图 8-27 所示。

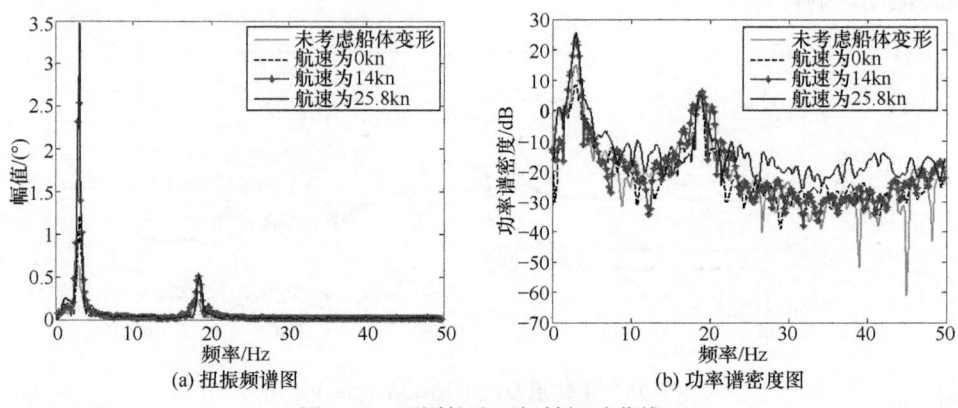

(a) 扭振频谱图　　(b) 功率谱密度图

图 8-27 不同航速下扭转振动曲线

图 8-27 中的曲线变化表明，在额定工况下，推进系统轴系扭转振动分别在 3.8 Hz 和 18 Hz 处存在明显峰值，符合船体变形激励频响曲线的变化趋势。同时，当船舶航速发生变化时，扭转振动的峰值位置几乎不发生变化，但其幅值发生明显改变。当船舶航速增大时，扭转振动幅值迅速增大，航速为 0 kn 时，其 3.8 Hz 峰值为 1.2°；航速 14 kn 时，其 3.8 Hz 峰值为 2.5°；航速 25.8 kn 时，其 3.8 Hz 峰值为 3.5°。由此可以看出，3.8 Hz 处的峰值大体上随航速增加呈等比例增长。出现这种现象的原因是，船舶航速增加后，与波浪之间的相对速度也随之增加，即遭遇波浪周期缩短，随之产生的船体变形周期也随之缩短，船体变形速度增大导致的。18 Hz 处的峰值处数值相对较小，规律性并不明显。大体来看，航速 25.8 kn 时的峰值数值最大，但与 14 kn 时的峰值数值接近，而航速 0 kn 时的峰值数值明显减小。

图 8-28 中的曲线变化表明，浪高对推进系统轴系扭转振动峰值位置没有影响，其最大两处峰值仍然分别在 3.8 Hz 和 18 Hz 处，符合船体变形激励频响曲线的变化趋势。同时，当船舶遭遇的风浪浪高增大时，扭转振动幅值明显增大，浪高从 7 m 增至 10 m 时，3.8 Hz 处的扭振峰值由 1.6°增至 3.5°，而 18 Hz 处的扭振峰值由 3.3°增至 5.3°。出现这种现象的原因是，浪高的增加并不会对船体变形的变化周期或偏移量产生影响，仅使船体变形的变化幅值增大，体现在轴系扭振方面，即振动幅值增大。

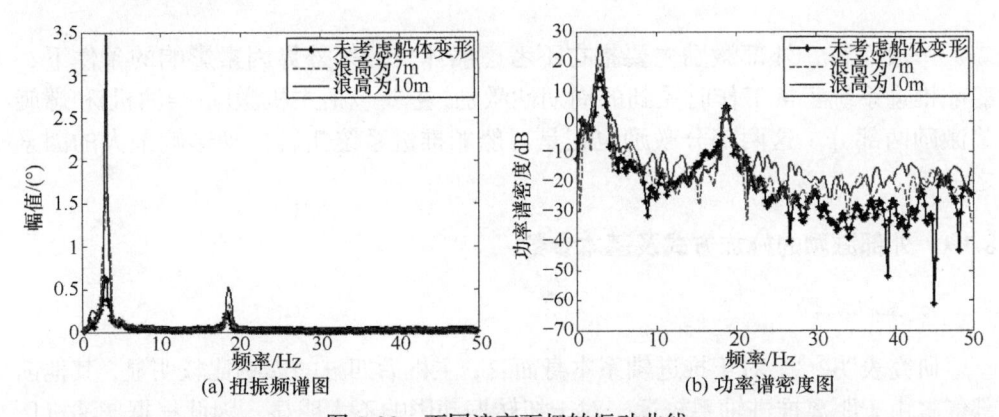

(a) 扭振频谱图　　(b) 功率谱密度图

图 8-28　不同浪高下扭转振动曲线

图 8-29 中的曲线变化表明，浪向角对推进系统轴系扭转振动峰值位置没有影响。其最大两处峰值仍然分别在 3.8 Hz 和 18 Hz 处，符合船体变形激励频响曲线的变化趋势。同时，当船舶遭遇风浪的浪向角变化时，扭转振动幅值也随之发生变化。对比不同浪向角的扭振频谱曲线在 3.8 Hz 处的峰值可以发现，浪向角的变化对此处峰值的大小几乎没有影响。对比不同浪向角的扭振频谱曲线在 18 Hz 处

的峰值可以发现，当浪向角为 90°时，此处峰值最大，其次是浪向角为 180°时的峰值，浪向角为 0°时的峰值最小。产生此现象的原因是，浪向角不同会导致轴承处垂向位移曲线的初相位不同，浪向角为 90°时，由于初相位的变化，中间轴承和艉轴承处的船体变形基本呈上升趋势。由此导致的扭振变化较为明显，浪向角为 180°时，中间轴承和艉轴承处的船体变形基本呈下降趋势，扭振变化也相对较小。

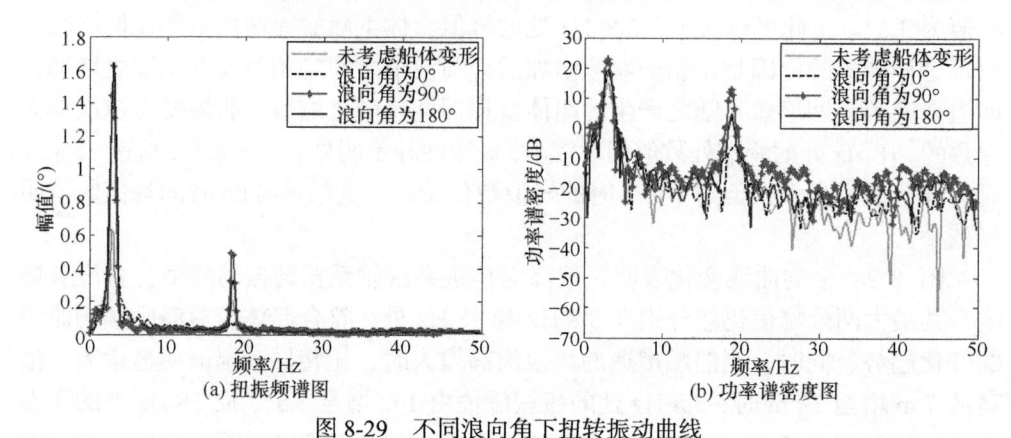

图 8-29 不同浪向角下扭转振动曲线

8.3 外部激励对推进系统动态特性影响的仿真研究

一般而言，外部激励主要指在不考虑船体变形等外界因素影响的条件下，船舶推进系统正常工作时受到的周期性激励，主要包括主机激励(柴油机)和螺旋桨激励两部分。这两部分激励也正是对船舶推进系统扭转振动影响最大的因素之一[6]。

8.3.1 外部激励的施加方式及基本参数

1. 主机激励

研究表明[7, 8]，对于推进轴系本身而言，主机后四缸的影响比较明显，其他前部气缸由于距离推进轴系较远，对于扭转振动影响不太明显，因此根据柴油机厂家提供的主机大致尺寸参数和主机激励的产生形式，可以建立活塞-连杆-曲轴模型，并将气缸压力激励作为输入施加在活塞上表面。活塞上表面激励加载如图 8-30 所示。

此外，将柴油机厂家提供的缸内压力随曲柄转角变化的曲线导入多体动力学模型，通过在活塞表面施加随曲柄转角改变而变化的气缸压力，可以更真实地模拟主机激励的产生。柴油机气缸内燃烧压力变化如图 8-31 所示。

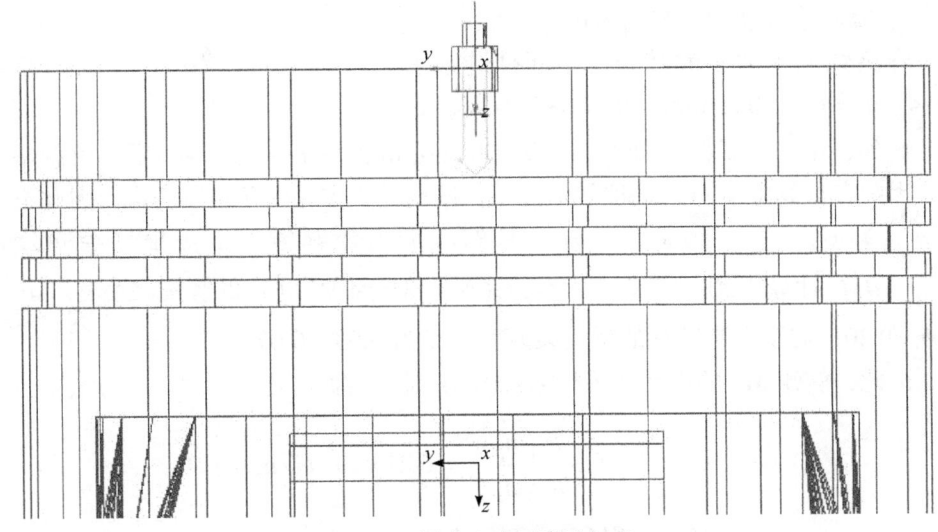

图 8-30　活塞上表面激励加载

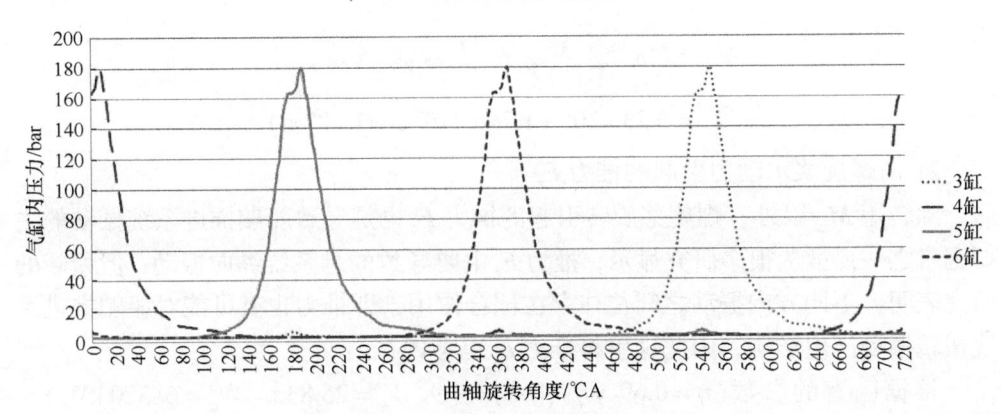

图 8-31　柴油机气缸内燃烧压力变化

2. 螺旋桨激励

螺旋桨激励按照其表现形式可分为表面力和轴承力。其中，螺旋桨轴承力，即作用在螺旋桨轴上通过轴系传递到船体的力和力矩，是造成船舶轴系振动，尤其是扭转振动的主要因素之一。

螺旋桨轴承力可分解为 6 个不同分量，即推力 F_x、垂向力 F_y、横向力 F_z、转矩 M_x、垂向弯矩 M_y、横向弯矩 M_z。螺旋桨轴承力的这六个作用在轴系上的分量是轴系振动的主要诱因。推力 F_x 与转矩 M_x 对船舶推进轴系扭转振动影响最为明显。因此，本章主要通过推力 F_x 与转矩 M_x 考虑螺旋桨激励对轴系扭转振动的影响[9,10]。

1) 螺旋桨水动力引起的转矩 M_x

螺旋桨轴承力中的转矩是引起推进轴系扭转振动的主要激励,已有参数 $z_p=4$、$n_e=n_p=104\,\text{r/min}$、$N_p=68520\text{kW}$、$\omega_p=\pi n_p/30$。

此外,由于轴系振动中 2 倍及以上叶频分量远小于一倍叶频分量,可忽略不计,因此在计算中 $k=1$。一般的情况下,振动计算中相位角难以考虑,因此不予计算,即 $\psi_{kz_p}=0$。螺旋桨叶片次数的激振力矩幅值 M_{kz_p} 可根据经验公式 $M_{kz_p}=\beta M_0$ 计算得到,其中 β 为经验系数。对于偶数叶片的螺旋桨而言,β 为 0.15~0.20;对于奇数叶片的螺旋桨而言,β 为 0.03~0.07。

因此,转矩 M_x 的表达式可根据式(8-3)求得,即

$$\begin{aligned} M_0 &= 9459.3\frac{P_e}{n_e}\left(\frac{n_p}{n_e}\right)^2 = 6.23\times 10^6\,\text{N·m} \\ M_{kz_p} &= \beta M_0 = 1.246\times 10^6\,\text{N·m} \\ M_x &= M_0 + \sum_{k=1}^{\infty} M_{kz_p}\sin\left(kz_p\omega_p t + \psi_{kz_p}\right) \\ &= 6.23\times 10^6 + 1.246\times 10^6 \sin(13.87\pi t) \end{aligned} \tag{8-3}$$

2) 由螺旋桨水动力引起的推力 F_x

除转矩 M_x 以外,螺旋桨旋转引起的推力 F_x 也是导致船舶推进系统振动的主要因素之一。虽然很多研究显示,推力 F_x 主要导致的是系统纵向振动,但最新的研究表明,不同方向振动之间往往存在耦合作用,即推力也有可能对船舶推进系统扭转振动产生影响,因此这里将推力 F_x 也考虑在内。

根据已有的参数($\eta=0.69$、$\eta_t/(1-t)=0.9$、$V_s=25.8\,\text{kn}$、$N_e=68520\,\text{kW}$),可得

$$\begin{aligned} F_0 &= 1943.3\frac{\eta\eta_t P_e}{V_s(1-t)} = 3.2\times 10^6\,\text{N} \\ F_v(t) &= \xi_p F_0\left(\frac{n}{n_e}\right)^2 \sin(v_p\omega t + \varphi_p) = 3.2\times 10^5 \sin(13.87\pi t)\,\text{N} \end{aligned} \tag{8-4}$$

随后,根据式(8-3)和式(8-4),将算得的螺旋桨激励分别以轴向推力和阻力扭矩的形式加入船舶推进系统多体动力学模型,以模拟螺旋桨激励。

8.3.2 外部激励对推进系统扭转振动的影响

为了更加全面地分析不同外部激励对船舶推进系统扭转振动的影响,以个体先后总体的顺序研究外部激励。

1. 单个激励对扭转振动的影响

首先，为了研究分析各个外部激励的影响，采用 ADAMS/Vibration 模块将外部激励设为输入，其激励形式包括力和力矩。根据船舶推进系统实际工况下激励的存在方式和位置，设置 6 路激励输入。外部激励输入参数如表 8-6 所示。

表 8-6　外部激励输入参数

激励来源	激励输入位置	激励输入通道	激励输入大小
轴向推力	螺旋桨中心	Input_Channel_1	100000N
阻力扭矩	螺旋桨中心	Input_Channel_2	100000N·m
3#气缸燃烧压力	3#活塞上表面	Input_Channel_3	100000N
4#气缸燃烧压力	4#活塞上表面	Input_Channel_4	100000N
5#气缸燃烧压力	5#活塞上表面	Input_Channel_5	100000N
6#气缸燃烧压力	6#活塞上表面	Input_Channel_6	100000N

随后以表 8-6 中的 6 路激励作为输入，轴系扭转振动作为输出进行扫频分析，扫频范围为 0.1~1000 Hz，继而获得各类外部激励频响曲线(图 8-32)。

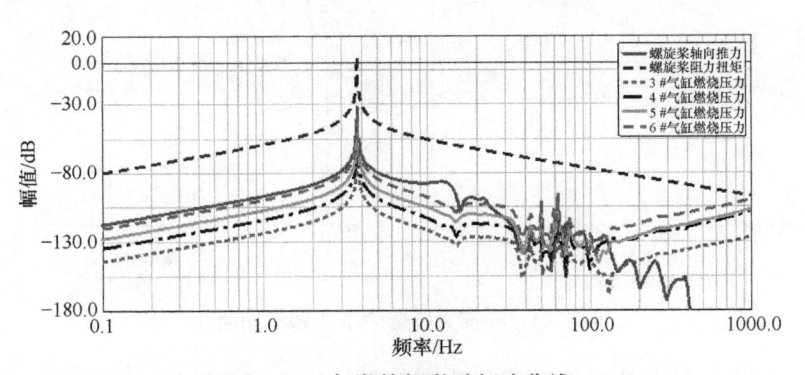

图 8-32　各类外部激励频响曲线

在图 8-32 中，各个外部激励频响曲线共有峰值位于 3.8 Hz 处，符合 2 阶系统模态频率。对比图中频响曲线，结果表明，螺旋桨阻力扭矩对船舶推进轴系扭转振动影响最为突出，远超其他各个激励；各个气缸燃烧压力激励的频响曲线变化趋势基本一致，但气缸位置距离轴系越近，燃烧压力激励对扭转振动影响越明显。此外，螺旋桨处轴向推力激励在低频区域对扭振影响较为明显，仅次于螺旋桨阻力扭矩激励，但在高频区域。尤其是，100 Hz 以上的区域，其影响急剧下降。按照常理，螺旋桨轴向推力对扭振影响较小，主要作用于纵向振动方面，但最新研究成果表明，纵向振动和扭转振动具有明显的耦合性，即相互影响的特性，因此正是这种耦合性导致轴向推力激励对扭振具有一定的影响。

此外，主机激励也是影响扭振大小的一个主导性因素。出于等效对比的考虑，在进行频响分析时，设置的气缸内燃烧压力与螺旋桨轴向推力大小一致。在实际工作中，气缸内的燃烧压力远大于螺旋桨轴向推力，两者之间相差两个数量级，因此实际工况中的主机激励影响较大。但是，图 8-32 中的主机激励影响并不明显。同时，频响分析中为考虑单个气缸之间的差异，将各个气缸的激励单独进行分析，并未进行叠加，更是导致频响分析中的主机激励过小。

2. 外部激励对扭转振动的影响

在不考虑其他外界条件影响的基础上，按照额定工况下外部激励，即主机气缸压力激励、螺旋桨处轴向推力激励及扭矩激励，将这三种激励同时施加在多体动力学模型上，对整个船舶推进系统进行仿真。外部激励影响下扭转振动曲线如图 8-33 所示。

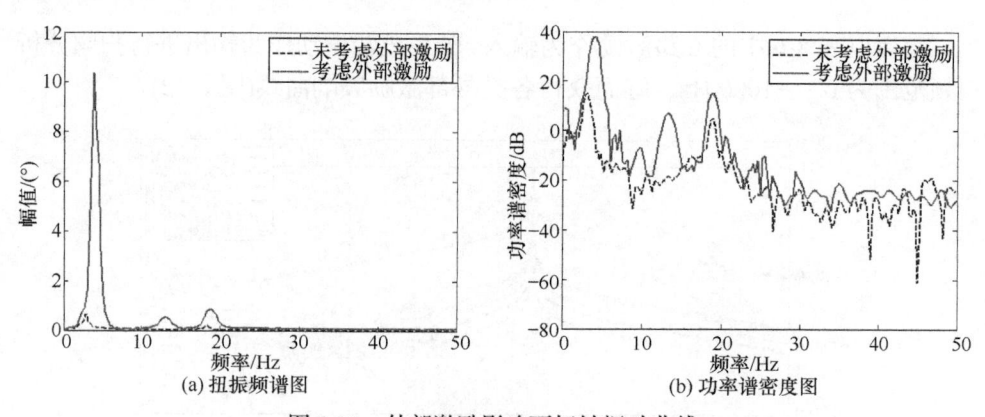

图 8-33　外部激励影响下扭转振动曲线

由此可知，外部激励能够明显改变船舶推进系统扭转振动的变化情况，无论是峰值位置，还是峰值大小都与未考虑外部激励时的扭振曲线有很大差异。曲线对比表明，外部激励导致的扭振频谱及功率谱密度曲线在 3.8~18 Hz 附近出现显著的峰值。这与考虑船体变形时的扭振曲线基本一致，区别在于考虑外部激励的扭振曲线在 15 Hz 处也出现明显峰值。结合图 8-33 中的外部激励频响曲线，分析其原因在于纵向振动与扭转振动的耦合效应，并且峰值所在位置为 15 Hz，大致为模态分析中 6 阶模态频率处。

8.4 油膜约束对推进系统动态特性影响的仿真研究

目前，大部分针对船舶推进系统的仿真模型都未将轴与轴承之间的油膜影响考虑在内，主要是油膜仿真的复杂性和仿真结果的真实性无法确定。轴与轴承之间的油膜存在一种动态平衡的状态。若这种平衡被打破，极易导致轴与轴承之间干摩擦，进而产生事故性磨损[11]。

目前，大多数研究人员采用数值计算方法对动态油膜进行仿真计算，而基于二维 Reynolds 方程的有限宽轴承计算方法是其中较为常用的方法之一。此方法的主要数值求解方式包括有限差分法、变分法、有限元法等。这里采用有限差分法和向心滑动轴承的 Reynolds 方程对油膜进行联立求解[12,13]。

同时，为了将油膜仿真纳入船舶推进系统动力学耦合模型中，本章采用 ADAMS 与 MATLAB 联合仿真的方法，将 ADAMS 动力学仿真过程中的轴心动态参数(轴心偏移、轴心偏移速度)导入 MATLAB，得到油膜压力分布和油膜反力。油膜联合仿真示意图如图 8-34 所示。

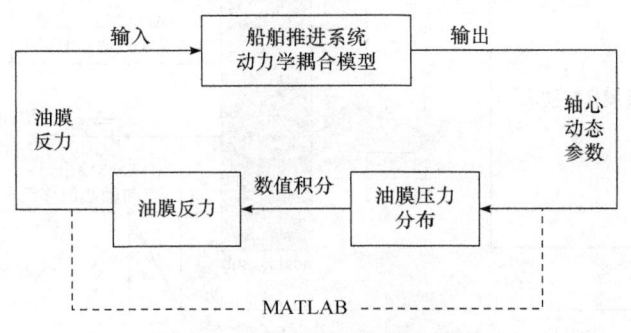

图 8-34 油膜联合仿真示意图

基于 MATLAB 的有限差分法求解向心滑动轴承 Reynolds 方程是油膜仿真的重点。其具体思路为，首先对滑动轴承径向展开的二维平面进行区域划分，生成有限个网格及其节点。然后，用差商的方法将 Reynolds 方程以对应网格节点的方式进行离散化划分，得出一组迭代方程。最后，运用 MATLAB 数值计算的方法对方程进行迭代求解，直至收敛，即可得到对应的油膜压力分布。根据油膜压力分布值，采用合适的数值积分方法即可求得轴承的油膜反力等参数。

完成 MATLAB 油膜计算程序的编写后，将其封装入 MATLAB/Simulink 模块，同时通过 ADAMS/Control 模块中的 MATLAB/Simulink 接口，将动力学模型以独立模块的方式导入 MATLAB/Simulink。Simulink 数据接口模块如图 8-35 所示。

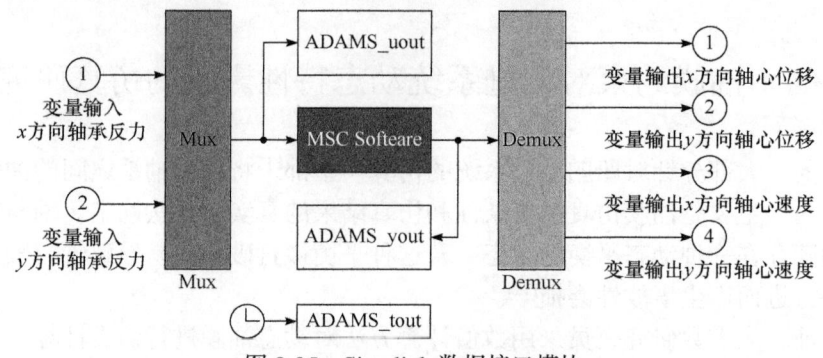

图 8-35 Simulink 数据接口模块

随后，将油膜程序封装形成的油膜计算模块与 adams_sub 模块进行连接，确定数据传输方向和类别。ADAMS-Simulink 联合仿真如图 8-36 所示。

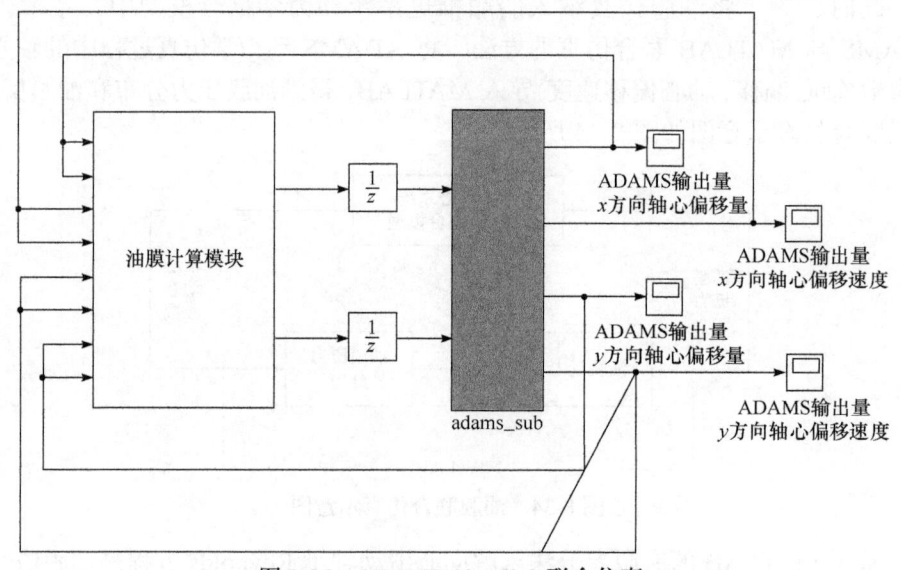

图 8-36 ADAMS-Simulink 联合仿真

设定仿真参数后开始计算运行即可自动启动 ADAMS，与 MATLAB 进行联合仿真。

8.5 油膜约束对推进系统轴心轨迹的影响

当轴在轴承中旋转时，由于重力效应及惯性作用，轴心难以始终维持在轴承中心位置。此时，油膜不仅需要对轴的旋转进行润滑，还承担着减小轴心偏移量，避免轴与轴承之间发生碰撞的作用。因此，油膜仿真模块的存在是非常必要的，不但能够突出油膜作用,而且使仿真工况更加符合实际。

通过 ADAMS 与 MATLAB 联合仿真的方法,以额定工况作为边界条件进行仿真计算,以 1#中间轴承的轴心偏移量为研究对象,与未考虑油膜约束的仿真结果进行对比。轴心轨迹对比如图 8-37 所示。

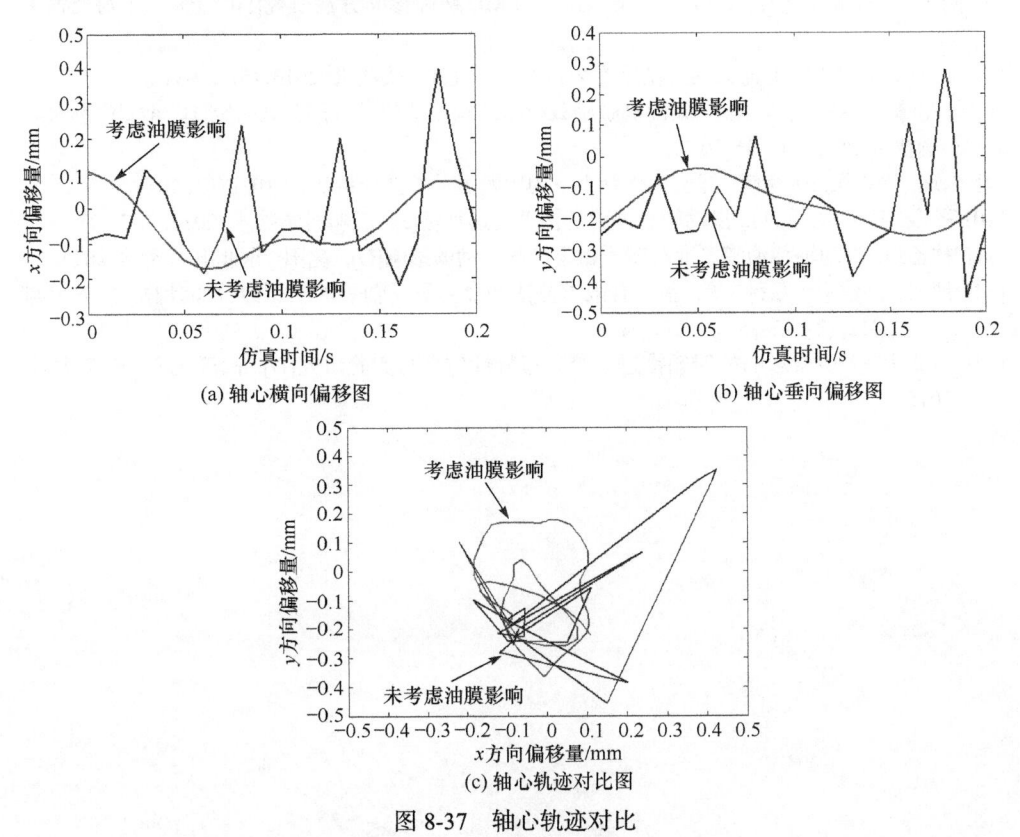

(a) 轴心横向偏移图

(b) 轴心垂向偏移图

(c) 轴心轨迹对比图

图 8-37 轴心轨迹对比

如图 8-37 所示,在仿真过程中,各轴承均处于完全液体润滑状态,轴心偏移量始终小于轴承径向间隙 0.5 mm。这说明,各个轴承的润滑状态良好。中间轴承轴心运动轨迹在垂向的变化较大,说明轴心轨迹受重力的影响比较明显,导致垂向油膜约束力变化较大。同时,若将油膜影响考虑在内,轴心轨迹由于油膜阻尼的存在变得更加平滑,也不会出现阶跃或突兀的峰值,更加符合实际情况。这也证明,此方法可以有效地进行船舶推进系统轴承润滑性能的分析。

参 考 文 献

[1] 蒋平. 多因素综合效应下大型船舶轴系校中研究[D]. 武汉: 武汉理工大学, 2012.
[2] Hashemia S M, Richarda M J. A dynamic finite element(DFE)method for free vibrations of bending-torsion coupled beams[J]. Aerospace Science and Technology, 2000, 4(1): 41-55.

[3] 胡爱闽. 基于 ADAMS 的柴油机曲轴系统多体动力学仿真[J]. 煤矿机械, 2010, 31(2): 62-65.
[4] 严新平, 李志雄, 袁成清, 等. 考虑船体变形耦合作用的船舶推进系统建模与控制[J]. 船海工程, 2011, 40(1): 61-64.
[5] 蒋平, 朱汉华, 严新平, 等. 船体大变形对轴系校中的影响[J]. 船舶工程, 2013, (1): 35-38.
[6] 陆金铭. 船舶推进轴系的动态影响因素及 EMD 故障诊断方法研究[D]. 上海: 上海交通大学, 2013.
[7] 郜世杰, 周文建. 低速柴油机激励力分析方法研究[J]. 柴油机, 2013, (5): 29-31.
[8] 杜宪峰, 梁兴雨, 李志勇. 柴油机激励载荷与结构振动信号特征关系研究[J]. 小型内燃机与车辆技术, 2015, (1): 25-30.
[9] 朱理, 庞福振, 康逢辉. 螺旋桨激励力下的舰船振动特性分析[J]. 中国造船, 2011, 2: 8-15.
[10] 孙谦, 钱大帅, 陈明. 滑动轴承油膜的振动传递特性[J]. 舰船科学技术, 2013, 7: 71-73.
[11] 林圣强. 滑动轴承油膜厚度对转子稳定性和振动的影响[D]. 沈阳: 东北电力大学, 2013.
[12] 谢帆, 荆建平, 万召, 等. 基于有限差分法的径向滑动轴承油膜压力分布计算[J]. 润滑与密封, 2012, (2): 12-15.
[13] 谈微中. 多因素影响的船舶推进系统动态特性仿真与实验研究[D]. 武汉: 武汉理工大学, 2016.

第 9 章　船舶轴系性能实验研究

实验研究是验证前述理论分析、数值计算和仿真研究等结果的重要手段。本章主要介绍船舶轴系性能实验室实验和实船实验的研究工作。

9.1　船舶推进轴系实验室实验系统设计与研制

为了检验前面所述的建模理论，我们搭建了船舶推进轴系性能综合实验台和船舶推进轴系动态实验台。

9.1.1　船舶轴系性能综合实验台设计与研制

为满足船舶轴系性能的结构优化研究的需要，我们设计并研制了船舶轴系性能综合实验台。图 9-1 所示为船舶轴系性能综合实验台。图 9-2 所示为船舶轴系性能综合实验平台构成示意图。

图 9-1　船舶轴系性能综合实验台

实验平台的机座安装于地基。实验台轴系设备都安装在机座上。变频电机输出端接转速/扭矩传感器后连接在减速机上。减速机通过高弹联轴器连接推力轴承。推力轴承接轴系及附件。轴系包括两根中间轴和一根尾轴，中间轴和尾轴用液压联轴器连接，中间轴由中间轴承支撑，尾轴由两个油润滑尾轴承组件或由一个水润滑尾轴承和一个油润滑前尾轴承支撑。尾轴后端设置力加载装置和扭矩加

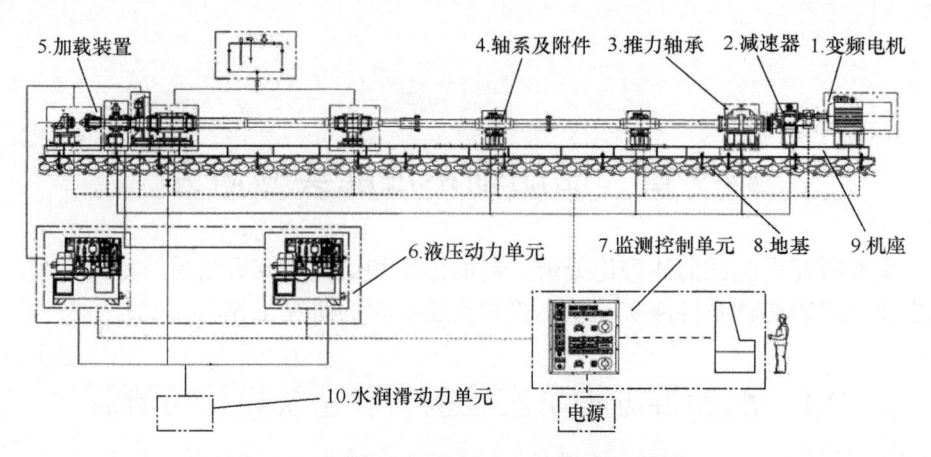

图 9-2 中标注：5.加载装置　4.轴系及附件　3.推力轴承　2.减速器　1.变频电机　6.液压动力单元　7.监测控制单元　8.地基　9.机座　10.水润滑动力单元　电源

图 9-2　船舶轴系性能综合实验台构成示意图

载装置。负荷加载装置包括轴向力加载和径向力加载，可以完成脉动载荷的加载。水润滑单元与尾轴承、中间轴承和推力轴承有水管连通。液压动力单元与力加载装置和扭矩加载装置的液压油路连通。监测控制单元与变频电机、加载装置和各轴系设备电信线路相连，以检测和汇总反馈信号、监控和记录。船舶轴系性能综合实验台主要参数如表 9-1 所示。

表 9-1　船舶轴系性能综合实验台主要参数表

序号	参数	单位	数值
1	电机功率	kW	55
2	额定转速	r/min	1480
3	额定转矩	N·m	355
4	恒转矩调频范围	Hz	1～50
5	恒功率调频范围	Hz	50～100
6	齿轮箱(减速)减速比	—	2.96∶1
7	1#中间轴长	mm	2600
8	2#中间轴长	mm	2000
9	螺旋桨轴长	mm	5000
10	轴系长度范围	m	5～12.5
11	径向加载能力	kN	0～20(X、Y方向)，最大 35
12	轴向加载能力	kN	0～70

船舶轴系性能综合实验平台由传动、加载、润滑、冷却、监控等子系统组成。

1. 传动子系统

传动子系统侧重研究系统的组成、传动范围、各元件间的连接方式。轴系分为驱动单元、中间轴和尾轴三个主要部分。驱动单元由变频电机、扭矩/转速传感器、齿轮箱、高弹联轴器和推力轴承组成。其中，转速/扭矩传感器设置在电机输出端，齿轮箱和推力轴承之间用高弹联轴器连接，吸收轴系的振动和偏移，可以避免轴系振动影响扭矩传感器的测量。推力轴承用来承受轴向的正反向推力，通过法兰与中间轴连接。中间轴系包括两根中间轴。为模拟实际轴径，考虑轴系稳定性和配套件选型的要求，在实际的轴径选取时进行一定的放大，使之与轴系的长度匹配，并进行中间轴承的选取和轴承位置的设计。各轴段之间通过轴端法兰和铰孔螺栓进行连接。中间轴与螺旋桨轴(尾轴)之间通过可拆卸的液压联轴器连接，需要时可以将中间轴拆除，以便实现两种不同轴系布置方案(有/无中间轴)的实验。传动子系统如图9-3所示。

图9-3 传动子系统

尾轴部分包括一根尾轴、法兰式液压联轴器、尾轴密封和尾轴承等。在模拟尾轴密封和尾轴承时，取消了尾管，在前后尾轴承位置各设置一个轴承座。尾轴承安装在轴承座内，轴承座内通压力油或水，两端装有密封装置，轴承座上设有轴承温度和轴承沉降等测量接口。

2. 加载子系统

加载子系统可以实现螺旋桨水动力的模拟，通过设置力加载和扭矩加载装置，可以模拟螺旋桨水动力对尾轴的作用力，包括力加载和扭矩加载。加载系统实物图如图9-4所示。

图 9-4 加载系统实物图

1) 力加载

实验台进行力加载时,加载力大小与方向可在给定的范围内调整,能模拟实船轴系的不同工况,满足不同实验的要求。力加载装置分为轴向和径向两部分,其中轴向加载力为 0~75 kN,通过液压油缸与推力轴承作用在尾轴上(图 9-5);径向加载力为 0~20 kN,通过液压油缸与径向轴承,从水平和垂直两个方向作用在尾轴上(图 9-6)。

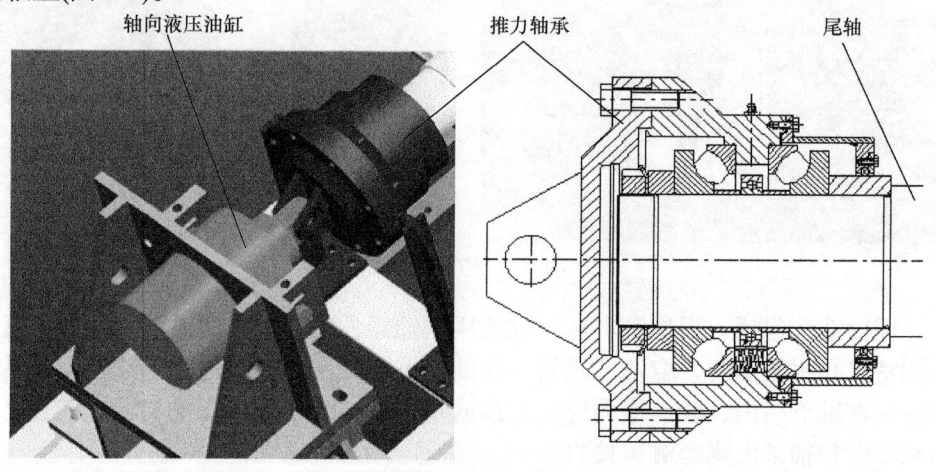

图 9-5 轴向加载装置

实验台加载时,在三个方向上利用油缸对尾轴施加作用力。每一个油缸由一个泵单独供油,通过电液伺服阀无极比例调节油缸工作压力,能实现常规的周期函数载荷(如正弦、余弦、方波等),以及自定义载荷谱,可以模拟螺旋桨水动力。三个油缸独立加载,互不影响、油缸的实时工作压力通过压力变送器反馈给控制系统。

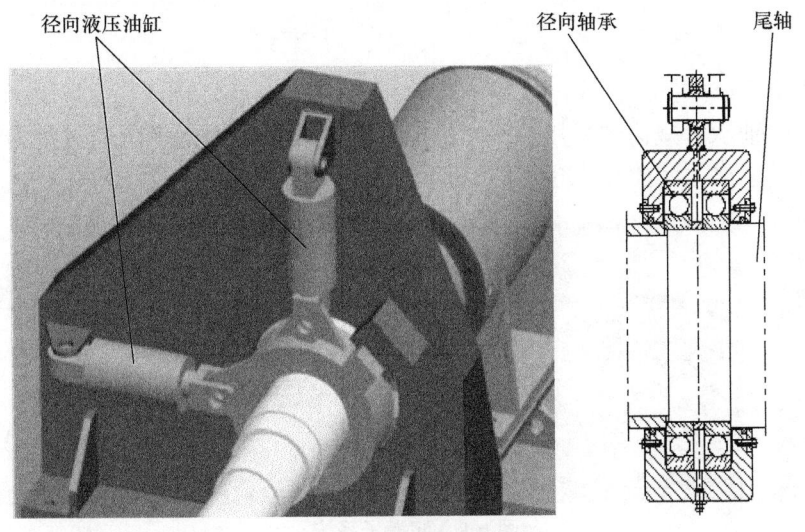

图 9-6 径向加载装置

2) 扭矩加载

图 9-7 所示为扭矩加载原理图。在尾轴上设置一个增速齿轮箱。齿轮箱连接两个输出轴带双向加载泵。轴系转动时，通过增速齿轮箱带动加载泵，泵出口压力通过比例溢流阀调节。动力泵站为加载泵组提供液压油，并对回油油液进行冷却，泵出口的实时压力通过压力变送器反馈给控制系统。

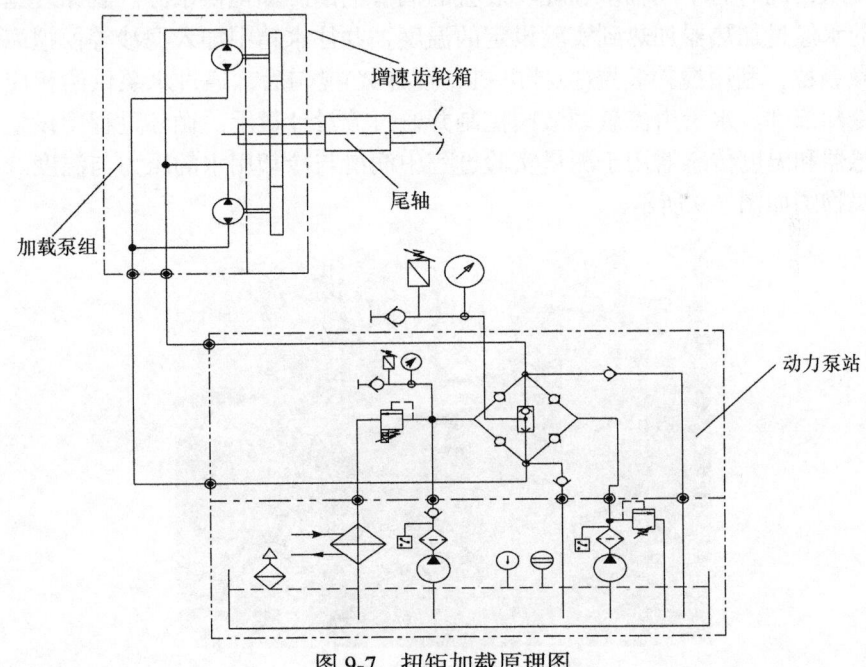

图 9-7 扭矩加载原理图

3. 润滑子系统

润滑子系统(图 9-8)包括油润滑和水润滑两部分。后尾轴承、前尾轴承、中间轴承、推力轴承、减速器采用油润滑，其中后尾轴承与前尾轴承通过重力油箱润滑。后尾轴承根据实验要求也可以采用水润滑。

图 9-8　润滑子系统

4. 冷却子系统

冷却子系统由水箱、吸入滤器、温度计、水泵、水泵电机、流量调节阀、流量计、压力传感器、温度传感器、后尾轴承、中间轴承、推力轴承、冷却器、耗功装置、加热器等组成。水润滑系统主要为轴系后尾轴承提供相应条件的润滑和冷却用水，同时为中间轴承和耗功装置的润滑油的冷却提供水源。其原理是，水箱中的水经过加热器加热到实验设定的温度，并往水箱中加入泥沙等模拟海洋环境的微颗粒，利用搅拌装置(搅拌电机、搅拌桨)搅匀后，通过水泵供给相应的润滑或冷却部件。水量由流量调节阀控制并通过流量计显示。循环过程中设置的压力传感器和温度传感器用于测量实验过程中润滑与冷却用水的压力与温度。冷却水箱实物图如图 9-9 所示。

图 9-9　冷却水箱实物图

5. 电控子系统

船舶轴系综合实验台的电控系统以德国西门子 S7-200 的可编程逻辑控制器(programmable logic controller, PLC)为控制核心, 采用集散式控制结构。船舶轴系性能综合实验平台电控系统结构如图 9-10 所示。电控系统的主要功能包括轴系转速检测和控制功能、负荷控制功能、轴系扭矩加载控制功能、扭矩检测功能、防止荷突变功能、轴系力加载控制与监测功能、电机遥控起停控制功能、紧急停机功能、轴系综合实验台监控功能等。

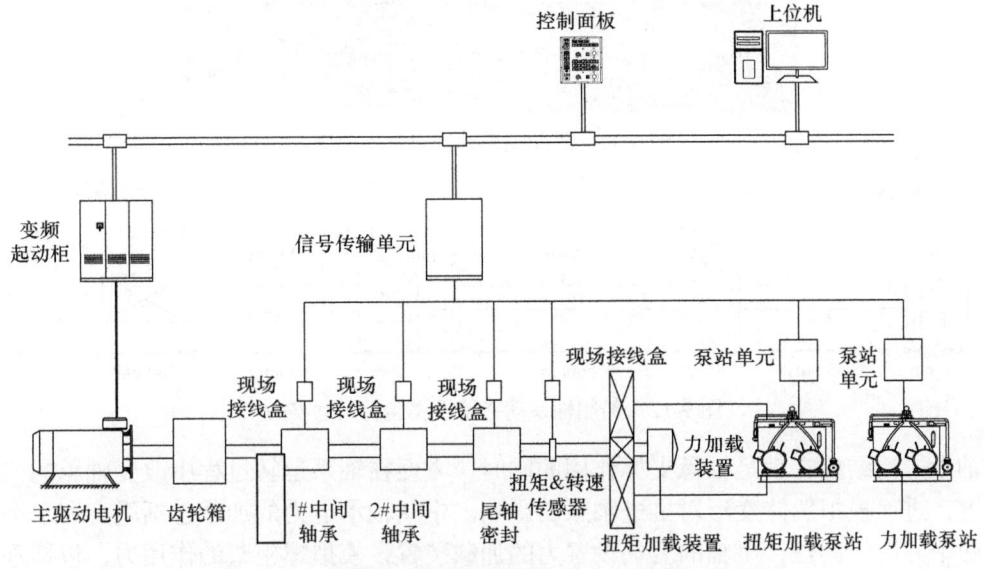

图 9-10 船舶轴系性能综合实验平台电控系统结构图

9.1.2 船舶轴系动态特性实验台设计与研制

除了船舶轴系性能综合实验台, 为了研究不同船体变形激励方向, 以及转速对轴系振动的影响规律, 我们还设计并研制了船舶轴系动态特性实验台(图 9-11)。

船舶轴系动态特性实验台尺寸参数如图 9-12 所示。实验台主要包括变频电机(型号为 Y225S-8, 频率为 50Hz, 额定功率和转速为 18.5kW 和 730r/min)、曲轴、轴系(2 根中间轴和 1 根尾轴)、支承轴承(2 个中间轴承和 1 个艉轴承)、附件、加载装置, 以及检测控制系统。所有部件均安装在机座上。在变频电机的输出端连接转速传感器后, 再连接在曲轴上, 将扭矩和力传递到轴系及附件, 中间轴由中间轴承支撑, 尾轴由尾轴承支撑。靠近尾端的中间轴承通过机架上的轴承套包裹和固定圆柱滚子轴承, 将轴承套通过圆柱销与液压加载系统连接。当伺服液压缸产生加载变化时, 能够通过轴承套带动圆柱滚子轴承发生位置的变化, 并在销连接处安装轴用弹性挡圈进行缓冲, 防止加载过猛引发轴系部件损伤。采用该动态

图 9-11 船舶轴系动态特性实验台

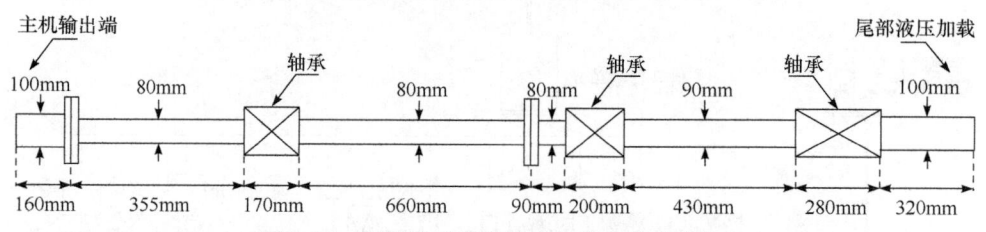

图 9-12 船舶轴系动态特性实验台尺寸参数

轴承连接结构在满足轴承支撑作用的同时，方便在轴系运转过程中改变轴承的位置，进而模拟船体变形对推进轴系的影响。中间轴承上力的加载包括垂直和水平两个方向。同理，尾轴的后端设置力的加载装置，模拟螺旋桨的作用力，包括垂直、水平和轴向三个方向。五路液压加载可以分开加载，也可以同时加载，还可以施加静载或动载。其中，最大静载力为 5kN，动载频率范围为 0~30Hz，最大模拟变形量为 5mm。检测系统与变频电机、加载装置和轴系设备等通过电信线路连通，以此实现信号的监控、反馈和记录等。

船舶轴系动态特性实验台用来研究轴系的横振、扭振、纵振三大振动的测试技术，并利用加载装置模拟船舶轴系受到的船舶变形和艉部螺旋桨带来的载荷，分析不同加载力对三大振动及其耦合振动的影响规律。

9.1.3 液压加载系统

通常船舶轴系的加载实验采用液压加载、机械加载和电力加载等三种方式实现。机械加载主要通过弹性扭杆或轮系完成，其加载精度低且振动噪声大。电力加载主要由传感器、控制器和伺服电机来控制加载，但是电机性能不稳定或输出力矩较小会影响加载的效果。液压加载通过计算机控制液压缸的做功，具有操作简单可控、能多形式连续加载的特点。船舶轴系性能综合实验台和船舶轴系动态特性实验台均采用目前轴系研究中应用较为广泛的液压加载形式。本节以船舶轴系动态特性实验台为例，介绍液压加载系统的组成及工作原理。该实验台的液压加载系统主要包括液压控制台和液压泵站。液压加载装置结构示意图如图 9-13 所示。

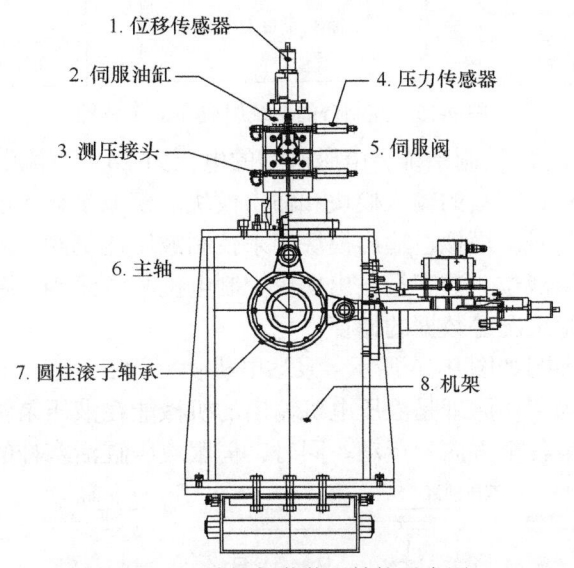

图 9-13　液压加载装置结构示意图

1. 位移传感器
2. 伺服油缸
3. 测压接头
4. 压力传感器
5. 伺服阀
6. 主轴
7. 圆柱滚子轴承
8. 机架

实验台的主要特点在于采用动态轴承结构与液压加载系统相结合的安装形式，即在轴承端配置有图 9-14 所示的液压加载系统，通过该系统产生的激励力模拟船体变形的作用。实验台安装了两套动态轴承及其加载装置，分别布置在实验轴系的中间轴承处和轴系尾部。

图 9-14　液压加载系统

液压控制台的系统组成和工作原理如图 9-15 所示。其中，外设部件互连标准

(peripheral component interconnect, PCI)信号采集系统主要收集数字及其模拟信号，工控机主要对该信号进行处理。该液压加载装置能实现包括正弦、余弦、方波等在内的常规周期函数加载，频率范围为 0～30 Hz。

图 9-15 控制台的系统组成和工作原理

控制台内的 PLC 控制系统、电磁阀等的电压为 24V 直流电。PLC 控制系统主要包括模拟量和数字量的输入模块和输出模块。模拟量输入模块包括压力传感器和位移传感器信号。模拟量输出模块用来控制液压比例阀。数字量输入模块包括泵站运行和油箱液位。数字量输出模块控制电机和溢流阀。存储卡主要进行振动信号及对应实验工况等数据的储存。

液压泵站原理图如图 9-16 所示。泵站电机功率为 5.5 kW，输入电压为 380 V 交流电。其主要的工作原理是液压电机输出的机械能在液压泵转化成压力能，进而推动液压缸产生各个方向的运动。同时，伺服液压缸活塞杆的伸缩能够起到控

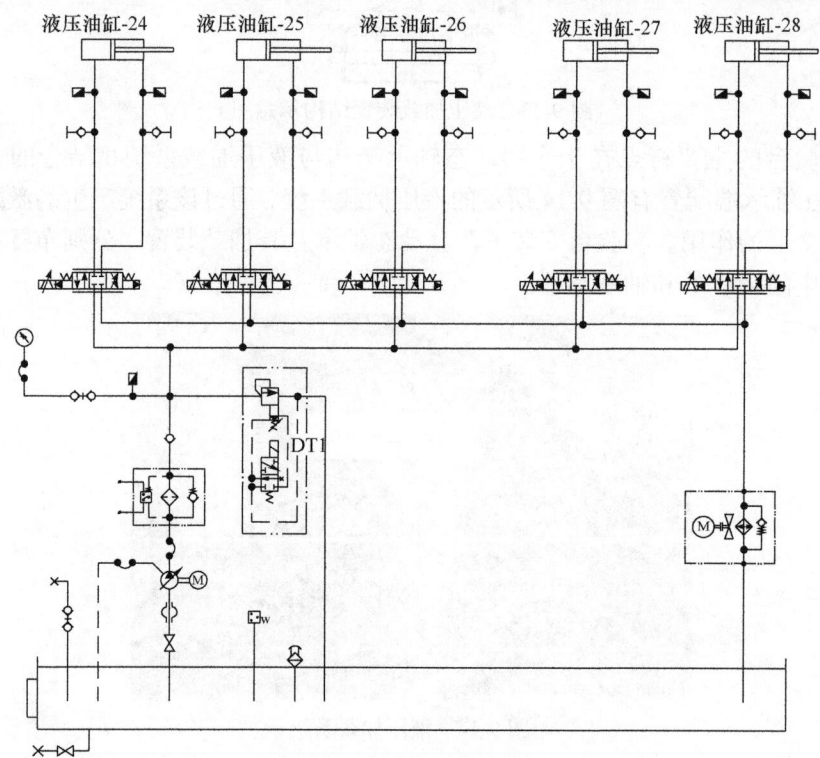

图 9-16 液压泵站原理图

制加载正负方向的作用。

该液压泵站由图 9-16 所示的编号为 24~28 的 5 个伺服液压油缸进行力加载控制，通过上位机下达 5 路加载的大小和频率(载荷约为 0~5kN，频率控制在 0~30Hz)，传递到下位机来控制伺服阀的电流大小，以推动液压泵将机械能转换成压力能。该压力油液作用在传动装置上，可以实现对轴系的加载作用，确保控制台的载荷设定与实际测得的轴系运动情况基本吻合。在加载过程中，施加载荷的大小和轴系的偏移位置可通过压力传感器进行监控和位移传感器获取。液压加载过程控制图如图 9-17 所示。

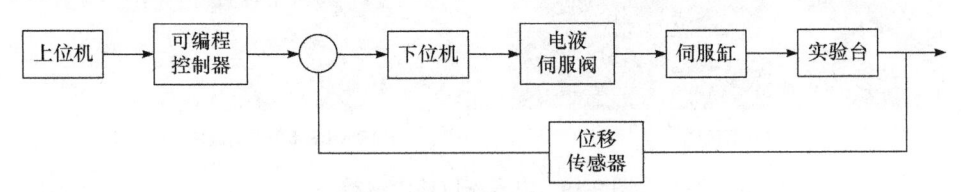

图 9-17 液压加载过程控制图

9.1.4 轴系测试系统

船舶轴系性能综合实验台与船舶轴系动态特性实验台均配套有完整的测试系统，包括转矩遥测仪、激光转速传感器(图 9-18)、电涡流位移传感器(图 9-19)、加速度传感器、激光位移传感器等。

(a) 显示器　　(b) 传感器测量装置

图 9-18 激光转速传感器

图 9-19 所示的 ZA-RK-8 型电涡流位移传感器的量程为 2 mm，灵敏度为 5 V/mm，

测量的精度可达微米级别，工作频率大，温度使用范围广，抗震性能强，能对轴系回旋振动进行精确测量。

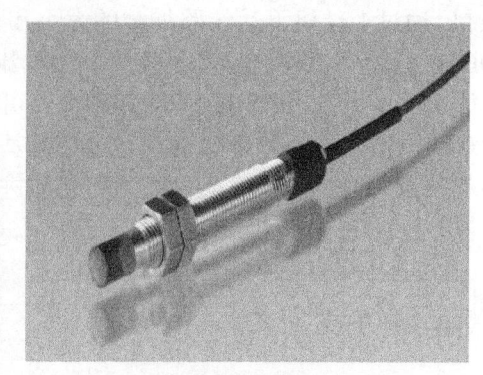

(a) 安装图　　　　　　　(b) ZA-RK-8型电涡流位移传感器

图9-19　电涡流位移传感器

对于 ZA-RK-8 型电涡流位移传感器，回旋振动的测量原理如图 9-20 所示。在轴系测点位置处水平和垂直两个方向上各安装一个电涡流传感器测量轴系转动时，在这两个方向产生振动位移的大小。当设备工作时，需要通过一套专门的信号调理设备对外接电压为 220 V 的交流电进行变压处理以达到降低电压幅值的目的，然后经过整流电路得到直流脉冲信号，经过滤波、稳压电路后可得 15~18 V 直流稳压电压输送给每个电涡流传感器。同时，传感器会将输出信号通过信号线返回信号调理设备，经过调理后输出–5~5V 范围内正比于旋转轴系振幅大小的电压信号，进而对该电压信号进行采集存储。

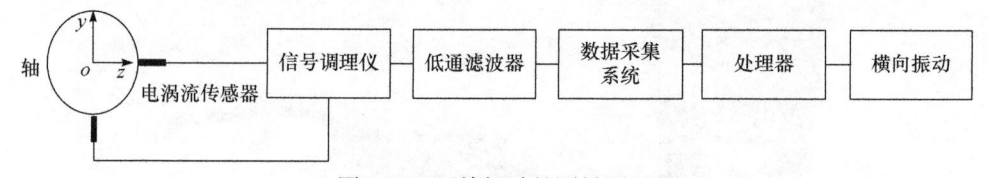

图9-20　回旋振动的测量原理

安装时，传感器与旋转轴之间的初始间距应在传感器线性范围内，尽量选在 1~1.5 mm 附近的线性段中点。在测试之前，可通过万用表测量传感器输出电压。如果电压接近 0 V，可将传感器视为处于最佳间距状态。

采用 B&K 公司的 4535-B-001 三向加速度传感器(x 向垂直于轴线,平行于地面；y 向垂直于轴线和地面；z 向沿轴线方向)对各轴承座、轴承座机座的振动进行测量，如图 9-21 所示。传感器有内置放大器，工作时需要 2~20 mA 的恒流源供电，工作时将测点处的机械振动量转化为与振动加速度成正比的电压信号进行输出，测量频率范围为 0.3~12800Hz，灵敏度为 98 V/g，最大可测 71g 加速度。

第 9 章 船舶轴系性能实验研究 ·225·

(a) 传感器　　　　　　　　　　　(b) 传感器接线

图 9-21　三向加速度传感器

安装时先将传感器装在底座上，然后对测点用砂纸进行打磨，将底座用专用胶水黏于测点处。传感器可同时对测点处 x、y、z 三个方向的振动加速度进行测量，通过对加速度信号进行处理可进一步得到振动速度和振动位移信号。

9.1.5　轴系振动测量原理及信号采集

1. 轴心轨迹测量

轴心轨迹是轴系同一截面水平和垂直方向的位移合成[1]。测量轴心轨迹可监测轴系的正常运转。在实验过程中，分别在两个方向进行位移传感器的安装并测试。轴心轨迹测量原理如图 9-22 所示。

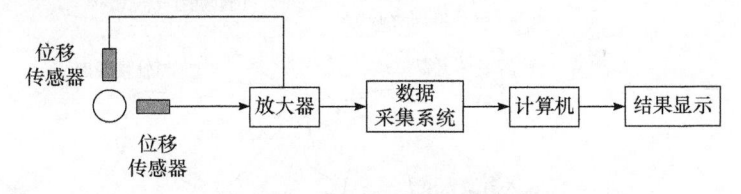

图 9-22　轴心轨迹测量原理

假设轴系在 x 方向和 y 方向的位移量为 $S_1(t)$ 和 $S_2(t)$，那么截面动态位移为

$$S(t) = S_1(t) + jS_2(t) \tag{9-1}$$

旋转轴系各向弯曲刚度在理想情况下是相同的。其轴心轨迹在轴承支承高度一致时为圆形，在水平和垂直方向上的信号频率、幅值也相同，相位差为 90°。在轴系的实际运行过程中，由于轴系的偏心率、油膜阻尼、轴承支承刚度不同等，轴心轨迹并不是规则的圆形。这些不同的轴心轨迹分别对应轴系不同的运行特征[2]。当轴系旋转出现不平衡、油膜振荡，或者其涡动出现故障、动件摩擦出现

不稳定毛刺等情况时,均会导致轴心轨迹的图像发生紊乱[3],因此需要提纯处理,获取清晰度高的轴心轨迹。

在轴系运行平稳时,其轴心轨迹近似为椭圆,假设由两个角速度相同且运动方向相反的同心圆合成。其半径和与半径差为椭圆的长轴 L 与短轴 W,基于全息谱理论[4],两轴分别反映对应阶次分量的最大振幅和最小振幅。定义细长度 r_0 和离心率 e_0,即

$$r_0 = \frac{W}{L}, \quad e_0 = \frac{\sqrt{L^2 - W^2}}{L}, \quad 0 \leqslant r \leqslant 1 \tag{9-2}$$

其中,细长度反映轴心轨迹的变形程度,其值越大,运行轨迹越接近于圆形;离心率反映单阶次振动幅值的变化特征,其值越小,运行轨迹越接近于圆形。

2. 扭转振动测量

扭转振动是轴系在驱动力作用下围绕轴心的周期性转速波动。其驱动力主要是动力系统传递的不均匀力矩。轴系在产生扭转振动时,同时存在匀速转角 ω_0,以及变角速度 ω_r。其瞬时角速度为 $\omega_0+\omega_r$。扭转振动测量的实质是获取由变角速度 ω_r 产生的弧长变化[5]。目前对于扭转振动的测量主要包括直接测试法、脉冲时序法,以及激光测量法。下面介绍激光测量法。

激光测量是近年发展起来的一种非接触式的测量方法。其测量结果与轴系的转速、截面形状,以及传感器位置无关,目前使用较多的是 B&K 2523 型激光扭振仪[6]。这种非接触式的测量方法不受空间限制,可精确测量旋转机械的扭转振动。其测量原理图如图 9-23 所示。

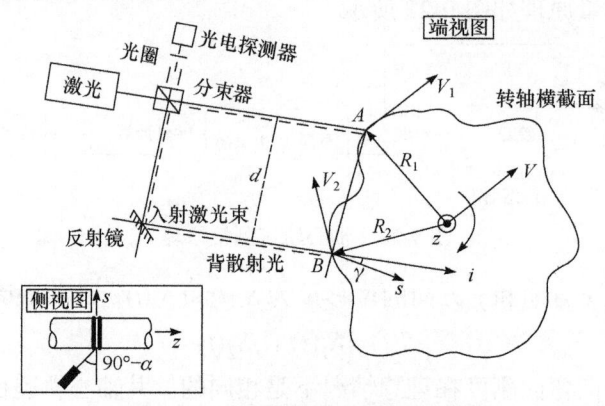

图 9-23 激光扭振仪测量原理图[7]

假设轴系横截面垂直轴线为 z 且围绕其旋转,传感器发光元件的光线穿过分束器后,形成两束相同强度且间距为 d_0 的平行光,分别投射到横截面的 A、B 两点,相对于旋转中心的相对速度为 V_1 和 V_2。假设照射在横截面的发射光线的频

率 f 满足

$$f = \frac{2\mu U}{\lambda}, \quad \mu_0 = 1.0, \quad \lambda_0 = 780 \tag{9-3}$$

其中，μ_0、U 和 λ_0 为空气介质的折射率、入射光的瞬时速度和波长。

在穿过分束器时，反射光相互干涉并以共路相干光的形式投射在探测器上，假设反射光在 A 和 B 两点处的频移值 f_a 和 f_b 为

$$\begin{aligned} f_a &= \frac{2\mu}{\lambda} i(V + V_1) \\ f_b &= \frac{2\mu}{\lambda} i(V + V_2) \end{aligned} \tag{9-4}$$

同理，假设反射光在探测器处的多普勒频移值为 f_d，在其穿透光孔射到光电二极管时，会有输出电流产生，可以得到

$$f_d = f_a - f_b = \frac{2\mu}{\lambda} i(V_1 - V_2) \tag{9-5}$$

同时，A、B 两点的相对速度 V_1 和 V_2 为

$$\begin{aligned} V_1 &= 2\pi N(R_1 \times z) \\ V_2 &= 2\pi N(R_2 \times z) \end{aligned} \tag{9-6}$$

其中，N 为转轴的转速，单位 r/s。

因此，有

$$V_1 - V_2 = 2\pi N(R_1 - R_2) \times z = 2\pi N s |BA| \sin\alpha \tag{9-7}$$

其中，s 为与 $|BA|$ 垂直的单位向量；α 为光束间夹角。

将式(9-7)代入式(9-5)，可得

$$f_d = \frac{4\mu\pi}{\lambda} N |BA| \sin\alpha \, is \tag{9-8}$$

其中，$is = \cos\gamma$，γ 为 i 与 s 间的夹角。

当入射光平面与横轴截面平行时，$\alpha = \pi/2$ 且 $|BA|\cos\gamma = d$，则式(9-8)可表示为

$$f_d = \frac{4\mu\pi}{\lambda} N d_0 \tag{9-9}$$

对于转动角转速 $\omega = 2\pi N$，有

$$f_d = \frac{2\omega d_0}{\lambda} \tag{9-10}$$

因此，探测器输出电流在频移调制 f_d 的作用下，产生交流分量的频率与轴系的转速 ω 是线性相关的。该分量的大小可以反映扭转振动的状态[7]。

实验选取轴系的尾轴部分为待测点位置，通过激光传感器获取扭转振动数据，并采用激光扭振仪进行处理，可以得到旋转轴系在测点处的扭转角位移。扭转振

动测试过程如图 9-24 所示。

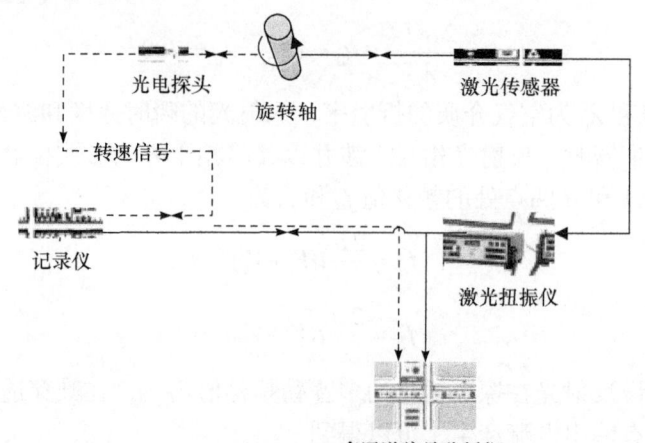

图 9-24 扭转振动测试过程

在扭转振动测试过程中，采用上述激光扭振仪测量中间轴的扭振信号，通过转速传感器进行转速的测定与校核，以确保电机的输出转速与轴系的实际转速一致。扭转振动测试装置如图 9-25 所示。

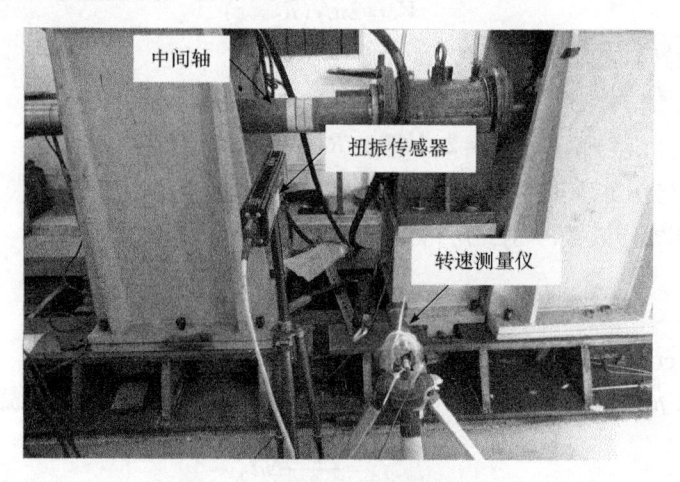

图 9-25 扭转振动测试装置

3. 纵向振动测量

纵向振动是轴系在激励力作用下沿纵向的周期性位移变化。其激励力主要包括主机输出的纵向力，以及推力轴承传递的纵向力。船舶轴系的纵向振动主要是螺旋桨、主机推力的不均匀，以及齿轮、气缸产生的周期性纵向力引起的。

实验采用激光位移传感器，结合三角法测量原理分析轴系的纵向动态响应。该传感器主要包括图 9-26 所示的激光发射器、电荷耦合器件(charge coupled device，CCD)接收器和信号处理器等部分。在实验测试过程中，通过发射器产生激光束穿透聚透镜，同时发生漫反射光线被接收器接收并在光敏元件上成像，进而将光信号转化为相应的电信号。因此，轴系在纵向的位移变化将引起漫反射光线在接收器上位置的变化，使转换器上的电信号发生变化。传感器输出的电信号强弱直接反映轴系纵向振动的变化情况。

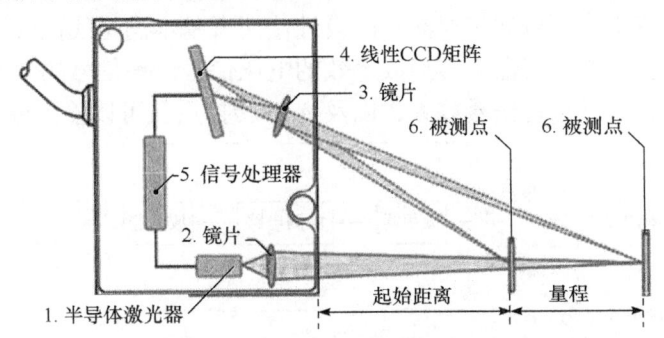

图 9-26 激光位移传感器工作原理

纵向振动测试装置如图 9-27 所示。纵向振动选用激光位移传感器测量轴系的法兰面，获取轴系对应位置的纵向振动信号，实验选取中间轴和尾轴处的法兰作为测点，同时固定传感器位置减少其振动造成的实验误差。

图 9-27 纵向振动测试装置

4. 横向振动测量原理

横向振动是旋转轴系在工作过程中以转速 ω 绕着轴系横截面中心 O' 旋转，同时弯曲的几何中心线以某转速 ω' 绕原中心线 O 旋转。该转速称为进动角速度或横向角速度。船舶轴系横向振动主要是由旋转质量的不平衡离心力、螺旋桨的流体激振力，以及转轴抗弯刚度的不同引起。电涡流传感器测量原理如图 9-28 所示。

根据法拉第电磁原理，供电设备向前置器(振荡器、检测电路和放大器的组合)

通入高频振荡电流 I_0 时，会产生交变磁场 Φ。在测量过程中，被测金属物体进入该磁场，会产生感应电涡流 i。根据楞次电磁学定律，该涡流总要阻碍引起感应电流的磁通量变化，产生反向磁场 Φ_i，在两个磁场叠加后改变线圈中的阻抗大小，进而引起电流相位和幅值发生变化。线圈的阻抗很显然是与测量距离相关的，进而直接影响振荡电流的测量大小。虽然阻抗与测量距离并不满足线性关系，但是在实际测量过程中，可以通过对测距的设计使两者基本满足线性假设。在此基础上，将阻抗的变化在前置器中转换成等效的电压信号。该信号的幅值与测量距离的大小成正比，对其进行信号放大，以及 A/D 转换后就可以输出分析信号。

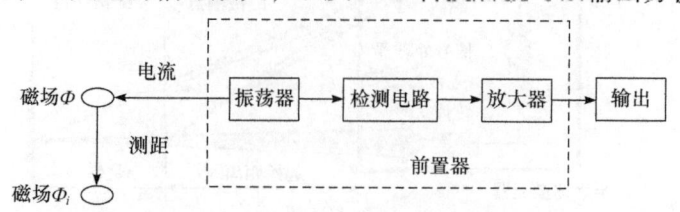

图 9-28　电涡流传感器测量原理图

如图 9-29 所示，通过布置电涡流传感器测量轴系测点水平和垂直两个方向的振动响应，并通过该振动信号的相关性获得轴系横向振动的情况，实验选取中间轴和尾轴两个位置为测点进行测试。

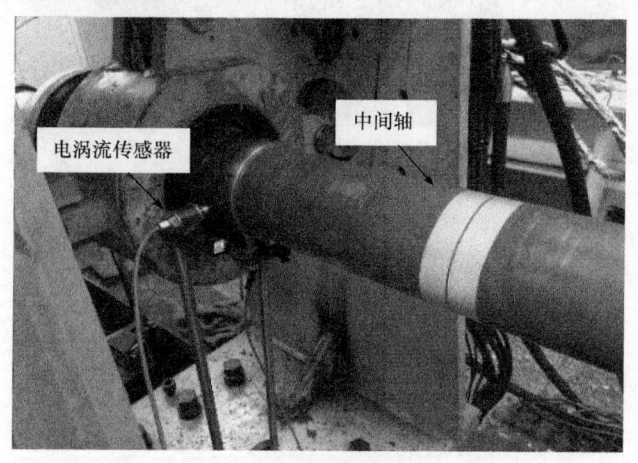

图 9-29　横向振动

5. 信号采集及分析

如图 9-30 所示，在上述扭转、纵向和横向振动测试过程中，不同传感器获取的光电信号通过该系统后转化成相对应的数字信号并进行储存，即轴系不同形式的振动信号，分别记录每组工况下的实验数据，最后得到不同工况下不同振动形式的结果。

图 9-30 信号采集与分析

9.2 船舶轴系动态特性理论分析模型

将船舶轴系动态特性实验台抽离出一般的通用模型，由基座、轴承、轴系、曲轴、螺旋桨等部分组成，其中轴系简化为理想的均质弹性圆柱梁。船舶轴系动态特性实验台简化一般模型示意图如图 9-31 所示。长度为 L，直径为 D，质量密度为 $\bar{m}$，i 个支承轴承将轴系分成 $i+1$ 段，各段长度为 $L_1, L_2, \cdots, L_{i+1}$。第 n 段梁的弯曲刚度为 EI_n，轴承的刚度为 k_n。由于船体变形主要通过轴承的传递引起轴系回旋振动，因此选取坐标平面 $o\text{-}xy$ 利用建模理论建立轴系振动方程，其中以螺旋桨端为坐标原点 o，坐标轴 $o\text{-}x$ 沿推进系统轴线方向，坐标轴 $o\text{-}y$ 竖直向上与 $o\text{-}x$ 垂直[8]。

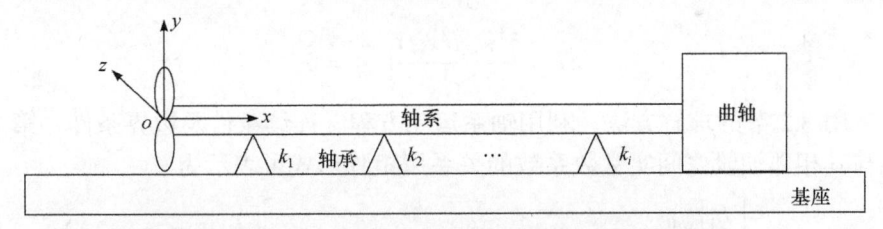

图 9-31 船舶轴系动态特性实验台简化一般模型示意图

9.2.1 实验台轴系建模

取第 n 段推进轴系的自由振动运动进行求解。利用 3.2 节所述的连续质量法可以得到该段轴自由振动运动方程，即

$$\bar{m}\frac{\partial^2 w_n(x,t)}{\partial t^2} + EI_n\frac{\partial^4 w_n(x,t)}{\partial x^4} = 0 \qquad (9\text{-}11)$$

其中

$$\omega = \sqrt{\xi^4 EI_n / \overline{m}} \tag{9-12}$$

方程的完全解为

$$\phi_n(x) = a_n \cos(\xi_n x) + b_n \sin(\xi_n x) + c_n \cosh(\xi_n x) + d_n \sinh(\xi_n x) \tag{9-13}$$

其中，a_n、b_n、c_n、d_n 为实常数同时满足第 n 段推进轴系两端的边界条件。

在第 n 段轴系与其相邻轴段在轴承坐标位置 x_n 的位移、斜率、剪力、弯矩的连续性条件为[9]

$$w_n(x_n^l, t) = w_{n+1}(x_n^r, t) \tag{9-14}$$

$$\frac{\partial w_n(x_n^l, t)}{\partial x} = \frac{\partial w_{n+1}(x_n^r, t)}{\partial x} \tag{9-15}$$

$$EI_n \frac{\partial^3 w_n(x_n^l, t)}{\partial x^3} = EI_{n+1} \frac{\partial^3 w_{n+1}(x_n^r, t)}{\partial x^3} + k_n w_{n+1}(x_n^r, t) \tag{9-16}$$

$$EI_n \frac{\partial^2 w_n(x_n^l, t)}{\partial x^2} = EI_{n+1} \frac{\partial^2 w_{n+1}(x_n^r, t)}{\partial x^2} \tag{9-17}$$

其中，x_n^l 和 x_n^r 为轴系位置 x_n 的左截面和右截面。

推进轴系主机端和螺旋桨端的边界条件为

$$\begin{aligned} EI_1 \frac{\partial^3 w_1(x,t)}{\partial x^3}\bigg|_{x=0} &= 0 \\ EI_1 \frac{\partial^2 w_1(x,t)}{\partial x^2}\bigg|_{x=0} &= 0 \\ EI_{i+1} \frac{\partial^2 w_{i+1}(x,t)}{\partial x^2}\bigg|_{x=L} &= 0 \\ EI_{i+1} \frac{\partial^3 w_{i+1}(x,t)}{\partial x^3}\bigg|_{x=L} &= 0 \end{aligned} \tag{9-18}$$

采用 3.2 节的求解方法，利用轴系运动方程、连续条件及边界条件，第 n 段轴系与其相邻轴段之间实常数系数的关系用矩阵形式可表示为

$$\begin{bmatrix} B_1|_{x=0} & & & & & \\ P_1|_{x=x_1^l} & -Q_1|_{x=x_1^r} & & & & \\ & P_2|_{x=x_2^l} & \ddots & & & \\ & & & P_i|_{x=x_i^l} & -Q_i|_{x=x_i^r} & \\ & & & & B_2|_{x=L} \end{bmatrix} \begin{bmatrix} Y_1 \\ Y_1 \\ Y_2 \\ \vdots \\ Y_i \\ Y_i \end{bmatrix} = \begin{bmatrix} 0 \\ 0 \\ 0 \\ \vdots \\ 0 \\ 0 \end{bmatrix} \tag{9-19}$$

计入激振力之后，式(9-19)可写为

$$\begin{bmatrix} B_1|_{x=0} & & & & \\ P_1|_{x=x_1^l} & -Q_1|_{x=x_1^r} & & & \\ & P_2|_{x=x_2^l} & \ddots & & \\ & & & P_i|_{x=x_i^l} & -Q_i|_{x=x_i^r} \\ & & & & B_2|_{x=L} \end{bmatrix} \begin{bmatrix} V_1 \\ Y_1 \\ Y_2 \\ \vdots \\ Y_i \\ Y_i \end{bmatrix} = \begin{bmatrix} 0 \\ \overline{F}_1 \\ \overline{F}_2 \\ \vdots \\ \overline{F}_i \\ 0 \end{bmatrix} \quad (9\text{-}20)$$

其中，$\overline{F}_n = \begin{bmatrix} 0 & 0 & F_n & 0 \end{bmatrix}^{\mathrm{T}}$。

通过求解可以求得轴系上的任一点位移。

9.2.2 理论模型与数值模型的对比

为了检验建模理论的准确性，以船舶轴系动态特性实验台为例，可以从数值仿真的角度对其进行验证。船舶轴系动态特性实验台参数如表 9-2 所示。

表 9-2 船舶轴系动态特性实验台参数

参数	数值
轴系总长 L	2665 mm
推进轴系直径 D	80 mm
轴承个数	3
1 号轴段长度 L_1	600 mm
2 号轴段长度 L_2	935 mm
3 号轴段长度 L_3	670 mm
4 号轴段长度 L_4	460 mm

依据表 9-2 中的数据，可以建立船舶轴系动态特性实验台 Ansys 数值模型，如图 9-32 所示。该数值模型轴系采用 beam188 单元，弹性支撑轴承采用 combine 14 单元。在对船舶轴系动态特性实验台数值模型进行模态分析时，需对边界条件进行设定。计算中对弹性支撑的 combine14 单元一端与轴系连接，一端与地基进行固定全约束连接。对轴系单元约束 x、z、ROTX、ROTY 等自由度可有效计算其在 o-xy 平面内的回旋自由振动模态振型与模态频率。

图 9-32 船舶轴系动态特性实验台 Ansys 数值模型

如表 9-3 所示，两种方法建模得到固有频率除去一阶刚体模态频率外，其他阶次的固有频率相差不大，总体结果显示是吻合的。

表 9-3　船舶轴系动态特性实验台数学模型与 Ansys 数值模型固有频率的对比

模态数	Ansys/Hz	解析值/Hz	误差/%
1	6.16	5.36	12
2	91.72	92.18	0.5
3	285.64	287.11	0.5
4	535.54	545.72	1.9
5	755.70	769.77	1.8
6	969.28	987.53	1.8

图 9-33 所示为轴系振动解析解与数值解对比图。外部载荷为轴承 1 位置处施加 500 N 的激振力。可以看出，根据建模理论建立的数学模型与数值模型是比较吻合的。

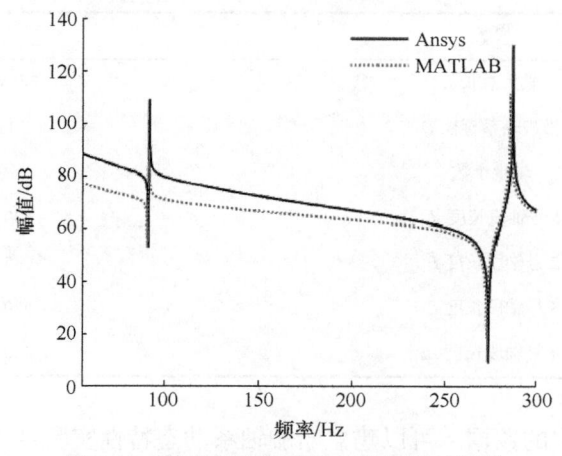

图 9-33　轴系振动解析解与数值解对比图

9.3　船舶轴系复杂激励下的多向振动实验研究

在振动实验的测试过程中，由于电机与齿轮箱的振动、尾轴与轴承的不对中、轴系的不平衡、轴承座的松动均会作为激励振源产生对实验结果的干扰[10]。在实际测试过程中，由于振动噪声等干扰因素，得到的初始数据成分复杂且难以区分，因此需要对其进行滤波等提纯处理，利用自动识别技术对截取信号的实时图形经过预处理、压缩和特征提取，通过该方法获取清晰度和辨识度较高的振动信号。

在进行加载实验前,首先判断轴系的运行状况,选择空载工况分析转速对轴心轨迹的影响。在实验过程中,定义轴系的转速为 100 r/min、150 r/min、200 r/min、250 r/min 和 300 r/min。图 9-34～图 9-38 为空载状态下转速为 100～300 r/min 时 1～3 号轴横向振动的轴心轨迹[11]。

图 9-34 转速为 100 r/min 时 1～3 号轴横向振动的轴心轨迹

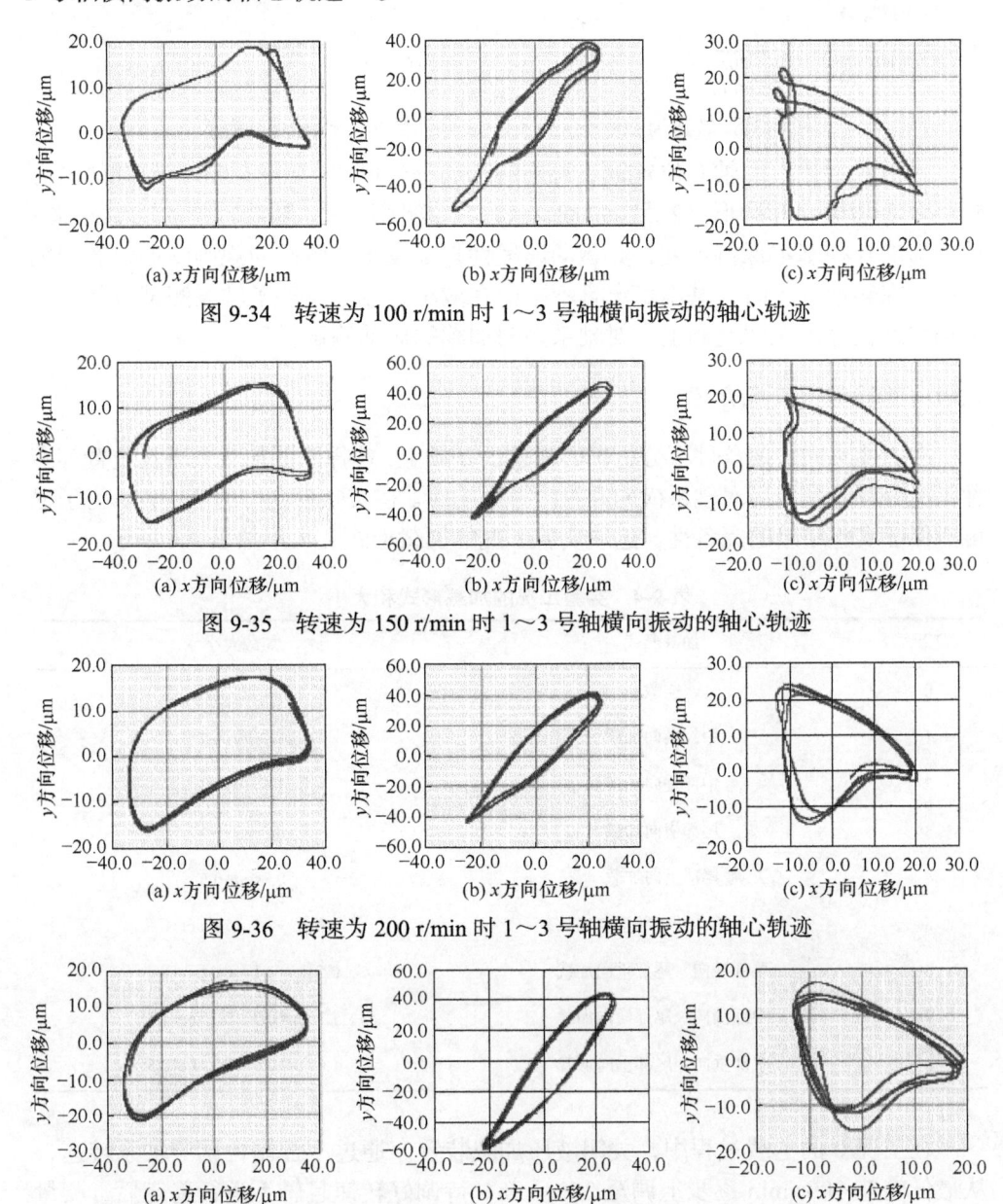

图 9-35 转速为 150 r/min 时 1～3 号轴横向振动的轴心轨迹

图 9-36 转速为 200 r/min 时 1～3 号轴横向振动的轴心轨迹

图 9-37 转速为 250 r/min 时 1～3 号轴横向振动的轴心轨迹

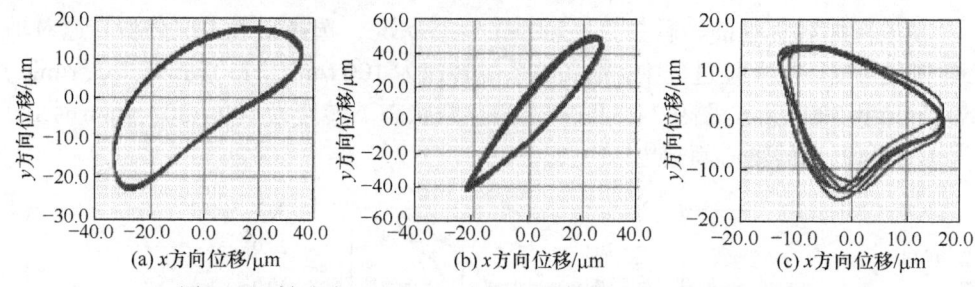

图 9-38　转速为 300 r/min 时 1~3 号轴横向振动的轴心轨迹

通过对上述不同轴系位置轴心轨迹的结果分析可知，1 号轴和 3 号轴的轴心轨迹介于圆形和椭圆形，2 号轴的轴心轨迹为椭圆形状。随着转速的增加，这 3 种图形的外径基本保持不变，其运动离散性越来越小，且趋向规则图形，表明轴系振动在转速变大时，基本稳定且不平衡在减小，侧面反映了轴系测试过程中的运动状态良好。在此基础上，对轴系多向加载的振动测试。

9.3.1　实验测试工况介绍

在上述不同转速条件下分析轴心轨迹的基础上，选择不同加载大小及位置等多种工况分析外部载荷对轴系横向和纵向振动响应。在实验台允许的范围内，为了尽可能保证实验结果的完备性，选取实验工况的加载形式和大小如表 9-4 所示。

表 9-4　实验工况的加载形式和大小

工况	加载形式	加载大小
0	空载	0
1	中部横向加载	$1.3\sin t+0.7$
2	中部垂向加载	$1.0\sin t+0.6$
3	尾部横向加载	$0.5\sin t+1.1$
4	尾部垂向加载	$0.3\sin t+0.5$
5	中部横向、中部垂向加载	$1.3\sin t+0.7$、$1.0\sin t+0.6$
6	尾部横向、尾部垂向加载	$0.5\sin t+1.1$、$0.3\sin t+0.5$
7	中部横向、尾部横向加载	$1.3\sin t+0.7$、$0.5\sin t+1.1$
8	中部垂向、尾部垂向加载	$1.0\sin t+0.6$、$0.3\sin t+0.5$

在工况 0 的空载过程中，关闭液压加载装置，通过主控制台调节轴系转速，从最低转速 100r/min 逐步上调至 300r/min，待调好转速且轴系运行稳定后，测量每个转速条件下的运行时间为 9~15s 的振动数据。

在工况 1～工况 4 的单向加载过程中，首先调整好轴系转速，待其运转稳定，然后打开对应加载部位的液压加载装置，在液压加载控制台上输入加载的大小和方向，最后加载 10～15s 的振动数据测试与记录。

在工况 5～工况 8 的综合加载过程中，按照上述步骤逐个实现各个部位或方向的加载，最后进行该工况下的实验测试。

9.3.2 功率谱分析

对轴系振动的实验结果进行对应的功率谱分析，可以得到信号功率在频率上的分布状况，比较不同转速条件，可以得到三种不同振动形式的功率密度。假设振动信号 $f(t)$ 在时间 $t \in [-T/2, T/2]$ 内的平均功率为

$$p = \frac{1}{T} \int_{-T/2}^{T/2} f^2(t) \mathrm{d}t \tag{9-21}$$

假设当 $T \to \infty$ 时，$f_T(t) \to f(t)$。此时，$|F_T(\omega)|^2 / 2\pi T$ 可能趋近于某个极限。若该极限存在，则其平均功率可以在频域表示为

$$p = \lim_{T \to \infty} \frac{1}{T} \int_{-T/2}^{T/2} f^2(t) \mathrm{d}t = \frac{1}{2\pi} \int_{-\infty}^{\infty} \lim_{T \to \infty} \frac{|F_T(\omega)|}{T} \mathrm{d}\omega \tag{9-22}$$

定义 $|F_T(\omega)|^2 / 2\pi T$ 为 $f(t)$ 的功率密度函数，或简称为功率谱，其表达式为

$$p(\omega) = \lim_{x \to \infty} \frac{|F_T(\omega)|^2}{2\pi T} \tag{9-23}$$

在实验过程中，首先进行空载条件下的实验测试。图 9-39～图 9-41 是转速为 100～300r/min 时的扭转、纵向和横向振动功率谱密度。对比可知，随着转速的增加，不同振动形式的振幅均逐渐增加，但各个振动形式的波峰值对应的固有频率基本不变。

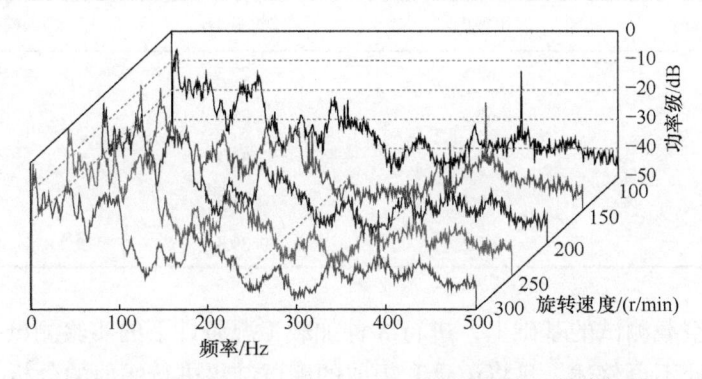

图 9-39　转速为 100～300 r/min 时扭转振动功率谱密度

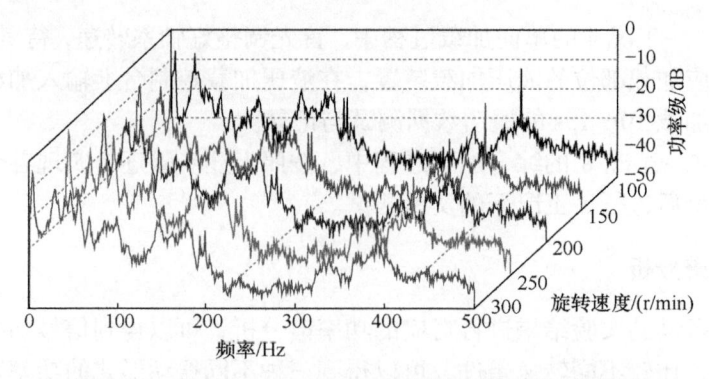

图 9-40　转速为 100~300 r/min 时纵向振动功率谱密度

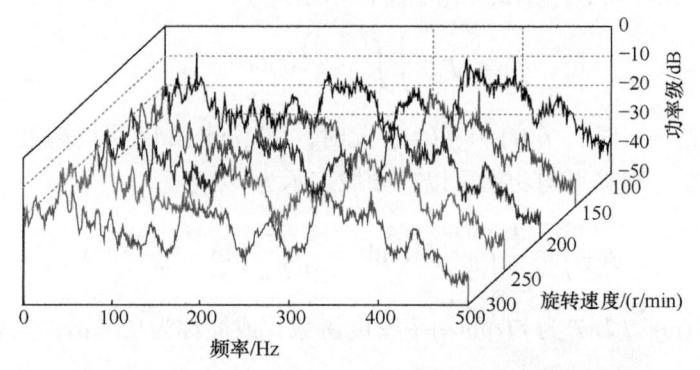

图 9-41　转速为 100~300 r/min 时横向振动功率谱密度

通过对不同转速条件下的功率谱密度分别进行极限频率的分析，在不考虑 0~5Hz 初始范围频率影响的情况下，可以得到轴系的扭转、纵向和横向的固有频率。实验测试轴系的功率谱频率如表 9-5 所示。

表 9-5　实验测试轴系的功率谱频率

转速/(r/min)	扭振/Hz	纵振/Hz	横振/Hz
100	62.5	27.3	36.1
150	62.3	28.3	37.1
200	60.5	32.2	41.2
250	69.3	28.3	54.7
300	61.2	29.3	41.2

在上述空载测试的基础上，进行 8 种加载工况条件下的实验测试并记录相应的结果。此处不再赘述，只将记录和提取的测试结果进行幅值的分析。图 9-42~图 9-44 所示为扭转振动、纵向振动和横向振动在不同工况下的瞬态幅值。

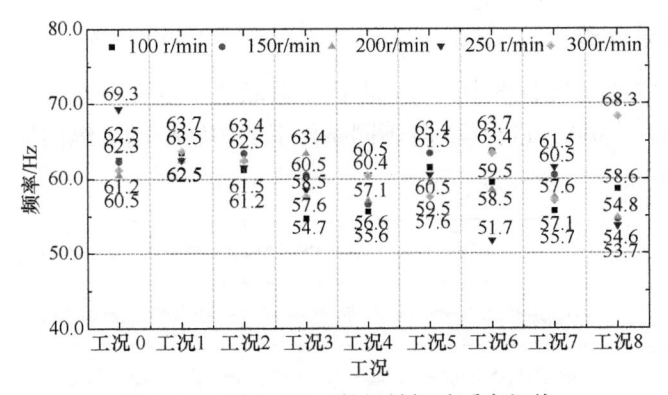

图 9-42 不同工况下的扭转振动瞬态幅值

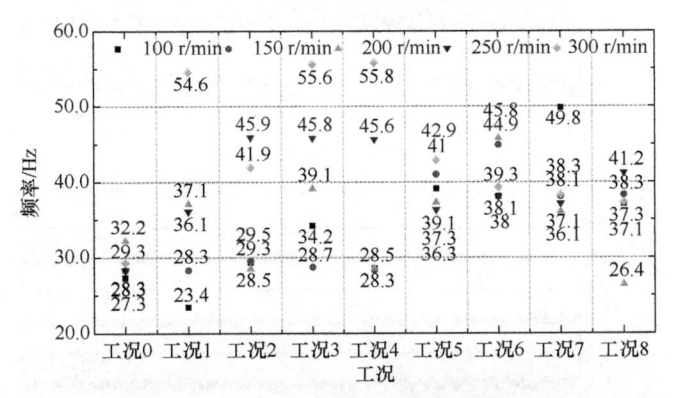

图 9-43 不同工况下的纵向振动瞬态幅值

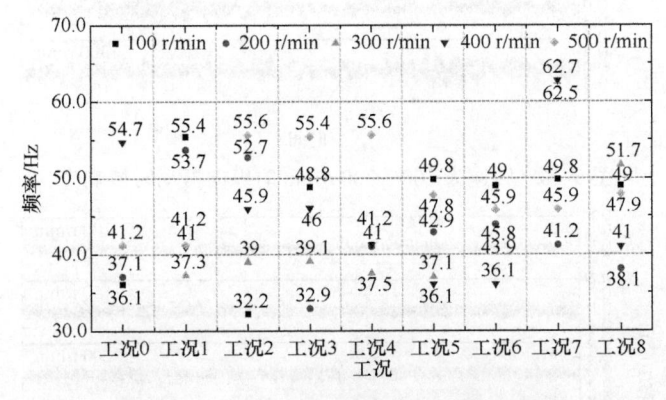

图 9-44 不同工况下的横向振动瞬态幅值

通过上述 9 组不同工况组合的结果对比分析可以发现，扭转、纵向和横向振动功率谱分别在 60 Hz、30 Hz 和 40 Hz 左右。同时，轴系在扭转、纵向和横向振动的固有频率基本不随转速变化，在不同部位加载，以及加载大小的不同也基本不影响固有频率的变化。

9.3.3 时域结果分析

在瞬态响应的结果分析中,首先考虑空载状态下的振动响应,实验测得的轴系在转速为 100~300 r/min 等 5 种不同条件下的扭转振动、纵向振动和横向振动时域响应(图 9-45~图 9-47)。

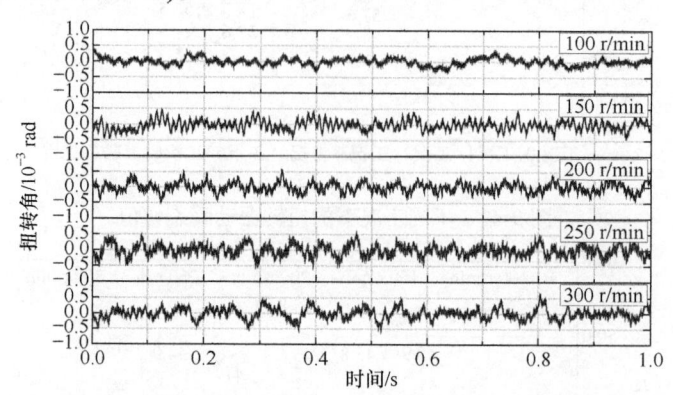

图 9-45 转速为 100~300 r/min 时扭转振动时域响应

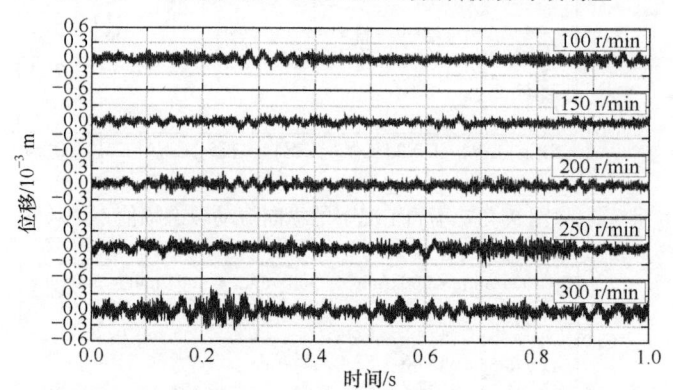

图 9-46 转速为 100~300 r/min 时纵向振动时域响应

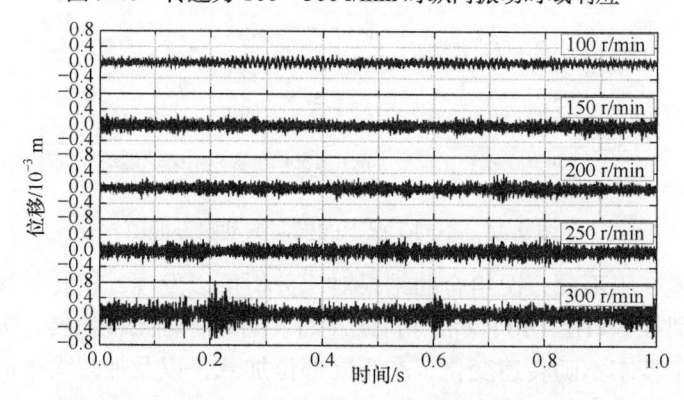

图 9-47 转速为 100~300 r/min 时横向振动时域响应

第 9 章　船舶轴系性能实验研究

通过对不同转速条件下的瞬态响应分别进行振动幅值的分析,在不考虑噪声、机械摩擦等干扰因素影响的情况下,可以得到轴系各向振动实验的幅值(表 9-6)。

表 9-6　轴系各向振动实验的幅值

转速/(r/min)	扭振/(10^{-3} rad)	纵振/(10^{-3} m)	横振/(10^{-3} m)
100	0.25	0.04	0.09
150	0.34	0.07	0.12
200	0.38	0.11	0.17
250	0.44	0.13	0.26
300	0.49	0.17	0.35

在上述空载测试的基础上,进行工况 0～工况 8 的实验测试并记录相应的结果,研究不同转速、加载大小及位置等多种工况来分析外部载荷对轴系横向和纵向振动响应。此处不再赘述,只将记录和提取的测试结果进行幅值的分析。图 9-48～图 9-50 所示为不同工况下的扭转振动、纵向振动和横向振动瞬态幅值。

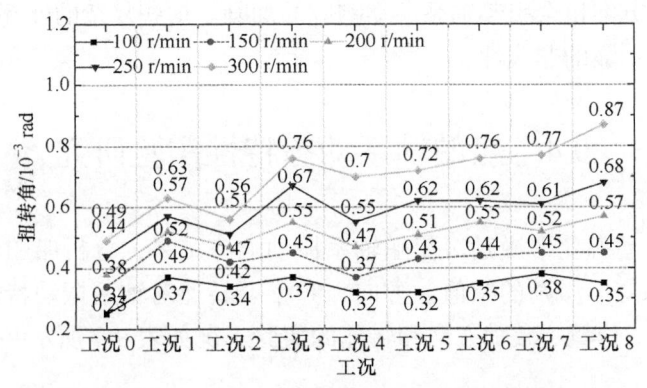

图 9-48　不同工况下的扭转振动瞬态幅值

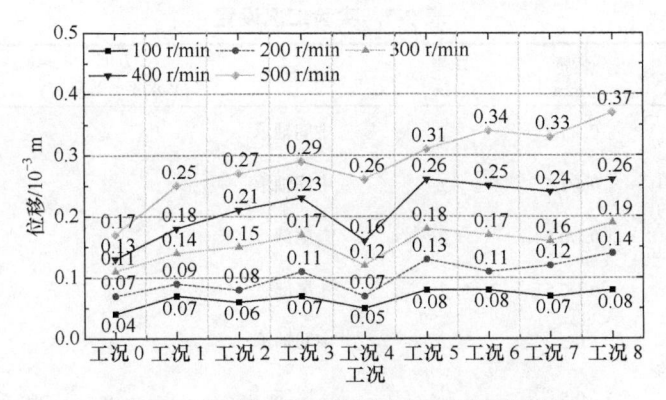

图 9-49　不同工况下的纵向振动瞬态幅值

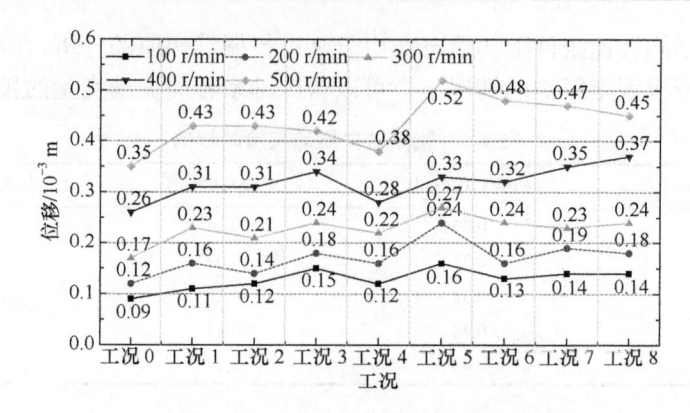

图 9-50 不同工况下的横向振动瞬态幅值

综上所述，通过实验研究空载与其余 8 组不同加载工况组合的功率谱和时域，可以发现轴系在扭转、横向和纵向的固有频率与转速和外部载荷无关，而在时域范围内，转速的增加和外部加载会使各个方向的振动响应更加剧烈。同时，不同的加载部位和方向也会引起轴系振动响应的加剧。这些复杂的外部载荷使轴系的多向振动具有明显的非线性。

9.4　船舶轴系动态特性实验研究

本节通过动态变形激励对船舶轴系振动响应结果，分析船舶轴系的动态特性，以及动态变形激励的幅值、方向、频率、转速对轴系振动特性的影响。不同振幅、频率、位置、激励方向和转速的实验工况如表 9-7 所示[12]。测点取在中间轴承处。

表 9-7　实验工况设置

项目	振幅/mm	频率/Hz	位置	方向(X-水平，Y-竖直)	转速/(r/min)
船体变形激励幅值对轴系振动特性的影响	0.5/1.5	2	中间轴承	x	120
	0.5/1.5	2	中间轴承	y	120
	0.1/0.5	2	尾部	x	120
	0.1/0.5	2	尾部	y	120
船体变形激励频率对轴系振动特性的影响	0.5	2/4	中间轴承	y	120
	0.5	2/4	尾部	y	120

续表

项目	振幅/mm	频率/Hz	位置	方向(X-水平, Y-竖直)	转速/(r/min)
船体变形激励方向对轴系振动特性的影响	0.5	2	中间轴承	x/y	120
	0.5	2	尾部	x/y	120
	0.5	2	中间轴承+尾部	x/y	120
转速对轴系振动特性的影响	0.5	2	中间轴承	x	70/120/170
	0.5	2	尾部	y	70/120/170

9.4.1 船体变形激励幅值对轴系振动特性的影响

本节比较中间轴承处激励的振幅为 0.5 mm 和 1.5 mm、尾轴承处的振幅为 0.1 mm 和 0.5 mm 时，轴系振动响应水平位移 UX 和垂直位移 UY 的变化。由图 9-51 和图 9-52 可以看出，响应位移幅值随中间轴承上激励幅值的增大而增大，水平激励下的垂直位移 UY 和垂直激励下的水平位移 UX 也有所增加，证明了耦合效应的存在，在设计初期应加以考虑。此外，图 9-51(b)中的垂直位移增加了 2 倍以上，而图 9-52(a)中水平位移几乎没有增加，即中间轴承上的垂直激励幅值变化对振动响应位移的影响比水平激励幅值变化的位移影响更大。因此，作用在舷侧外板的海浪或其他水平不平衡力引起的船体的水平变形激励比纵向海浪或其他垂直不平衡力引起的船体垂直变形激励对船舶轴系振动具有更大的影响。这主要是因为竖直方向上有轴承的束缚。类似地，如图 9-53 和图 9-54 所示，响应位移幅值随尾轴承上激励幅值的增大而增大。然而，水平激励下竖直位移 UY 的增加和垂直激励下水平位移 UX 的增加与设置在中间轴承上的激励情况相比不明显，

(a) 轴系振动响应水平位移 UX

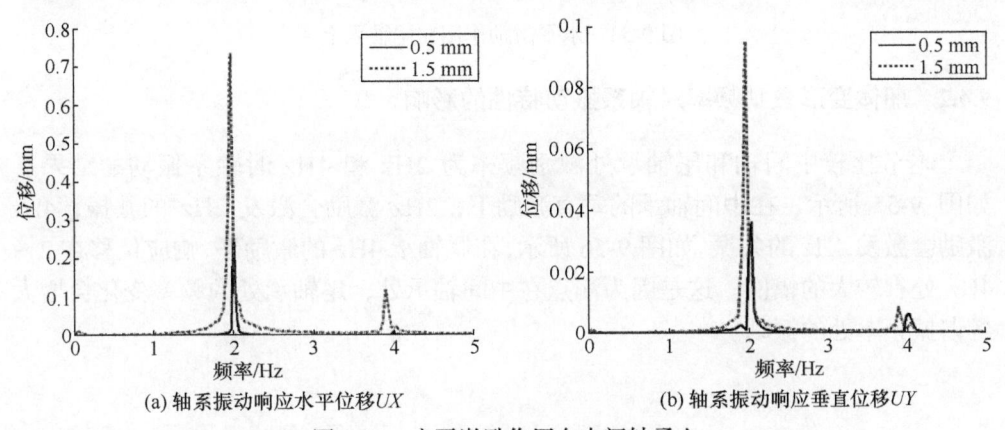

(b) 轴系振动响应垂直位移 UY

图 9-51 水平激励作用在中间轴承上

即尾轴承的耦合效应没有中间轴承的耦合效应明显。因此，通常大型船舶轴系有许多的中间轴承。由于这些轴承的耦合效应较大，它们的耦合效应不可忽视。

(a) 轴系振动响应水平位移 UX

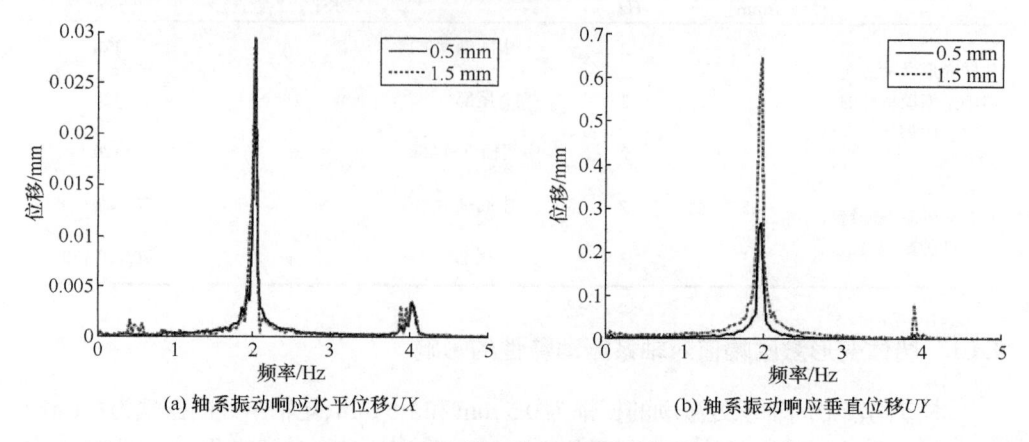

(b) 轴系振动响应垂直位移 UY

图 9-52　垂直激励作用在中间轴承上

(a) 轴系振动响应水平位移 UX

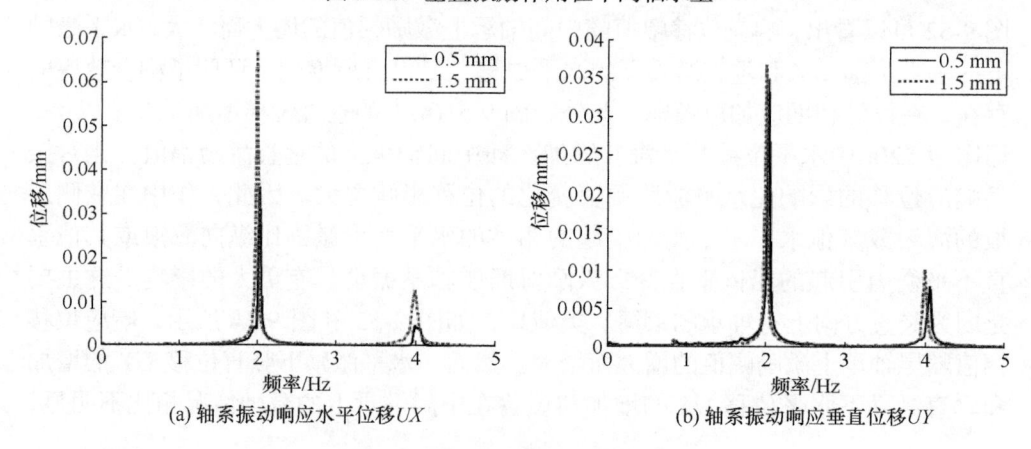

(b) 轴系振动响应垂直位移 UY

图 9-53　水平激励作用在尾轴承上

9.4.2　船体变形激励频率对轴系振动特性的影响

本节比较中间轴和尾轴承处激励频率为 2Hz 和 4Hz 时轴系振动的结果。如图 9-55 所示，在中间轴承的垂直激励下，2Hz 激励会激发 2Hz 的共振，4Hz 激励会激发 4Hz 的共振。如图 9-56 所示，在尾轴承 4Hz 的激励下，响应位移在 2～4Hz 处有较大的幅值。这是因为测点在中间轴承处，尾轴承处的频率变化会增大各谐振频率处的振动。

第 9 章 船舶轴系性能实验研究

(a) 轴系振动响应水平位移 UX　　　　(b) 轴系振动响应垂直位移 UY

图 9-54　垂直激励作用在尾轴承上

(a) 轴系振动响应水平位移 UX　　　　(b) 轴系振动响应垂直位移 UY

图 9-55　2 号轴承在不同频率的激励作用下

(a) 轴系振动响应水平位移 UX　　　　(b) 轴系振动响应垂直位移 UY

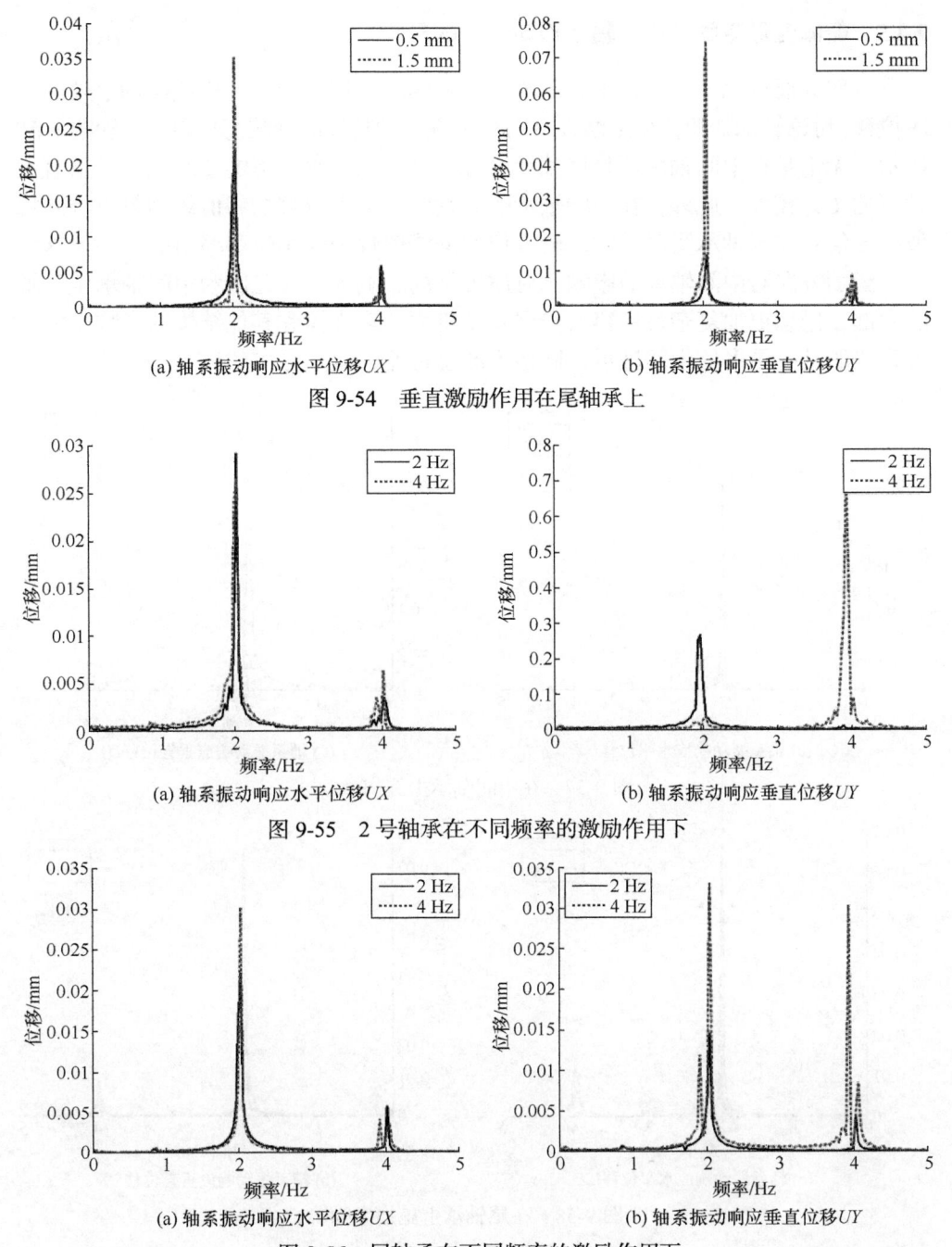

图 9-56　尾轴承在不同频率的激励作用下

9.4.3 船体变形激励方向对轴系振动特性的影响

本部分通过比较水平、垂直激励或二者同时作用时中间轴承或尾轴承处的响应位移，讨论轴承处船体变形激励方向对轴系振动特性的影响。如图 9-57 和图 9-58 所示，无论是在中间轴承还是尾轴承设置激励，水平激励下的 UX 较大，垂直激励下的 UY 较大。此外，在中间轴承受激励时，较大位移的峰值约为较小位移峰值的 5 倍；在尾轴承受激励时，较大位移的峰值仅为较小位移峰值的两倍。这说明，激励方向对中间轴承的影响比对尾轴承的影响大，这是因为中间轴承位于轴的中部，振动更加复杂且更容易受到发动机力、多支撑和其他结构的影响。由于大型船舶具有更多的中间轴承，同样不能忽视船体激励方向的影响。

(a) 轴系振动响应水平位移 UX (b) 轴系振动响应垂直位移 UY

图 9-57 在中间轴承上施加激励

(a) 轴系振动响应水平位移 UX (b) 轴系振动响应垂直位移 UY

图 9-58 在尾轴承上施加激励

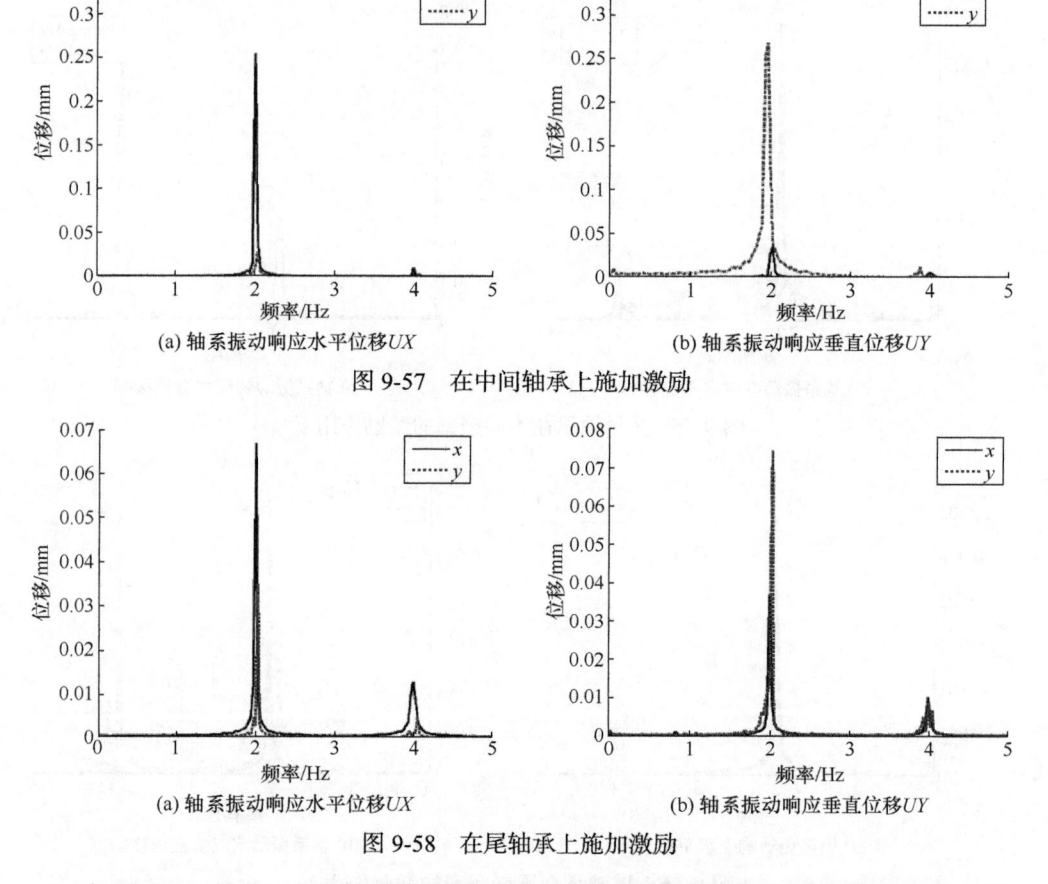

如图 9-59 所示，中间轴承和尾轴承同时施加横向激励时，横向振动和纵向振动的波峰数量比单独加载时多。这是横向激励在不同位置之间耦合效应造成的。在中间轴和尾轴承上施加垂直激励时，响应位移峰值的位置和数量没有明显变化，

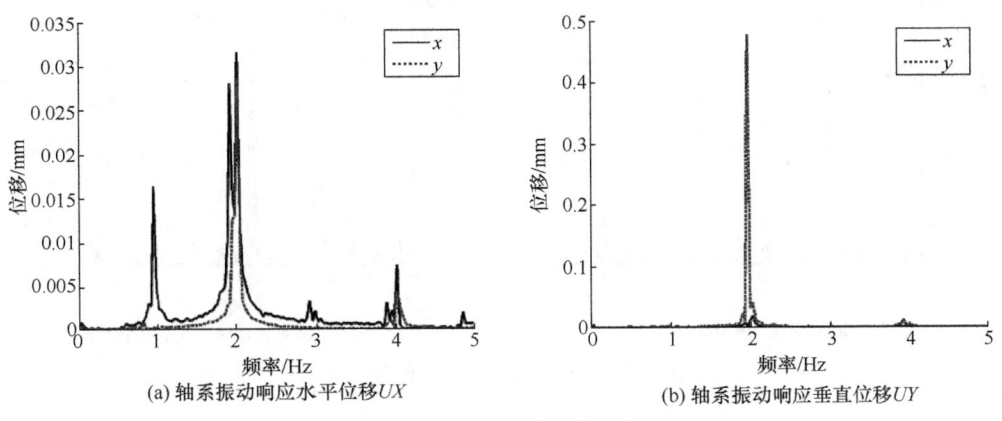

仅振幅比单独加载时大。这意味着，垂直激励在不同位置的耦合效应并不明显。

(a) 轴系振动响应水平位移 UX

(b) 轴系振动响应垂直位移 UY

图 9-59　在中间轴承和尾轴承同时施加激励

9.4.4　转速对轴系振动特性的影响

本节通过比较在 70 r/min、120 r/min、170 r/min 的转速下响应位移结果，讨论转速对轴系振动特性(中间轴承上的水平激励和垂直激励为例)的影响。如图 9-60 所示，在中间轴承的水平激励下，水平、竖直响应位移的最大峰值均在 70 r/min 时出现，波峰位置在 2Hz 处。次大的响应位移峰值分别出现在 70 r/min 的 1.2 Hz 处和 170r/min 的 2.8Hz 处。类似地，如图 9-61 所示，在中间轴承的垂直激励下，70r/min 时的 1.2Hz 处、120r/min 时的 2Hz 处和 170r/min 时 2.8 Hz 处均存在波峰，且最大峰值出现在 120r/min 时的 2Hz 处。可以看出，最高峰始终位于 2Hz，因为它来自激励频率和轴的旋转频率，而 1.2Hz 和 2.8Hz 仅来自轴的转动频率，所以激励频率应避开轴系转动共振频率，免剧烈振动，即在初始设计时应同时考虑转动和激励频率。

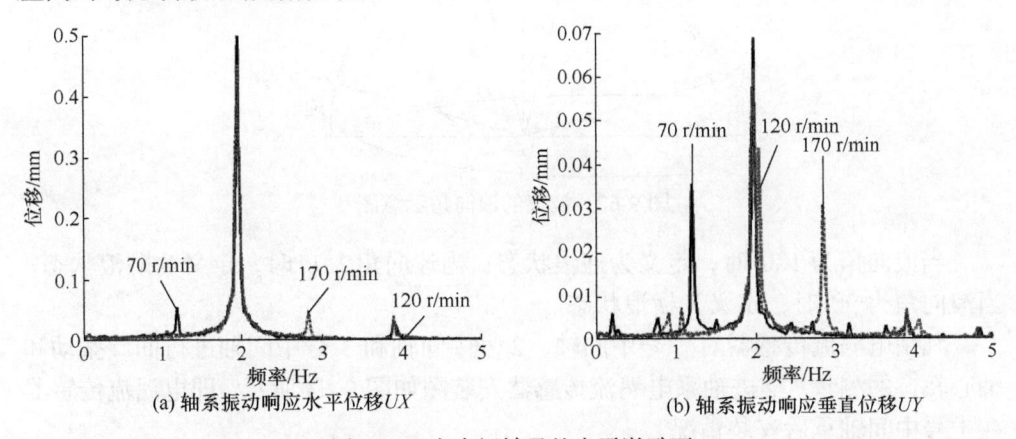

(a) 轴系振动响应水平位移 UX

(b) 轴系振动响应垂直位移 UY

图 9-60　在中间轴承的水平激励下

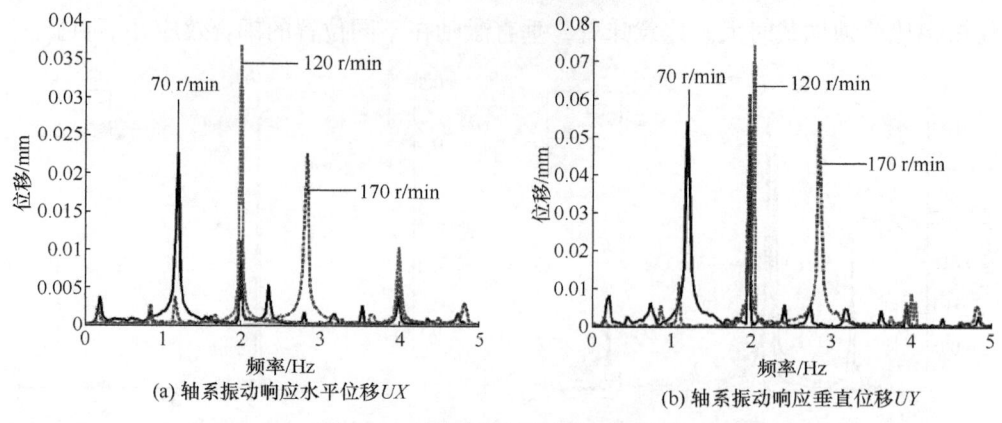

(a) 轴系振动响应水平位移 UX
(b) 轴系振动响应垂直位移 UY

图 9-61 在船尾轴承的垂直激励下

9.5 船舶推进轴系实船实验研究

9.5.1 实船实验设计

实船实验以 8530 TEU "新欧洲" 集装箱船的推进轴系为测试对象。要求船舶推进轴系处于正常运行状态，轴系上的各监测装置(轴承温度、轴系转矩、功率、轴承润滑系统压力、温度等)功能正常，船舶运营时海况参数，如航速(船舶航行速度)、风向、流速(水流速度)、浪向角(波浪向前传播的方向与船首方向的夹角，如图 9-62 所示)、浪高(波浪最高点与海平面之间的距离)、机舱中主动力装置的各项参数可以实时记录[13]。

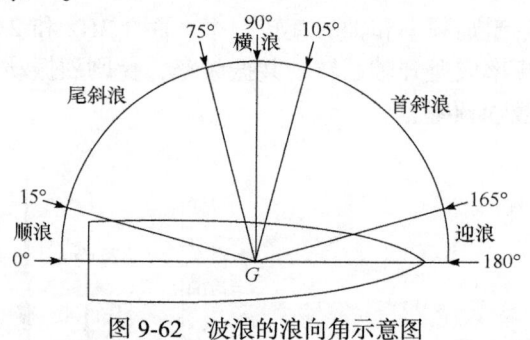

图 9-62 波浪的浪向角示意图

当浪向角为 180°时，定义为迎浪状态；当浪向角为 0°时，定义为顺浪状态；当浪向角为 90°时，定义为横浪状态。

利用电涡流传感器对 1 号中间轴、2 号中间轴和 3 号中间轴进行回旋振动和轴心轨迹的测量。推进轴系电涡流传感器安装图如图 9-63 所示，即电涡流传感器在 1 号中间轴承后安装情况。

第 9 章 船舶轴系性能实验研究

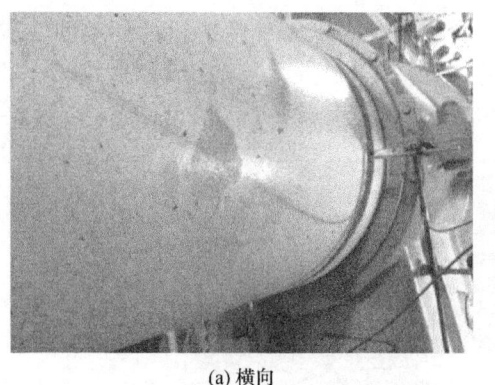

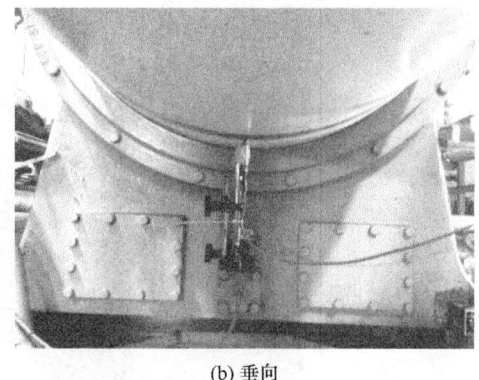

(a) 横向 (b) 垂向

图 9-63 推进轴系电涡流传感器安装图

通过在测点垂直方向和水平方向上布置电涡流传感器，测量轴系回旋振动在测点处两个方向的振动幅值大小，并对这两个方向的振动信号进行互相关，获得当前轴系回旋振动情况。

利用磁电式转速传感器对柴油机飞轮输出轴的扭转振动进行测量，并在飞轮端的磁电式转速传感器由磁力座进行固定。磁电式转速传感器如图 9-64 所示。磁电式转速传感器主要通过磁电感应的方式测量飞轮转速和扭转振动的相关信号。传感器中的线圈在通电状态下会产生磁力线，当飞轮转动时会对磁力线进行切割，使磁路产生不同的磁阻，感应线圈出现电动势，引起电压的变化。当飞轮转速变快时，其电压会变大，即输出电压与转速之间存在正比关系[14]。

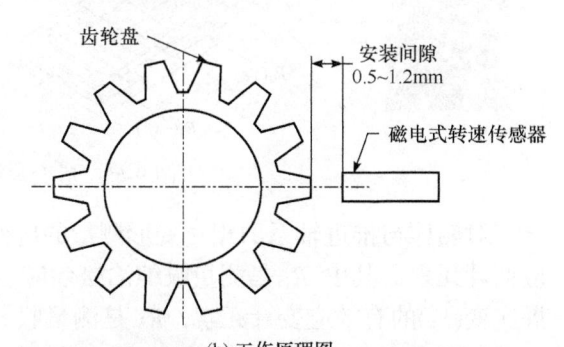

(a) 实船安装图 (b) 工作原理图

图 9-64 磁电式转速传感器

已知飞轮端共有齿数 68 个，磁电式转速传感器通过测试主机飞轮在旋转方向的角位移，可获得主轴系在测点处的扭转振动情况。

由于船体过于巨大，内部结构复杂，机舱下部船体部分由铁板隔挡，缺氧、有害气体积聚等不适合人员作业，并且船舶处在正常营运状态，现有的仪器设备无法安装到船舶底部的结构处测量船体的直接变形，因此实验通过测量轴承座变形的方式间接得到船舶与轴系之间的相对变形量，替代船体变形量达到实船实验中船体变形下对推进轴系振动影响的目的。如图 9-65 所示，8530 TEU "新欧洲"轮 1 号中间轴承的轴承座内侧安装全桥型应变片。应变片结构图如图 9-66 所示。

图 9-65 推进轴系轴承座结构图

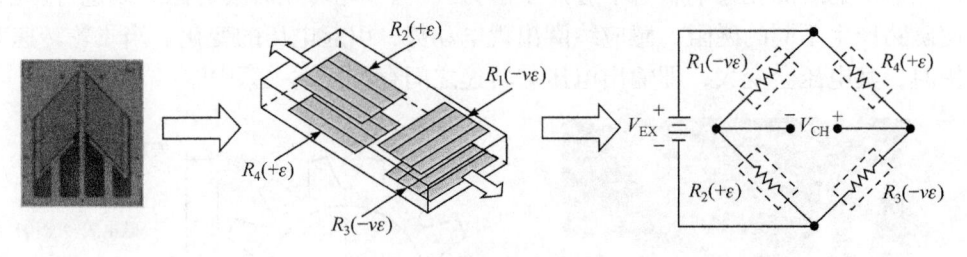

图 9-66 应变片结构图

对船体与推进轴系的相对变形测量的应变片组桥方式采用全桥型，四个有效应变计元素，其中 R_1 是测量收缩泊松效应($-\nu\varepsilon$)的有效应变计元素，R_2 是测量伸展应变($+\varepsilon$)的有效应变计元素，R_3 是测量收缩泊松效应($-\nu\varepsilon$)的有效应变计元素，R_4 是测量伸展应变($+\varepsilon$)的有效应变计元素，V_{EX} 是激励电压。两个有效应变计元素位于轴向应变方向，一个位于应变样本的顶部，一个位于应变计样本的底部。两个有效应变计元素作为泊松应变计，一个位于应变样本的顶部，一个位于应变计样本的底部，分别平行或垂直于主要的轴向应变方向。

将 1 号中间轴承、2 号中间轴承、3 号中间轴承轴承座内部左右两侧各打磨一个长 12 cm、宽 8 cm 的光滑平面，按照图 9-66 中的结构安装应变片，轴承座两侧各两个应变片，应变片之间相隔 40mm 左右，左侧应变片距离轴承座底部 560 mm，距离轴承座水平外边缘 210 mm 左右，右侧两个应变片与左侧两个应变片成对称安装。推进轴系轴承座应变片安装图如图 9-67 所示。

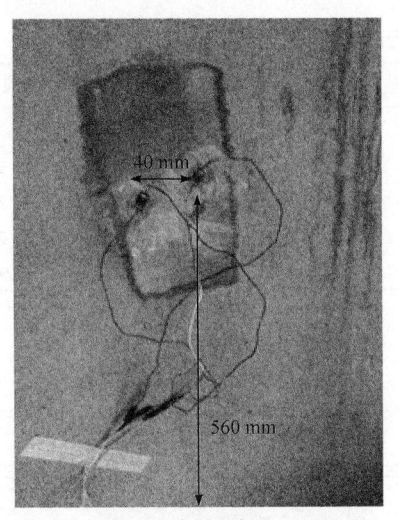

(a) 轴承座左侧应变片 1, 2 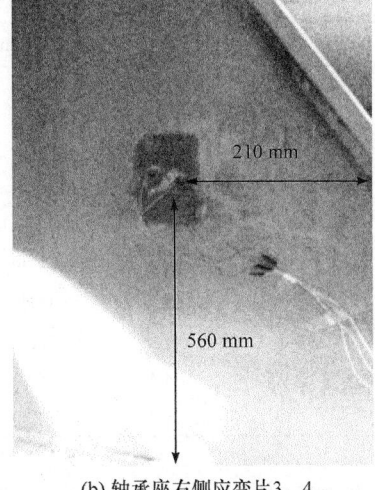　　(b) 轴承座右侧应变片 3, 4

图 9-67　推进轴系轴承座应变片安装图

利用三向加速度传感器对 1 号中间轴承、2 号中间轴承和 3 号中间轴承的振动进行测量。推进轴系加速度传感器布置图如图 9-68 所示。其中 1 号中间轴承、2 号中间轴承分别在轴承上端、轴承下端各安置两个加速度传感器，仅在 3 号中间轴承的下端安置两个加速度传感器。加速度传感器主要测量轴承上测点沿水平方向、垂直方向和轴向三个方向的振动。

(a) 轴承上端加速度传感器 　　(b) 轴承下端加速度传感器

图 9-68　推进轴系加速度传感器布置图

9.5.2　实船实验结果分析

本次实验船舶 8530 TEU "新欧洲"轮从上海洋山港出发前往天津新港，后从

天津新港航行至福建福清港。在航行过程中，共记录多组不同的运行工况及海况，截取部分运行工况及海况数据记录(表 9-8)。

表 9-8 船舶航行测试工况记录表

行程	工况	转速/(r/min)	航速/kn	风速/(m/s)	风向/(°)	流速/kn	浪向角/(°)
洋山港至天津港	1	54.9 至 58.0	15.30	10.00	157.00	2.30	90.00
	2	59.8	14.00	7.50	155.00	0.90	150.00
	3	82.6	21.70	7.30	355.00	2.80	358.00
	4	62.4	16.50	0.20	270.00	2.50	270.00
	5	54.9	15.00	9.00	157.00	1.30	170.00
天津港至福清港	6	55.1	13.20	7.00	155.00	1.30	155.00
	7	55.3	13.00	3.30	130.00	1.60	45.00
	8	82.3	20.70	8.00	90.00	2.70	96.00
	9	54.4	14.60	9.80	93.00	3.10	90.00
	10	54.5	13.80	6.00	320.00	0.60	345.00

实验有如下两个主要目的。

(1) 实船航行中多因素影响下推进轴系的回旋振动响应，探究船体变形和转速工况对回旋振动的影响。

(2) 实船航行中多因素影响下推进轴系的扭转振动响应，探究船体变形和转速工况对扭转振动的影响。

1. 多因素影响下推进轴系的回旋振动分析

现取工况 1 进行轴系振动分析。已知在该工况下，船舶处于相同海况下而转速工况发生变化，根据转速测量仪实测得到的曲轴转速如图 9-69 所示。

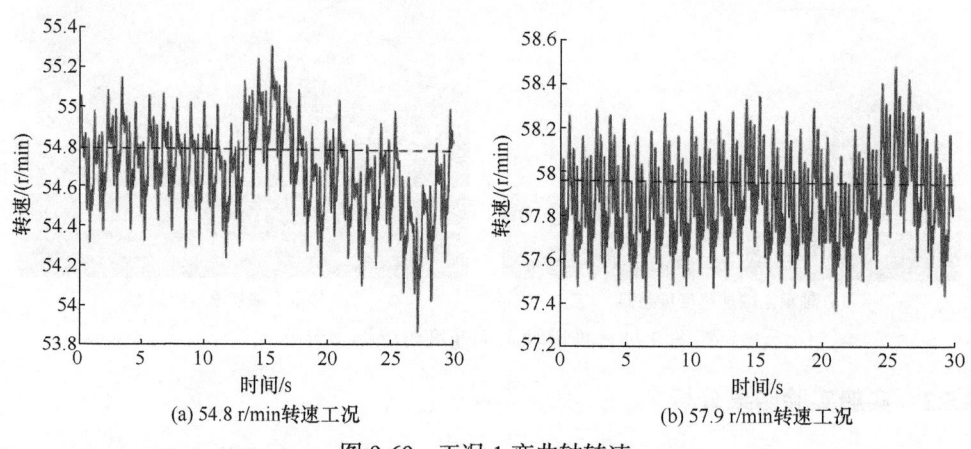

(a) 54.8 r/min转速工况　　(b) 57.9 r/min转速工况

图 9-69　工况 1 变曲轴转速

在工况 1 下，实船靠近主机端的 1 号中间轴测点与靠近尾端的 3 号中间轴测点测得的推进轴系的回旋振动响应如图 9-70 所示。

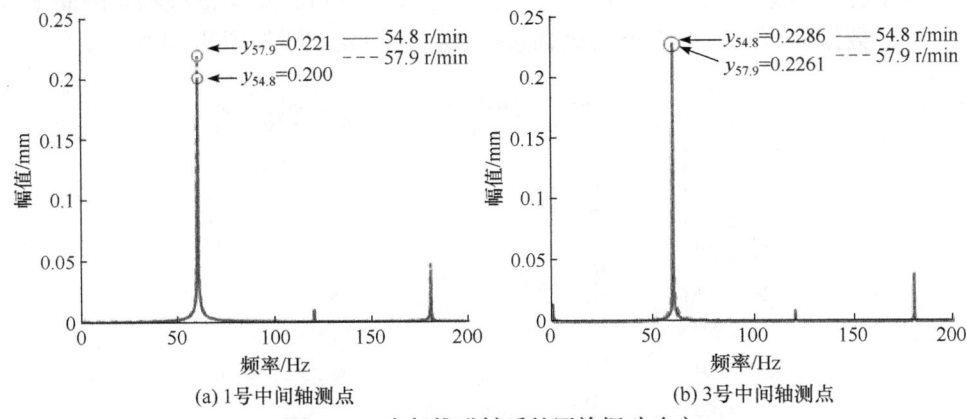

(a) 1 号中间轴测点

(b) 3 号中间轴测点

图 9-70　实船推进轴系的回旋振动响应

由图 9-70 中可见，当船舶运行在相同的海况时，在实船测试允许的条件下，转速对轴系的回旋振动影响不大。这与第 5 章实验室环境下得出的结论一致。同时，轴系的尾端振动幅值都要大于主机端振动幅值。这是因为船体尾部结构需支撑质量巨大的螺旋桨，并且尾部船舶隔板距离轴系较近，所以在船体变形的激励传递过程中，能量的消耗少于主机端。因此，在船体变形激励过程中，船舶尾部变形比较严重，从而使尾轴端的振动响应大于主机端的振动响应。

工况 1 为变速工况，现取工况 2 的稳定转速分析船体变形下轴系的回旋振动响应。如图 9-71 所示，推进轴系在垂直方向上的振动响应明显大于其在水平方向的振动响应。这是由于当时船舶处于浪向角为 150°的首斜浪海况下，其垂向的变形激励要大于水平方向的变形激励，因此使推进轴系产生的垂向振动响应幅值要大于横向振动的响应幅值。

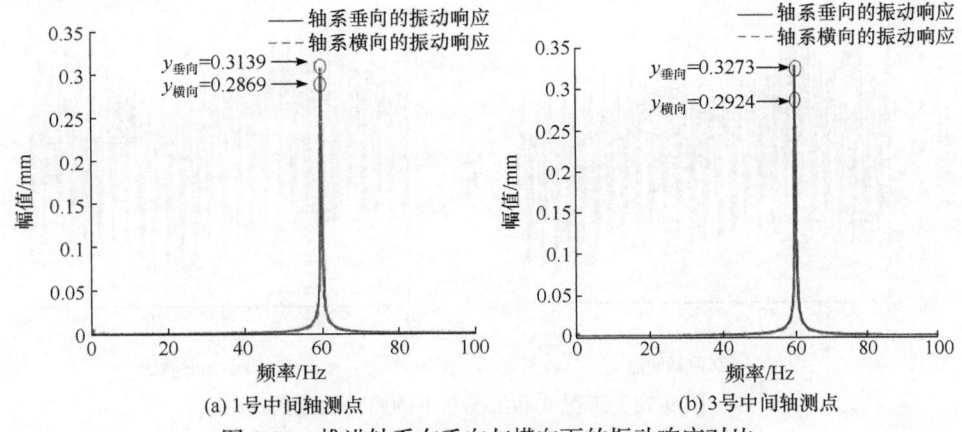

(a) 1 号中间轴测点

(b) 3 号中间轴测点

图 9-71　推进轴系在垂向与横向下的振动响应对比

2. 多因素影响下推进轴系的扭转振动分析

以工况 1 为运行条件，通过激光转速传感器可以得到船舶推进轴系的曲轴转速。经过数据处理，工况 1 下推进轴系扭转振动的频域图如图 9-72 所示。

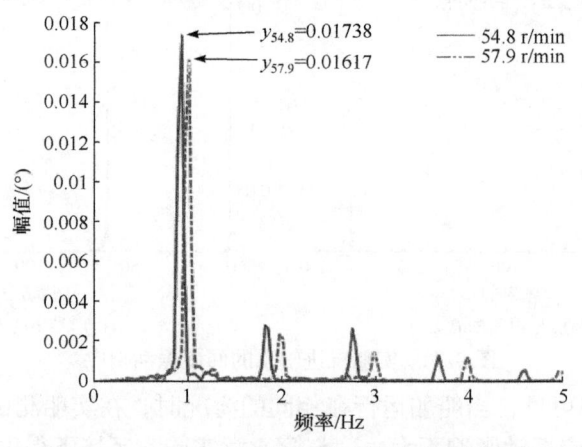

图 9-72 工况 1 下推进轴系扭转振动的频域图

可以看出，随着转速的变化，其对应的扭转振动产生的幅值和共振频率也发生了明显的变化。这主要是主机作用力的变化引起的。根据 4.3 节对主机-推进轴系的振动分析可知，转速的提高使激振频率也增大，从而使 57.9r/min 工况下的轴系扭转共振频率后移。

因为在实船航行过程中，即使是稳定的转速工况也存在转速的小幅波动，所以为了探讨不同海况下轴系的振动情况，选取转速比较接近的工况 6 和工况 7 进行对比研究。如图 9-73 所示，工况 6 为曲轴转速在 55.3r/min 上下波动，工况 7 为曲轴转速在 55.1r/min 上下波动。

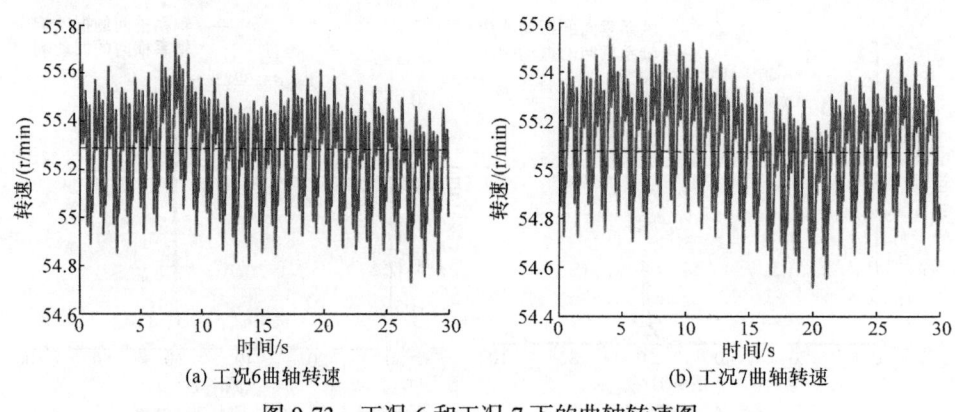

(a) 工况6曲轴转速

(b) 工况7曲轴转速

图 9-73 工况 6 和工况 7 下的曲轴转速图

如图 9-74 所示，工况 6 和工况 7 下的轴系扭转共振频率基本重合。这是由于两种工况的转速相近，使轴系扭转的激振力相对稳定，因此共振频率未产生变化。同时，除去误差等因素的干扰，两种工况下的幅值也比较接近。进而可知，船体变形对轴系的扭转振动影响不大。

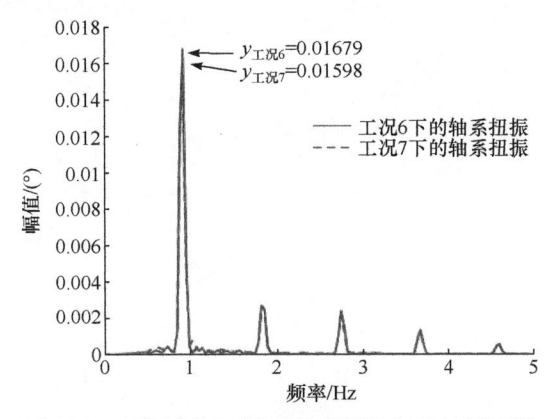

图 9-74　不同工况下推进轴系扭转振动的频域图

参 考 文 献

[1] 周苏波. 主轴轴心轨迹测量和动平衡实验研究[D]. 哈尔滨：哈尔滨工业大学, 2010.
[2] 肖圣光. 基于虚拟仪器的轴心轨迹分析仪的研制[D]. 重庆：重庆大学, 2009.
[3] 杨建刚. 旋转机械振动分析与工程应用[M]. 北京：中国电力出版社, 2007.
[4] 侯永强. 旋转机械转子系统故障诊断方法的应用研究[D]. 大连：大连理工大学, 2006.
[5] 徐洪志. 旋转机械轴扭振测量研究[D]. 北京：清华大学, 2005.
[6] Halliwell N. The laser torsional vibrometer: a step forward in rotating machinery diagnostics[J]. Journal of Sound and Vibration, 1996, 190(3): 399-418.
[7] Wang P, Davies P, Starkey J, et al. A torsional vibration measurement system[J]. IEEE Transactions on Instrumentation & Measurement, 1992, 41(6): 803-807.
[8] Tian Z, Shao Y, Zhou L, et al. An experimental research on the vibration of a ship propulsion model excited by dynamic excitations[C]//Proceedings of the 29th International Ocean and Polar Engineering Conference, Honolulu, 2019: 1-9.
[9] 田哲, 张聪, 严新平, 等. 计入船体变形激励的大型船舶推进轴系振动性能研究[J]. 船舶力学, 2015, (11): 1368-1376.
[10] 余成波. 传感器与自动检测技术[M]. 北京：高等教育出版社, 2009.
[11] 黄千稳. 大型船舶轴系多向耦合振动建模与试验研究[D]. 武汉：武汉理工大学, 2017.
[12] Zhang C, Xie D C, Huang Q W, et al. Experimental research on the vibration of ship propulsion shaft under hull deformation excitations on bearings[J]. Shock and Vibration, 2019, 2019: 1-15.
[13] 田哲. 计入船体变形和主机激励的大型船舶轴系振动建模研究[D]. 武汉：武汉理工大学, 2016.
[14] 金勇. 水润滑尾轴承-尾轴系统的横向/摩擦耦合振动研究[D]. 武汉：武汉理工大学, 2014.